해외 비즈니스 실무자가 꼭 알아야 할
국제 영문계약 매뉴얼

해외 비즈니스 실무자가 꼭 알아야 할

국제 영문계약 매뉴얼 최신개정판

지은이 한국원자력협력재단
펴낸이 임상진
펴낸곳 (주)넥서스

초판   1쇄 발행 2009년 6월 10일
초판 13쇄 발행 2014년 3월 25일

2판   1쇄 발행 2015년 1월 10일
2판 10쇄 발행 2022년 3월 15일

3판 1쇄 인쇄 2023년 5월 22일
3판 1쇄 발행 2023년 5월 30일

출판신고 1992년 4월 3일 제311-2002-2호
주소 10880 경기도 파주시 지목로 5
전화 (02)330-5500 팩스 (02)330-5555
ISBN 979-11-6683-557-5 13740

www.nexusbook.com

해외 비즈니스 실무자가 꼭 알아야 할

국제 영문계약 매뉴얼

한국원자력협력재단 지음

넥서스

New Edition 발간에 앞서

한국원자력협력재단과 함께 〈국제 영문계약 매뉴얼〉을 세상에 처음 내놓았던 것이 2009년으로 벌써 13년이 지났다. 전문 도서로 분류됨에도 불구하고 십수회 이상 쇄를 거듭하고, 2판까지 이어갈 수 있었던 것은 전적으로 해외 업무 실무자들의 과분한 신뢰를 받았던 덕분이다. 뿐만 아니라 다양한 과목의 교재로 채택해 주신 여러 대학과 크고 작은 스터디 모임들에도 은혜를 입었다.

2판이 출판된 이후에도 해외 업무 실무자가 처한 국제 거래 환경에 몇몇 중요한 변화들이 있었다. 무엇보다 국제상업회의소(ICC)에서 인코텀즈(INCOTERMS) 2020년 개정판을 내놓았고, 국제사법통일위원회(UNIDROIT)에서는 1994년 제정되었던 UNIDROIT Principles (of International Commercial Contracts)의 2016년 국제상사계약 원칙 개정판을 내놓았다.

그런가하면 COVID-19으로 인한 초유의 팬데믹 사태와 이어진 러시아의 우크라이나 침공으로 불가항력(Force Majeure) 조항의 활용이 국제거래상 중요한 이슈가 되기도 했다. 애써 내놓은 책이 국제적인 흐름을 반영하지 못한 것은 오로지 대표 저자의 게으름 탓이다. 개정판을 통해 전체적인 내용에 대한 보완이 필요하다는 판단으로 다시 한번 수줍은 마음으로 두 번째 개정판을 내놓는다.

3판에서 내용이 보강되거나 변경된 부분을 정리하면 다음과 같다.

첫째, 전반적으로 내용을 설명하는 가운데 예문이나 사례 설명이 부족하여 이해하기 어려운 부분이 꾸준하게 지적되었고, 가능한 한 예문을 많이 삽입하였다.

둘째, INCOTERMS 개정판(2020년)에 따라 개정된 내용을 설명하는 한편, 책 전반에 인용된 관련 내용을 수정하였다. COVID-19 팬데믹 사태로 중요성이 부각되고 있는 불가항력(Force Majeure) 조항의 구성과 적용, 그리고 특별히 검토해야 할 사항들을 보완했다.

셋째, 그동안 많이 지적 받은 내용 중에 책 뒤편에 수록된 색인(index)이 충분하지 않다는 부분이 있었다. 빠진 단어와 표현들을 찾아 추가하고, 각 단어와 표현들에 기본 번역을 달았다.

초판에서도 밝혔지만, 책에서 제시하고 있는 예문들과 자료는 저자가 20년 넘게 몸 담아 온 우주 및 원자력 분야 해외 업무 수행 과정에서 수집한 자료들을 변형하여 만든 것이다. 이 밖에 달리 활용된 자료에 대해서는 더 깊은 공부를 원하는 독자들을 위해 정확한 출처를 밝히고자 했다.

모든 노력에도 불구하고 독자들의 시각에서 발견될 수 있는 내용상 부족함과 오류에 대해서는 전적으로 저자가 부담할 책임이고, 발견되는 즉시 개선할 것임을 다시 한번 다짐한다.

저자 대표 **임태형**

공저자의 글 하나

다양한 분야의 기업 법무 소송과 자문을 진행하면서 많은 생각을 해 왔습니다. '내가 알고 있는 것들을 다른 분들도 알고 있다면 나중에 뭔가 잘못되더라도 이렇게 고생하지는 않을 텐데…….' 또는 '소송 없이도 이길 수 있는 계약서를 만들 수 있지 않을까' 등의 생각을 하던 차에 대표 저자인 임태형의 부탁에 덥석 일을 받았던 것이 벌써 5년이 흘렀습니다.

그러나 글을 쓴다는 것은 무한한 책임을 동반합니다. 욕심내어 글을 썼는데 실무자의 입장에서 검토하다 보면 지나치게 이론적인 부분도 적지 않았고, 과연 이 정도의 법률 지식이 얼마나 도움이 될까를 자문할 때도 있었습니다.

개정판에서는 많은 지식을 전달하겠다는 욕심에서 벗어나, 실무자들이 계약 협상에서 부딪히는 각종 장애물들의 법률적인 의미를 이해할 수 있도록 도와주고 계약서를 바라보는 시각을 다듬어 주는 쪽에 비중을 두고 접근했습니다.

책의 부족함은 여전히 있지만 대표 저자와 공저자들의 1년여에 걸친 애정 어린 작업이 독자 분들에게 그대로 전달되어 세계를 무대로 한 우리 기업들에 훌륭한 나침반 역할을 해내길 기대합니다.

변호사 **구재천**

"기업의 성공을 위해서는 무엇이 가장 중요한가?"라는 물음에 저는 주저 없이 (기술 개발과 막대한 자본보다는) 계약 및 무역 협상이라고 감히 말하고 싶습니다. 기업의 사활이 걸린 중요한 계약에서 거래의 핵심 요소들이 흥정과 협상에서 결정되기 때문입니다.

그럼에도 불구하고 우리 기업의 실무자들은 영어로 인한 장벽뿐만 아니라 영미권 원어민들도 잘 모르는 법률과 계약 영어라는 전문 지식들로 인해 부담감을 떨칠 수 없습니다.

초판에서 감수를 맡으면서 이 책이 기존 서가에 나와 있는 번역서들과는 비교도 할 수 없는 실무적 활용성을 가졌다고 느꼈고, 개정 작업이 진행된다면 꼭 참여해서 부분적이나마 제 경력에서 쌓아온 노하우를 전달하고 싶었습니다.

결국 이번 책 개정판 보완 작업에 참여하면서, 우물 안 개구리가 우물 밖으로 나왔을 때의 심정이 어떠했을지 문득 이해가 되었습니다. 갇혀 있던 우물을 떠나는 두려움과 새로움, 그리고 부족함이 고스란히 저에게 전달됩니다.

지난 8년 동안 국제 계약 실무를 하면서 배운 것을 관심 있는 분들과 함께 나누고 더욱 절차탁마 한다는 마음으로 용기를 내었습니다. 초심자분들에게는 일말의 방향을 알려 드리고, 전문가분들과는 더욱 통섭적인 지식을 함양하는 채널로 이 책이 널리 이용되었으면 합니다.

이대성 미국변호사

추천의 글

　우리나라의 무역 규모는 2022년 기준 1조2595억 달러로 사상 처음으로 세계 6위에 자리매김하였고 수출은 2년 연속 6천억 달러를 넘어섰습니다.

　우리나라도 이제 명실상부한 교역 강국이며 그만큼 영문으로 진행되는 계약 또한 크게 늘어났다고 볼 수 있습니다.

　아울러 우리 한국원자력협력재단은 탄소 중립 · 에너지 안보 시대를 선도하는 글로벌 원자력협력 전문 기관으로, 원자력 분야에서 대한민국의 국제 위상 제고 및 협력 강화를 위하여 국제 협력, 인력 양성, 수출 지원, 정보 서비스 제공 등의 역할을 수행하고 있습니다.

　특히 우리 재단은 '07년부터 산 · 학 · 연 · 관이 참여하는 원자력기술수출지원단을 설립하여 원자력 기술, 제품 및 서비스의 해외 수출을 지원하고 있습니다.

　이를 통하여, 우리나라 원자력 기술 기업들의 해외 공동 전시회, 인증 지원, 홍보 지원 등 다양한 프로그램을 운영하고 있으며, 원자력 분야 중 특히 비발전 분야 기업의 해외 수출 증진을 위해 적극 노력하고 있습니다.

　〈국제 영문계약 매뉴얼〉은 영문계약서 작성에 대한 귀중한 지침서로서, 국제 거래에서 일어날 수 있는 다양한 상황에 대한 예시와 함께, 영문계약서 작성 시 고려해야 할 요소들을 상세히 설명하고 있습니다.

　이번 개정판은 국제 거래를 수행하는 기업이나 해외 영업 담당자, 계약 · 법률 담당자 등에게 매우 유용하며 실용적인 내용으로 구성되었습니다.

　〈국제 영문계약 매뉴얼〉을 통하여 국제 거래에서 영문계약서 작성 시에 생길 수 있는 문제점들을 사전에 방지하고, 영문계약서 작성에 대한 자신감을 높일 수 있을 것입니다.

아울러, 이 책이 우리나라 기업들의 수출입 업무 향상에 크게 도움이 되고 우리 기업들이 세계적인 기업으로 거듭나는 데 조금이나마 기여할 수 있기를 바랍니다.

한국원자력협력재단 사무총장
신준호

감사의 글

미리 밝혀 두지만, 저자들의 일천한 지식은 각자가 몸 담고 있는 회사의 크고 작은 각종의 거래 업무뿐만 아니라 국제 계약과 협상에 관한 모든 경험에서 우러나온 것입니다. 즉, 결국 저자들이 현재까지 몸 담고 있는 회사에서 쌓인 것들입니다. 십수 년간 관련 업무를 수행하면서 얻은 값진 경험들을 시간 날 때마다 매뉴얼화했던 것들을 모아서 책으로 출간코자 하면서도, 저자들의 욕심이 과연 실무자들의 욕구를 100% 채워 줄 수 있을지, 기존의 좋은 책들을 보완할 수 있을지, 저자들이 몸담고 있는 회사에 누를 끼치지나 않을지 걱정스러웠던 것이 사실입니다.

자칫 한두 기업의 교육용 자료로 머물고 말지도 모를 내용들을 책으로 출간할 수 있도록 허락하고 도와준 여러분께 감사의 뜻을 전하고 싶습니다. 실무자가 작성한 매뉴얼은 회사의 지적 재산으로 여겨져 출판하는 데 허락을 얻기 힘들 것이라고 우려했으나, 오히려 이를 격려해 주신 ㈜쎄트렉아이 박성동 전 이사회 의장님과 함께 물심양면으로 지원을 아끼지 않으신 경희대학교 선종호 교수님의 보살핌이 있었음을 빠뜨릴 수 없습니다.

돌이켜보면 제게 사회 경력은 시작부터 감사했습니다. 무지한 사회 초년생에게 실무를 가르쳤던 태평양물산㈜의 여러 선배님들은 시간이 지나도 잊히지 않습니다. 특히 현재 택슨스포츠웨어의 채원규 대표님은 형님의 꾸짖음과 포용심으로 그 신입사원을 훈련시켰습니다.

'지음(知音)'이라 했습니다. 어찌 보면 이 원고에 가장 먼저 관심을 가져 주신 우리나라 원자력 수출 기업의 든든한 후원자, 원자력국제협력재단(KONICOF)과의 인연이 아니었다면 여기까지 이르지 못했을 것이라는 생각은 지금까지도 변함이 없습니다.

무엇보다 책 내용을 풍부하게 하고 개선할 수 있었던 것은 출강과 토론 기회뿐만 아니라 현재 몸담고 있는 회사에서의 현업을 통해서입니다. 근래 뉴스페이스(New Space) 시대가 도래하면서 급성장해 버린 우주산업계에도 법률 문제와 관련한 다양한 이슈가 넘쳐나고 있고, 대부분의 이슈는 계약과 밀접한 관계를 가지기 때문에 현업에서의 경험을 가벼이 할 수 없습니다.

업무 중 어려움에 부닥뜨리는 순간마다 삶의 혜안으로 신선한 조언을 아끼지 않으시는 청주대학교 이모성 교수님의 은혜를 상기하면 또 다른 한 권의 책이 나오게 될지도 모르겠습니다.

저자의 게으름을 떨쳐내고 3판을 내놓고자 결심한 배경은 역시 ㈜쎄트렉아이의 사업개발실 서승희 과장과 사업지원팀 박주영 대리의 공헌이 큽니다. 넘치는 에너지와 학구열로 업무 지식을 탐구하는 자세는 실로 본받을 만했습니다.

개인적으로는 법학 비전공자가 전문적인 내용을 다루면서 맞닥뜨리게 되었던 어려움과 법적 해석 문제를 쉽게 풀어 주는 한편, 전반부의 원고를 집필하면서 책이 출판되는 순간까지 수차례의 교정을 도맡아 준 공저자이자 훌륭한 법률 조언자인 구재천 변호사에게도 많은 신세를 졌습니다.

끝으로 원고를 탈고하기까지 몇 달간, 그리고 계속되는 수정 작업에 남편 역할을 포기해야 했지만, 본인 입장에서 생소한 내용을 읽어가면서 독자의 입장에서 원고를 검토해 준 사랑하는 아내, 그리고 아들 재욱과 시헌에게도 고마운 마음을 전하고 싶습니다.

저자 대표 **임태형**

감수의 글

대학에서 무역 실무, 무역 영어, 국제 계약 등의 과목을 강의하면서 항상 제일 먼저 하게 되는 고민은 '이번 학기에는 어떤 책을 강의 교재로 활용할 것인가' 하는 것입니다. 특히 최근에는 지식경제부와 한국무역협회 주관으로 미래 글로벌 무역 전문가 양성을 위한 GTEP(Global Trade Expert Program) 사업단장으로서 학생들을 지도하고, 대전 충남무역상사협의회의 자문 교수로서 기업인들을 만나 다양한 형태의 무역 계약에 관한 조언을 요청받으면서부터, 실제 무역 현장에서 부닥치게 되는 계약과 협상 관련 문제들에 대해 명쾌한 도움을 줄 수 있는 책의 필요성을 더욱 절감하게 되었습니다.

이러한 차에 평소 아끼던 제자이자 오랜 기간 중견 기업의 해외 업무를 담당해 온 임태형 팀장이 자신의 친구이자 기업법 전문가인 구재천 변호사와 집필한 〈국제 영문 계약 매뉴얼〉의 감수를 부탁해 책의 내용을 꼼꼼히 검토하면서 나도 모르게 무릎을 치게 되었습니다. 제가 그토록 찾아 헤매던 바로 그 책이었기 때문입니다!

이 책은 국제 거래와 국제 계약의 주요 법률 이슈, 계약 협상과 계약서의 구성, 국제 무역과 국제 조달 및 보증을 포함한 다양한 계약서의 실제 사례와 함께 영문 계약서에 주로 활용되는 표현 기법에 이르기까지 국제 계약과 협상을 처음 접하게 되는 해외 영업 실무자들이 가장 두려워하면서도 소홀히 하게 되는 문제들을 빠짐없이 다루고 있습니다. 저자들의 실무 경험이 책 속에 그대로 녹아 있어 해외 영업의 초심자들도 이 책을 다 읽을 때쯤이면 어느덧 국제 계약과 협상에 대한 두려움을 떨쳐 버리고 전문가가 되어 있는 자신을 발견하게 될 것이라고 믿어 의심치 않습니다. 실무 경험이 상대적으로 부족한 저 또한 이 책을 읽으면서 학생들에 대한 강의와 기업인들에 대한 상담에 어느 정도 자신감을 갖게 되어서 감수자가 아니라 독자의 한 사람으로서 두 분 공저자에게 고마움을 전하고 싶습니다.

중요한 국제 계약과 협상을 앞둔 해외 비즈니스 실무자들이 이 책을 보면서 계약서의 주요 조항들에 잠재되어 있는 문제점은 없는지 사전에 충분히 검토하고 협상을 성공적으로 마무리하기 위한 실무 지침서이자, 미래의 글로벌 무역 전문가를 꿈꾸는 학생들의 필독서가 될 이 책을 널리 추천하는 바입니다.

충남대학교 교수 **문희철**
(충남대학교 GTEP사업단장)

01
나를 위해 비즈니스 멘토가 되어 줄 국제 영문 계약 A to Z 매뉴얼이 있다

해외 비즈니스 실무자가 영문 계약서 체결을 위해 협상의 전 과정에서 꼭 알아야 할 업무 전략을 담았다. 기업의 해외 업무를 담당한 저자가 초보자도 따라 할 수 있는 국제 영문 계약 노하우를 알려 주고 있다. 국제 영문 계약을 위한 협상의 첫 단계에서부터 마지막까지에 관한 모든 업무 지식을 바로바로 찾아서 자신 있게 업무에 활용하자! 이 책은 협상 상대를 이기는 국제 영문 계약서 작성을 위한 실무 전략을 바로 내 것으로 만들 수 있도록 나만의 든든한 '비즈니스 멘토'가 되어 줄 것이다.

02
해외 비즈니스 실무자가 꼭 알아야 할 국제 협상의 현장 영어가 있다

〈국제 영문계약 매뉴얼〉은 국제 비즈니스를 책임지는 비즈니스맨으로서 영어로 자신 있게 협상하고, 결국에는 영어로 회사에서 성공할 수 있도록 만들어 줄 단 한 권의 책이다. 당신은 '보내 주신 계약서 초안에서 참조 오류가 몇 개 발견되었습니다', '2조의 문구를 조금 바꾸겠습니다', '선적 지연은 전적으로 귀사 지시서가 제때 전달되지 않았기 때문입니다', '당사자들은 2009년 3월 7일, 본 계약서에 서명하였다', '반대의 통지가 없으면 계약은 1년 더 연장될 수 있다'를 영어로 말할 수 있는가? 이 책에서는 해외 비즈니스 초보자를 위해 협상의 전 과정에 따라 꼭 필요한 영어 어휘와 표현을 각각 수록하였다. 즉, 해외 업무 담당자에게 업무 기술과 영어 표현을 동시에 알려 주는 책이다.

03
강력한 영문 계약서를 만들기 위해 해외 비즈니스에서 쓰이는 영문 계약서가 있다

이 책에서는 해외 비즈니스에서 꼭 필요한 영문 계약서 샘플을 모두 수록하였다. 해외 비즈니스 담당자가 제일 필요로 하는 영문 계약서와 한글 해석을 함께 수록하여서 해외 비즈니스 초보자도 업무에 편하게 활용할 수 있다. 그리고 각각의 계약서에 쓰이고 있는 적절한 영어 표현과 문장을 총망라하여 소개하고 있다.

04
예상치 않은 비즈니스 돌발 상황에도 함께할 수 있는 실무 전략이 있다

실제 비즈니스 상황은 대부분 비즈니스 관련 책에서 나오는 모범 정답 같은 대화처럼 흘러가지 않을 가능성이 더 크다. 이 책에서는 협상 과정에서 일어날 수 있는 돌발 상황과 그에 대한 대처 방안까지 알려준다. 특히 〈제1부 CHAPTER 04 돌발 변수와 대처 방법〉에서는 돌발 상황에서 함께할 수 있는 영어 표현과 업무 매뉴얼을 파악할 수 있다.

Contents

제3부

계약 불이행과 분쟁의 해결

제6부

알아 두면 든든한 계약법 상식

제7부

영문 계약서 통으로 참고하기

제1부

계약 속
협상 상황

협상의 진수, 계약 협상

Chapter I

해외 거래 담당자들은 거의 모든 협상의 목표가 계약서로 귀결되는 것을 경험해 왔을 것이다. 가격 협상도 발주서나 제안서라는, 향후 계약서를 구성하게 될 문서로 문자화되어야 의미가 있다. 기술적 사양 문제도 납기도 마찬가지로 문자화되어 계약서로 구성되지 않으면 구두 협상 결과만으로는 어떠한 강제력도 부여할 수 없다.

한편, 협상 테이블에서 어렵사리 우리 측에 유리하게 이끌고 간 합의 사항들이라 할지라도 이를 계약서로 구성할 때 단어 하나를 잘못 삽입함으로써 뜻하지 않은 어려움을 자초할 수도 있고, 의도되었건 아니건 간에 계약 이행에 따른 복병들이 숨어 있을 수도 있다. 물론 의도적으로 이러한 복병들을 숨겨둠으로써 협상 테이블에서의 전세가 계약 이행 과정에서 뒤집혀질 수도 있다.

이런 면에서 계약서를 작성하는 협상을 협상의 꽃이라 부르기도 하고, 본(本) 협상, 또는 진검승부의 과정이라고도 한다. 협상을 승부 내기라 생각하는 것은 일면 지나치게 협상의 제로섬(zero sum) 측면만을 강조하는 것처럼 보일 수 있지만, 적어도 실무자의 입장에서는 진검 승부를 한다는 각오로 협상의 준비 과정과 진행 과정에 최선을 다해야 하는 것만은 틀림없는 현실이다.

1 협상 일반론과 계약 협상의 흐름 이해

협상을 구성하는 3가지 요소가 있다면, 협상자로서의 사람이 그 첫 번째이며 두 번째는 협상의 목표로서의 계약서, 그리고 그 목표를 이루기 위한 협상 대상이 되는 의제를 세 번째 요소로 꼽을 수 있다.

협상의 기본은 사람이다. 특히 국제 비즈니스 계약을 위한 협상에 있어서는 협상 상대자는 외국인일 것이고, 그 상대자와의 커뮤니케이션은 영어로 이루어질 가능성이 높다. 또, 협상 상대자의 직업은 변호사이거나 기업의 법무 담당자, 또는 경험 많은 마케팅 담당자일 가능성이 높다. 이는 다른 문화적 배경에서 자라고 교육받은 사람과의 협상에서 가장 첫 번째로 고려해야 할 상황이다.

일반적인 협상에서는 협상 상대방을 분석하고 그에 대해 전략적으로 접근하는 것이 필요하다고 하지만[1], 계약 협상과 같이 팀을 이루어 여럿이서 진행하는 협상은 개별 협상과 달리 전체적으로 절충적이고 분석적인 흐름으로 협상의 분위기가 이끌리게 되는 경우가 많다.[2] 따라서 계약 협상의 주요 요소로서의 상대방이 매우 합리적이라는 전제 하에 협상에 임할 필요가 있다.

한편, 계약 협상을 성공적으로 이끌기 위해서 갖추어야 할 몇 가지 도구가 있다. 이는 일반 협상의 경우와도 크게 다르지 않은데, 허브 코헨이 일찍이 『협상의 법칙』이라는 책에서 강조한 '힘', '시간' 그리고 '정보'를 대표적인 도구로 꼽을 수 있다. 어떤 사람은 또 다른 중요한 도구로서 '관계'와 '대안'을 꼽기도 한다.

허브 코헨이 제시한 협상의 3대 요소를 비롯해 많은 사람들이 동감하는 협상의 요소들은 결국 다음과 같이 요약될 수 있다.

첫 번째, '힘'에 관한 것이다. 허브 코헨이 열거한 힘에는 합법성의 힘, 동참에서 얻는 힘, 전문적이거나 관련 지식에서 얻는 힘, 보상과 벌이 가져오는 힘이 있는데 이러한 힘을 통해 상대방에 비해 내가 더 많은 힘을 가질 수 있다. 두 번째는 '시간'의 흐름이 협상 흐름에 미치는 관계에 관한 것으로 대개 마감 시간에 쫓기는 사람들이 협상에서 끌려 다니게 되는 모습과 일맥상통한다. 세 번째, '정보'는 상대가 협상을 통해 얻고자 하는 가치와 약점, 시간 제한 등에 대한 것으로 끊임없이 정보를 탐색함으로써 협상에서 유리한 고지를 점해야 한다는 내용이다.

한편, 많은 경우에 있어서 기업들의 협상 목적은 유리한 계약서를 얻어내는 것일 때가 많다. 계약 협상 단계에서의 협상 흐름은 대개 다음과 같다.

1st Phase: Remote Communication(원거리 접촉) 단계

실제 많은 거래에 있어서 원거리 접촉을 통해 협상과 계약 문안 구성까지 모두 이루어지는 경우가 많지만, 어느 정도 규모가 있는 계약이라면 아무래도 계약의 중요성을 감안해 단계

---

❶ 협상자는 크게 나누어 관계를 중시하는가, 자신의 의견을 얼마나 관철시키려 하는가, 그리고 갈등에 대한 태도가 어떤가에 따라 회피형, 수용형, 경쟁형, 협동형, 절충형의 5가지 유형으로 구별하며 전체에 집착하는가, 세부적인 내용에 집착하는가, 또 어떤 내용을 자신의 논리에 대한 근거로 삼는가에 따라 사실적, 직관적, 분석적, 규범적 협상가로 구분한다.

❷ 물론, 이렇게 팀을 이루어 협상에 임하는 경우에는 오히려 모르는 것을 모른다고 말하지 못하고, 알면서도 안다고 말하지 못하는 '대중 속의 무지'가 부작용으로 작용할 수 있다.

를 밟아가게 된다.

거래 의사가 확인되고 나면 이메일이나 전화로 기본적인 거래 조건에 대한 협의가 이루어진다. 원거리 접촉 단계는 인간적인 관계가 형성되는 단계이자 거래의 기초 정보가 교환되기 시작하는 단계로서 교환 채널을 일관되게 유지해가면서 관계의 형성에 초점을 맞출 필요가 있다.

2nd Phase: Preparation(협상 준비) 단계

기본적인 거래 조건에 대한 정보가 교환되고 나면 내부적으로 거래 협상을 준비해야 한다. 내부적인 거래 조건을 분석하기 위해서는 역시 실무진의 참여가 매우 중요한데, 초기 채널을 담당하던 사람이 주도해 계약 담당자, 엔지니어 등을 포함한 프로젝트 팀을 구성하는 한편, 구성된 프로젝트 팀에서는 도출 가능한 의제를 설정하고 그 의제들을 그룹화하는 작업을 수행한다.

의제 중에서도 쟁점이 될 수 있는 항목들은 별도로 정하되 쟁점에 대해서는 반드시 대안이 마련되어 있는지, 받아들여지지 않을 경우의 Plan B(대안)가 있는지 확인해야 한다.

3rd Phase: Meeting Table(협상) 단계

최근의 협상은 Phone Meeting으로 진행되거나 Teleconference, 이메일을 통해서도 많이 이루어지는 추세이지만 역시 가장 긴장되면서도 가장 효과적인 것은 직접 대면 협상이다. 협상에 참여하기 전에 상대방과 서로의 의제를 교환하는 것은 필수적인 절차인데, 사전에 의제를 교환함으로써 서로가 갖고 있는 생각의 차이를 미리 파악해 둘 필요가 있다. 어느 일방이 멀리 출장을 가게 되는 경우에는 협상 이전의 의제의 교환 과정에서 협상 내용을 어느 정도 정리해 두는 것도 효과적으로 협상을 진행할 수 있는 방법이다.

본 협상 단계에서는 미리 정리된 의제를 중심으로 진행하되, 우리 측의 내부적인 커뮤니케이션이 끊기지 않도록 적절히 의제 간 간격을 두어가면서 진행하도록 한다.

처음 협상 테이블에 앉아 간단한 인사나 농담으로 서먹함을 해소한 직후의 단계에서는 가급적 의제를 쟁점화하지 않으려 하는 경향이 있다. 또, 협상의 집중력이 가장 높을 때가 바로 이러한 Ice Breaking 직후의 단계다. 이 점을 이용한다면 반드시 지켜야 하는 조건들 중에서 상대방이 이해할 수 있으리라고 생각되는 분야를 가급적 협상의 전반부에 배치하고 쉽게 양보하거나 양보받을 수 있는 분야를 의제의 순서상에 적절히 섞어가며 배치해 둠으로써 협상 테이블의 긴장도를 조절할 수 있다.

실제로 의제를 어떻게 나열하고 협상 순서를 어떻게 배치하는가는 협상의 가장 중요한 기술 중 하나라고 할 수 있다.

4th Phase: Contract Wording(계약 문안 구성) 단계

3단계와 4단계에서는 가급적 별도의 단계를 두기보다는 한 가지 의제가 정리되는 대로 즉시 계약서 문장을 구성할 것을 권한다. 비록 우호적으로 협상이 이루어졌다고 할지라도 이를 나중에 계약 담당자가 한꺼번에 문장을 구성하다 보면, 협상의 집중력이나 분위기 차원에서 자칫 그 내용이 왜곡될 수도 있고, 다 끝난 얘기가 다시 쟁점화되는 경우도 많이 볼 수 있다. 또, 협상 과정에서 다루지 않은 내용들이 계약서의 구성에 따라 문안에 삽입되는 때는 생각지도 않은 내용이 허무하게 상대 측의 의사에 따라 상대방에게 넘어가는 경우도 있으므로 주의를 요한다.

어쨌든 협상의 한 가지 의제가 정리되면, 그 의제는 반드시 회의록의 형태든 Term Sheet의 형태든 또는 계약 문서든 어떠한 형태로든 서면화하는 작업이 필요하다. 문장의 구성 작업은 바로 계약서의 효력을 만드는 작업이므로, 어떠한 협상 과정에서의 구두 약속보다 우선한다는 점을 유의해서 적절한 표현을 삽입하도록 해야 한다.

5th Phase: Post Contract(계약 이후) 단계

성공적인 계약 체결이 이루어지면, 계약 담당자는 전체적인 내용을 Term Sheet에 다시 정리해두는 습관을 기르도록 한다. 회사에서도 가급적 이러한 별도의 문서화 절차를 의무적으로 해 두는 것이 바람직하다. 이는 협상 과정에서 의도했던 내용을 얼마나 계약서로 잘 흡수했는지, 협상 과정에서 의도하지 않은 내용이 들어가지는 않았는지 담당자가 스스로 점검할 수 있는 기회를 만들어 준다. 이 같은 작업은 계약서 내용을 최종적으로 한 번 더 검토하게 하는 효과가 있을 뿐만 아니라 한 번의 계약 협상 참여 경험을 2배 이상 효과적으로 전문화시켜 준다. 복습 없이 계약서를 파일링만 하다 보면, 해외 출장까지 가면서 귀하게 얻은 계약 협상 참여 경험이 이내 기억 속에서 사라지고 말 것이 분명하다.

계약 협상의 대상이 되는 의제, 즉 쟁점들은 계약의 성격에 따라 천차만별이지만 일반적으로 계약서의 조항에 묶여서 더 이상의 의제를 개발하지 못하고 정적으로 협상을 끌어가는 경우가 있다. 이번에 설명할 내용이지만, 거래 조건별로 협상의 개별 의제를 항목화하고 이를 통해 다양한 쟁점과 대안들을 개발해 두는 것은 유리한 협상을 넘어서 보다 생산적인 협상 결과를 얻어낼 수 있는 방법임을 명심해야 한다.

2 계약 협상의 승패를 가르는 배경 요인

국제 거래 협상의 종착점은 결국 계약으로 귀결된다. 앞서 확보한 우리 측의 입장을 계약서에 어떻게 녹여 넣을 것인가는 기술의 문제이자 또 다른 협상의 출발점이 된다. 계약 협상을 성공적으로 이끄는 요인들에는 앞에서 설명한 허브 코헨의 3요소라든가, 철저한 사전 준비, 대안 쟁점의 개발 이외에도 다음과 같은 배경 요인들이 중요하게 작용한다.

첫 번째, 백번 당연한 말이겠지만 영어 실력이다. 아무리 좋은 생각을 갖고 있더라도 이를 상대방에게 전달하지 못한다면, 그리고 아무리 상대의 허를 찌르는 아이디어라도 상대방에게 전달하는 과정에서 상대방이 눈치를 챈다면 오히려 오해를 불러일으키거나 협상 당사자인 우리를 얕게 만드는 역효과만 불러온다. 이미 만국 공용어가 되어버린 영어에 대해서는 굳이 따로 이야기하는 것이 지면이 아까울 정도지만, 그만큼 중요하고 또 중요하다. 자신의 아이디어를 상대에게 정확히 전달할 자신이 없다면 협상단 중에서 그나마 가장 영어 실력이 좋은 사람에게 내용 전달을 요청하도록 한다.

반대로, 상대방의 협상단 중에서 영어 실력이 조금 약한 사람이 눈에 띈다면, 그 사람은 우리에게 사막의 오아시스와 같은 존재임을 잊지 말자. 쉬는 시간을 이용해 그 사람을 적극적으로 공략하도록 한다. 영어 실력이 모자란 사람은 심리적으로 다른 방면으로 스스로의 능력을 커버하려는 욕구를 갖고 있게 마련이다. 그 사람의 과거 성과와 실력, 준비해 온 자료들을 칭찬하면서 다른 사람들로부터 얻지 못하는 정보를 둘러서 질문하면, 대개는 청산유수같이 정보를 쏟아내게 마련이다.

두 번째, 배경 지식이다. 계약으로부터 상대방이 얻고자 하는 것과 우리가 얻고자 하는 내용에 대한 정확한 지식을 갖고 접근할수록 서로가 원하는 바를 충족시킬 수 있는 Win-Win 협상이 가능하다. 배경 지식 없이 법적으로 계약적으로 유리한 고지만을 점하고자 한다면, 소모성 협상이 될 가능성이 많다. 최근의 계약이 기술적 내용을 포함하는 경우가 많은 것을 감안할 때, 배경 지식에 대한 이해를 위해서는 협상을 위한 준비 과정에 엔지니어의 참여가 필수적이고, 어학 실력을 갖춘 엔지니어를 협상단에 참여시키는 것도 좋은 방법이다.

세 번째, 상대를 얼마나 잘 파악하고 있는가 하는 것이다. 계약 협상에 있어서 상대방 역시 자신이 결정할 수 있는 범위가 있게 마련이고, 대개는 이를 이용해 자신이 보스로부터 위임받은 권한이 작아서 그 이상은 해줄 수 없다는 식으로 자신의 입장을 고수하려 한다. 잊지 말아야 할 것은, 상대는 그 이상의 힘을 갖고 있다는 것이다. 보스의 허락이 필요하다고 하면, 승인을 요청할 시간을 주도록 한다. 이런저런 핑계를 대면서 당장 승인을 얻기 곤란하다고 하면, 적어도 상대방이 협상자의 입장에 동의했다는 내용을 확인해 회의록에 기록하도록 한다. 반대로 생각하면, 우리 측에서 받아들이기 곤란한 내용에 대한 요청이 계속되는 경우의 대처 방법도 분명해진다.

네 번째, 상대의 마음을 얼마나 잡고 있는가에 대한 것이다. 상대의 호감을 살 수 있는 방법은 여러 가지가 있다. 협상을 위한 미팅 이전에 이메일과 전화를 통해 지속적인 커뮤니케이션이 있었고 그 과정에서 사적인 대화도 오갈 정도로 친밀해졌다면 매우 효과적인 협상 준비 전략이 된다. 이 정도라면 아무리 고집스런 상대라도 자신의 입장만 부각시키기는 곤란하게 된다. 만약 해외 출장을 가서 현지를 방문해야 하는 경우라면, 한국적인 색채가 진한 기념품을 준비하도록 한다. 너무 비싸거나 큰 것은 오히려 부담스러워하는 경우가 많고, 뇌물처럼 받아들여질 수 있으므로 적절한 선물을 고르는 것 역시 중요한 협상 노하우가 될 수 있다. 선물이나 기념품의 선택에 있어 상대 기업 또는 협상자의 국적도 중요한 고려 사항이 되는데 특히 이슬람권과 왕래가 있다면, 이슬람의 풍습을 어느 정도 인지해 두는 것이 필요하다. 이슬람 국가, 특히 말레이시아에서 개를 터부시하는 점을 이해한다면, 강아지 인형을 선물하는 실수는 하지 않을 것이다. 중국에서 우산이나 괘종시계, 과일 중 배와 같은 선물은 피해야 한다거나, 일본에서 흰색 포장지를 기피하는 것과 같이 반드시 피해야 할 선물은 미리 알아 두는 것이 좋다.

상대가 한국을 방문하는 경우라면, 비싼 선물을 준비하는 것보다 전시회나 공연이 어우러질 수 있는 식사 자리를 마련하는 것이 훨씬 더 효과적으로 상대의 마음을 살 수 있는 방법이다.

마지막으로 계약 협상을 진행함에 있어서 고려해야 할 '강력한 계약서의 완성'이라는 결과는 한편으로는 상대에게 계약 이행에 대한 부담으로 작용할 수도 있다. 이 점에서 협상이나 관계적인 측면의 기술이 필요할 수 있는데, 이를테면 어느 한쪽의 지나치게 우월한 계약 내용이 강조되다 보면 상대와의 관계 설정이 어색해질 수 있다. 즉 양 당사자 모두가 만족스러운 협상 결과를 얻었다고 느낄 때 비로소 성공한 협상이라고 할 수 있다.

Chapter II 계약 협상 준비

계약 협상의 준비 단계를 협상의 주체에 따라 나누어 보면, 우선 내부적인 준비 단계와 본 협상에 들어가기 전 협상 내용을 점검하는 단계로 구분할 수 있다.

내부적인 준비 단계에서는 주로 협상의 목적과 방법, 장소 등을 고민하고, 협상 내용의 점검 단계에게서는 협상 대상이 되는 주요 항목들을 정리 및 평가하는 것이 중요하다. 또, 상대방과 본 협상 이전에 사전 조율을 할 경우에는 반드시 이메일과 회의록을 통해 상대방과의 협의 내용을 정리해 둘 필요가 있다. 이 과정에서 상대방과 교류하는 내용들은 한 채널로 통일하는 것이 유리한데, 이는 상대방과의 토론 과정에서 논리적 일관성을 유지하기 위함이다.

🗨 Core Vocabulary

compliance matrix	발주자가 발행한 제안 요청서의 규격이나 사양, 또는 계약 조건에 대한 충족이나 동의 여부를 정리한 테이블(compliance table)	cross reference	상호 참조 또는 교차 참조. 한 단어가 여러 곳에서 사용되거나 다른 곳의 내용을 참고하도록 되어 있는 경우를 말한다.
TBD	결정을 뒤로 미루는 것으로 '추후 결정' 정도로 해석한다. (To Be Decided 또는 To Be Determined)	non-competition	경쟁 금지 조항. 특히 대리점 계약이나 라이선스 계약에서 문제가 된다.
trade-off	상충되는 대안의 선택	elaborate (on)	(~에 관해) 상세히 설명하다 (amplify)
wording	문구	make a concession	양보하다
accordingly	'그에 따라'로 해석하되 '비례해'라는 의미가 포함된다.	Memorandum of Understanding	양해 각서. 흔히 MOU로 사용된다.

Please **elaborate on** your concern about Article 4.2.	4.2조에서 당신이 우려하는 바가 무엇인지 **자세히 설명해** 주십시오.
Let us make some changes in the **wording** of Article 2.	2조의 **문구**를 조금 바꾸겠다.
I am afraid that we found several **reference errors** in your draft contract. Please check the cross references and send us your modified one.	유감이지만, 보내 주신 계약서 초안에서 **참조 오류**가 몇 개 발견되었습니다. 다시 한 번 확인하시고, 수정된 내용을 보내 주십시오.
Both Parties desire to start their collaboration on the OOO project by signing this **MOU**.	(특히 Whereas 조항에서) 양 당사자는 동 **MOU**에 서명함으로써 OOO 프로젝트에 관한 협력을 시작하고자 한다.
Bidder shall develop **Contract Compliance Matrix** with support of Contract Management for delivery and installation.	응찰자는 납품과 설치를 위해 계약 관리부서의 지원하에 **Contract Compliance Matrix**를 작성해야 한다.
The following matters **remained pending and TBD** next meeting.	다음 사항들은 결정되지 않았으며 다음 회의에서의 '**추후 결정**'으로 남겨졌다.
The **validity**, performance, construction, and effect of this Agreement shall be governed by the laws of Korea.	계약의 **유효성**, 이행, 해석과 효과는 한국법에 의해 정해진다.
We will have to give up this short delivery for better reliability of the product since there is **trade-off relations** between them.	신뢰성과 납기는 **상대적인 것이므로** 보다 나은 신뢰성 확보를 위해 이렇게 짧은 납기 조건은 포기해야 할 것이다.
Agenda for next meeting shall be itemized before the end of this meeting.	이번 회의를 끝내기 전에 다음 회의의 **의제**가 도출되어 정리되어야 한다.
The Buyer shall pay to the Seller US Dollar Twenty(US$20) for the Products; provided, however, that if the Seller exercises its option to load more or less Products in accordance with Article 4(Shipment) hereof, the price shall be adjusted **accordingly**.	매수인은 물품의 대가로 매도인에게 미화 20달러를 지불해야 한다; 다만, 매도인이 제4조의 선적 조항에 따라 제품을 초과 또는 미달 선적한 경우에는 가격은 **그에 따라** 조정된다.

 이메일과 회의록의 힘

계약서의 해석에 이견이 생기는 경우와 계약의 이행에 있어 양 당사자가 서로 다른 요구를 하는 경우는 실무에서 비일비재하게 일어난다. 계약서와 첨부 문서들이 제 힘을 발휘하게 되는 것은 이렇게 의견 충돌이 발생하는 때다. 때로는 계약서 내용이 불충분해 이리저리 논리적으로 유추 해석을 시도하기도 하지만, 해석이란 역시 자신에게 유리한 쪽으로 될 수밖에 없는 것이다.

의견 충돌에 대비하는 가장 좋은 방법은, 가능한 한 의사 소통의 수단으로 이메일 또는 팩스를 사용하는 것이다. 급한 경우에는 전화 통화로 상황을 전달하더라도 그 전후에는 이메일로 내용을 함께 보내고, 반드시 회신을 받아 두도록 한다. 나중에 문제가 생길 때는 상대방 담당자와 이메일 교신 내용을 점검해 가면서 문제의 경과를 검토해 볼 수 있다.

물론, 상대방이 악의를 가지고 상황을 일부러 곤란하게 만들려고 하는 경우에는 이메일의 법적 효력이 문제시될 수 있겠지만, 그렇지 않은 다음에야 과거에 그러한 합의가 존재했었음을 본인이 이메일 자료를 보면서 확인하게 되면 대개는 상황이 누그러진다.

한편, 계약 이행의 중간에 어떠한 이슈로 회의를 가졌는지 그에 대해 회의록을 남겼다면 더할 나위 없는 계약의 보충 자료가 될 수 있을 뿐 아니라 법적인 효력 측면에서도 계약서에 준하는 서류로 간주된다.

반대로 생각하면, 이메일은 흔적이 남는 커뮤니케이션 수단이라는 점에서 거의 공식적인 회의록에 준하는 자료가 된다. 따라서 단순한 이메일 한 통이라도 가볍게 생각하기보다는 표현 하나하나에 주의를 기울여 가며 내용을 작성할 필요가 있다.

또한, 이메일은 자주 교환하다 보면 상대방과 나름의 묘한 유대 관계가 형성되기도 한다. 공식적인 이야기가 오갈 때 따라붙는 참조자들은 제외하고 상대방에게 형식을 무시한 친근한 이메일을 가끔 보내 보자. 때로는 물어보기 애매했던 정보나 생각지도 못한 소중한 정보들을 접하는 쏠쏠한 재미를 느낄 수도 있다.

2 쟁점 & 의제의 설정과 그룹화

'쟁점'은 말 그대로 Arguing Point인데, 다른 말로 '의제' 또는 '안건' 등으로 표현할 수 있다. 역시 느낌이 바로 와 닿는 표현은 '쟁점'이다. 쟁점이란 협상 또는 논의의 대상이 되는 의제로서 Issue가 Agenda보다는 강한 표현이다.

협상에 있어서 준비된 의제와 쟁점의 수는 포커에서 쥐고 있는 카드 숫자와 같다. 단순히 많이 들고 있다고 해서 좋은 패가 나오는 것이 아니듯이 협상에서의 쟁점 역시 다양하면서도 상대를 흔들 수 있는 내용이어야 한다. 물론, 그 수가 많을수록 좋은 패가 나올 가능성이 많아진다는 점 또한 포커와 유사하다.

계약 협상에서 준비할 수 있는 쟁점은 계약의 성격과 계약 내용에 따라 수없이 많은 하부 쟁점들로 나눌 수 있다. 가장 간단하게 작성되면서도 향후 거래 관계 발전에 무한한 가능성을 열어둔다는 점에서 중요한 계약 참고 문서로 기능할 수 있는 양해 각서 (MOU)의 협상 사례를 살펴보자.

A는 나름대로 독보적인 기술을 가진 소규모 사업자이고, BMW와 Camsung은 해당 분야에서 지배적 사업자인 대기업이다. BMW와 Camsung 기업은 각각 CITY라는 대규모 프로젝트에 참여하기 위해서 A의 기술을 필요로 하는 상황이며, 그중 BMW가 A와 공동 참여하기 위한 실무 협의를 시작해 MOU를 체결하기로 했다. 이때, A와 BMW가 각각 준비할 수 있는 협상의 쟁점들은 다음과 같이 정리할 수 있다.

협상 쟁점	협상 쟁점에 대한 각기 다른 입장	
	A 중소기업의 입장	BMW 대기업의 입장
합의의 범위 조정	CITY 프로젝트에 국한하고 다음 기회부터는 Camsung과의 협력 가능성을 열어 두고 싶다.	내 편으로 만들기 위해 가능하면 범위를 설정하지 않으려고 할 수 있다.
유효기간	유효기간을 설정함으로써 일정 시점까지 계약이 체결되지 않으면 MOU를 무효화시키고 다른 가능성을 찾아 보고 싶다.	가능하면 유효기간을 길게 설정하거나 기간 자체를 언급하지 않을 수 있다.
사업 규모의 언급	성공적으로 수주할 경우 BMW로부터 받게 될 사업비 또는 실시료(Licensing Fee)에 대해 최저 한도 정도는 삽입해 둠으로써 기본적인 매출 기대는 충족하고자 한다.	사업 자체가 확정되지 않은 시점에서 사업 규모에 대한 언급은 자칫 제 발등을 찍게 될 수 있으므로 언급을 하지 않고, 본 계약 시점으로 넘기고자 한다.
경쟁 조건	Camsung에서 더 좋은 조건을 제시할 경우 Camsung과의 협의도 가능하도록 신사 협정 차원에서 마무리한다.	A가 다른 대기업인 Camsung과는 협의하지 못하도록 이번 합의에 불경쟁 조항(Non Competition)을 삽입한다.
합의의 효력	합의의 구속력을 가능한 한 피하고 싶어할 것이지만, 사업 규모에 대한 언급 정도에서는 구속력을 부여하고자 한다.	합의의 구속력을 확보하고 가능한 한 A를 안정적인 공급처로 남겨 두고자 한다.
협력의 방식	기술 실시료를 받고 기술 이전하는 방법이 있을 수 있지만, 사업 용역을 통해 개발 실적을 남기고 기술을 보호하는 것이 더 바람직할 수 있다.	가능하면 기술을 이전 받아 내부화시키는 전략을 채택하고자 한다.

이처럼 가장 간단해 보이는 MOU와 같은 합의문에서도 여러 가지 쟁점이 있을 수 있는데, 하물며 실제 거액의 대금이 오가는 구매 계약이나 기술 라이선싱 계약에서는 훨씬 더 다양한 쟁점들이 존재할 수 있다. 또, 이렇게 도출된 쟁점들이 조합을 이루어 다시 쟁점으로 등장하기도 한다.

다시 한 번 강조하지만, 가능하면 좀 더 다양한 패를 발굴하고, 가능하면 상대가 쥘 수 있는 패를 미리 고민해 보고 그에 따른 대안적 쟁점들을 발굴하는 것이야말로 계약 실무자가 진정으로 고민해야 할 일이다.

3 / 협상의 우선순위 미리 챙기기

각기 다른 나라에 위치한 두 회사 또는 기관이 거래 관계를 여는 데 합의하고 나면 계약서를 작성하기 위한 단계에 접어든다. 대개는 매수인(수입자)의 소재지에서 계약을 체결하는 경우가 많기 때문에 수출이 많은 우리나라 기업들로서는 계약 담당자의 해외 출장이 불가피하게 될 것이다.

이때, 일반적인 아이템을 취급하는 경우라면 몰라도 기술적으로 복잡한 아이템을 취급하는 경우에는 기술적인 사항에서의 대안 선택, 또는 기술적 사항과 일반 계약 사항 간의 대안 선택을 협상의 대안으로 삼을 수도 있으므로 엔지니어의 참석이 필수적이다.

협상 테이블에 앉게 될 각 담당자는 사전에 협상에 참여하지 못하는 각 분야의 사내 담당자들로부터 필요한 자료들을 받아 개별적인 협상 아이템들을 도출하고 상호 관계를 미리 파악해 둬야 한다.

한편, 역시 Win-Win 협상의 기본은 서로가 중요하게 생각하는 부분을 파악하고 중요하지 않은 부분들은 양보할 수 있게 준비하는 것인데 이를 위해서는 무엇보다 우리 측에서 대가를 치르더라도 반드시 얻어 내야 하는 사항, 중요하지만 상대의 일정한 양보가 있으면 우리도 양보할 수 있는 사항, 상대 측에서 반드시 얻어내고자 하는 사항, 상대 측이 양보할 수 있을 것으로 기대되는 사항에 대한 이해를 바탕으로 각각의 리스트를 작성할 수 있어야 한다.

계약을 위한 출장 단계에서 가장 중요한 것은 출장 전에 상대방의 기본적인 거래 조건에 대해 확실히 이해하고, 각 거래 조건에 대한 우리 측의 대응 방안을 마련해 나가는 것이다. 이 과정에서 다음과 같은 Compliance Table을 준비해 두면 유용하게 활용할 수 있다.

Compliance Table 작성 예

Article (조항)	Contents (내용)	NC/TBD (불일치 여부/추후 결정 대상)	Class (등급)	Alternative (대안)	Remarks (비고)
1	Definition	"Day" means banking day unless otherwise specified.	NC	B	"Day" means **calendar day** unless otherwise specified.	**Calendar day**가 직관적으로 계산하기 쉽다.
4	Warranty	24 months after completion of inspection	TBD	A	24 months after **delivery to the Buyer**	검사의 기한이 설정되거나 보증기한의 시작을 납품일로부터 기산하는 것이 좋다.
10	Secrecy		NC	A		
13	Applicable law		CC	B		

위 Compliance Table을 작성하는 데 있어서는 각 등급(Class)을 중요도에 따라 A/B/C 등으로 구분하는데, 이는 사전에 반드시 얻어 내야 하는 우리 측의 권리에 대한 내부적인 합의를 도출하는 데 먼저 사용되고, 합의 이후 협상 단계에서도 적절히 이용될 수 있다. 즉 Class A이면서 현저한 차이(Non Compliance)로 분류되는 항목에 대해서는 협상 이전에 미리 대안을 준비해 협상 단계에서 쟁점화할 필요가 있다.

> **계약 협상을 위한 Compliance Table 작성의 TIP**
>
> ☐ Compliance Table은 경우에 따라 Compliance Matrix 또는 Non Compliance Matrix라고도 한다.
>
> ☐ 상대방의 계약서 각 항목에 대해 우리 입장에서 따를 수 있는지, 즉 Comply한지 여부를 구분하는 기준과 그 내역은 일차적으로 우리의 내부 자료이고 공개되어서는 안 된다. 다만 협상 과정에서 진행 속도를 높이고 협상의 우선순위를 결정하기 위해 전술적으로 일부 내용을 편집 · 공개함으로써 협상의 흐름과 방향을 주도할 수 있다.
>
> ☐ Compliance Table에서 구분 기준은 대략 다음과 같다. 이견이 존재할 뿐만 아니라 받아들이기 곤란함을 표시하는 NC(Non Compliant 또는 Not in Compliance, 현저한 차이), 어느 정도의 조건에 따라 받아들일 수도 있는 CC(Conditionally Compliant, 조건부 동의), 부분적으로 동의하는 PC (Partially Compliant, 부분 동의), 그리고 FC(Fully Compliant, 완전 동의)로 구분하는 것이 일반적이다.

□ 현재로서는 결정하기 어렵고 추후에 다시 논의해도 되는 문제이거나 논의를 늦추고 싶은 경우에는 TBD(To Be Decided 또는 To Be Determined, 추후 결정할 항목)로 표시해 두는 경우도 많다.

□ 한편, Compliance Table은 국제 입찰에 응찰하는 경우라면 반드시 작성하여 입찰 문서와 함께 제출하도록 하는 경우가 많다. 이때 Compliance Table은 계약 협상 용도로도 이용되겠지만, 응찰자(bidder)의 제품이나 제안서가 발주처가 제시한 제안 요청서(Request For Proposal)의 기술 규격 및 시방(Requirements) 내용들과 얼마나 일치하는지를 판단하여 입찰자를 평가하고 점수를 계량하기 위한 목적으로 이용된다. 이 경우의 Compliance Table은 그런 의미에서 특별히 Requirements Traceability Matrix(RTM)라고 불리기도 한다.

특히, 상대방에서 먼저 제시한 계약서를 통해 협상이 진행되는 경우라면 우리 측의 검토 결과에 따른 의견(이를테면, Letter of Comment)을 사전에 준비해 협상의 기본 자료로 내세우는 것도 좋은 방법이다.

4 계약서 검토를 위한 기술

모든 거래에 있어 우리 계약서가 채택되는 것은 거의 불가능하다. 상황에 따라 예기치 못한 형태의 거래가 있을 때도 있고, 정부 조달과 같은 계약에서는 계약 협상이 진행되더라도 계약서 양식 자체는 사전에 정해진 내용을 상당 부분 받아들여야 하는 조건이 있기도 하다. 계약서가 도착하고 나면, 반드시 1차적으로 계약서 내 각 조항들의 주요 내용과 서로의 연결 고리, 전반적인 계약 구조에 대한 검토를 거쳐 내부적인 논의가 이루어져야 한다.

별다른 생각 없이 해외 거래 담당자에게 계약서 내용의 검토를 일임하고 나서 나중에 내부적인 입장을 조율하려다 보면 의외로 곤란한 상황에 처할 수도 있다. 한편, 담당자의 입장에서 계약서의 빠른 검토를 위해서는 몇 가지 기술을 익힐 필요가 있다.

핵심 내용의 점검

계약 목적물, 대금과 무역 조건을 포함한 거래 조건, 계약 기간, 계약의 발효시점과 종료시점, 종료의 효과, 분쟁 해결 방법, 준거법을 중심으로 목차를 만들어 1차 점검한다.

주어 점검

형평성의 점검 단계로, 즉 주어가 공평하게 구성되어 있는지를 확인한다. 주어의 형태는 'Seller/Buyer'와 같이 지정된 주어가 있는 반면, 'The Party/Either Party'와 같이 상황에 따라 달라질 수 있는 주어가 있다. 후자가 보다 공평한 구성을 이룰 수 있다. 물론, 우리 측의 협상력이 훨씬 강한 경우에는 전자의 지정된 주어가 유리하다.

형식 점검

각 조항의 상호 참조(cross-reference) 오류를 찾는다. 워드프로세서의 발달에도 불구하고 의외로 오자, 탈자뿐만 아니라 참조 오류가 보이는 경우가 많다. 문제가 발생한 경우, 관련 조항에 오·탈자가 있으면 실수로 삽입된 오·탈자로 인정하지 않으려 하는 경향이 있으므로 반드시 검토할 필요가 있다. 대표적인 참조 오류는 '상기 제4항의 규정과 같이…계약 기간을 설정한다'라는 문장에 따라 제4항을 살펴보면 계약 기간이 아니라 엉뚱한 내용이 들어 있는 경우다.

의미 점검

정의(Definition) 조항은 반드시 읽어 보고, 다른 조항들을 검토하는 과정에서 이해되지 않는 단어들과 약어들을 모아서 정의 조항에 정리한다. 대개 정확하게 이해하고 있지 못한 의미임에도 불구하고 자존심이든 귀찮아서든 그 내용을 확인하려 하지 않는 경향이 있는데, 매우 위험한 태도라고 볼 수 있다. 잘 모르는 것은 귀찮게 질문하고 확인할 필요가 있다.

의도 점검

조항 간의 균형을 살펴본다. 즉 다른 조항들에 비해 상대적으로 상세히 작성된 조항에 대해 신경써서 검토한다. 예상되는 (우리는 예상하고 있지 못한) 상황에서 해당 회사의 이익을 보호하고자 하는 계약서 작성자의 의도가 반영되어 있을 가능성이 높다.

위험 점검

평소에 긍정적인 사고방식을 자랑하는 사람이라도 계약서를 검토할 때는 철저한 비관론자가 되어야 한다. 계약서에서 정하는 상황이 실제로 일어나거나 그 반대의 상황이 일어날 때 어떻게 처리할 것인지 상상함과 동시에 처할 수 있는 위험들을 점검해야 한다. 이렇게 정리된 리스트들은 협상 과정에서 의외로 긴요하게 사용될 수 있다.

계약서를 검토하는 데 있어서는 계약서 분량과 상관없이 모든 문장을 하나하나 세밀하게 검토하는 것이 기본이다. 다만, 여러 가지 사정으로 검토할 시간이 충분하지 않는 경우를 대비하여 앞에서 언급한 주요 항목들을 중심으로 나름의 체크 리스트를 확보해 두는 것이 좋다.

체크 리스트의 작성을 염두에 두고 부언하자면, 계약서 검토의 1단계는 핵심 내용의 점검이 되어야 한다. 핵심 내용을 검토할 때에는 거래를 위해 어떤 상대방과 어떤 대가가 교환되는지, 이를 교환하는 데 필요한 거래 조건들이 무엇인지, 그리고 계약 내용을 이행하지 않는 경우에는 어떻게 대응할 것인지를 면밀히 검토하고 우리의 대안을 제시할 수 있어야 한다. 그 과정에서 계약의 의미와 계약서의 의도, 위험을 점검하는 것은 계약서의 완벽한 준비를 위해 필수적인 절차이다.

Chapter III 계약 협상 본 단계

계약 협상의 준비 과정에서 작성된 이메일 등의 서신 내용들, 그리고 협상 의제를 사전에 분석한 자료들이 갖추어졌다면, 계약 협상의 본 단계에 들어설 준비가 된 것이다. 다만 계약서를 작성하는 데 있어서는 규모가 큰 계약일수록, 장기의 계약일수록, 고려해야 할 의제가 많을수록, 그리고 최고 경영자가 서명하게 되는 계약일수록 계약 협상의 본 단계와 준비 단계의 구분이 애매한 경우가 많다.

계약 협상의 전체적인 흐름은 준비 단계에서 내부적인 조율을 거치고 본 단계에서 구체적인 조건을 협상하게 된다.

🗨 Core Vocabulary

anchor effect	닻 내림 효과. 협상자들은 먼저 제시받은 조건의 범위에서 크게 벗어나지 못하고 그 조건을 맴도는 협상을 벌이곤 한다.	BATNA	Best Alternative To a Negotiated Agreement의 약자. 협상학에서 항상 인용되는 표현으로 '가장 근접한 대안' 또는 '협상이 결렬되었을 때의 대안'
battle of forms	서식 전쟁	installment	할부; 분할 지급
become due	기한에 이르다	installment sale	분할 판매
company letterhead	회사 로고 및 상호 등이 들어간 레터지	incoterms	ICC에서 약 10년마다 정해서 발표하는 정형 무역 거래 조건
purchase order	발주서	milestone	이정표; 고개
outstanding	발행된/남아 있는/미결제의	by-law(byelaw)	사규/내부 규정(code)
in writing	서면으로	working group	실무 그룹
telegraphic transfer	전신환(은행 송금)으로 wire transfer 등과 함께 사용된다.	as follows:	as the following, as below 등과 유사어로 '이하의'라는 뜻

parole evidence	문서화되지 않은 구두 약속의 증거 능력	down payment	선불금(upfront payment, advance payment)
fallback position	협상을 준비함에 있어 우리 측의 가능한 최종 후퇴선	in case(s) of	~하는 경우에. '만일(if)'의 조건을 이끄는 in the event of와 유사

🗨 Core Sentence

The Price shall be paid in accordance with the **milestone payment plan** identified in Appendix A.	대금은 부록 A에서 정한 **일정별 지급 계획**에 따라 지급되어야 한다.
Each **milestone amount** shall be payable after receipt by the Customer of a correct invoice from the Contractor.	각 **일정별 대금**은 도급자의 적절한 인보이스를 고객이 수령한 뒤에 지급된다.
KOREANA shall pay the Manufacturer through **telegraphic transfer** referred to in paragraph 1.6 here in above the amount of US Dollar 10,000, **as a down payment**, representing ten percent(10%) of the contract.	KOREANA는 제조자에게 상기 1.6조에 따라, **선금으로**, 계약의 10%에 해당하는 미화 1만 달러를 **전신환으로** 지급해야 한다.
In case of unsuccessful incoming inspection, the rejected Set of Equipment shall be considered as a non-delivery and shall be returned according to the procedure referred in the Contract.	수입 검사를 성공적으로 통과하지 **못한 경우**, 거절된 장비는 납품되지 않은 것으로 간주되며 계약서에서 정한 바에 따라 반송된다.
In case of non-performance of this Contract, the Party breaking the Contract shall compensate for the loss to the other Party **incurred in** such non-performance.	동 계약의 불이행 **시에는** 불이행 당사자는 상대방에게 그러한 불이행에 **따라 발생한** 손실에 대해 보상해야 한다.
Risk in each Deliverable Item under this Contract shall pass from the Contractor to the Customer at the delivery in accordance with DDU **Incoterms** 2000.	계약서상의 각 인도 물품에 대한 위험은 **인코텀스** 2000의 DDU에 따라 인도되는 시점에 계약자로부터 고객에게 이전된다.
We accept **Purchase Orders** on accounts only from registered companies that have faxed a signed Purchase Order on their company letterhead.	당사는 등록된 법인으로부터 레터지에 작성되어 서명 후 팩스로 전송된 **발주서**만 접수한다.
It has been agreed that XXX company performs on-site test of the deliverables before delivery.	XXX 회사가 최종 인도 이전에 물품의 현장 시험을 수행하는 **것에 동의한다**.
Required test procedure **is to be** presented by X company.	요구되는 시험 절차는 X사에서 제시**된다**(be to는 대개 will과 shall의 중간쯤으로 이해한다).

Manufacturer is likely to assume 2 years of warranty, giving them a **fallback position** if they are not advantageous to win this contract.	제조사로서는 이 계약을 따내지 못할 것 같은 경우라면, **후퇴선**으로 2년간의 보증기간을 부담하려 할 것이다.
The parties shall notify each other **in writing** of any change in the status, names, or addresses of the parties, which at time of execution of this Agreement are as follows:	(Notice 조항에서) 계약 발효 시점 당시 당사자들의 상태, 상호, 주소는 다음과 같으며, 이에 변화가 생긴 때는 상대방에게 **서면** 통지해야 한다.
The parties specifically agree that misuse of the other party's intellectual property or a dealer's failure to pay an **outstanding invoice** is grounds for immediate termination of this Agreement.	당사자들은 상대방의 지적재산권을 오용하거나 딜러가 **미결제 인보이스**(청구서)를 지불하는 데 실패하는 경우는 본 계약의 즉각적 종료의 근거가 됨을 합의한다.

1 서식 전쟁에서 기선 잡기

Form Battle, 또는 Battle of Forms 즉 서식 전쟁이라는 말이 있다. 문서가 오가는 협상에서 서식이 차지하는 비중의 중요성을 강조하는 말이지만, 사실 전쟁만큼 치열하게 진행되어야 하는 것이 '우리 서식 밀어 넣기'다. 물론, 이를 위해서는 미리 시간을 두고 찬찬히 작성하고 검토한 서식을 우리 회사에 먼저 갖추고 있어야 하는 것이 기본이다. 협상 전문 용어에서도 Anchor('s) Effect라는 말을 쓰는데, 먼저 제안한 내용이 갖는 힘을 보여주는 단어다. 일단 닻을 내리게 되면 배가 많이 움직이지 못하는 것처럼 대부분의 협상자들은 아무리 협상을 벌여도 정작 협상이 끝나고 계약서를 검토하다 보면 처음 제안되었던 내용에서 크게 벗어나지 못하는 것을 경험한다.

한번 상상해 보자. 우리 회사의 실정에 맞는 거래 조건과 결제 조건, 납기 조건, 품질 조건, 보증 조건, 계약 해제 조건 등에 따라 작성된 계약서 서식을 바탕으로 협상이 진행된다면, 상대의 반응에 따라 무엇을 어떻게 조정해 나가야 하는지 미리 쉽게 대안이 도출될 수 있다. 반면, 상대의 계약서 서식을 바탕으로 협상하려면 먼저 상대방의 계약서를 완전히 이해하고, 그에 대한 대응 전략을 완벽하게 세우느라 2배의 노력이 들어가야 한다.

대기업이 아닌 다음에야 회사에 나름의 특성에 맞는 표준 계약서를 마련해 두기는 쉽지 않은 일이고, 또 표준 계약서가 있다고 해도 거래의 성질과 경우마다 고려해야 하는 포인트는 다를 수밖에 없다. 하지만 표준 영문 구매 발주서(Purchase Order) 양식과 거래 조건(Terms and Conditions) 정도는 미리 준비해 두고 있는 것이 나중에 갑작스러운 상황에 맞닥뜨려 후회하는 것보다 몇 배 나은 방법이 될 것이다.

그럼에도 불구하고 협상력이 강한 상대방과 거래하는 경우라든가, 처음 해 보는 성격의 계약인 경우와 같이 어쩔 수 없는 사정으로 상대의 서식을 불가피하게 사용해야 하는 경우가 있다. 이런 때는 열 번 스무 번 숙독해 상대의 서식을 꿰뚫고 협상을 시작해야 한다. 이때 상대방 계약서의 구조를 파악하기 위해서는 중요한 포인트부터 잡아 앞뒤에 연결되는 맥락을 짚어 내는 것이 중요하다.

특히, 대금(Payment)의 전체 규모와 지불 횟수(Milestone of Payment), 지불 기간, 납기(Delivery), 지연 배상(Liquidated Damages), 계약의 중도 해제 시 처리 문제(Termination), 준거법(Applicable Law)과 분쟁 해결(Dispute Settlement) 방법 등은 서로 긴밀하게 연결되어 있는 조항들이므로 우선적인 검토를 요한다. 계약서를 검토할 때 반드시 짚고 넘어가야 하는 체크 리스트는 다음 장을 참고해 작성할 수 있다.

한편, 일반적인 협상에서 제안의 순서는 중요한 이슈가 된다. 먼저 제안하는 것이 유리한가 아니면 나중에 제안하는 것이 유리한가에 대해서는 이론이 많다. 하지만 자신이 잘 모르는 분야라면 제안을 받아 보는 것이 유리할 수 있고 자신이 잘 아는 분야이거나 일반적인 분야에서는 먼저 제안할수록 유리하다. 즉, 해외 거래처로부터 어떤 물품을 구매하려 할 때는 가격과 품질에 대한 견적 제안을 먼저 받아 봐야 하겠지만, 그 제안서를 바탕으로 계약서를 작성할 때는 우리가 직접 작성해 둔 계약서 양식을 먼저 송부함으로써 검토를 요구하는 방식으로 먼저 제안하는 것이 유리하다.

반대로 해외 거래처로부터 견적 요구를 받을 때는 단순히 가격 견적만 줄 것이 아니라 일반 조건에 대한 계약서를 첨부해 함께 보냄으로써 서식 전쟁에서 선제 공격을 가할 필요가 있다.

서식 전투가 일어난 경우에 서로의 계약 조건이 계속 엇갈리게 교환되다 보면 거래 자체가 흔들릴 수도 있다. 이런 때는 끝까지 서로의 양식을 고집하기보다는 별도의 계약서를 작성해 합의를 제안하는 것이 바람직하다. 이에 대해서는 〈제1부 Chapter 04 돌발 변수와 대처 방법〉의 내용을 참고한다.

2 거래 조건별 협상 리스트

거래 조건(Terms and Conditions)에 포함되는 내용 중 거래 조건과 관련된 사항들은 크게 무역 조건(Incoterms), 가격 조건(Terms of Payment), 그리고 가격(Price)과 세금 조건(Taxes)

정도로 파악되는데, 이들 개별 조건들은 서로 연결된 조건으로 작용되는 경우가 많다.[3]

이를테면, 상대방이 무역 조건을 관세 미지급 인도 조건(DDU, Delivered Duty Unpaid)과 같은 현지 인도 조건으로 진행하도록 요구한다면 우리는 가격 인상에 대한 요구를 하거나 가격을 유지하면서 공장 인도 조건(Ex Works)이나 본선 인도 조건(FOB, Free On Board)으로 변경해 줄 것을 요구할 수 있는 여지가 생긴다. 한편, 대금 지급에 관한 가격 조건에서도 선금을 언제 얼마나 지급받을 수 있느냐에 따라 다른 조건들에 영향을 미칠 수 있으므로, 거래 조건에 관해서는 양보와 대가에 관한 포인트를 미리 정해 두고 협상에 임하도록 한다.

이하에서는 거래 조건에 대해 가장 빈번하게 나타나는 협상 항목들을 정리했으므로, 상황에 따라 적절히 내용을 추가해 적용할 수 있도록 한다.[4]

거래 조건	주요 연관 항목	주요 적용 내용
Incoterms (인코텀스)	Price(가격)	인코텀스(Incoterms)에 운송비 등이 포함되는 조건으로 협의되는 경우에는 가격 인상에 대한 요구의 여지가 있다.
	Delivery(납기)	구매자 측에서 납기를 더 당기기 원할 때는 공장 인도 조건(Ex Works)과 같이 운송의 책임을 넘기는 것도 방법이다.
	Delivery(운송)	인코텀스(Incoterms) 조항과 운송(Delivery), 검사(Inspection) 조항은 운송 방법을 결정하기 위해 연결된다. 어느 시점에 물품 운송 과정에서의 위험과 소유권을 이전시킬 것인지를 함께 고민해야 한다.
	Taxes and Duties(세액)	인코텀스(Incoterms)에서 규정된 세금 관련 항목은 통관 시 발생하는 세금에 불과하다. 즉 인코텀스에서 본선 인도 조건(FOB)으로 수출하기로 했다고 해서 세금 조항이 의미 없어지는 것은 아니다. 세금에는 우리 상식을 벗어나는 각종 부가적 세금, 소득세, 인지세 등이 있을 수 있으므로 세금 발생 시의 부담에 대한 명확한 규정이 필요하다.

---

[3] Incoterms를 비롯한 각 조건들에 대한 상세한 설명은 〈제4부 Chapter 03 국제 무역의 주요 이슈〉를 참고하기 바란다.

[4] 분할 선적에 따른 분할 지급 조건은 다음과 같이 규정할 수 있다. 'Seller shall have the right to make partial deliveries of Goods sold. Each delivery shall be treated as an (a) **installment sale** and payment for each lot shall (b) **become due** as delivery of each such lot is make, in accordance with the terms of payment specified in this Agreement.
→ (a) installment sale 분할 판매 (b) become due 기한에 이르다(즉 지불해야 한다는 의미)

Terms of Payment (지불 조건) (의제의 예) − 신용장 vs. 전신환 − 송금환 vs. 추심환 − 선불 vs. 후불 − 분할 지급	**Price**(가격)	지불 조건이 전신환(T/T)인 경우와 신용장(L/C)인 경우 발생되는 수수료 문제와 계약상 책임의 강도는 다를 수 있다. 경우에 따라 전신환로 진행하는 대신 가격 인하가 가능한 경우가 의외로 많다. 가격은 또한 지불 조건의 분포와 밀접하게 관련되어 있는데, 대규모 공급 계약에서 지불 조건의 분포가 후불에 치우친 경우보다는 선불에 가깝게 된 경우가 가격 인하 가능성이 높다.
	Delivery(운송)	분할인도(Partial Delivery)에서 지불 조건을 규정할 때, 분할인도의 각 차수에 따라 지불을 요청할 수 있다. 즉, 기성고(제작 완료된 부분) 방식으로 요구하는 것이다. 분할 선적에 따른 추가 취급 수수료(Handling Charge)를 내세우며 후불 대신 분할 지급을 요청하는 것도 고려할 수 있다. 환적(Transshipment)의 가능 여부 역시 운송비의 규모를 좌우하는 중요한 변수가 될 수 있다. 대개 환적이 가능한 경우 저렴한 공항과 운송 방법을 선택함으로써 비용을 절약할 수 있다.
	Incoterms (인코텀스)	'지불 조건과 인코텀스(Incoterms)'는 가격과 인코텀스의 관계 만큼이나 밀접한 관계를 갖고 있다. 인코텀스를 공장 인도 조건(Ex Works(EXW))으로 하는 경우에는 지불 조건을 완화시킬 여지가 있지만, 운임 및 보험료 포함 조건(CIF)이나 운임 포함 조건(CFR)과 같은 운임 포함 조건에서는 물품의 인도 절차에 따른 위험 분기점이 수입자 측임을 고려하여 지불 조건을 가급적 우리 쪽에 유리하게 규정할 것을 요구할 수 있다. 우리가 수입인인 경우에는 반대로 지불 조건과 인도 조건을 조절할 수 있다.
	Liquidated Damages (손해배상액의 예정 또는 지연 배상)	우리 측이 수출인인 경우, 지연 배상(Liquidated Damages)이 규정된 계약에서 지불 조건의 구성만 잘해도 지체 상금 발생 시의 협상 과정이 유리하게 진행될 수 있다. 우리가 잘못해서 발생한 지체 상금이라 할지라도 계산 과정에서 대개 2~3일 정도의 이견은 존재하게 마련이다. 특히 공항이 없는 지역이나 지역 세관이 없는 곳을 인도 지점(Delivery Point)으로 해 둔 경우에 지체 상금 계산의 이견이 많이 발생한다. 이때, 대금을 모두 수령한 상태에서 진행하는 협상은 당연히 대금을 받지 못한 상태에서 진행하는 협상보다 훨씬 유리하게 된다. 즉 상대측의 클레임에 성실히 응하며 사과하되, 협상을 우리 쪽에 유리하게 이끌 가능성이 더 높은 것이다.
	Termination (종료)	계약의 종료 시에는 대개 상호 간의 권리 의무를 청산하고 즉시 계약이 없는 상태가 되지만, 권리 의무의 청산 과정에서 기 지급된 선금(Advance Payment)이나 반출된 장비 등이 있는 경우, 종료 후 어느 쪽에 귀속되는가에 대한 것은 언제나 이슈가 된다. 대개는 정산을 통해 정리하는 것으로 규정한다. 우리 측이 구매자라면, 지급된 대금의 환수를 가능하게 하는 장치를 강력하게 마련해 두는 노력이 필요하다.

Taxes and Duties (세액)	Incoterms (인코텀스)	반드시 일치하는 것은 아니지만, 인코텀스에 따른 통관 비용 및 세금의 납부 책임은 수입자 측에 두는 것이 유리하다. 또, 통관 이외의 경우에서도 모든 수입자 측 발생 세금은 수입자가 납부하도록 하는 것이 유리하다.
	Price (가격)	세금 문제에 대해서 우리 측의 부담으로 되어 있는 경우에는 당연히 가격 차원에서 재고의 여지가 있게 된다.
Liquidated Damages (손해배상액의 예정 또는 지연 배상)	Termination (종료)	Liquidated Damages는 다분히 계약적인 것으로 합의에 따라 얼마든지 조정의 여지가 있다. Liquidated Damages가 어느 정도 초과하게 되면 계약의 해제를 검토할 수 있게 되는데, 연기 기간에 따라 판단할 것인지, 누적된 Liquidated Damages 금액에 따라 판단할 것인지를 결정하도록 한다.
	Delivery (운송)	Liquidated Damages가 가혹하다고 판단되는 경우 납기에 여유를 두고 가급적 유예 기간(Grace Period)을 요구하도록 한다. 특히 계약 의무의 완성 단계가 운송 시점인지, 선적 시점인지, 아니면 검사 시점인지에 대해서는 명확히 규정해야 한다.

각 조항들의 실제 적용 사례와 타 조항과의 연관성을 응용하는 방법에 대해서는 〈제2부 Chapter 01 계약서 구성〉에서 각 조항의 설명과 함께 실었다.

📁 3 │ 계약 협상의 10가지 포인트

이번에 설명하는 가장 중요한 내용은 역시 계약 협상을 성공적으로 이끌어 내기 위한 각종 기술에 관한 것이다. 앞서 설명한 Compliance Table이 계약서에 들어갈 내용에 대한 체크 리스트이자 회사마다 고유한 내용으로 준비해야 하는 자료라면, 계약 협상 전체를 위한 공통 체크포인트는 다음 10가지로 요약할 수 있다. 또, 이 포인트들은 상황이 허락하는 한 두 사람 이상이 함께 고민할 때 최상의 효과를 얻을 수 있다.

첫 번째, 이번 계약을 통해 나와 상대방이 진정으로 얻고자 하는 것이 무엇이고 그 내용들이 계약서에 어떻게 반영되어 있는가?

두 번째, 계약 협상 시 내가 얻고자 하는 것에 대해 상대방과 충돌이 일어났을 때의 설득 논리는 준비했는가? 또는 그에 대한 Best Alternative To a Negotiated Agreement(BATNA)[5]가 준비되어 있는가? BATNA까지는 아니더라도 준비된 제안이 상

---

⑤ 'Best Alternative To a Negotiated Agreement(BATNA)'는 협상학에서 항상 인용하는 표현으로 '가장 근접한 대안' 또는 '협상이 결렬되었을 때의 대안'으로 번역한다. 비슷한 표현으로는 Second Best(차선책) 또는 Plan B(대안)가 있다. 이러한 차선책이 준비되어 있는지, 실패할 경우 다음에 선택될 수 있는 대안이 있는지의 여부에 따라 협상 당사자의 입지는 크게 달라지게 된다.

대의 이해와 맞아떨어지지 않는 경우의 Fallback Position(FBP)[6]이 마련되어 있는가?

세 번째, 관련 자료와 정보 수집은 충분하게 이루어졌으며 협상자로서 내용을 잘 이해하고 있는가?

네 번째, 협상 상대방의 계약 권한이 인정되는가? 대리의 문제 또는 협상 권한이 없음을 스스로 호소함으로써 협상을 회피하는 상대방이라면 협상 권한이 있는 사람을 만나게 해달라고 단도직입적으로 요구해야 한다.

다섯 번째, 계약이 불이행되는 각각의 사례마다 조치 사항이 정리되어 있는지, 그리고 상대방의 불이행에 따른 가능한 최대 손실은 어느 정도의 규모이며 어느 시점에 손실이 없어질 것인지를 확인해야 한다. 예를 들어, 구매 계약에서 우리가 지급할 선금(Down Payment) 규모가 클수록 초반의 위험이 많아질 것이고, 보증(Warranty) 기간에 따라 가능한 잠재 손실이 있을 수 있다.

여섯 번째, 계약의 종료 또는 해제에도 불구하고 지켜져야 할 내용들이 규정되어 있는가, 이를테면 비밀 유지 의무(Confidentiality)는 계약 종료 후에도 효과가 지속되는 조항(Survivability)을 통해 계약 종료로부터 보호되어야 한다.

일곱 번째, 준거법과 분쟁 해결에 대한 조항들은 균형을 이루고 있는가? 어느 일방의 준거법과 관할 법원 설정은 실제 분쟁 발생 시에는 심각한 손해를 불러올 수도 있다.

여덟 번째, 우리나라 밖에서 발생할 수 있는 기타 조세들, 특히 Incoterms에서 해결되지 않는 기타 조세들에 대한 부담은 어떤 경우에 누가 지는가?

아홉 번째, 문장을 한 줄씩 재검토하라. 특히 주어와 조동사, 명사의 형태, 심지어는 문장 부호의 종류에 따라 계약 당사자들의 권리와 의무 관계가 완전히 달라질 수 있다. 주어가 The parties나 Either party로 되어 있는 부분은 상대적으로 공평한 계약 내용임을 보여 주지만, 반대로 주어가 The Contractor나 The Seller, The Purchaser 등으로 어느 일방인 경우에는 어느 한쪽에 권리가 치우치게 되는 경향이 있다. 물론, 우리가 강력하게 주장해야 하는 계약 내용이라든가 우리 입장을 강하게 나타내야 하는 경우에는 일부러 공평하게 만들 필요는 없을 것이다.

또, 명사형 단어의 경우 단수와 복수에 유의해 재검토하고, 뜻이 달라지는 접속사에

---

[6] 협상에 있어 자신의 기대와 상대의 기대 사이 어딘가에는 모두의 만족도를 유지시킬 수 있는 점이 있다. 결국, 이를 찾아내는 작업이 협상인데 협상을 준비함에 있어 우리의 이상적 타결선, 상대를 감안한 현실적 타결선, 그리고 가능한 최종 후퇴선(Fallback Position)이 마련되어야 한다. 계약 협상은 가격 협상이 다른 조항으로 확장되어 여러 가지 모습으로 나타날 수 있으므로 가능한 최종 후퇴선(Fallback Position) 역시 다양한 형태로 준비해야 한다.

유의해야 한다. 실제로 언론을 통해 알려진 바와 같이 2008년의 한미 쇠고기 협상에서는 단수와 복수 검토조차 이루어지지 않았고, unless를 even though로 번역하는 등 결과적으로 우리 측에 불리한 조항으로 남고 말았다.[7]

가정의 표현에 있어서도 주의해야 한다. '가정(if)'의 조건을 이끄는 in case of를 사용할 때, 그 가정이 조금 더 구체적인 또는 특정 상황인 경우에는 'the'를 삽입하여 in the case of를 사용한다. 또한 In cases of~, XXX has the right to do A와 In case of~, XXX has the right to do A는 단순히 case와 cases의 차이에 불과해 보이지만 실제 그 적용에 있어서는 전혀 다른 결과를 가져오게 된다.

특히 계약 이행을 위한 다수의 의무가 존재하는 경우, 예를 들어 기성고 방식의 엔지니어링 공사 등에서 대금 지불방법이 10차례로 구분된 Milestone payment(분할급) 방식이라고 하자. 이때 발주처의 대금 지급 의무가 지체되는 경우 아래 두 문장은 달리 해석될 여지가 있다.

(A) Contractor is entitled to termination of the Contract in case of Customer's late payment over 30 days.

(B) Contractor is entitled to termination of the Contract in cases of Customer's late payment over 30 days.

(A)의 경우 단수로 표기되어 1번의 대금 지급 지체만으로도 계약 종료의 위험에 빠질 수 있지만, (B)의 경우에는 복수로 표기되어 계약 종료에 다다르기 위해서는 2번 이상의 대금 지급 지체가 있어야 한다. 정말 그 효과가 이렇게 이르게 될 것인가에 대해 논란의 여지는 있지만, 역시 알고 쓰는 것과 모르고 쓰는 것과의 차이는 엄청날 수 있기 때문에 계약 담당자가 엄격하게 이해하고 문장을 작성해야 한다는 것은 누구도 부인할 수 없다.

한편, 조동사의 경우에는 shall과 will, may의 어감부터 권리 의무의 강도에 차이가

---

❼ 2008년의 미국 관보 오역 파문에서 대표적으로 논란이 된 것은 미국의 강화된 사료 금지 조치의 내용이다. 미국은 관보에서 "도축검사를 받지 않아 식용으로 쓸 수 없는 소는 동물 사료로 금지된다. 다만 30개월 미만 소나 뇌와 척수를 제거한 소는 여기서 제외된다 (The use of the entire carcass of cattle not inspected and passed for human consumption is prohibited unless: (1) The cattle are less than 30 months of age, or (2) the brains and spinal cords were effectively removed or effectively excluded from animal feed use)."고 발표했다. 즉, 30개월 미만의 소는 도축검사를 받지 않아도 사료로 사용할 수 있고 30개월 이상 소는 뇌와 척수를 제거하면 사료로 사용될 수 있다는 뜻이다.

하지만 농식품부는 이달 2일 보도자료에서 미국 조치를 설명하면서 "30개월 이상 된 소에서 광우병 특정 위험 물질(SRM)이 있을 수 있는 뇌와 척수를 제거하고 30개월 미만 된 소라도 도축검사에 합격하지 못한 소는 돼지 사료용 등으로 사용을 금지하고 있으므로 광우병 감염 가능성은 거의 없다."고 설명했다. 즉, 30개월 미만 된 소 가운데 도축검사를 통과한 소만 사료로 쓰일 수 있다고 잘못 설명한 것이다. (동아일보, 2008년 5월 13일자)

있다. 가능하면 상대의 권리는 will과 may로, 상대의 의무는 shall로 유도하는 것이 바람직하다.

마지막 열 번째 포인트는 첨부된 문서를 무시해서는 안 된다는 점이다. 계약서 본문에서 까다롭게 합의되지 않는 부분에 대해서는 첨부 문서에 그 내용을 녹여 넣는 방법이 있다는 것을 잊지 말자. 당사자 간의 합의로 삽입된 내용이야 문제될 것이 없겠지만, 경우에 따라서는 은근슬쩍 삽입되는 경우도 적지 않다. 반대로 생각하면, 상대방의 문서를 첨부할 경우에도 첨부 문서에 어떤 내용을 숨겨 두었을지 모르는 것이므로 반드시 숙독해야 한다.

한편, 작성 중인 계약서를 바탕으로 우리 측의 이행 사항과 상대 측의 이행 사항들은 한눈에 보기 쉽게 표로 정리할 필요가 있다. 가능하면 계약 이행에 따른 시간 순서대로 정리하는 것이 나중을 위해 요긴하다. 계약에 아무리 정성을 쏟아도 장기간 계속되는 계약에서는 특히 시간이 흐를수록 서로의 이행 의무에 대해서 기억이 흐려질 수밖에 없고, 그때마다 두꺼운 계약서를 훑어보는 것보다 계약서 작성과 동시에 이러한 작업을 해 두면 나중에 도움이 될 뿐 아니라 계약 협상 당시에도 좋은 자료로 활용할 수 있다.

4 / Minutes of Meeting(MOM), 회의록 작성

문서화되지 않은 구두 약속의 증거 능력 인정 문제(Parole Evidence)는 법률적으로는 논쟁의 여지가 많은 부분이다. 영문 계약서에서는 대개 완전 합의(Entire Agreement) 조항을 통해 '기존에 합의된 모든 구두 합의와 서면 합의를 본 계약의 체결을 통해 흡수하고 통합했으며, 본 계약서의 내용과 다른 기존 합의는 모두 무효로 한다'라는 형태로 구두 증거를 배제하는 것이 일반적이다.

Article XX: Entire Agreement

XX This Agreement constitutes the entire understanding of the parties, and revokes and supersedes all prior agreements between the parties and is intended as a final expression of their Agreement. This Agreement shall take precedence over any other documents that may be in conflict therewith.

해석 본 계약은 당사자 간 완전한 이해를 구성하며, 당사자 간의 모든 기존의 합의 사항을 무효화하는 한편 그에 우선하고, 그러한 합의의 최종적 의사 표시로 의도된 것이다. 본 계약은 그 내용과 충돌하는 어떠한 다른 문서들에 대해서도 우선한다.

또, 계약의 이행 과정에서 일어나는 모든 형태의 통지는 '서면으로(in writing)' 한다는 한정어로 항상 수식함으로써 향후의 불안정한 계약 상태를 방지하고 있다.

이런 점에서, 계약의 협상 과정에서 생기는 각종 합의 사항과 향후의 해결 방향에 대한 내용 역시 그때그때 회의록을 통해 문서화해 두고 최종 계약서의 작성 시에 참고해 삽입하지 않으면 나중에 문제가 될 소지가 있다.

국제 계약은 협상과 회의록의 반복이고, 계약서는 반복된 회의록을 변호사가 다듬은 것이라는 말은 실제 계약 협상에 임해 보면 금방 이해될 것이다. 그렇다면 회의록을 작성하는 데는 특별한 기술이 필요할까? 다음과 같은 몇 가지 포인트만 유념하고 회의 내용을 간추려 간다면 쉽게 작성해 서로 공유할 수 있을 것이다.

- 가급적 회의록은 아군이 작성하도록 한다. 심지어 미국에서 회의를 진행하게 되더라도 회의록 작성은 훈련받은 아군에게 맡기는 것이 유리하다.

- 상대방이 회의록을 작성하게 되었다면, 가능한 한 휴식 시간을 자주 가지면서 우리 측에서도 회의록을 꼼꼼히 검토하는 시간을 갖도록 한다. 이때, 조금이라도 이해가 되지 않는 부분이 있으면 서슴지 말고 부연 설명을 요구하도록 한다. 또는 서로 별도의 회의록을 따로 작성해 회의 종료 후에 이를 통합하는 것도 좋은 방법이 될 수 있다.

- 시간과 장소, 참석자 소속과 직위, 명단을 상단에 기록하고 회의를 종료한 뒤에는 회의록 회람 후 이름 옆에 서명하도록 한다.

- 회의 중에 합의된 내용에 대해서는 It has been agreed that XXX company performs on-site test of the deliverables before delivery.와 같이 현재완료형 또는 수동태(It is agreed that…)를 써서 작성한다.

- 회의 중에 해결되지 못하고 차후에 대안을 제시한다던가 해결하기로 한 내용에 대해서는 Required test procedure is to be presented by XXX company.와 같이 'be+to 용법'을 써서 미래형으로 작성한다.

- 회의 중에 새로운 내용이 논의되는 경우에는 정확한 정황과 함께 내용을 기록한다. XXX company proposed 20 percent of down payment for 5 weeks earlier delivery and YYY company requested to reduce the portion of down payment to 10 percent. XXX company is to confirm the portion of down payment for 5 weeks earlier delivery.(5주 빠른 납기를 위해 선금 20%를 요구했으나 YYY사에서는 10%로 하향 조정할 것을 요청하는 내용)의 문장을 참고하자.

Minutes of Meeting

Place and Time	Place at ( )		MoM No.	
	Held from 9 o'clock to 11 o'clock on ( )th day of September, 2008			
Participants	XXX Company	Mr.		(Signature)
	ABC Company	Ms.		(Signature)
	YYY Company	Mrs.		(Signature)

Description	Remarks

The 12th working group meeting has been held as above and the following issues have been reviewed, decided or to-be-decided.

1. Matters discussed
In the meeting the following matters were discussed:

a) Scope of the products

b) Territory

c) Price

d) Payment terms

2. Matters agreed
In the meeting the following terms were agreed upon by the Parties as follows:

a) Scope of the products-XXX's Nuclear Safety Products

b) Territory-the Republic of Korea

c) Price-Ex Factory. 92% of the price list of ABC

3. Matters pending
The following matters remained pending and TBD next meeting.

a) Payment terms

XXX Prefers Letter of Credit while YYY prefers Telegraphic Transfer.

b) Minimum purchase requirements

YYY Required Minimum Purchase Requirement to XXX Company as the following quantity and XXX is to confirm the exact quantity by next meeting.

- 1st year   100 sets
- 2nd year   150 sets
- After 2nd year   200 sets

4. The 13th meeting
The parties agreed that the 13th meeting shall be held at 10 AM on October 10, 2008 at the same place to discuss the abovementioned TBD issues.

회의록			
장소 및 시간	장소 ( )		회의록 No.
	9시부터 11시		
	2008년 9월 ( )일		
참가자	XXX Company	Mr.	(서명)
	ABC Company	Ms.	(서명)
	YYY Company	Mrs.	(서명)
내용			**특기사항**

제12차 실무자 회의가 상기와 같이 개최되었으며, 아래의 의제들이 검토되어 결정되거나 차후 결정될 것이다.

1. 토의된 주제
회의에서 다음의 사항들이 토의되었다.

a) 제품의 범위
b) 계약의 지리적 영역
c) 가격
d) 지불 조건

2. 합의된 사항들
회의에서 아래의 조건들이 다음과 같이 합의되었다.

a) 제품의 범위-XXX's 원자력 안전 제품
b) 지역-대한민국
c) 공장 인도 조건(EX Work) 가격: ABC사의 가격 리스트로부터 92%

3. 미결된 사항들
다음 사항들은 미결로서 다음 회의에서 결정되는 것으로 남겨졌다.

a) 지불 조건
XXX는 신용장(Letter of Credit)을 선호하는 데 반해, YYY는 전신환을 선호한다.
b) 최소 구매 요구 수량
YYY는 Minimum Purchase Requirement로서 XXX Company에게 다음의 수량을 요구했으며, XXX는 다음 회의에서 정확한 수량을 결정하고자 한다.
- 1st year   100 sets
- 2nd year   150 sets
- After 2nd year   200 sets

4. 제13차 회의
제13차 회의는 2008년 10월 10일 오전 10시 같은 장소에서, 상기 차후 결정 사안에 대해 논의하기 위해 개회하기로 한다.

Chapter IV 돌발 변수와 대처 방법

계약서의 체결 전후에 일어날 수 있는 돌발 변수에 대해서는 경험자라면 그 예측할 수 없음에 혀를 내두를 것이다. 계약서 체결 후 계약 내용에 일부 변경이 필요한 경우, 특정 서식을 삽입하자고 하는 경우, 사소한 이슈로 논의하다 보니 어느 한 조항에 대해 서로 다르게 이해하고 있는 경우, 별로 대단할 것도 없어 보이는 조항인데 끝끝내 합의가 되지 않아 계약서 체결에 위협이 되는 경우 등이 대표적인 사례가 될 듯하다.

어떠한 돌발 변수를 만나든지간에 계약 담당자로서 가장 중요한 자세는 최대한 빨리 문장을 읽어낸 후 관련 내용과 당사자 간 이해관계를 파악해 내는 것이다. 그리고 새로운 계약서를 쓴다는 생각으로 이메일이든 전화든 또는 미팅이든 협상의 매 순간을 기록하는 습관을 길러 둘 것을 권한다.

💬 **Core Vocabulary**

amendment	계약 변경 (rider, addendum)	undertaking	약속 또는 보증, 의무
modification	변경 또는 조정	set forth	구성/설명하다, 밝히다
acknowledgement	인정, 승인, 받아들임	subsequent	뒤따르는
priority	우선순위	in witness of~	~의 증거로
due diligence	상당한 주의	nibbling	니블링
attachment	첨부물, 동봉(enclosure)	make best efforts for	최선의 노력을 다하다
intentional ambiguity	의도된 고의적 애매함	supplementary and interpretative effect	보충적이고 해석적인 효력
account for	책임지다(on account of)	forum non conveniens	불편 법정지

No **amendment** to or **modification** of this Agreement will be binding unless in writing and signed by all parties.	이 계약의 어떠한 **변경**이나 **수정**이라도, 모든 당사자의 서명을 받은 서면 형식이 아니라면 구속력을 갖지 않는다.
All such steps to be taken by the Customer shall be taken as expeditiously as possible and the Supplier agrees that, in respect of its obligation to enforce **confidentiality undertakings, time shall be of the essence** in complying with the requirements of the Customer.	고객에 의해 취해지는 그러한 모든 조치들은 가능한 한 최대한 신속하게 취해져야 하며, **비밀 유지 보증**을 이행해야 하는 의무와 관련해 고객의 요구에 따르는 데 있어 **시간은 의무의 본질을 구성한다**는 점에 공급자는 동의한다.
The Purchase Order Constitutes an offer to purchase and shall be accepted by mailing to us your **Order Acknowledgement** within one week.	발주서(PO)는 구매를 위한 청약을 구성하며, 일주일 내에 귀사의 **주문 승낙서**를 본사로 발송해야 한다.
"Specifications" shall mean the specifications to be used for the manufacture of the Commodities as more specifically **set forth** in **Schedule B** of the Contract.	'사양(규격)'이란 계약서 **부록 B**에 상세히 **정하고 있는 바**와 같이, 제품의 제조를 위해 사용되는 사양을 의미한다.
Both parties agree to participate in the bidding for the Project on each party's respective portion of the works as agreed upon by the parties in **Attachment**("Split of Scope of Work").	쌍방은 **부록**(작업 범위의 분할)에서 정하는 당사자들의 각 해당 작업분에 따라 프로젝트 입찰에 참여하는 데 동의한다.
York Antwerp Rules 1994 or any **subsequent** amendment thereto.	(공동해손 규정에서) 요크 앤트워프 규칙 1994 또는 **뒤따르는** 그 개정본.
Neither party will be liable for any delay or failure to perform as required by this Agreement as a result of any causes or conditions that are beyond such Party's reasonable control and that such Party is unable to overcome through the **exercise of commercially reasonable diligence**.	어느 당사자도 합리적인 통제범위를 벗어나서 **상업적으로 합리적인 주의**를 통해서도 극복할 수 없는 원인이나 조건들의 결과로 인한 이행 실패 및 지연에 대해 책임지지 않는다.
In the event of termination of this agreement by either party, neither party shall be liable to the other, because of such termination, for compensation, reimbursement or damages **on account of** the loss of prospective profits or expenditures.	일방 당사자에 의한 계약의 종료 시에 어느 당사자도 그러한 종료로 인해 발생하는 예상 이익의 손실에 대한 **책임**을 보상하거나 상환 또는 손해배상 할 책임을 지지 않는다.
In the event of a dispute arising from the interpretation, performance or breaching the conditions of this Agreement, the parties shall **make their best effort to** settle the disputes between them.	계약서의 해석이나 이행 또는 조건의 불이행으로 발생하는 분쟁 시에, 당사자들은 그러한 분쟁을 해결하기 위해 **최선을 다해야 한다**.

In the event of inconsistency between this Contract and the provisions of the attachment or schedule herein enclosed, this Contract shall have **priority**.	본 계약서와 첨부물 간의 불일치가 있는 경우, 본 계약서가 **우선순위**를 가진다.
Schedule **is subject to change** without prior notice.	일정은 사전 통지 없이 **변경될 수 있다**.

 계약 내용을 바꾸어야 할 때

　　계약서 체결 이후라 하더라도 어떤 중요한 상황이 변경되어 이 내용에 대한 상호 합의가 이루어진다면, 변경 계약서를 작성해야 한다. 대개 변경하는 방법으로는 revise와 amend가 있지만, revise가 기존 조항을 삭제하고 다시 작성하는 방법이라면 amend는 기존 조항을 무효화시키고 새로운 조항을 삽입하는 방법이다.

　　Amendment 문서는 Rider, Addendum, Supplement, 또는 Variation agreement 등의 명칭으로 작성되며, 기존 계약서에 첨부되는 목적으로 삽입되는 조항과 실효되는 조항을 중심으로 간단하게 작성할 수 있다.

　　다만 계약서의 일반 조항에서도 계약 변경(Amend to the Agreement)과 같은 조항을 따로 두거나 기타 사항(Miscellaneous) 조항에 삽입해 '서면에 의하지 않는 계약 변경은 어떠한 경우에도 인정되지 않는다'는 조건을 둠으로써 차후에 발생할 수 있는 분쟁을 사전에 차단할 필요가 있다. 또한, Rider(변경 계약)의 어느 한 조항에서는 '본문에서 정한 내용 외 나머지 조항(Remainder)들은 변동이 없음'을 반드시 명시해 두어야 한다.

The validity of all terms and conditions not expressly amended by this Amendment remain unaffected.

해석 본 변경 합의로 명시적으로 수정되지 않은 모든 조건들의 유효성은 영향 없이 그대로이다.

Any undertakings subsequent to or modifications to this Agreement shall be made in writing, and be signed by duly authorized representatives of each of the parties, and shall specifically state that it is such an amendment or modification of this Agreement and shall be fully incorporated therein.

해석 및 설명 본 계약에 대한 수정 사항이나 본 계약에 뒤따르는 어떠한 약속도 서면으로 작성되어야 하며 양 당사자의 대리인에 의해 서명되어야 한다. 또, 그러한 문서는 본 계약의 수정 또는 정정에 관한 것임을 서술해야 하고, 계약서에 포함되어 일체를 이루어야 한다.

Amendment Agreement

This amendment agreement("Agreement") made and entered into as of this (　) day of October, 2008 by and between XXX company, being organized and existing under the laws of the Republic of Korea and having its principal place of business at (address) Korea("XXX") and YYY company, being organized and existing under the laws of United States of America and having its principal place of business at (address), USA("YYY").

WITHNESSTH:

WHEREAS, XXX and YYY entered into the (기존 계약서 title) Contract related to the (기존 계약 내용) on the date of the (　) day of (month), 2008 (the "Main Contract"),

NOW, THEREFORE, in consideration of the mutual premises and covenants contained herein, XXX and YYY agree as follows:

Article 2

Article 2 of the Main Contract shall be deleted and replaced with the following:

   Ⓐ **Quote**

(변경 후 적용될 내용)

Unquote

Article 5

Articles 5 of the Main Contract shall be deleted and Ⓑ **the subsequent Articles** shall be renumbered accordingly.

OTHER TERMS AND CONDITIONS

Except as expressly provided in this Agreement, all other terms, conditions and provisions of the Main Contract shall continue in full force and effect as provided therein. Ⓒ **The other terms and conditions of the Main Contract, signed on the (date of main contract), remain unchanged and applicable.**

This agreement is executed in 2(two) originals in the English language; one original shall be held by XXX company and the other one original shall be held by YYY company.

Ⓓ **IN WITNESS WHEREOF**, XXX and YYY have caused their duly authorized representatives to execute this Agreement on the date first set forth above.

Name:

Title:

Name:

Title:

설명 및 해석 Ⓐ 변경 전 또는 후에 적용될 조항에 대해서는 위와 같이 Quote와 Unquote 사이에 삽입하는 것이 일반적인데, 다른 문장들과의 혼동을 피하기 위해 유용하게 사용한다.

Ⓑ the subsequent Articles: '뒤따르는 조항들'이란 의미로서 위 문장에서는 삽입되거나 삭제된 조항으로 인해 뒤 조항들의 조항 일련번호가 변경됨을 의미한다.

Ⓒ 본 수정 계약서에 표기된 내용을 제외한 나머지에 대해서는 기존과 같은 효력을 갖고, 그대로 남는다는 내용으로 변경 계약서에 반드시 포함되어야 할 내용이다.

Ⓓ IN WITNESS WHEREOF: 위의 내용을 증명하기 위해

2 영문 계약서에 자국어 번역본이 첨부되어야 한다고 할 때

중국이나 러시아 등지의 회사들과 거래해 본 경험이 있다면 고개를 끄덕일 사람들이 많을 법한, 그만큼 고집스럽게 요구해 오는 내용이기도 하다. 또, 사실 오랫동안 실무에 종사해 온 선배들로부터 꾸준히 들어 왔던 해외 무역 사기 중의 대표적인 사례가 이처럼 자국어 번역본을 삽입해 두고 동등한 효력이 있는 것으로 주장하는 골치 아픈 경우이다. 이런 요구가 들어온다면 중국어나 러시아 어에 익숙할 리 없는 우리 담당자들로서는 언뜻 난감해질 수 있지만, 그렇다고 딱히 다툴 만한 내용도 아니다.

번역(Translation) 조항을 두어 번역본의 효력을 제한하는 방법이 전형적이라면, 우선 순위(Priority) 조항에 번역본의 효력을 제한하는 문장을 삽입하는 방법도 좋다. 아니면 계약서 맨 마지막의 기타 조항(Miscellaneous)에 밀어 넣어도 될 법하다. 우선 순위 조항을 통해 특정 서식이나 문구의 효력을 제한하는 것은 다음에서 다루고 있으므로 여기서는 번역본의 효력 제한 방법을 살펴보자.

> (a) Where there is any translation of this Agreement to another language then, in the case of any conflict between the two texts, this Agreement as executed by the parties in English shall be the **sole determining text**.
>
> (b) For the convenience of the Parties, one or more Chinese translation of this Agreement may be prepared. Notwithstanding any preparation hereof, this Agreement written in English shall be prevailing.
>
> (c) No translation into other language shall be taken into consideration in the interpretation of this Agreement.

(a)에서는 '다른 언어로 번역된 계약서와의 충돌이 있을 때 영문 계약서가 유일하게 최종적인 원문이 된다'라고 표현한 반면, (b)에서는 '당사자의 편의상 중문 번역본이 준비될 수 있지만, 영문 본만이 효력을 가진다'고 해 중문 본의 효력 자체를 정하지 않고 있고, (c)에서는 아예 기타의 번역본은 계약서의 해석에 있어 전혀 고려 대상이 아님을 말하고 있다.

3 우리 계약서에 상대측의 표준 거래 조건을 함께 붙이자고 요구할 때

그야말로 서식 전쟁(Battle of Form)의 마무리 단계에서 자주 들어오는 요청 사항이다.

상대방으로부터 전해지는 견적 요청서, 견적서, 발주서, 인보이스 등의 거의 모든 양식에는 그 회사의 표준 조건들이 삽입되어 있는 경우가 많은데 별다른 조건에 대한 명문의 코멘트 없이 이에 응하게 되면 이를 그대로 받아들이는 것과 같은 효과를 가져올 수 있다. 따라서 가급적 시간을 내어 우리 회사만의 표준 양식을 만들어 둠으로써 상대방의 조건과 달리 우리의 조건에 따르는 것으로 거래를 확정하는 것이 좋다.

한편, 이러한 준비가 잘되어 있는 두 회사가 거래를 시작하는 경우에는 '우리의 조건을 명시한 Proposal(Offer)의 발송→상대는 상대의 조건을 명시한 Purchase Order 발송→우리는 우리의 조건을 명시한 Acknowledgement 발송' 순으로 서식 전쟁이 일어난다.

이렇게 서식 전쟁의 조짐이 보일 때는 차라리 우리 측의 표준 계약서를 상대방에게 제시하거나 추가 합의서 작성을 통해 계약 조건에 대한 합의를 제안함으로써 계약을 깔끔하게 해결하는 것이 좋다.

그러나 반대로 계약서를 작성해 합의했음에도 불구하고 상대방이 다시 자사의 표준 거래 조건(Standard Terms and Conditions)을 첨부 문서로 삽입하자는 요청을 해오는 경우가 있다. 이때 서식 전쟁을 우리에게 유리한 방향으로 종결하는 협상을 위해 필요한 조항이 첨부 조항(Attachment) 또는 우선순위 조항(Order of Precedence)과 같은 조항인데 각 첨부물 (Attachment) 간의 우선 적용 순위를 정하는 것을 목적으로 한다.

Applicable Documentations and Order of Precedence

The Contract consists of the following documents. Should there be any ambiguity, discrepancy or inconsistency between the requirements of these Provisions of the Contract and of any applicable documents and their Annexes, specifically stated herein, forming part of the Contract, the order of precedence prevailing is the following:

⇒ The Provisions of this present Contract and its Appendices 1 to 2,

⇒ The Scope Of Work which means the document no. 123-45 Rev 0.1 dated April 5, 2008 and the applicable documents to the Statement Of Work,

⇒ The Technical Specification which means the document no. 123-46 Rev 0.0 dated May 20, 2008 and the applicable documents to the Technical Specification,

⇒ The Non Disclosure Agreement no. 233 dated 14th of June 2004 already signed by the Parties(known by the Parties and not joined to the present Contract),

⇒ The Memorandum of Understanding no. 213 dated 14th of February 2008 already signed by the Parties(known by the Parties and not joined to the present Contract).

해석 이 계약은 다음 문서들로 구성된다. 본 계약의 각 조항들과 첨부문서의 요구사항 간의 모호함, 불일치 또는 비일관적 내용이 있는 경우 적용의 순서는 다음과 같이 정한다.

⇨ **본 계약 문서 및 첨부문서 1과 2**

⇨ **작업의 범위**

⇨ **기술 명세서**

⇨ **비밀 유지 합의서**(기 계약된 건으로 본 계약서에 첨부되지는 않는다)

⇨ **양해 각서**(기 계약된 건으로 본 계약서에 첨부되지는 않는다)

설명 위와 같이 복잡하고 많은 서류가 포함되는 경우가 아니고 위 내용이 계약 조건의 일부 조항이라면, 위 내용을 다음과 같이 간단히 수정하여 사용할 수도 있다.

In the event of a conflict in the provisions of the Contract, as accepted by the Buyer and as they may be amended, the following shall prevail in the order set forth below:

⇨ **A. Special terms and conditions**(합의된 추가 합의서 또는 합의된 계약 문서)

⇨ **B. Statement or scope of work**

⇨ **C. Attachments**

⇨ **D. This Standard Terms and Conditions**(본 표준 조건 문서)

⇨ **E. Exhibits**

이 외에도 다음 문장의 예와 같이 첨부되는 문서가 보충적, 해석적 효력만 가지며 당사자를 구속하지는 않는다는 점을 Attachment 조항에 명시할 수도 있다.

It is agreed that the Annexes hereto attached have only supplementary and interpretative effect and does not bind the Parties.

해석 본 계약에 첨부되는 문서들은 보충적, 해석적 효력만 가지며 당사자를 구속하지는 않는 것으로 합의되었다.

4 현재 상황에서 어떻게 하는 것이 유리할지 불분명할 때

학창 시절 강의 시간부터 끊임없이 들어온 바이겠지만, 계약서를 작성함에 있어 기본 중의 기본은 정확하고 명료한 표현의 사용을 통해 해석상의 분쟁의 여지를 사전에 제거하는 것이다. 하지만 계약서도 때로는 일부러 애매하게 작성해야 할 필요가 있을 수 있다. 기업 간의 계약에서는 상당히 조심해야 하는 부분이지만 국가적인 조약에서의 애매함은 외교적인 기교(diplomatic tactic)라 하기도 한다.

실제로 기업 간의 거래에서도 많은 계약서에 고의적인 애매함(deliberate ambiguity 또는 intentional ambiguity)이 삽입되어 있는 경우가 많은데, 어찌 보면 계약서의 수많은 조건들에 대한 합의에도 불구하고 한두 가지의 이견 때문에 계약 체결이 지연되는 경우 차라리 애매한 단어로 대체한 다음 후일을 기약하는 것이 더 효율적일 수도 있다. 이 점을 감안하면, 이 역시 필요한 기술이 아닌가 생각된다.

이렇게 고의로 애매하게 설정한 조항에 대해서는 계약 담당자를 비롯해 모든 사람이 그 내용을 파악하고 있어야 차후에 해석 차이로 인해 올 수 있는 혼란을 피할 수 있다. 물론, 반대로 이러한 고의적인 애매함(deliberate ambiguity)에만 의존하는 협상은 무가치한 결과를 가져오게 됨을 유의해야 한다.

그러나 비고의적인 애매함(unintended ambiguity)은 당사자 간 이해의 차이를 불러올 뿐 아니라, 담당자가 바뀌는 경우 계약 문구의 삽입 취지를 이해하지 못하는 등의 심각한 문제를 야기할 수 있다는 점에서, 그리고 국제적으로 거래되는 신용장과 같은 환어음에서의 불명료한 표현이나 증거 서류가 동반되지 않는 조건들은 해당 조항 자체가 무효화될 수 있다는 점에서 계약서 작성 시 명료하고 구체적으로 작성하는 것이 원칙이라는 점을 다시 한 번 강조한다. 또, 상대방이 작성한 계약서를 검토하는 데 있어서도 혹시 불순한 의도를 가진 애매함이 개입되지는 않았는지 검토할 필요가 있다.

한편, 계약의 애매함과 관련해 분쟁이 발생하는 경우 계약서를 검토하는 데 있어 적용되는 미국 판례상의 2가지 원칙이 있는데, 첫 번째가 Four corner's rule, 즉 서면 검토의 원칙이고 두 번째가 Two step process, 즉 2단계 검증의 원칙이다.

좀 더 자세히 설명하면 Four corner's rule이란, 계약서 자체의 검토를 통해 문구의 애매함 여부를 판단해야 한다[8]는 원칙이고, Two step process란, 계약서에서 애매함이 발견되는 경우 모든 증거를 심사한 뒤 계약서와 모든 정황을 바탕으로 애매한지 여부를 판단하고, 애매하다면 법관이 이를 해석한다[9]는 것이다. 그런데 분쟁이 발생하게 되면 법관은 먼저 계약서 자체를 전부로 간주하고 검토하는 Four corner approach를 취한 다음, 그래도 분명하지 않은 점이 남아 있다면 서면의 의사 교환이나 심지어 구두의 의사 표시까지도 정황을 파악하는 데 고려한다.[10] 일반적으로 계약서에서 의도적 애매함을 유도하기 위해 자주 사용하는 표현들은 다음과 같다.

---

[8] Thompson v. Libby (1885) MN

[9] Taylor v. State Farm (1993) AZ

[10] Robin Roth, 'Contracts Corner: Contracts Have More Than Four Corners' (2003)

XXX company hereby agrees to **make best efforts for** acquiring eligibility of exportation to the European Union before the Delivery.

설명   구체적인 실행 방법에 대한 설명 없이 막연히 최선을 다한다는 식으로 표현하고 있지만, 궁극적인 목적은 EU에 대한 수출 적격(이를테면 CE 마크) 인증을 획득하는 것이므로 구체적인 '최선을 다하는 방법'에 대해서는 XXX company에게 일임할 수 있다. make reasonable effort도 마찬가지 의미로 사용할 수 있다.

해석   XXX 사는 EU에 대한 수출 자격을 획득하기 위해 최선을 다하는 것에 동의한다.

YYY company shall apply for the approval of exportation to the governmental authorities **upon** signing of the Contract.

설명   '계약 후 1일, 2일' 이 아닌 '곧' 이라는 애매한 표현을 사용함으로써 어떤 시한에 말려드는 것을 고의적으로 피하고 있다. 이와 유사하게 soon after, as soon as possible, promptly, timely와 같은 표현을 사용함으로써 고의적인 애매함(intended ambiguity)을 활용할 수 있다.

해석   YYY 사는 계약서 서명 즉시 정부 기관에 수출 허가를 신청해야 한다.

(A) The recipient of the Confidential information shall handle it with due diligence.

(B) All Proprietary Information will be protected and kept in confidence by the Receiving Party which shall use, at least, the same degree of care and safeguard as it uses to protect its own Proprietary Information of like importance. Said care shall be no less than reasonable care.

설명   구체적으로 얼마나 상당한 주의를 갖고 취급해야 하는지에 대해서 일일이 규정하기 힘든 측면이 있다. 이때 주로 이용되는 표현이 due diligence(상당한 주의)와 the same level of care as is used for the protection of Confidential Information in its own comparable affairs(정보 수령자가 자신의 정보를 보호하는데 취해지는 것과 동일한 정도의 주의)이다.

해석   (A) 비밀 정보의 수령자는 상당한 주의를 갖고 취급해야 한다.

(B) 모든 전유 정보는 정보 수령자에 의해 비밀로 취급되어야 하며, 최소한 유사한 중요성을 가지는 정보 수령자 스스로의 정보를 보호하기 위해 취하는 동일한 정도의 주의와 보호 조치를 취해야 한다. 상기 주의(care)는 합리적인 주의 이상이어야 한다.

한편, due diligence는 여러 가지로 해석한다. 일반적으로 '적법한 절차'를 의미하지만, M&A와 같은 금융 계약에서는 '기업 실사'를 뜻하고, 특허 실시 계약에서는 '로열티의 산정 근거 적정성 검토와 같은 활동'을, 그리고 '상당한 주의 의무(due care)'의 뜻으로 사용한다.

계약의 당사자로서 계약 내용에 대한 이행은 상대에 대해 채무가 된다. 즉, 금전 관계는 금전 채무가 되겠지만, 이행 의무는 상대방에 대한 이행 채무로 존재하는 것이다.

이를테면, 계약에 따라 우리 측이 제시한 설계 문서를 상대방이 언제까지 검토하고, 검토가 끝나면 비로소 제작에 들어가는 조건이 있다고 가정하자. 이때, 상대방의 검토가 늦어질수록 우리 측의 제작 기일이 늦어지고 결국 납품 지연에까지 이를 수 있다. 또는 대금의 입금이 비정상적으로 지연되거나 선적되어 받아 본 물품에 약간의 하자가 있는 경우와 같이, 계약의 해제와 같은 극단적 조치를 취하기에는 모자라고 그렇다고 가만히 기다리자니 갑갑한 경우가 있다. 어떤 형태로든 경고의 통지가 필요한데, 이럴 때 사용할 수 있는 양식이 Pre Claim Notice 또는 Pre Complaint Notice다. 단어에서 오는 의미로 알 수 있지만, Pre Complaint Notice가 훨씬 약한 표현으로 앞으로 주의해 달라는 정도의 문서가 된다.

사실, Pre Claim Notice는 법원에 소를 제기하기 전에 상대방에게 소를 제기할 의사가 있음을 알리는 우리나라의 최고장과 같은 문서이지만 실무적으로는 그야말로 '클레임을 걸겠다' 또는 '불만이 있다'는 정도를 표현하는 수단으로 활용되고 있는 것을 많이 볼 수 있다. 서식의 Title(제목)에 너무 신경을 쓸 필요없이 간단히 Letter of Attention과 같이 주목해 달라는 서신 형태로 발송하는 것도 무방하다.

Pre Claim Notice	
To: AOMS Textile	From: INITIATIVE Co.,Ltd.
ATTN: To whom it may concern	Date: 2008-04-19
Our Ⓐ **Reference**: Purchase Order No. 2345-9 dated 19 July, 2007	

Subject: Pre-Claim Notice of Liquidation Damage
Gentlemen:
This is to inform you that we have 2 orders Ⓑ **outstanding** up to now.
Please see that we are trying to minimize the financial impact on this business and this notice has been made by our internal Ⓒ **procurement code**.
Your Ⓓ **prompt attention** and feedback to this matter are requested.
Thanks in advance.

설명 Ⓐ Reference: 참조. 사전에 진행된 어떤 문서나 교환된 서신이 있을 때 이를 참조해 작성한다는 의미로 자주 활용한다. 서술형으로 작성해 보면, We refer to our purchase order no. 2345-9 dated… 또는 Reference is made to our purchase order no. 2345-9 dated… 정도로 바꾸어 쓸 수 있다. 계약서의 Amendment(수정 계약)에서도 이처럼 활용할 수 있다.

Ⓑ outstanding: 남아 있는

Ⓒ procurement code: 조달 규정(회사 규정을 대개 code라 한다.)

Ⓓ prompt attention: 즉각적 조치

해석 지연 배상의 청구 클레임

귀하:

저희는 현재까지 두 개의 주문이 남아 있음을 알리고자 합니다.

저희는 거래 관계에서의 재정적 충격을 최소화하고자 노력하고 있으며 이 통지서는 내부적 조달 규정에 의해 작성된 것입니다.

즉각적인 대처를 취해 주시고 본 건에 대한 피드백을 부탁드립니다.

미리 감사드립니다.

반대로 수출자의 입장에서 수입자로부터 클레임이 걸려오는 경우도 있다. 클레임이 들어오는 경우의 처리는 무엇보다 첫 반응이 신속하면서도 단호해야 한다. 그러한 클레임이 어떻게 발생한 것인지, 누구의 책임으로 인한 것인지부터 밝혀내고 그러한 불편을 겪게 되어 유감이라는 뜻을 전하는 문서를 반드시 회신해 주도록 한다. 다음은 이런 경우 작성할 수 있는 예문이다.

클레임 관련 이메일에 대한 회신 예

We have received your E-mail dated April 22, 2009 very well and it incurred our most careful attention.

However, please understand that we are unable to (a) **account for the breakage**, since the shipping company received the whole lot (b) **in perfect condition as is evident from the clean B/L** we obtained. Also, at the time of packing, the goods were in a perfect condition and the goods have been covered against the risk of breakage.

We suggest you that you file your claim with the insurance company.

We understand all inconvenience incurred and shall be glad to do anything in our power to assist you in pushing your claim.

설명 (a) account for the breakage: 파손에 대해 책임지다

(b) in perfect condition as is evident from the clean B/L: 무하자 선하증권에서 증명되듯 완벽한 상태였다

해석 2009년 4월 22일에 보내 주신 이메일은 잘 받았으며, 매우 주목을 끌었습니다.

하지만 무하자 선하증권에서 증명되듯이 완벽한 상태로 전체 로트가 운송사에게 전달되었으므로 당사에서는 파손으로 인한 책임을 질 수는 없음을 양해해 주십시오. 또, 포장 시에는 동 물품들은 완벽한 상태였으며 물품들은 파손 위험으로부터 안전하도록 포장되었습니다.

당사는 보험회사에 클레임을 제기할 것을 제안하는 바입니다.

당사는 그에 따라 발생한 불편함을 이해하며, 당사가 할 수 있는 범위 내에서 귀사가 클레임을 진행하는 데 협조할 수 있다면 기쁘겠습니다.

이 같은 클레임에 대해서는 별도의 규정을 두어 해결 과정을 사전에 설정해 두는 노력도 필요하다. 다음의 예문을 참고한다.

Claim, if any, shall be submitted by cable within 14 days after arrival of the Products at destination. Certificates shall be sent by mail without delay. Any claim beyond the amicable adjustment between sellers and buyers is to be finally settled by arbitration in Seoul, Korea in accordance with the conditions stipulated in Article 29(Dispute Settlement).

해석 클레임이 있는 경우, 목적지에 인도물품이 도착한 뒤 14일 이내에 케이블로 제출되어야 한다. 증명서는 우편으로 지체 없이 송부되어야 한다. 구매자와 판매자 간의 조정이 불가능한 클레임은 제29조(분쟁 해결)에서 정한 조건에 따라 한국의 서울에서 중재에 의해 해결되어야 한다.

실제로 클레임을 제기하게 되는 경우에는 클레임의 제기 시점이 매우 중요하다. 클레임을 제기할 수 있는 기한은 각국마다 다르게 규정되어 있고, 많은 국제 협약에서는 '수령 즉시 검사' 할 것을 요구하고 있으므로 일정 기간이 지나면 클레임의 제기가 무용해질 가능성이 있기 때문이다. 클레임과 관련한 당사자는 클레임의 제기자(claimant)와 피제기자(claimee)로 구분된다.

또, 단순히 이행 태만을 꼬집는 수준이 아닌, 불이행이나 물품 하자에 대한 클레임을 제기할 때는 계약 번호와 일시를 비롯한 거래의 내용, 발견되었거나 인지하고 있는 하자의 범위를 포함한 클레임의 경위, 구체적인 청구 내용, 그리고 손실이 발생했다면 그 손실에 대한 명세서를 육하원칙에 의해 구체적으로 작성하도록 한다. 그리고 사진을 포함한 검사보고서와 그 입증 서류를 제출할 수 있다면 더욱 확실한 방법이 될 것이다.

Pre Claim Notice를 발행할 때는 절박한 경우가 아니라면 반드시 어떻게 처리해 달라고 하는 요구 사항까지 포함시킬 필요는 없다. 문제를 정확하게 인식시키고 그에 대한 상대방의 양해를 얻어 내는 것이 Pre Claim Notice의 첫 번째 목적이기 때문이다.

참고로, 우리가 클레임을 걸었고 상대방이 이를 인정해 어느 정도의 합의가 되는 경우라면 상대방과의 거래 관계의 지속성 여부에 따라 처리 방법이 달라질 수 있다. 지속적 거래 관계가 없고 앞으로도 거래빈도가 낮을 것으로 생각된다면 대금을 정산하고 끝낼 수 있지만, 지속적 거래 관계가 있는 경우에는 차변표라고 하는 Debit Note[11]를 발행해 상대방에게 전달할 수 있다. 역시 금전 문제이므로 발행된 Debit Note에 대한 확인 절차는 필요하다고 본다.

한편, 장기간 대규모로 이루어지는 토목이나 건설공사 계약에서 클레임과 관련된 이슈는 전혀 다른 양상으로 나타나기도 한다. 건설공사 계약에서 클레임이란, 계약 당사자 중 어느 한 쪽, 특히 매도자이자 도급업자인 계약자가 여러 가지 조건 변경이나 발주자의 설계 변경으로 인해 증가된 비용 및 계약기간의 연장에 대해 보상을 신청하는 것으로, 일반적인 무역거래에서의 확정대금(Firm Fixed Price)방식이 아닌데다가 매도인(을)이 매수인(갑)에게 클레임을 제기하는 모습이라 다소의 특수성을 가지고 있는 분야이기도 하다. 대개 발주자에게 추가 비용을 요구할 수 있는 클레임 대상 항목들을 살펴보면 발주처가 제시한 설계의 오류, 작업의 내용 변경, 추가적 테스트 요구, 현장 조건의 차이, 법령 변경, 불가항력 등이 기본적으로 고려될 수 있으므로 이들 항목의 구성에 있어 가능하면 계약 단계에서부터 보상받을 수 있는 권리를 명시해 둘 필요가 있다.

6 소송 서류가 접수될 때

계약서가 많아지고 각 계약의 이행을 책임지는 담당자가 많아지다 보면 아무래도 무엇인가 하나씩 놓치는 경우가 발생한다. 수출이든 수입이든 특히 장기간의 프로젝트성 계약에서 이렇게 빠뜨린 업무는 현지 담당자와의 교류를 통해 잘 마무리할 수 있는 것이 대부분이지만, 간혹 이때다 싶은 생각으로 우리 회사에 클레임을 제기해 곤란에 처할 수도 있다. 이러한 클레임은 간혹 상대방으로부터 직접 받는 것이 아니라 변호사를 경유해 접수되는 경우도 있고, 바로 제소되어 법원으로부터 송달받는 경우도 있다.

당연히 외국 법원으로부터 소송 서류를 송달받게 되는 경우가 많은데, 가장 먼저 살펴볼 계약서 조항은 물론 해당 소송 서류의 제소 내용과 관련된 계약 조항에서 실제로 문제가 발생할 소지가 있는가 또는 어떻게 해결하는 것으로 예정하고 있는가에 관한 문

---

[11] Debit Note와 함께 실무에서 사용되는 서식으로 Credit Note가 있다. Debit Note는 이 전표의 발행표의 금액을 우리 측 채권으로서 상대방 계좌의 차변에 기입했음을 상대방에 통지하는 것(받을 돈이 있음을 통지)을 말하는 데 반해 Credit Note는 대변에 기입했음을 통지하는 것이므로 우리 측의 채무 사실을 상대에게 통지하는 것(줄 돈이 있음을 통지)이다. 특별한 서식이 따로 없어도 무방하고 일반적인 송장(Invoice) 양식에 제목만 바꾸어 사용할 수 있다.

장들이어야 하겠지만, 두 번째로 반드시 살펴볼 조항이 재판 관할(Jurisdiction) 조항이다. 해당 외국 법원이 전속 관할 법원으로 지정되어 있지 않다면, 해당 외국 법원의 재판 관할권을 부인함으로써 소의 각하를 신청할 수도 있고, 불편 법정지임을(법정 관할권으로 받아들이기 불편함; Forum Non Conveniens) 주장함으로써 우리나라의 법원에서 재판을 받겠다고 항변할 수도 있다. 최종적으로 불편 법정지 해당 여부는 해당 외국 법원에서 당사자 간의 이해관계와 공익 등을 고려해 재량으로 결정하게 된다.

반대로 계약의 체결 시에 상대방이 문제를 일으킬 가능성이 훨씬 높아 보이는 경우에는 계약서 내 전속 관할권의 설정을 통해 상대방의 소송 회피를 사전에 차단할 필요가 있다.

우리나라 기업들이 미국이나 유럽에서 특허와 관련하여 제소되는 사례가 종종 언론에 보도되고 있는데, 특히 미국에서 특허권자의 경고장을 받은 경우, 소송이 확실해 보이고(제소에 대한 합리적 우려; Reasonable Apprehension), 우리 쪽의 잘못이 없다는 것에 확신이 있다면 우리의 입장에서 가장 덜 불리한 관할의 법원을 선택하여 특허의 무효, 침해 사실 없음, 또는 특허권 행사 불능의 확인을 구하는 확인 소송(Declaratory Judgment Action)을 선제적으로 제기하는 경우도 종종 있다는 것은 참고할 만하다.

재판 관할 문제에 대해서는 〈제6부 알아두면 든든한 계약법 상식〉에서 좀 더 자세히 다루었다.

7 계약 대금 인하 요청이 올 때

수출하는 기업의 입장에서 계약 대금을 인하해 달라는 요청은 계약의 전후를 막론하고 수시로 들어올 수 있는데, 난감하지 않을 수 없는 상황이다. 물론 인하의 여지가 있다면 좋겠지만, 더 이상 물러설 마진이 남아 있지 않은 상태라면 더욱 곤란해진다. 인하의 여지가 있다 하더라도 대금 인하 요청에 대해서는 다소 단호할 필요가 있다.

먼저, 대금 인하 요구의 배경이 상담 과정인가 아니면 계약 전인가에 따라 대응 방법이 달라질 수 있다. 계약 직전이라면 가격의 최종 조율 단계일 것이므로 구매 자체는 확정적일 가능성이 높아 다분히 우리가 우위를 점한 상태일 것이다. 하지만 계약까지 아직 갈 길이 많이 남아 있는 상담 과정이라면 인하 요구에 대해서는 상황에 따라 적절히 대응할 필요가 있다.

일반적으로 대금 인하 요청을 상쇄할 수 있는 협상 아이디어들로는 다음과 같은 것이 있다.

품질 조건의 향상	기본적으로 품질 조건을 충족시킨다는 전제하에 이루어지는 거래에서 추가적인 품질 조건은 때로는 오히려 원가 부담만 가중시킬 수 있어서 구매자 입장에서 그다지 선호하는 편이 아니다. 하지만 선적 전 현지에서의 품질 검사 조건을 받아들인다든지 Certificate of Conformance와 같은 자체 품질 인증서를 제출하는 방법을 생각해볼 수 있다.
상위 제품 가격의 할인	다양한 기능의 제품군을 확보하고 있는 경우에는 한두 단계 상위의 제품의 단가를 인하해주는 것을 제안함으로써 대금 인하 요청을 전환시킬 수 있다.
인도 조건의 단축	우리 측의 모든 지원(resource)을 동원해 납기를 최대한 단축시켜 주는 조건도 가격 인하에 대한 대안이 될 수 있다. 대부분의 구매자는 납기에 민감하다는 것을 잊지 말자. 다만 이 경우에는 일반적인 납기와 단축된 납기 사이의 지체 상금 위험은 제거해 줄 것을 요구해야 한다.
무역 조건(Incoterms)의 조정	무역 조건의 조정은 특히 운임과 보험료, 위험과 책임의 분기점이 조정된다는 점에서 직접적으로 원가에 영향을 미친다. 해상운송에서 항공운송으로 바꾸는 등의 운송 방법 조정 역시 좋은 대안이 될 수 있다.
인도 물품의 확장	'상위 제품 가격의 할인'이 다양한 제품군을 확보하고 있는 경우에 적용될 수 있는 아이디어라면, 인도 물품의 확장은 인도 물품에 꼭 필요한 주변 장치나 부자재를 함께 공급하는 아이디어로 이용될 수 있다. 특히 전자제품류의 수출에서는 상대적으로 제조 원가 우위가 있는 우리나라 시장을 적극 이용하도록 유도함으로써 인도 물품을 패키지화할 수 있다.
지불 조건의 조정	지불 조건 역시 직접적으로 가격과 연관을 가지고 있는 조건으로, 후불 조건을 선불 조건화 또는 일부 선금화한다면 대금 미회수 위험을 차단함으로써 어느 정도 대금 인하 여지가 있게 된다.
Hurdle Value 제안	대개의 양산 품목에서는 일정 수량마다 단가가 인하되는 경향이 있는데, 제조 원가를 고려한 것이다. 예를 들어, 400개를 구매하는 수입자가 단가 인하를 요청한다면, (비록 설정되어 있지 않더라도) 500개부터는 인하된 가격으로 공급이 가능하다는 등의 반대 제안(Counter-offer)을 할 수 있다.
MOQ(Minimum Order Quantity)의 설정	MOQ, 즉 '최소 구매 요구 수량'은 사전에 미리 설정되어 있는 경우도 있겠지만, MOQ 단위를 낮추는 것도 좋은 대안이 될 수 있다.
LOI(Letter of Intent) 활용	역시 제작 단가와 관련되어 주장할 수 있다. 문서의 법적 구속력과 관계없이 차후 구매 예상 수량을 약속(commitment)할 수 있는 의향서(LOI)를 요구해, 일정 수량에 대한 구매 예상 문서를 확보함으로써 단가 인하를 고려할 수 있다.

한편, 수출자 측의 협상자로서 수입자로부터 대금 인하 요청을 받는 경우에 참고할 협상의 포인트로는 다음의 몇 가지를 들 수 있다.

첫 번째, 중간의 유혹에 빠지지 말라는 것이다. 단가 5천 원 제품을 판매할 때 상대방이 3천 원의 단가를 제시하면, 4천 원에 합의하고 빨리 협상을 끝내고 싶은 강한 유혹이 생기는데 이러한 유혹을 '중간의 유혹'이라 한다. 여기서 주의할 것은 상대방이 우리가 중간의 유혹에 빠졌음을 간파하게 되면, 상대방은 결코 4천 원에 합의하려 하지 않는다는 것이다. 3천 9백 원 이하로 떨어질 가능성이 더 높다.[12]

두 번째, 작은 것이라도 거저 주지는 말자. 계약의 다른 조건도 마찬가지지만, 가격은 여전히 가장 중요한 조건 중의 하나가 된다. 이렇게 중요한 조건에 대한 양보는 나름의 양보 계획을 짜 두는 한편으로 시간을 두고 고민하는 흔적을 보여야 한다. 또, 우리가 하는 양보가 얼마나 큰 가치가 있는지를 미리 계산해 논리적으로 제시할 필요가 있다. 즉, 상대로 하여금 '정말 큰 것을 얻어 내었구나'라고 하는 미안한 마음이 들도록 함으로써 다른 조항에서 그 대가를 얻어 내는 것이 성공적인 협상 방법이 된다.

세 번째, 대금 인하가 곤란한 경우까지 요청해 올 때는 핑곗거리를 찾아보자. 실무적으로 가장 많이 쓰이는 핑곗거리는 경영진 또는 이사회의 허가를 드는 경우가 많은데, 효과가 있을 수도 있지만 솔직히 궁색하다.

이보다는 우리의 공급선(sub-contractor)에서 요청해 오고 있는 단가 인상 압박이나 원재료 가격의 상승을 핑계로 드는 것이 낫다. 협력업체와의 계약에 따라 일정 수량 이상이 될 때 비로소 단가 인하가 가능하다는 점을 설명하고, 그러한 수량 이상의 발주를 유도함으로써 자연스럽게 그 일정 수량이라는 Hurdle Value를 제안하는 효과도 있다.

이론의 여지는 있겠지만, 계약에서 사실 '가격' 조건은 가장 중요한 협상 포인트가 된다. 가격 협상에 대해서는 협상 일반론에서 다루고 있는 몇 가지 기법들이 있다. 이를 계약서 구성의 차원에서 변형해 보면 다음과 같이 요약할 수 있다.

큰 계약일수록, 오랫동안 협상해 온 터라 지긋지긋한 계약일수록 마지막에 얻을 것이 많다. 즉, 협상이 마무리되고 마지막 서명 직전 단계에서 가격이든, 투자율이든, 선금 규모든 간에 작은 양보를 요구하면 의외로 상대가 쉽게 받아들일 가능성이 많다는 것이다. 이를 니블링(Nibbling) 전략이라고 한다. 반대로 상대가 니블링 전략을 펼치면 우리도 반대로 얻어갈 것이 없는가를 고민한 뒤 역 니블링(Counter-Nibbling)을 제안함으로써 상대의 니블링에 넘어가지 않도록 한다.

협상 과정을 잘 살펴보면 우리도 얼마든지 작은 양보를 얻어낼 소지가 있는 부분들을 조금씩 떼어 주었던 것을 발견할 수 있는데, 상대의 니블링에는 우리의 니블링으로 받아칠 수 있도록 준비한다.

---

[12] 특히 가격과 같은 단면적 협상에서의 전략으로 거론되는 것이 High Ball과 Low Ball, Split the Difference 전략이다. High Ball은 높게 부르는 것으로 판매자 입장에서 Keystone pricing을 하는 것이고, Low Ball은 구매자 입장에서 일단은 낮게 부르고 조금씩 양보의 폭을 조절하는 전략이다. 중간의 유혹은 협상 초기부터 겪게 되는데, Split the Difference, 즉 차이를 나누고 중간 지점에서 합의하고 싶어지는 현상으로 심지어 상대가 먼저 Split the Difference 제안을 하더라도 역시 Low Ball 또는 High Ball로 간주해야 하는 경우가 더 많다는 점에 유의한다.

상대 기업의 규모에 기죽지 마라. 계약이란 어차피 서로가 원하는 바가 있어 합의되는 것이고, 탐색 단계를 거쳐 계약 협상 단계까지 왔다면 언제라도 상대를 떠날 준비가 되어 있는 협상 당사자는 없다. 상대 기업에 대해 기가 죽을수록 다른 차원에서 허풍을 칠 만한 것을 찾아야 한다. 한 가지 예를 들면, 진지하고 적절히 구사되는 허풍은 국제 협상에서는 한 사람의 희생을 필요로 하기도 한다. 한 사람을 허풍쟁이로 지정하고 협상의 방해꾼으로 삼는 것이다. 계약의 부대 조항이든 가격 조항이든 협상에 어려움이 있을 때 그가 나서서 그냥 우리말로 크게 떠들면 그것 자체가 상대로 하여금 '높은 사람인 것 같은데 내용이 너무 맘에 들지 않는가 보군'이라는 생각이 들게 만들기도 한다. 블러핑(Bluffing) 전략은 여러 가지 상황에서 효과적으로 사용될 수 있지만, 간접적이어야 하고 적절히 제어됨으로써 협상의 소도구로만 활용되어야 한다는 점을 주의하도록 하자.

가격, 또는 계약 내용에 따라 수수료나 투자액 등의 조건에 너무 집중하지는 않도록 한다. 어찌 보면 협상 성과를 가장 잘 보여 줄 수 있는 것이 금전적인 부분이긴 하지만, 자칫 머니 게임으로 치달을 수 있다. 가격에 집중된 협상은 서로 간의 제안 가격을 이동시킴으로써 합의에 이르게는 하겠지만, 이런 경우 최적 가격이라기보다는 어느 쪽이든 출혈이 발생할 수밖에 없는 가격에서 합의될 가능성이 높다. 위에서 설명한 것처럼 다른 조항과의 연관성을 적절히 활용함으로써 '가격에서의 승리' 이상의 효과를 얻도록 한다.

계약 협상 과정에서 우리가 요구하는 사항들에 대해 상대도 어느 정도 양보를 하게 마련이다. 이때 상대의 양보 태도를 분석해 보면 머니 게임이 일어난 경우에 특히 주의 깊게 살펴볼 필요가 있다.

먼저 우리 측에 강력한 조건들을 선정해서 Keystone Conditions[13]로 제시하라. 계약 협상에서 협상 대상이 되는 조건들은 적게는 10개 정도에서 많게는 100가지도 넘을 것이다. 그중 가격 조건이나 선금 조건들을 강력하게 내세우면 상대가 어려워하면서 협상이 지지부진해지는데, 이때 다시 진짜 조건을 걸면서 "아까 얘기한 것들은 당신 의견 정도로 받아 줄 테니 대신 이 조건을 받아들여라."라고 해 본다. 2007년과 2008년 쇠고기 협상에 이르기까지의 한미 FTA 협상 과정은 신문과 방송에서 워낙 실시간으로 중계가 잘되어 누구나 관심만 있으면 그 협상 과정을 살펴볼 수 있다. 사실 이러한 미끼 조건은 미국이 우리에게 걸려고 했다가 실패한 조건이기도 했다.[14]

---

⑬ Keystone Condition은 때로 미끼라는 뜻의 Decoy로 대체해서 미끼 전략으로 설명하기도 한다. 한편, Keystone Price란 협상의 시작 단계에서 판매자가 부르는 가격 정도로 해석할 수 있다.

⑭ 미국은 당시 쌀 시장 개방 문제를 내놓고 협상 시한 전날까지 양보하지 않다가 마지막 날에 가서야 교란용 미끼를 거두고 쇠고기 문제를 들고 나오기도 했다.

8 전략 물자의 수출과 수입에서 겪는 상황

　　전략 물자란 재래식 무기 또는 대량 살상 파괴 무기와 이의 운반 수단인 미사일의 제조, 개발, 사용 또는 보관 등에 이용 가능한 물품, 소프트웨어 및 기술로서 국제 평화와 안전 유지, 국가 안보를 위해 많은 나라들이 그 수출입에 제한을 두고 있다. 우리나라는 대외무역법 및 다자간 국제 수출 통제체제의 원칙에 따라 산업 통상 자원부 장관이 전략 물자 기술 수출입 통합고시 별표 2에서 3에 전략 물자를 고시하고 있는데, 고시된 전략 물자 리스트에 우리 회사가 제조하거나 수출하는 품목이 있는지를 한 번쯤은 눈여겨볼 필요가 있다. 뿐만 아니라 동 전략 물자 기술 통합고시의 상황 허가(제39조) 항목에서는 리스트에 없는 품목이라 할지라도 대량 파괴 무기로의 전용 가능성이 있는 제품을 수출할 때, 거래의 정황상 이상한 점이 포착되는 때도 허가 신청을 의무화하고 있다.

　　이러한 전략 물자의 수출과 수입 시 겪는 상황을 제대로 이해하려면 산업 통상 자원부 산하의 전략 물자 관리원에서 제공하는 자료와 교육 프로그램을 통해 어느 정도의 학습을 해야 한다. 다만 실무적으로 정상적인 거래 상황이라면 전략 물자의 수출입 과정에서 겪게 되는 사례는 많지 않다.

계약서의 작성 단계

　　전략 물자에 해당하는 물품의 거래를 위해 계약서를 작성할 때는 정부 승인(Government's Authorization) 조항을 반드시 삽입하도록 한다. 수출자의 입장에서는 특히 미국 등 '가'급[15] 지역 국가가 아닌 곳으로 수출하는 경우에는 수출 허가 절차를 밟아야 하며, 절차상 1개월에서 3개월 정도의 시간이 걸리거나 허가가 거부되는 경우도 있으므로 이러한 경우를 감안하여 적절한 문구를 삽입해야 한다. 수입자의 입장이라면, 지나치게 허가가 지체되어 납기에 어려움이 있는 경우를 감안해 계약의 종료와 해제 이외에 대안적 조치를 규정할 필요가 있다.

수출의 경우 전략 물자 기술 통합고시에서 규정된 표준 서식의 작성 및 이용자 등록

　　전략 물자 기술 통합고시에 규정된 표준 서식 중에는 기술적 특성 명세서와 신청서 외에도 최종 수하인 진술서와 같이 수입자에게 전달해 작성을 요구하는 문서가 있다. 한글이 지원되지 않는 컴퓨터에서도 내용을 수정할 수 있도록 한글 부분을 적절히 그림 파일로 바꾸어 삽입해 두고 사용하는 것이 수입자의 입장에서 편리하다. 한편, 회사에서 전략 물자에 해당하는 물품을 제조 수출하는 경우에는 전략 물자 관리 시스템(YESTRADE)에 이용자 등록을 하고 공인인증서를 발급받아 두는 등 사전 작업을 미리 해 둘 필요가 있다.

---

[15] 전략 물자와 관련한 '가'급지와 '나'급지의 구분은 전략 물자 관리원의 발표를 참고한다. (www.yestrade.go.kr)

수입의 경우 End Use Statement(Certificate)의 작성

전략 물자를 수입할 때, 일반적인 경우라면 End Use Statement 서류의 작성 및 전달만으로 수입(해당국의 수출) 통관을 위한 절차가 마무리될 수 있다. 미국 등지에서 요구하는 End Use Statement는 의외로 내용이 간단해서 쉽게 작성할 수 있다는 이유로 현업 부서에서 대충 작성해서 발송하고 잊어버리는 경우가 많다. 그러나 구매 계약 이후에 요청되는 이러한 문서들도 엄연히 계약서의 일부가 되는 첨부 문서임을 잊지 말아야 한다. 회사 내 이러한 문서의 작성 및 관리 주체와 서명권자를 사전에 정해 둬야 한다.

EAR vs. ITAR

전자 부품류나 특수 합금류를 수입할 때, 수출자가 본 제품은 EAR 품목이라고 하는 경우도 있고 ITAR 품목이라고 하는 경우도 있다. EAR는 'Export Administration Regulations(수출 규제)'의 약자로서 미국 상무부(Department of Commerce)에서 관할하고, ITAR은 'International Traffic in Arms Regulations(무기 거래 통제)'의 약자로서 미국 국무성(Department of State)에서 관할한다. 대개 ITAR 대상 품목을 수입하기 위해 해외 제조사가 한국으로의 수출 승인을 구하는 절차를 밟게 되면 경험상 수개월에서 1년까지 허가 기간이 지체되기도 한다. 계약상의 문제도 있지만, 주기적인 상황 파악이 더욱 중요한 이슈가 된다. 각각의 전략 물자 통제 품목이라 할지라도 미국에서도 정부에 보고해야 하는 차원이 아닌 회사 차원의 관리 의무만 다하면 되는 품목이 있고, 수출 지역별 통제 품목으로서 사전에 정해진 몇몇 국가들, 특히 선진국으로의 수출입에는 아무 문제가 없는 품목이 있는가 하면, 국무성의 DSP 문서를 통해 매 건마다 엄격히 통제되는 품목도 있으므로 매 사례별로 부닥치며 대응하는 수밖에 없다.

9 / 협상이 교착 상태에 있을 때

계약 협상을 진행하다 보면 서로 간의 이해관계가 맞물려 한치의 양보도 없는 경우가 있다. 협상학적으로 풀어나가는 여러 가지 방법이 있겠지만, 계약서 특정 조항에서 어떤 구체적 의무를 언제까지 어떻게 하는가에 대해 갈등이 있는 경우에는 해당 특정 의무를 이행하기 위해 '최선을 다하겠다'라고 합의하거나 해당 특정 의무를 이행할 것이고, 구체적인 이행 방법은 '조기에 최선을 다해' 다시 합의한다는 정도로 정리하고 마무리하는 경우가 많다.

물론, 최선을 다한다는 개념이 애매하기 때문에 분쟁의 소지가 남게 되지만 계약 체결과 업무 수행이 우선되어야 한다는 점에서 많은 계약서에서 애용되고 있다. 주의할 것은, 최근 판례에 의하면 이러한 조항이 강제력(enforceability)을 가지기 위해서는 최선을 다하는 대상이 분명하고(a clearly defined object), 최선을 다할 것을 요구하는 충분한 확신이 있고(there is sufficient certainty about the object requiring best endeavours), 최선을 다하는 노력을 측정할 수 있는 기준이 충분해야(there must be sufficient objective criteria by which to measure the endeavours) 한다고 한다.[16]

영문 계약에서 최선을 다한다는 표현으로 사용되는 reasonable effort/endeavours, all reasonable effort/endeavours, 그리고 best effort/endeavours는 나열된 순서에 따라 최선을 다하는 방법에 있어서 요구되는 기준이 높다. 앞에 놓이는 동사로는 use, take, make, exercise 등이 이용된다. 다음 예문을 살펴보자.

- EU Member States will use their best endeavours to encourage other arms exporting states to subscribe to the principles of this Code of Conduct. (EU 회원국들은 타 무기 수출국들이 본 행동 강령의 원칙들에 지지하도록 독려하는 데 최선을 다해야 한다.)

- (Force Majeure 조항에서) The affected Party shall exercise its best efforts to remove or remedy the Events of Force Majeure and the effects thereof and resume full performance hereof as soon as possible. (불가항력 상황에 처한 당사자는 불가항력의 상황 및 그로 인한 효과들을 제거하거나 치유하고, 가능한 이른 시일 내 모든 계약상 이행을 재개하기 위해 최선을 다해야 한다.)

10 / 고객이 터무니없이 높은 지연 배상액을 요구할 때

협상력에 차이가 존재하는 해외 다국적 대기업과 우리나라 기업 간의 계약 협상에서 종종 문제가 되는 것이 지연 배상액의 산정에 관한 내용이다. 역시 구매자 입장에서는 정확한 납기 준수를 위해 높은 지연 배상액을 요구하는 것이 당연하겠지만, 그대로 받아들이는 것은 만일을 위해서라도 좋지 않다.

이 때 주장할 수 있는 논리는 첫째, 우리나라 민법의 규정을 들어 지나치게 높은 지연 배상률은 한국에서 문제가 된다는 식으로 설명하고, 우리 국가 계약법에서 정하고 있는 지연 배상률의 사례를 보여 주고 한국의 일반적인 계약에서는 각 지체일수마다 0.1%~0.2% 정도임을 이해시키는 것이 도움이 된다.

둘째, 지연 배상액의 산정을 위한 단위를 '일(day)'이 아니라 '주(week)' 또는 '월(month)'

---

[16] Dany Lions Ltd v Bristol Cars Ltd [2014] EWHC 817 (QB) (영국)

로 정하도록 유도하는 것도 방법이다. 판매자 입장에서는 아무래도 매일 증가하는 지체 상금이 부담스러울 수 밖에 없고, 좀 더 긴 단위로 설정함으로써 대응할 수 있는 여유를 가질 수 있다.

셋째, 지연 배상액의 상한을 여러 단계로 나눌 수 있다. 1개월까지는 0.1%를 적용하고 이후 3개월까지는 0.2%를 적용하는 등의 방법으로 여러 단계로 나누어 달라고 요구하는 것은 좋은 협상안이 된다.

넷째, 지연 배상액에도 불구하고, 오로지 당신(고객)의 권리(at the customer's sole option)로 가감할 수 있음을 정해 두는 것도 좋다. 대부분의 대기업이나 정부 기관에서는 판매자의 납품 지연 상황을 이해하고 지연 배상을 감면해 주고 싶어도 근거 규정이 없으면 실행이 어려운 경우가 많다. 고객의 판단으로 적절히 감면해 줄 수 있는 고객의 권리를 규정하는 것이므로 고객으로서도 크게 반대할 이유가 없다.

다섯째, 마지막으로 다른 조항, 즉 Delay by Customer(고객의 지체) 조항 등에서 대금 지불 지연 상황이 Delay by Customer를 구성한다는 점을 정하고, 대금 지불 지연이 발생하는 경우 위 지연 배상률과 동률의 이자를 지급하도록 요구해 보자. 동일한 지체 상황이므로 상대방으로 하여금 공정성을 자극하는 요구가 될 수 있고, 판매자 입장에서는 대금을 적기에 수령하는 것이 중요할 수밖에 없으므로 뜻밖의 성과를 얻을 수도 있다.

11 독점권을 주장해 올 때

우리 회사에서 독보적인 기술을 바탕으로 전세계 유수 거래처에 대량 판매하고 있다고 가정하자. 어느 날 미국의 어느 엄청난 선사에서 그들의 선박 네트워크를 이용해서 파격적인 조건으로 해상 운송하겠다는 내용으로 계약서를 건네준다면, 반갑기 그지없는 일이다. 이런 때 계약서를 뜯어보면 기타 조항에 독점권(Exclusivity) 조항이 숨어 있는 경우가 많다. 이를테면 이런 식이다.

> MX shall be the exclusive shipment provider for AAA's overseas freight transportation through 2030. AAA is excluded from engaging with any other agreements with other third parties for freight shipment purpose. If AAA fails to comply with the obligations herein, a fee of USD50,000, per each failure, shall be due and payable to MX.

해석 미국 선사 (MX)는 AAA사의 해외 화물 운송에 대해 2030년까지 독점적 운송 제공자가 되어야 한다. AAA는 화물운송 관련 제3자와 어떠한 계약에도 협상을 개시해서는 안된다. AAA가 이러한 의무를 지키지 못하는 경우, 매 의무불이행마다 미화 5만불을 MX에게 지급해야 한다.

'파격적으로 서비스해 줄 테니 일정 기간 동안은 우리 회사와만 독점적으로 거래하자'라는 제안이다. 위 조항을 읽어 보고 실무자로서 따져야 할 부분이 어느 항목인지 줄을 그어 가면서 검토해 보길 바란다.

먼저 MX의 독점적 운송 제공권이 2030년까지라고 한 부분은 매우 모호하다. 2030년 12월 31일인지 2030년 1월 1일인지 불분명하므로 구체화해야 한다. 둘째로 AAA는 MX가 아닌 제3자와 계약을 체결하는 것도 아니고 계약 협의조차 금지된다. 독점적 운송 제공권 기간 동안 계약 협의조차 금지되는 것으로 이해되기 때문에 AAA의 권리를 지나치게 제한하는 측면이 크다. 계약 협의(engage with)를 운송계약 체결 또는 운송(shipment)으로 바꾸는 것이 훨씬 유리하겠다. 셋째로 계약 불이행시마다 5만불을 지불하라고 하는 것은 우리 민법의 시각에서는 위약벌(penalty)로 해석된다. 미국법에서는 인정되지 않을 여지가 크지만, MX의 입장에서는 '원래는 해당 금액이 선적 비용에 포함되어야 하는 것인데 깎아 주었기 때문에 돌려받는 것일 뿐'이라고 항변할 가능성이 높다. 최소한 per each failure(매회 불이행마다)를 as a sum(합산하여) 정도로 바꾸는 노력은 필요할 것 같다. 마지막으로 반드시 시도해 보아야 할 것은 독점권 자체를 부정하려는 노력이다. 여러 논리가 가능한데, 대표적인 것이 우리나라 경쟁 정책(competition policy 또는 anti-trust law)에서 독점권이 얼마나 배척되는지를 보일 수 있다. 실제로 우리 법이 그렇게까지 세세하게 규정하고 있지는 않지만, 회사 정책과 맞물려 설득함으로써 exclusivity 조항의 삭제를 유도할 수 있다. 물론 매우 파격적인 조건이라면 exclusivity 조항을 살려 둔 채 계약해도 문제없을 수도 있다. 하지만 이때는 MX의 해상 사고율 증가라던가 어떤 상황의 변화로 exclusivity를 무시할 수 있는 경우를 계약서에 고려해야 한다.

이 같은 독점 조항은 M&A와 같은 인수합병 계약과 핵심 기술의 실시 계약에서는 First right of refusal(우선매수청구권) 또는 First right of offer(우선협상권)과 같이 변형된 형태로 등장하곤 한다. First right of refusal은 때로는 Rights of First Refusal(ROFR)로서 우선매수청구권으로 이해되지만 그 뜻은 표현 그대로 먼저 거절할 수 있는 권리를 갖는 것이다. 소유자(주주 또는 공급자)가 구매 후보자를 물색하고 소유자가 구매 후보자와 조건을 협의한 다음 협의된 조건을 우선매수청구권(ROFR)을 가진 당사자에게 통지한다. 우선매수청구권(ROFR)을 가진 당사자는 그 조건으로 구입할지 여부를 결정하게 되는데, 이 당사자가 거절한 때 비로소 다른 구매 후보자와의 협의가 가능하다.

반면에 First right of offer는 Rights of First Offer(ROFO)로서 소유자(주주 또는 공급자)가 구매 후보자를 물색하기 이전에, 자신의 제안 조건에 따라 구매할 수 있는 첫번째 권리를 우선협상권(ROFO) 당사자에게 부여하는 것이다. 우선협상권(ROFO) 당사자가 이를 거부하면 소유자는 비로소 다른 거래 당사자를 찾을 수 있다.

이들 두 개념은 의미상 '독점'과 달리 '거래상 우선권'을 부여하는 측면이 강하다는 측면에서 근본적인 차이가 있다.

🍂 단어의 잘못된 삽입으로 수억 원을 날린 사례

1990년대 초, 한국 정부는 인공위성과 발사체, 유인 우주인 배출에 이르는 야심 찬 우주 개척 계획을 세우고 몇 개의 이어지는 프로젝트를 진행하기 시작했다. 아무래도 처음에는 외국 기술의 도움이 필요했기 때문에 미국과 프랑스 등의 우주 항공 전문 기업들로부터 컨설팅을 받거나 상당 부분은 해외에 개발 용역을 발주했다.

이때 유수의 외국 회사들이 국내에 대리점을 두고 국내 시장 조사를 의뢰하거나 단순한 물류 차원의 편의를 제공받았다. 외국 회사들로서는 1차적으로 물류 차원의 편의를 제공받는 한편, 2차적으로는 한국 내 고객과의 접촉을 유지하는 수단이 필요했고, 더 나아가 새로운 시장의 개발을 위해 국내 대리점을 십분 활용했다.

미국 A사는 한국 내 대리점으로 규현 물산을 발굴하고 계약을 체결했다. 규현 물산은 미국 A사와의 계약에서 다음과 같이 규정했다.

> Representative(Kyu Hyon Trading) is entitled to the commissions and Manufacturer (A) shall pay the commissions due to the Representative within thirty(30) days of receiving relevant invoice in duplicate from the Representative for the developed Products and Services pursuant to the KOMS-1 project.

규현 물산에서 계약을 담당했던 심 대리는 이 조항에 대해서 의심 한번 하지 않았다. 당연히 이를 (가칭) KOMS-1 프로젝트에 따라 개발된 제품과 서비스의 일정 비율을 커미션으로 받는 것으로 이해했고, KOMS-1 프로젝트에서 수주받은 액수에 커미션 비율을 곱해 미국에 Invoicing했다. 하지만 미국에서는 송장을 이해하지 못하겠다는 반응을 보이며 커미션을 줄 수 없다는 응답을 보내왔고, 이에 당황한 규현 물산이 불복하면서 이 문제는 한동안 분쟁 상태로 남아 있다가 결국 규현 물산은 커미션의 10%도 되지 않는 금액을 합의금으로 받는 것으로 만족해야 했다.

문제는 pursuant to~에 있었다. pursuant to~는 우리말의 '~에 따라'에 해당하는 표현이지만, 뒤에 시점이 나오는 경우에는 그 다음을 의미한다. 즉, '~에 이어서' 또는 '~ 후에'라는 뜻으로 해석되므로 KOMS-1 Project 다음부터 개발되는 제품과 서비스에만 커미션이 해당되고 정작 KOMS-1 Project에는 해당 사항이 없는 것으로 주장된 것이다.

이 점에서 pursuant to는 proceeding after, followed by, consequent와 같은 효과를 가질 수 있으므로 이와 같이 시점을 나타내는 말이 삽입되는 경우에는 pursuant to and including과 같은 확실한 표현으로 대체했어야 한다.

제2부

협상의 열매,
계약서

계약서 구성

협상 과정에 참여해 본 사람이라면 경험했겠지만, 협상과 계약은 전혀 동떨어져 있는 것이 아니다. 협상이 끝나고 계약서를 작성한다는 말도 사실은 어불성설이다. 협상과 계약은 대개 동시에 진행된다고 봐도 무방하다. 회의 중에 작성된 회의록은 그대로 계약서 작성을 위한 문장 구성(wording)에 직접적으로 삽입될 것을 예정한 것과 다름없기 때문이다.

어쨌든 드디어 계약 협상의 열매인 계약서의 구성 방법을 조항별로 분석해 볼 때가 왔다. 계약서의 구성은 크게 관리 조항으로서의 General Part로부터 시작해 Legal Part(법률적 규정)와 Commercial Part(거래 규정), Item Part(제품 또는 기술 등 계약의 목적물에 관한 규정)로 네 등분 할 수 있다.

구분	영문 항목	국문 항목
General Part (관리조항으로서 규정)	Notice	통지 조항
	Effectiveness/Effective Date/Duration	발효 조건/발효일/유효기간
	Definition	용어의 정의
	Amendment	계약 변경 방법
Legal Part (법률적 규정)	Governing(Applicable) Law	준거법
	Dispute Settlement(Arbitration)	분쟁 해결(주로 중재)
	Secrecy(Confidentiality)	비밀 유지
	Force Majeure/Waiver/Delay	불가항력/유보/지연(배상)
	Assignment	계약의 양도 불가 또는 양도에 따른 제반 사항의 규정
	Entire Agreement	완전 합의

Commercial Part (거래 규정)	Price/Terms of Payment	가격/지불 조건
	Delivery	인도 조건
	Incoterms	인코텀스
Item Part (계약의 목적물에 관한 규정)	Products/Deliverables	계약 대상 물품(개발 계약서에서는 주로 첨부 문서화해 구체적으로 설명한다)
	Seller's/Buyer's Obligation	매도인/매수인의 의무
	Warranty/Indemnification	제품의 하자 보증/면책

각 Part별 주요 조항들은 앞의 표와 같이 구성되는 것이 일반적인데, 계약의 성격에 따라 여러 가지 다른 조항들이 삽입될 수도 있다. 이 부분에서는 각 조항들의 구성 방법을 살펴보기로 한다.

🖥 Core Vocabulary

consideration	약인/대가	material breach	중대한 위반
confidentiality	비밀 유지	liquidated damage	손해배상액의 예정
duly	적절하게, duly organized (적절히 조직되어)/duly signed(적절하게 서명되어)	principal place of business	본점 소재지
repudiation	이행 거절/이행 의사 없음	call one's attention	주의를 촉구하다
non-fulfillment	불이행(non-performance)	imperfection	불완전 이행
out of stock	재고 없음	attributable to	~로 인해(책임을 넘기다)
out of production	생산 중단	file a claim for/with	~에게 클레임을 제기하다
shading of price	가격 할인	settlement	(대금) 결제, (분쟁) 해결
indemnification	손실의 보전/보상/면책	reimbursement	상환/변제
infringement	권리 침해	discrepancy	불일치 (non- conformance)

The Agent shall pass on to the Adopter any tax refunds received by the Agent with respect to the Adopter's previous payment or **reimbursement** of applicable taxes hereunder, if any.	대리인은 이하의 계약에 따라 발생하게 될 세금에 대해, 채택자가 사전 납부했거나 또는 **변제**한 세액과 관련해 대리인이 수령한 세금 환급액이 있으면, 이를 채택자에게 전달한다.
The delayed shipment is wholly **attributable** to the absence of timely instructions.	선적 지연은 전적으로 귀사 지시서가 제때 전달되지 않았기 **때문입니다.**
Dealer shall be obligated to assume the defense, at its sole expense, of any claim or litigation as to which it has an **indemnification** obligation hereunder.	Dealer는 이하의 **손실 보전** 의무를 가지는 것과 관련해 어떠한 클레임이나 소송에 대해서도 스스로의 비용으로 방어할 의무가 있다.
The Company shall **indemnify** and save Licensee harmless from all losses, cost or damages.	회사는 라이선스 사용자로 하여금 모든 손실과 비용, 손해로부터 피해가 없도록 하고 사용자가 **면책**되도록 해야 한다.
The Buyer shall be liable for the losses and damages incurred, suits and **claims filed by** any third party due to trademark, patent, copyright of the third party.	매수인은 상표, 특허, 저작권으로 인해 제3자에 의해 야기된 손실이나 손해, **제기된 클레임**이나 소송에 대해 책임을 부담한다.
Buyer is to hold Seller harmless from liability for any **infringement** with regard to patent, trademark, copyright, design, pattern, construction, stamp, etc., originated or chosen by Buyer.	매수인은 특허, 상표, 저작권, 디자인, 패턴, 구성, 인쇄 등과 관련한 어떠한 **침해**에 대해서도 매도인에게 피해가 없도록 해야 한다.
No written response from the Contractor for over one (1) week shall be considered, at Customer's sole option, as a **repudiation** of the Contract.	계약자로부터 일주일 이상의 서면 회신이 없는 경우, 고객은 스스로의 판단으로, 계약의 **이행 거절**로 간주할 수 있다.
Exhibit A, B, and C attached hereto constitute an integral part hereof by this reference.	이 계약서에 첨부된 Exhibit A, B와 C는 이 문장의 언급으로 계약서와 일체를 구성한다.
In case of **discrepancy** on the quality of the goods is found by the Buyer after arrival of the goods, claim may be lodged against the Seller within 10 days after arrival of the goods.	물품이 도착한 이후 매수인에 의해 물품의 품질에 **불일치**가 발견되는 경우, 도착일로부터 10일 이내에 매도인에 대해 클레임이 제기될 수 있다.
The price specified above **is exclusive** of all Taxes, Fees and Duties of the Buyer's Country.	상기 가격은 매수인의 국가에서 발생되는 제 세액 및 요금 등을 **제외한** 금액이다.

1 Agreement가 좋을까, Contract가 좋을까

Agreement와 Contract를 엄밀하게 구분하자면, Agreement는 계약의 성립 요건 중 당사자 간 합의의 존재를 증명하는 문서에 불과한 반면, Contract는 자격 있는 당사자, 합의의 목적, 당사자 간 약인(Consideration)의 존재, 그리고 권리 의무의 상호성 등이 요구된다는 점에서 다르게 구분될 수 있다.

그러나 관례적으로 두 용어는 모두 계약을 나타내는 단어로 쓰이고 있고, Contract의 요건들을 갖추고 있다면 표제가 Agreement 또는 다른 단어라 할지라도 계약서로 기능하므로 표제는 어느 것이든 관계없어도 무방하다.

실무적으로 계약서의 표제들에는 대개 다음과 같이 Agreement가 많이 쓰이는 것을 볼 수 있는데, 각 계약서의 자세한 구성과 주의해서 작업할 내용 등은 〈Chapter 02 실무 속 다양한 계약 서식〉에서 자세하게 다루기로 한다.

- **Non-Disclosure Agreement**(비밀 유지 계약): Confidentiality Agreement
- **Amendment Agreement**(수정 계약): Addendum/Rider
- **License Agreement**(기술 실시 계약): Technology Transfer/Patent License Agreement
- **Loan Agreement**(대출 계약)
- **Agency Agreement**(대리점 계약): Distributorship Agreement/Dealership Agreement
- **Underwriting Agreement**(인수 계약): Insurance Agreement
- **Lease Agreement**(임대 계약)
- **Advisory Agreement**(자문 계약): Consulting Agreement
- **Employment Agreement**(고용 계약)
- **Collaborative Agreement**(협력 계약): Collaborative Development Agreement

2 당사자 표시

실무자들이 계약서를 구성하거나 검토하는 과정에서, 어떻게 당사자를 표기하더라도 계약 내용이나 그 효력에 미치는 영향은 제한적이라고 여기고 간단히 넘어가는 경우가 많지만 따지고 보면 '당사자'의 동일성과 자격이야말로 법적 효력 및 집행 가능성에 있어 가장 출발점이 되는 것이다. 계약의 4대 요소는 당사자(Parties), 목적(Purpose), 합의(Consent), 그리고 대가성(Consideration / 약인)이라는 점을 명심하자.

계약서에서 당사자가 표시되는 곳은 우리 계약서나 영문 계약서나 대개 전문 (Preamble)인 경우가 많다. 첫 문장에서 등장하는 것에 비하면 각 구절이 가진 의미가 자 못 심오하다. 아래 예문을 놓고 보자.

> This Agreement is made and entered into this 17th day of July, 2014, by and between
> ABC Instrument ⓐ **Co., Ltd.**, a corporation ⓑ **duly organized and existing under the laws
> of** the Republic of Korea, ⓒ **having its principal office at** 461 Beongil 26, Dongdaemun,
> Seoul, the Republic of Korea (ⓓ **hereinafter referred to as "Supplier"**) and
> XYZ trading Inc., a corporation duly organized … (이하 생략)
> The Supplier and the Purchaser shall also each be referred to as a "Party" or collectively as
> "Parties" hereunder.

해석 일반적으로 '공기업'은 public corporation보다는 government corporation으로 번역하는 것이 더 자연 스럽고 의미가 명확하다. Public corporation은 대개 증권거래소에서 기업공개(IPO)를 거쳐 주식이 거래되는 법인 을 말한다.

먼저, 계약 당사자의 상호에 관한 것으로, 당사자의 명칭을 기록함에 있어 실수가 없 도록 한다. 가능하다면 상대방의 영문 설립 문서, 즉 우리나라의 영문 사업자 등록증과 같은 문서를 받아 확인하도록 한다.

다음으로는 위 ⓐ와 같이 계약 당사자의 법적 정체성(legal and business entity)을 확인한 다. 개인인지 법인인지를 구분하고, 법인이라면 주식회사인지 다른 형태의 법인인지를 확인한다. 영미권에서 법인의 종류는 대개 다음과 같이 구분되는데, 결국 그 법인의 주 인이 누구인가에 의한 구분이다. 주인이 출자자이면 Partnership, 주식을 가진 사람들 이 주인이라면 Corporation, 그리고 돈 자체가 주인이면 Foundation(재단법인)으로 구 분되는 식이다.

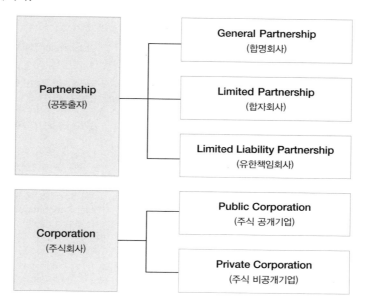

75

위 표는 미국 법인을 기준으로 구분한 것으로, 일반적인 Company는 Corporation에 해당된다. Public corporation(미국)는 유가증권시장에 상장되어 공개된 기업을 의미한다. 영국에서 Ltd.는 주로 Private Limited Company를 의미하며 유가증권시장에서 주식이 거래되는 경우에는 Ltd.가 아닌 PLC., 즉 Public Limited Company로 분류된다.

한편, 계약 당사자의 설립 준거법(ⓑ)과 주소(ⓒ)를 명시하는 것은 분쟁이 발생하는 경우 관할권 문제와 계약 체결 능력 등의 문제를 해결하는 기준을 마련하는 의미가 있으므로 주의를 기울여야 할 부분이다.

(ⓓ)와 같이 영문 계약서에서의 당사자를 약칭함에 있어서는, 한글 계약서에서 "갑"과 "을"로 통칭하는 것과는 달리 계약 성격에 따라 매우 다양한 모습으로 등장한다. 가장 일반적인 물품 구매 또는 판매 계약에서도 계약 당사자는 Seller(판매자)와 Buyer(구매자)로 나타나는가 하면, 구매자에 Purchaser, Customer 또는 Client를, 판매자에 Contractor, Manufacturer 또는 Supplier를 사용하기도 하고, 또는 모든 당사자에 회사 이름을 그대로 쓰는 경우도 흔하다. 계약서에서 등장하는 계약 당사자들은 대개 다음과 같은 모습으로 나타난다.

계약 종류에 따른 구분	기술 이전 계약	Licensor (발명자 등 기술 허락자)	Licensee(실시권자)
	대리점 계약	Principal(본인) Manufacturer 또는 Supplier (공급자)	Distributor, Agent, Agency, Dealer, Representative (대리점으로서 구체적으로 딜러인지, 특약점 형태인지 등의 명칭은 계약내용에 따라 달라진다)
	공동개발 계약	Owner, Investor, 또는 별도 명칭없이 회사 이름 이용	Collaborator(협력자)
	비밀 유지 계약	Disclosing Party (정보 공개자)	Receiving Party 또는 Recipient (정보 수령자)
	보증 계약	Guarantor(보증자)	Guarantee(보증 채무자)
	임대차 계약	Lessor(임대인)	Lessee(임차인)
	하도급 계약	Owner(발주자)	Contractor(계약자) 제3 하도급자, 즉 "병"이 있는 경우에는 Subcontractor(재하도급자)로 별도 표기한다)

상황에 따른 구분	불이행 상황	Breaching Party 또는 Defaulting Party (불이행 당사자)	Non-breaching Party 또는Non-defaulting Party 불이행당사자의 상대방으로서 단순히 The other Party라고 표기할 수도 있다.
	손해배상의 상황	Injuring Party (손해를 야기한 당사자)	Injured Party(손해 발생 당사자)
	계약 양도의 상황	Assignor(양도자)	Assignee(양수자)
	불가항력의 상황	Affecting Party (불가항력 상황에 처한 당사자)	The other Party(상대방)

이후에 자세히 설명되겠지만, 비밀 유지 계약에서는 정보 공개자와 정보 수령자로 당사자를 구분하는 것은 바람직하지 않다. 당사자의 명칭은 해당 조항에서 경우에 따라 적절히 구분해 사용하는 것이 좋다.

3 계약서 첫 문장부터 괴롭히는 Whereas와 Witnesseth

계약서의 전문은 특별한 법적 고려 없이 계약서의 취지에 대한 설명을 풀어 쓰는 것이 좋다. 한편, 전문에서는 당사자와 계약의 정의에 관한 내용을 정할 수 있는데, 먼저 당사자에 관한 내용은 다음과 같이 정하고 들어가는 것이 일반적이다.

This agreement is made and entered into this 14th day of November, 2008 *by* and *between*:
Baek-il corporation being registered by Korean law and having its registered office at 461, Jeon-dong, Jung-gu, Seoul, Korea(hereinafter referred to as "XXX" or "the Manufacturer")
And
SBI incorporated being registered by French law and having its registered office at rue 141, 20320 Paris, France(hereinafter referred to as "YYY" or "the Purchaser")

해석 이 계약은 2008년 11월 14일에,
한국법에 의해 설립되어 서울 중구 정동에 사무소를 등록하고 있는 백일사와 프랑스 법에 의해 설립되어 파리에 사무소를 등록하고 있는 SBI사에 의해 만들어지고 발효된다.

전문은 영어로 Preamble, Recital, Preface 등으로 표현되는데, 머리말과 설명 조항으로 구성된다. 머리말에서는 위와 같이 계약 체결의 일시와 당사자 이름, 주소, 설립 준거법 등의 당사자 정보를 기록하고 설명 조항에서는 계약의 배경에 관한 내용을 기술한다.

특히, 설명 조항에서 'Whereas, Witnesseth, In consideration of'와 같은 표현들을 많이 접하게 되는데 각 표현들은 나름의 의미와 배경을 갖고 사용되지만 최근에는 Whereas라든가 Witnesseth와 같은 무늬 표현들은 지양하는 추세이다.

먼저, Whereas는 계약서 서문(Recital)의 도입부에서 사용되는데, 일반적인 문장에서 '~에 반해(while on the other hand)'로 번역하지만 계약서에서는 별다른 의미를 갖지 않으며 생략해도 무방하다. 굳이 Whereas를 해석하자면 '~이므로' 또는 '~이다', 그리고 명사형으로 '전문(Preamble)' 그 자체로 해석한다.

Witnesseth 역시 특별한 의미를 두지 않고 해석해도 무방하지만, '이하의 내용을 보증한다' 정도로 해석할 수 있다. Witness의 고어 형태로 알려져 있지만, 지금까지도 계약서의 외관을 구성하는 데 있어서는 빈번하게 사용된다. 대표적인 형태를 보면 'This Agreement is made and enter into'로 첫 줄을 시작하고 그 다음 단락에서 Witnesseth가 한 줄에 나와 있고 이하에 Whereas로 시작하는 문장들이 열거된 다음, 'Now, therefore, in consideration of the covenants and undertakings herein contained, the Parties hereto agree as follows:'와 같은 문장과 함께 개별 조항이 시작된다.

위 표현들을 모두 사용해서 작성한 전문의 설명 조항을 참고해 보자.

This Agreement is made and enter into this 22nd March of 2008 by and between TRES company(hereinafter referred to as the "TRES"), a corporation Ⓐ **duly organized** and existing under the laws of Republic of Korea with its Ⓑ **principal place of business** at (address), Korea, and BJ company(hereinafter referred to as the "BJ"), a corporation duly organized and existing under the laws of the United Kingdom with its Ⓒ **registered head office** at (address), U.K.

WITNESSETH
WHEREAS, TRES is a company with extensive experience in the manufacture and sales of security products and is willing to grant to BJ the right and license to distribute and sell the products(as hereinafter defined) in the Territory(as hereinafter defined); and
WHEREAS, BJ is a company engaged in the business of securities and desires to obtain the right and license from TRES to distribute and sell and assemble the products in the Territory.
NOW THEREFORE, in consideration of the mutual promises, obligations and agreements contained herein, the parties hereby agree as follows:

설명　Ⓐ duly organized: '정식으로 설립된'이라는 뜻이다. duly는 '정식으로' 또는 '정당하게'라는 뜻으로서 due(정당한)에서 기원한다. 관련 표현으로는 duly authorized(적절히 인가된), duly certified(적절히 인증된), duly signed(적절한 대표권을 가진 자에 의해 서명된) 등이 사용된다. 계약이나 법률에서 Due Process란 '적법 절차'를 의미하기도 한다.
Ⓑ principal place of business: '주 사업장'을 의미한다. 엄밀하게는 다른 뜻이지만, Ⓒ의 registered head office(등록된 본점)와 바꾸어 사용할 수 있다. 가급적 registered principal place of business와 같이 명확한 표현을 사용할 것을 권한다.

해석 이 계약은 한국법에 의해 설립되고 적법하게 조직되어 (   )에 사무실 주소지를 등록하고 있는 TRES사와 영국법에 의해 설립되고 적법하게 조직되어 (   )에 사무실 주소지를 등록하고 있는 BJ사 간에 2008년 3월 22일에 만들어지고 효력을 개시한다.

이하를 보증한다.

TRES는 보안 제품의 제조 및 판매에 있어 광범위한 경험을 가지고 있으며, BJ에 지역(이하 정한다)에서 제품을 판매하고 배포할 수 있는 권리를 부여하고자 하고;

BJ는 보안 사업에 종사하고 있으며 TRES로부터 판매하고 배포할 수 있는 권리를 얻어 동 제품을 지역에서 배포, 판매, 조립하고자 한다.

이에 따라, 이하에 포함된 상호 간의 약속과 의무 및 합의 내용을 약인으로 해, 당사자들은 다음와 같이 합의한다:

4 용어의 통일, 정의 조항 활용

실무 담당자에 따라 정의 조항의 중요성을 간과하고 바로 가격 조건이나 거래 조건과 같은 본론으로 들어가는 경우가 종종 있는데, 정의 조항은 마치 계약의 양 당사자가 사용하는 언어를 통일시키는 것과 같이 서로가 이해하는 바를 확인하는 단계가 되므로 그 중요성이 거듭 강조된다.

심지어 우리나라 안에서 발생하는 매매 관련 분쟁의 상당수도 바로 이 용어의 '정의'가 불분명한 때문인 경우가 많다. 이를테면, 전자 부품을 구매하면서 구매 대상 '물품'을 정확한 제품 번호(Part Number), 제품 코드(Product Code)와 사양서(Specification) 등으로 정의해 두지 않으면 판매자와 구매자가 이해하는 '물품'이 서로 다른 것이 될 수도 있다. 또, 관련 세금(Taxes and Duties)의 정의를 분명히 해 두지 않은 채 '관련 세금은 매도인이 부담한다(Taxes and duties incurred by this agreement shall be borne by the Seller)'는 식의 조항을 삽입한 경우에도 당사자들 간의 이해가 일치하지 않아 분쟁이 발생할 수 있고 결국 최종적으로는 법원이나 중재인이 문제가 된 세금들의 부담자를 종류별로 판단하게 될 수도 있다.[1]

영문 계약에서의 Definition은 전문에서 규정한 각 당사자의 주소와 법인에 관한 내용과 별도로 정의 조항을 통해 상세 용어를 정의하는데, 대개 다음과 같이 쓰이고 있다.

Definition
"Product" means the product to be manufactured and delivered by XXX corporation.   "Day" means Ⓐ **calendar day**.   "Specification" means the specification of the Product attached to this Agreement.   "COD" means Cash On Delivery.

---

❶ 실제 건설공사나 연구 개발 목적의 장기 계속 계약에서는 현지의 인지세, 계약세 또는 소득세 등에 따른 문제가 종종 발생하기도 한다.

위의 예에서 보는 것처럼 정의 조항에서 반드시 기술되어야 하는 내용 중의 하나는 'day'에 관한 것이다. 날짜 개념은 나라마다 영업일(business day)이 일반적인 경우도 있고, 스페인과 같이 은행 영업일(banking day)이 널리 받아들여지는 경우도 있다. 전문가들조차 각국의 영업일과 휴무일이 언제인지는 정확하게 알 수 없는 것이 현실이므로 가급적 'calendar day'로 정해 두는 것이 불필요한 분쟁을 미리 피할 수 있는 방법이다. 이와 함께 정의 조항에서는 계약서 내용 중에 자주 사용될 약자(abbreviation)[2]를 정리해 두는 작업도 필요하다.

또 한 가지 유의할 것은 이 정의 조항에 언급된 각 용어(term)들은 이후에 본문에서 언급될 때는 반드시 'the+대문자'로 시작하는 것이 관례화되어 있다는 점이다. 이는 법적인 효력과는 거리가 있지만, 계약서의 외관을 위해 중요한 포인트가 되는 한편, 나중에라도 유사한 다른 단어들과의 혼동을 피할 수 있다.

이를테면, 위에서 언급된 Product와 Specification이라는 용어들이 이후 검사(Inspection) 조항에서 언급된다고 할 때, Upon arrival of the shipment of the Product at the designated place of YYY, YYY shall perform the incoming inspection to review if the Product meets the Specification within three(3) days of arrival.에서와 같이 'the+대문자'로 시작함으로써 이 단어를 사용한 부분이 한눈에 정의 조항에서 미리 정해진 내용임을 파악할 수 있다.

5 계약 기간의 설정 방법

계약의 발효일과 종료일을 정함으로써 계약의 유효기간을 설정하는 조항이다. 계약 기간을 설정하는 조항의 제목은 계약에 따라 다양하게 구성할 수 있는데, 기간(Duration)

---

[2] 약자(略字)는 Definition 조항이 아니라도 Acronym이나 Abbreviation 조항을 따로 두어 설명할 수 있다.

을 비롯해서 기간(Term), 이행 기간(Period of Performance), 계약 기간(Period of Contract), 발효(Effectiveness), 발효일(Effective Date) 등을 제목으로 사용할 수 있다.

한편, 계약에 따라 발효일(Effective Date of Agreement) 조항이나 정의를 따로 두고 서명일에 발효하도록 하고 일정 기간이 지나면 만료하는 것으로 할 수도 있지만, 특정 조건을 만족해야 발효하도록 할 수도 있으므로 계약 문구의 구성 방법에 대해서는 계약의 성격에 맞게 설정할 수 있도록 나름의 고민이 필요하다.

일반적인 구성 방법

가장 일반적인 구성 방법은 발효일과 기간을 설정하는 것이다. 즉 'This Agreement shall take effect immediately after signature by the parties and remain in full force for a period of Three(3) years.'와 같은 구성이다.

정의 조항이나 계약 기간 조항의 하부 조항에서 'Effective date of Agreement means the date of signing this Agreement.'와 같이 설정된 상태라면 다음과 같은 구성이 가능하다.

> This Agreement shall come into force on the Effective Date and shall subject to any variation in accordance with Clause 7(Variation and Amendment) continue for a period of Forty Eight(48) months from the Effective Date unless terminated in accordance with the terms of this Agreement.

해석 이 계약은 변경사항에 대해서는 제7조(변동 및 변경)에 따르되 발효일에 효력을 갖게 되며, 이 계약의 조건에 따라 종료되지 않는 경우 발효일로부터 48개월간 유효하다.

발효 조건의 설정

발효 조건은 정부의 승인, 일방 당사자의 최종확인, 양 당사자의 발효 확인, 특허의 획득과 같은 일정 조건의 충족을 발효의 조건으로 하는 내용이다.[3] 이때, 계약서에서는 and 조건을 이용하여 두 개 이상의 조건이 모두 충족되는 것을 발효 조건으로 둘 수도 있고, or 조건을 이용하여 두 개 이상의 조건 중 어느 하나가 충족되는 날, 또는 그중의 빠른 날(whichever occurs earlier), 또는 그중의 늦은 날(whichever occurs later)로 정하는 방법도 있다.

> This Agreement shall be effective as of the date on which the government approval for the Export License is obtained and the relevant document is presented to the Buyer.

---

❸ 계약서의 발효 조건을 별도로 설정함으로써 일종의 정지 조건부 계약을 만들 수 있다. 즉, 약속된 정지 조건의 달성에 의해 (정지되어 있던) 효력이 자동으로 발생하도록 하는 것이다. 이때, 어느 시점까지 해당 조건이 달성되지 않으면 계약은 당연히 해제된다는 내용을 삽입해 법률 관계를 명확히 할 필요가 있다.

설명 전략 물자의 수출 승인이나 해외 투자에서의 금융 당국 승인을 계약 발효의 조건으로 하는 경우다.

해석 본 계약은 수출 승인을 득하고 관련 서류가 매수인에게 제시된 날로부터 유효하다.

The signing date of the "Letter of Effectiveness" by the Customer shall be considered as the authorization to proceed with the Work, called Work Starting Date. As a consequence, the Contractor shall proceed immediately with the performance of the concerned Work.

설명 고객(Customer)이 발행하는 계약 유효 통지서(Letter of Effectiveness)와 같은 어떤 형태의 문서에 서명하는 날로부터 계약이 발효된다는 것으로 고객(Customer)이 발효일을 지정할 수 있는 장점이 있다.

해석 고객에 의한 '효력 개시 서신' 서명일은 작업을 개시할 수 있는 권리를 부여하는 것으로 간주되며, 작업 개시일(Work Starting Date)로 칭한다. 이에 따라 계약자는 관련 작업의 이행을 즉시 진행해야 한다.

기간의 자동 갱신

장기간의 계속적 거래 관계가 있는 경우에는 일정 기간의 계약 기간이 끝나고 다시 계약하는 번거로움을 피하기 위해 계약 기간이 만료되면 별도의 합의나 종료 통지가 없는 한 자동으로 갱신되도록 하는 방법이 있고, 만료일 며칠 전까지 재합의되지 않으면 자동으로 종료되도록 하는 방법도 있다.

This Agreement shall be effective as of the date first written above and shall have an initial term of one(1) year("the Initial Term") and shall be automatically renewed for successive twelve(12) month terms("the Successive Period") after the end of the Initial Term, unless terminated by either Party giving written notice at least ninety(90) days before the end of the Initial Term or any Successive Period, or in accordance with the terms of this clause.

설명 1년간의 시험 기간을 가져보고자 하는 경우에 유용하게 사용될 수 있다.

해석 본 계약서는 자동 갱신을 위해 Initial Term을 1년으로 먼저 설정하고 Successive Period를 따로 설정해 Initial Term이 종료되면 자동으로 12개월씩 갱신되는데, Initial Term이 끝나기 90일 전에 서면으로 해지를 통보하면 Successive Term으로 이어지지 않고 종료된다.

참고로 '일방의 종료 통지가 없는 한'이라는 표현은 unless terminated by either party giving 30 days' prior written notice of termination 또는 unless notified in writing by either party to the other of its intention to terminate 등에서처럼 사용하고, '언제까지 재합의 되지 않는 한'의 표현은 unless mutually agreed in writing to extend the Agreement 정도로 사용할 수 있다.

6 통지 조항의 체크포인트

통지 조항의 구성에 있어서는 2가지 중요한 체크포인트가 있다. 첫 번째로 통지의 효력에 대한 기준이다. 그 수령이 기준인가 아니면 통지한 때가 기준인가에 따라 후일 당사자 간에 이견이 있을 수 있으므로 반드시 사전에 정해 둘 필요가 있다.

두 번째로 통지는 반드시 서면으로 이루어질 것이 요구된다. 따라서 구두의 통지가 효력을 가질 수 있는 가능성을 원천적으로 차단하는 것이 좋다. 이하는 앞의 2가지 포인트를 반영한 예문이다.

Article 10. Notices

10.1 Any notice or other information required to be given may be given by hand or sent (by first class pre-paid post, e-mail, cable, facsimile transmission or comparable means of communication) to the other party at the address referred to in clause 10. 5.

10.2 Any notice or other information given by post pursuant to clause 10. 1 which is not returned to the sender as undelivered shall be deemed to have been given on the 7th day after the envelope containing the same was so posted.

10.3 Any notice or other information sent by telex, cable, facsimile transmission or comparable means of communication shall be deemed to have been duly sent on the date of transmission.

10.4 **Service of any legal proceedings concerning or arising out of this Agreement shall be effected by causing the same** to be delivered to the address of the party to be served as recorded at the beginning of this Agreement or to such other address as may from time to time be notified in writing by the party concerned.

10.5 Any notice or other communication sent by XXX to YYY or YYY to XXX shall be deemed to be properly sent if it is sent to:

- XXX
Mr. _____ for Contractual Matters (Address...Tel. Fax. E-mail.); Ms. _____ for Technical Matters (Address... Tel. Fax. E-mail.)
- YYY
Mr. _____ for Contractual Matters (Address...Tel. Fax. E-mail.); Ms. _____ for Technical Matters (Address...Tel. Fax. E-mail.)

10.6 In the event that there is any kind of change to the performance of the Agreement, including without limitation to the change of address or the change of personnel in charge or the change of schedule, the Party shall advise the other Party thereof in writing without delay. Any matter incurred by such change without notice to the other Party shall not be applied to the other Party unfavorably.

10.1 통지나 주어질 것이 요구되는 정보들은 10.5조의 주소로 상대방에게 인편이나(1급 선불 우편, 이메일, 케이블, 팩스 또는 유사한 통신 수단에 의해) 송부될 수 있다.

10.2 10.1조에 따른 통지나 우편에 의한 정보는 발송된 지 7일이 지나서도 미도달로 반송되지 않으면 통지된 것으로 간주한다.

10.3 텔렉스나 케이블, 팩스 등을 이용한 통지는 발송일에 통지한 것으로 간주한다.

10.4 본 계약에서 발생하거나 본 계약에 관한 법적 소송에 있어서도 마찬가지로 본 계약의 서두에 기록된 바와 같이 상대방의 주소지 또는 관련 당사자에 의해 서면으로 통지된 다른 주소로 전달되어 효력이 발생한다.

10.5 XXX에 의해 YYY로, YYY에서 XXX로 발송된 통지나 다른 통신은 아래 주소로 발송된 경우 적절히 발송된 것으로 간주한다.

10.6 주소 및 일정과 책임자 변화를 포함해 계약의 이행에 어떠한 종류의 변화가 있는 경우, 당사자는 상대방에게 지체 없이 서면으로 통지해야 한다. 상대방에게 통지하지 않고 그러한 변화가 발생한 경우 그 내용은 상대방에게 불리하게 적용될 수 없다.

7 계약의 소멸, 정상 종료와 해제

사실상 계약서의 작성 과정에서 가장 신경을 써야 하는 부분이라 할 수 있다. 천재지변이든, 일방의 계약 파기든 어떤 갑작스런 사태에 의해 계약이 파기되는 경우는 정말로 비일비재하다. 이러한 경우에 대비한 만반의 대책을 어떻게 세우느냐가 계약 협상의 성공 여부를 가늠하는 잣대가 될 수 있다.

계약 관계의 종료(Termination)의 원인이 되는 상황은 만료(Expiration), 계약 내용의 완성(Completion), 그리고 해제(Discharge)와 해지(Avoidance), 취소(Rescission), 무효(Void)와 같은 것들인데, 이들 용어에 대해서는 약간의 법률적 이해가 필요하다.[4]

만료와 계약 내용의 완성으로 인해 계약 관계가 종료되는 경우에는 계약상 또는 법률적으로 해결해야 할 이슈가 거의 없는 데 비해, 나머지 상황에 대해서는 계약상 편의 종료인가, 합의 종료인가 또는 일방의 귀책 사유에 따른 종료인가에 따라 몇 가지 조치 사항이 남게 된다.

계약을 '종료시킨다', '해지한다', '취소한다' 등과 같은 표현들이 실무적으로 큰 의미 구분 없이 사용되는 것이 사실이지만, 법률적으로는 중요한 계약적 관계 차이가 있다.

계약이라는 법률 관계가 사라지는 원인은 크게 취소와 무효, 그리고 해지와 해제로 구분된다. 여기서 무효는 어느 일방 당사자의 주장이 필요 없이 당연히 처음부터 없던 법률 관계로 돌아간다는 뜻인 데 반해, 취소는 사기나 강박 등에 의해서 계약이 체결되

---

❹ 우리 민법의 정의에 따른 각 용어에 일대일로 들어맞는 영어 단어는 없다. 비슷한 표현들을 보더라도, Rescission은 합의 해제(Discharge)로 번역할 수도 있고 상황에 따라서는 취소(Cancellation)로 해석할 수도 있다. 전체적으로 Termination이라는 범주에 포함시키고 각각의 상황, 즉 일방의 해제와 합의 해제 등에 대해 규정하면 된다.

었다는 것이 입증될 경우에 특정 당사자의 주장에 의해 처음부터 없던 상태, 즉 무효로 되돌리는 것이다. 따라서 결과적으로는 취소와 무효는 같은 효과를 가져온다. 예를 들어, 불공정 거래 행위, 강행 규범의 위반, 권한 없는 자의 대리로 인한 계약은 당연히 누군가의 주장도 필요로 하지 않고 그 자체로 무효이지만, 사기로 인한 계약이 입증되는 경우에는 일방 당사자가 취소라는 의사 표시를 통해 무효로 만들 수 있는 것이다.

또, 해제와 취소(Rescission)라는 법률 행위는 소급효를 가지고 계약 관계가 종료되지만, 해지는 소급효가 없고 원상 회복 의무도 부과되지 않는다. 계약서의 작성에 있어 일반적으로 통용되는 'Termination'이라는 용어는 우리 나라의 법체계에 따르자면 기간의 만료(Expiry), 합의 또는 계약에 따른 해제(Discharge by Agreement), 해지 등과 같이 여러 단어로 표현할 수 있다. 당사자들이 계약에서 어떻게 규율하고 있는가에 따라 우리말 단어가 달라질 것이므로 단어의 해석에 크게 유의하면서 작성할 필요는 없다. 무엇보다 해제와 해지 모두 계약서에서 약정한 바에 따른 손해배상을 인정하고 있으므로 계약 내용의 구성에 있어서 발생 가능한 상황별로 대처 방안을 고민해 그 내용을 계약서에 살리는 것이 중요하다.

특히, 어느 일방의 계약 위반으로 인해 계약이 종료되는 경우에는 계약서 각 조항에 제시된 계약의 처분 권한을 상대방에게 부여하게 되는데, 이에 대해서는 법적으로도 우리나라를 비롯한 대륙법계와 국제 상거래에 일반적으로 통용되는 영미법계 모두 유사한 입장을 취하고 있다. 계약 내용에 위반이 있다고 해서 무조건 계약을 종료시키는 것은 계약의 취지에도 맞지 않을뿐더러 다른 일방에게는 지나치게 가혹한 처분이 될 수 있으므로, 계약서를 작성할 때 미리 계약 종료가 되는 사유들을 예상해 삽입해 두는 것이 좋다.[5]

> In the event that any party breaches the Contract and the other party requests to take measures to remedy such breach in writing, the state of breach continues for more than 30 days after written notice by the other party nor otherwise agreed between the parties, the other party may terminate the Contract without any limitation.

해석 어느 일방의 계약 위반이 있고 나머지 당사자가 서면으로 그러한 위반에 대한 구제 조치를 취할 것을 요청하는 경우, 서면 요청 후 30일 이상 계약 위반 상태가 지속되고 달리 합의되지 않는다면, 그 나머지 당사자는 어떠한 제약도 없이 계약을 해제할 수 있다.

위와 같은 조항은 일반적으로 쓰이는 구성이지만, 계약서의 어떤 한 조항이라도 위반하면 종료될 수 있다는 문제가 있다. 따라서 다음과 같이 구성하는 것을 권한다.

---

[5] 영미 계약법의 일반 원칙에 따르면, 계약 해제의 사유가 되는 중요한 약정을 Condition이라고 하고, 계약 해제의 사유가 되지는 않지만 손해배상을 청구할 수 있는 부수적인 약정은 Warranty로 구분한다고 한다. 이춘삼, 「국제 계약론 (2003)」

In the event that any party breaches any of the article 3.1, 3.2, 5.3, 9, and 10.3 of the Contract and the other party requests to take measures to remedy such breach in writing and the state of breach continues for more than 30 days after written notice by the other party nor otherwise agreed between the parties, the other party may terminate the Contract without any limitation.

설명 　중대한 위반(material breach)이 될 수 있는 조항들을 미리 설정해 바로 종료시킬 수 있도록 하는 한편, 나머지 조항들에 대해서는 가급적 유예 기간을 길게 잡아 둠으로써 착오에 의해 소중하게 맺어진 인연이 끊어지는 것을 방지할 수 있다.

해석 　어느 당사자가 계약의 제3.1조, 3.2조, 5.3조, 9조, 그리고 10.3조를 위반해 상대방이 서면으로 그러한 위반을 치유하는 조치를 취할 것을 요청하는 경우, 위반 상황이 상대방의 그러한 서면 통지 이후에도 30일 이상 지속되고 당사자 간 합의된 바도 없는 경우, 상대방은 계약을 어떠한 제한도 없이 종료시킬 수 있다.

　　계약 해제에 따른 손해배상 문제에 대해서는 우리나라 민법과 같이 나름대로 상세한 규정을 두고 있는 경우에는 그에 따라 해결할 수 있겠지만, 영미법에서는 역시 당사자가 정한 바에 따르도록 하고 있으므로 반드시 비중을 두고 검토해야 할 부분이다. 우리 법 또한 당사자 자치의 원칙에 따라 지나치게 부당하거나 가혹한 경우를 제외하고는 계약서에서 정한 바를 우선 고려하도록 하고 있다.

　　계약 해제에 대해서는 다음의 3가지 쟁점이 협상의 전면에 등장한다.

　　첫 번째, 지연 배상이다.[6] 계약 해제의 원인이 되는 불이행의 범위에는 이행 지체, 즉 납기 지연이 포함되는데 얼마만큼 이상의 기간 동안 납기가 지연되면 상대방이 종료할 수 있는 권한이 생기는가에 관한 것이다. 다음에 살펴보겠지만, 손해배상액이 미리 예정되어 있는 경우에는 손해배상액의 예정(Liquidated Damages) 조항이 삽입되고, 여기에는 어느 정도 한도액이 있게 마련인데, 이 한도액을 초과하고 일정 시일이 지나면 해제 권한이 부여되는 것으로 구성하는 것을 권한다.

The Seller shall pay one-tenth percent(0.1%) of the value of delayed item per calendar day unless it occurred from the article 3.14(Delay by the Buyer). However, this Liquidated Damages in no event exceeds ten percent(10%) of total value. If the delivery could not be made even after the Seller's payable Liquidated Damages reaches above ten percent(10%) of total value, the Buyer reserves the right to terminate the Contract.

---

[6] 〈제3부 Chapter 01 계약 불이행과 손해배상〉을 참고한다.

설명 위 예문의 경우에는 Seller의 계약 불이행으로 인해 발생하는 지연 배상과 그 지연 배상이 일정 규모(Cap: 상한선, 예문에서는 10%)를 초과하는 경우에는 계약을 해제할 수 있음을 설명하고 있으므로 해제 이후의 손해배상 발생에 대해서도 고려할 필요가 있다. 즉, 상한선을 여유 있게 잡아서 이후의 손해배상 문제 없이 손해배상액의 예정 (Liquidated Damages)으로 해결하거나 상한선이 약하게 설정된 경우에는 (해제 이후의) 손해배상 문제를 달리 규정해야 할 것이다.

해석 매도인은 제3.14조(매수인 사유에 의한 지연)에 따라 발생한 것이 아니라면, 매일 지연된 품목의 가치에 0.1%에 해당하는 금액을 지급해야 한다. 그러나 지연 배상은 어떠한 경우에도 총 가치의 10%를 초과할 수 없다. 매도인이 지급할 지연 배상이 총 가치의 10%를 넘어선 이후에도 납기가 이루어질 수 없는 경우에는, 매수인은 계약을 종료시킬 수 있다.

두 번째, 해제 이후의 조치 사항으로서 결국 계약의 불이행에 따라 종료된 계약이라면 이미 지급된 선금(Advance Payment)과 중도금[7]이 있을 때 이를 돌려 받을 수 있도록 규정해야 하고, 손해배상에 관한 조항도 삽입해야 한다. 경우에 따라서는 선금이 초기 인건비 또는 재료비에 모두 투입된 경우에는 회수가 불가능할 수 있고, 중도금이 건축 계약과 같이 기성고 형태로 지급이 이루어지는 경우에는 반환이 불가능하다고 주장할 수 있다. 그 야말로 우리가 구매자냐 판매자냐에 따라, 당사자들의 협상력이 발휘되어야 하는 부분인데, 다음은 한 가지 협상 사례가 될 수 있다.

개발 용역 계약에서 구매자, 즉 수입하는 입장이라면 먼저 인도된 일부만으로는 전체를 구성할 수 없고, 계약의 목적 달성을 위해서는 상당 부분 재작업 되어야 할 것임을 강조하여 기 지급된 대금을 반환받을 수 있는 조항을 삽입하기 위해 노력해야 한다. 그리고 언급된 바와 같이 손해배상의 예정에 관한 조항을 삽입해야 한다. 무엇보다 계약의 해제 원인이 판매자인 수출자의 계약 불이행에 기한 경우이므로 당연히 책임을 져야 한다고 주장해야 한다.

그러나 우리가 수출자의 입장이라면, 정확히 어떤 경우가 우리 측의 귀책 사유인지를 분명히 하고 귀책 사유에 해당하는 부분에 대해서는 일부 양보하되, 귀책 사유에 해당하지 않는 부분을 가급적 확대해 나가야 한다. 예컨대, 우리 측의 정부 수출 허가의 획득 실패가 귀책 사유로 규정되어 있고 이로 인한 계약 해제가 발생했다면 손해배상 부담을 질 수 밖에 없겠지만, 이 부분이 불가항력(Force Majeure)의 한 가지 상황으로 규정되어 있다거나 귀책 사유에서 제외되는 것(beyond the Seller's control)으로 규정되어 있다면 손해배상 부담으로부터 면책될 수 있다.

---

[7] 중도금은 분할급으로서 Partial Payment로 번역하거나 각각의 Milestone에 따라 지급함으로써 Milestone Payment로 상황에 따라 번역할 수 있다.

세 번째, 역시 해제 이후의 조치 사항으로서 구매 계약의 경우, 계약이 해제되기 전에 정상적으로 제작 과정을 거치고 있었고 해제 시점에 일정 부분 이상 제작이 완료되어 가고 있었다면, 해제 이후에 이 중간 제품의 소유권을 누가 갖는가에 대한 것이다. 역시 쉬운 부분은 아니다. 가장 이상적인 것은 해제와 동시에 모든 권리와 의무를 중단시킴으로써 더 이상 줄 것도 없고 받을 것도 없는 상황이 되는 것이겠지만, 사람의 욕심이 그렇지 않고, 또 구매자 입장에서 이미 지급된 선금과 중도금을 모두 돌려받지 못하는 상황이라면 일부의 권리라도 취해야 하기 때문이다. 그래서 이 부분에 대한 협상은 종료 (Termination)의 시점에 따라 미리 사전에 소유권의 귀속 주체를 정해두는 것이 안전하다.

> Upon termination of this Contract under this article, the Buyer may require the Seller to deliver and transfer all title to the Buyer, any completed item which has not been prior to such termination. (The Buyer shall pay the Seller for all item, delivered pursuant to such requirement, the cost to the Seller in accordance with the terms of this Contract plus the proportionate part of any fee applicable thereto.)

설명 및 해석 위 내용의 괄호 부분은 수출자의 입장에서 유리하게 작성되어 추가된 것이고 괄호를 빼고 앞부분만 보면 구매자인 수입자가 모든 권리를 이전받게 되어 있다. 해석하면 다음과 같다. '본 조에 의해 계약이 종료되면, 곧 Buyer는 Seller에게 종료 전에 완성된 항목들에 대한 모든 권리를 이전할 것을 요구할 수 있다.'

개인적으로는 아무래도 사전에 계약의 해제 시점별로 해제에 따른 보상 및 배상 문제를 규정해 두는 것이 바람직해 보인다. 이는 어느 일방의 귀책 사유로 인한 계약 해제의 경우에는 원상 복구를 원칙으로 배상 방법을 규율해 나갈 수 있는 반면에, 어느 일방의 편의 해제는 사전에 미리 배상 방법을 정해 두지 않으면 귀책 사유 자체가 모호하고 손해의 입증도 모호해 당사자 간에 분쟁이 발생할 수 있기 때문이다. 물론, 귀책 사유에 따른 해제 조항(Termination for Cause)에서도 이와 같이 규정할 수 있다. 다음은 편의 해제에서 시점에 따른 손해배상을 규정한 예문이다.

Termination for Convenience

20.1 The Customer may at any time terminate this Contract in whole or in part for its convenience by giving thirty(30) days prior written notice to the Manufacturer.

20.2 In the event of any termination under this Article, the Customer shall be obligated to pay to the Manufacturer an amount equal to the Termination Liability Amount as specified in Schedule X corresponding to the days in which termination takes effect less the sum of any milestone payments actually received by the Manufacturer. **Where such amount is a negative number, the Manufacturer shall pay such amount promptly to the Customer within sixty(60) days of receipt of the notice of termination.** In no event shall the aggregate amounts payable to the Manufacturer under this Article exceed the Total Contract Price.

...

(이하 첨부 별지의 Schedule에서 구성)

Schedule X Termination Fee profile

For the purpose of the Article XX.2 of the Contract, in case of Termination for Convenience, the Termination fee amounts, duly justified, shall be the following:

Days after Effectiveness	Cumulative in % of the Contract Price
90 days	10%
120 days	20%
150 days	30%
180 days	40%
210 days	50%
......	......

설명 이 조항에서는 매수인(Buyer)인 고객(Customer)이 편의 해제할 수 있는 권리를 갖고 그에 따라 해제하는 경우에 각 시점별로 매도인(Seller)인 고객(Contractor)에게 지급해야 할 대금의 액수를 규정하고 있다. 주로 장기간의 기술 개발 용역이나 건설공사에서 응용될 수 있는 조항이다.

해석 20.1 고객은 언제라도 본 계약의 일부 또는 전부에 대해, 제조자에 대한 30일 이상의 사전 통지를 통해 종료시킬 수 있다.

20.2 본 조항에 따른 어떠한 종료의 경우에도 고객은 그러한 종료가 발생한 일수에 따라 Schedule X에 정한 종료 책임 부담액에서 제조자에게 기 지급된 기성고 금액을 제외한 금액을 지급해야 한다. 그러한 금액이 음의 숫자인 경우, 제조자는 종료의 통지 접수일 이후 60일 이내에 고객에게 그 금액을 지급해야 한다. 어떠한 경우에도 본 계약에 따라 제조자에게 지급해야 하는 총 금액은 계약 총액을 초과할 수 없다.

첨부 X 종료 비용 프로파일 Termination Fee Porfile

본 계약의 제 20.2조의 목적을 위하여 편의 종료가 이루어지는 때, 정당하게 산정된 종료 비용의 규모는 다음과 같다.

효력 발생일로부터 경과 기간	계약 대금 비율
90 days	10%
120 days	20%
150 days	30%
180 days	40%
210 days	50%
......	......

계약의 해제와 관련해, 특히 특허 라이선싱 계약과 대리점 계약, 비밀 유지 계약 등 계약의 성격에 따라 별도로 체크해야 할 내용들에 대해서는 다음에 소개하기로 한다.

8 불가항력의 상황

불가항력 조항은 말 그대로 천재지변 등 계약 당사자의 합리적인 통제권 밖(beyond reasonable control)에 있는 사유로 인해 부득이하게 계약을 불이행할 수밖에 없는 경우 계약 위반이 아니라 면책을 인정하는 취지의 규정이다.

계약의 이행 의무는 계약의 가장 중요한 가치가 되기 때문에 '불이행해도 괜찮은' 상황을 설정하는 것은 쉽지 않은 일이다.

하지만 당사자의 통제 범위를 벗어난 각종의 사태가 발생해 현실적으로 계약의 이행이 불가능한 경우에까지 그 이행을 요구하는 것은 부당하다는 인식으로 발전한 것이 바로 불가항력(Force Majeure)의 개념이다.

가장 전형적인 불가항력은 천재지변으로 지진, 폭우, 홍수, 가뭄 등과 같은 자연 현상이다. 여기에 인간의 행위로서 전쟁과 테러, 폭동, 파업과 같은 사태가 포함되기도 한다.

한편, 최근의 전략 물자 수출 통제제도의 확산과 관련해 기술 분야의 계약 협상에서 주로 거론되는 것이 정부 행위로서 수출입의 승인에 관한 정부의 거절 행위가 불가항력으로 인정될 수 있는가에 대한 것이다. 구매자는 불가항력이 아닌 것으로 규정해 판매자가 반드시 수출 승인을 구할 것을 요구하는 반면, 판매자는 정부의 행위 역시 통제 불가능한 것으로 불가항력이라고 주장하는 편이다.

> Neither Party shall be liable for any damages or penalty for delay in delivery or for failure to give notice of delay when such delay is due to the elements, acts of God, act of the other party, acts of civil or military authority, war, riots, concerted labor actions, Ⓐ **government restrictions** or any other causes beyond the reasonable control of either Party. The anticipated delivery date shall be deemed extended for a period of time equal to the time lost due to a delay excusable under this provision.

설명 이 문장에서는 간결하면서도 포괄적으로 불가항력의 상황을 요약하고 있는데, (a)와 같이 정부의 제한이 불가항력으로 포함되어 있다. 한편, 납기 역시 불가항력으로 인해 늦어진 일시만큼 연장된다는 내용도 규정하고 있다.

해석 불가항력, 상대방의 행위, 민간 또는 군사 집행, 전쟁, 폭동, 일제 파업, (a) 정부 제한 또는 기타 어느 당사자의 합리적인 통제 범위를 벗어난 사유로 인해 그러한 지연이 일어난 때는, 어떠한 당사자도 지연의 통지를 제공하지 못한 데 대한 또는 인도 지연에 따른 위약금(Penalty)을 배상할 책임이 없다. 예상 인도일은 동 조항에 따라 양해 가능한 지연에 기인해 상실된 시간과 동일한 시간만큼 연장된 것으로 간주한다.

불가항력 조항을 검토함에 있어 반드시 짚고 넘어갈 내용은 다음과 같다.

- 열거된 불가항력 사유가 우리 입장에서 합리적인가

- 불가항력이 발생 및 종료되었을 때 상공 회의소 등 공인된 기관의 인정을 받아 서면 통지하도록 하고 있는가

- 불가항력 상황에도 불구하고 계약 이행에 최선을 다해야 한다는 의무 조항을 설정하고 있는가

- 불가항력이 일정 기간 지속되는 경우 계약 해제권이 발생하는가

Delays in Delivery, ⓐ **resulting from but not limited to** acts of God or of the public enemy, acts of a government in its sovereign capacity, ⓑ **other than in relation to import or export licenses**, due to the following circumstances fires, floods, natural disasters, major utility disruptions, national strikes and labour strikes, epidemics, quarantine restrictions and freight embargoes, which in every case are beyond the reasonable control and ⓒ **without the fault or negligence of the Seller**, and which could not have been avoided by the Seller through the exercise of reasonable foresight or reasonable precautions and which cannot be circumvented by Seller through use of its best efforts to establish work around plans or other means, shall constitute a force majeure event if a written claim thereof together with information sufficient to support such claim is given to the Buyer in writing as soon as possible but in any event within seven(7) calendar days after the start of each such act or occurrence.

설명 (a) resulting from but not limited to: to 이하를 포함한 사유에 기인한
(b) other than in relation to import or export licenses: 수출입 관련 인허가 관계를 제외한, 즉 수출 허가는 정부의 주권 행위에 포함되지 않으며, 따라서 불가항력으로 인정되지 않는다는 내용이 간단하게 삽입되었다. 하단에서는 사태 발생 후 7일 이내에는 그러한 내용이 Buyer에게 전달되어야 한다는 의무 사항도 설정하고 있다.
(c) without the fault or negligence of the Seller: Seller의 귀책 사유나 의무의 해태 없이

해석 공공의 적 또는 신의 행위(불가항력적인 사유), 수출입 허가와 관련된 것을 제외한 주권적 능력에 의한 정부 집행에 기인하거나 화재, 홍수, 자연재해, 주요 기간 시설 중단, 국가적 파업과 노동쟁의, 전염병, 격리 제한 및 화물 금수 등 합리적인 통제 범위를 벗어나 있고 매도인의 귀책 사유나 태만에 의한 것이 아니며, 합리적인 주의 또는 합리적인 예견을 통해 피할 수 있었던 것이 아니며, 계획이나 다른 방법으로 업무를 완수하기 위해 최선을 다했는데도 매도인이 회피할 수 없었던 사유에 의한 인도 지연은, 그러한 주장을 뒷받침하는 충분한 정보와 함께 서면 주장이 그러한 행위 또는 사태의 시작 이후 7일 이내에 매수인에게 제공되는 경우에 불가항력(Force Majeure)을 구성한다.

For any Force Majeure leading to any delay of more than sixty(60) Business Days, Article XX(Termination) shall apply.

설명 불가항력이 60일 이상 지속되는 경우에는 계약 해제(Termination) 조항에 따라 해제될 것을 예정하고 있다. 불가항력 사태에 따른 명확한 사후 조치를 위해서는 삽입하는 것이 바람직해 보인다.

해석 60영업일 이상의 지연에 이르는 불가항력에 대해서는 Article XX(종료) 조항이 적용된다.

9 정부 승인

당사자 자치의 원칙에도 불구하고 정부 승인이 문제되는 계약들이 있다. 상품의 거래 계약에서 전략 물자 또는 방산 물자 수출 관리 제도, 의약품과 같은 특정 물품의 거래 계약에서의 각종 인허가 제도, 기술의 거래와 같은 계약에서 적용되는 수출 관리 제도와 공정거래법 관련 인허가 규정들, 그리고 국내외 투자 계약에서의 금융 관련 인허가 제도가 계약에서 걸림돌이 되기도 한다.

본 조항의 표제는 정부 승인(Government Approval), 정부 인증(Government Authorization), 또는 수출 허가에 국한해 수출 허가(Export License) 등과 같이 달 수 있다. 아래의 예는 방산 또는 전략 물자에 해당하는 물품의 수입을 예상하여 수입자 입장에서 유리하게 구성한 조항이다.

Government Approval

Article XX. 1
The Seller shall obtain and maintain all licenses and authorizations, including export licenses and permits and other governmental authorizations required without any restrictions or qualifications whatsoever so as to enable the Seller to fulfill all its obligations under the Agreement. In particular, the Seller shall obtain the necessary export license before the contractual delivery date of the Deliverables. All related fees incurred shall be deemed to be included in the Contract Price.

설명 매도인(Seller)이 수출 허가(Export License)를 포함한 모든 허가(License), 승인(Permit) 등의 정부 허가를 획득하고 유지해야 한다는 내용이다. 특히 인도일(Delivery Date) 이전에 획득해야 한다는 내용을 명시하고 있다. 한편, 관련 비용은 계약 대금에 포함되어 있는 것으로 정하고 있다.

해석 XX. 1항 매도인은 어떠한 제한이나 한정도 없이 수출 허가와 승인 및 기타 정부 인가를 획득하고 유지해서 본 계약의 의무를 완수할 수 있도록 해야 한다. 특히, 매도인은 인도 물품의 계약상 인도일 이전에 필요한 수출 승인을 획득해야 한다. 모든 관련 비용은 계약 대금에 포함되어 있는 것으로 간주한다.

Article XX. 2
The failure of the Seller to obtain and/or maintain all the necessary licenses and authorizations or the withdrawal whether total or partial of any governmental authorization or the disapproval of the continuance of the Agreement by any third government, mentioned in Article XX. 1 above, **will not constitute a force majeure event** and the Buyer shall in such an event be entitled to terminate the Agreement forthwith without being liable therefore in damages.

설명 정부 허가의 미취득이 Force Majeure를 구성하지 않음을 규정하고 있는데, 우리가 수출자의 입장에서라면 반대로 규정할 수 있다. 즉 최선을 다했음에도 승인되지 않았을 때 Force Majeure로 규정하는 방법이지만, 솔직히 쉽지는 않다.

해석 XX. 2항 매도인이 모든 필요한 허가 및 승인을 획득하고 유지하는 데 실패하거나 정부 승인의 전체 또는 일부가 거절되는 경우, 어느 제3국 정부에 의한 동 계약의 미승인 시에는 상기 **XX.1**항에서 규정하는 바와 같이 **Force Majeure**를 구성하지 않으며 매수인은 그러한 경우 본 계약을 종료할 권리가 있고, 종료에 따른 배상 의무를 지지는 않는다.

Article XX. 3
The Buyer shall not be required to pay for the Seller's works-in-progress or loss of anticipated profits. **The Seller shall refund to the Buyer the Advance Payment made to the Seller.**

설명 정부 허가 미취득 시에는 매도인(Seller)이 기 지급 받은 선불금(Advance Payment)을 환불하도록 하고 있다. 수입자 입장에서 더 강력한 방법은 모든 기 지급된 대금을 환불하도록 하는 것이다.

해석 XX. 3항 매수인은 매도인이 진행한 작업 또는 기대 이익의 상실에 대해 지불할 의무가 없다. 매도인은 매수인에게 기 지급된 선수금을 반환해야 한다.

앞에서 설명한 것처럼 정부 인허가 문제는 전략 물자와 관련된 Export License 품목의 수출입이나 기술 거래, 금융 거래 등에서 계약의 유효성과 관련된 문제가 일어날 수 있다. 그러므로 가급적 해당 사항이 있는지에 대해서 사전에 관련 기관에 조회해 두는 것이 계약의 유효성을 확보하는 안전한 방법이다.

10 / 계약 내용의 이행을 강제하는 수단

반복된 협상을 통해 작성한 계약서이더라도 어느 한쪽이 이행에 소극적이면 자칫 무용지물이 되어 버릴 가능성이 있다. 이를 담보하기 위해 상호 간에 계약 사항의 이행을 강제하는 내용을 추가하기도 한다.

구매자의 입장에서 보증받고 싶은 내용은 정확히 원하는 물품의 인도가 될 것이고, 판매자의 입장에서 보증받고 싶은 내용은 대금 수령에 관한 것이다. 경우에 따라 선금 (Down Payment)이 먼저 지급되는 경우에는 구매자의 입장에서도 지급된 대금의 회수 가능성을 보증받기를 원할 것이다.

계약과 협상은 결국 계약의 원활한 이행과 성공적인 결과를 위해 이루어지는 것이지만, 현실에서는 여러 가지 원인으로 인해 계약 불이행 현상이 일어나기도 한다. 계약 내용의 이행이 이루어지지 않는 불이행(non-fulfillment), 즉 계약 위반의 모습은 크게 이행의 거절(Repudiation)과 이행 불능(Impossibility), 그리고 이행의 지체(Delay of Performance), 불완전 이행(Imperfection)으로 구분되는 것이 일반적이며, 이러한 불이행에 대한 효과로 계약서를 작성하는 입장에서 가장 먼저 거론할 수 있는 것이 손해배상액의 예정을 통한 이행 강제다. 계약 불이행에 따른 손해배상에 대해서는 계약 협상 과정에서의 비중과 법률적인 중요성을 고려해 별도의 〈제3부 Chapter 01 계약 불이행과 손해배상〉으로 구성해 다루었다.

불이행기간이 길어짐에 따라 예정된 손해배상액이 그 상한을 초과하게 된다거나, 계약서에서 규정한 해제권을 행사함에 따라 실제 발생한 손해액이 예정된 손해배상액(Liquidated Damages)을 초과하는 경우에는 손해의 회복을 원칙으로 실 손해의 배상 청구가 필요하게 된다. 이 때 많은 계약 담당자가 놓치는 내용이 손해배상의 예정액(Liquidated Damages) 조항이 가져오는 법률 효과에 대한 것인데, 몇 가지 핵심적인 내용을 정리하면 다음과 같다.

- 손해배상액의 예정이 있는 경우, 채권자는 손해 발생과 규모를 입증할 필요없이 청구할 수 있다
- 우리나라 계약에서 손해배상액의 예정 조항(지체 상금 등)이 있는 경우, 실제 손해액이 더 크더라도 예정된 배상액 이상을 청구할 수는 없다
- 우리나라 계약에서 채무자가 이행 보증 보험 증권을 발행하는 경우 계약 불이행 시에 보험금을 수령하는데, 이 보험금은 손해배상액의 예정으로 간주되어 초과되는 배상액을 청구할 수 없다
- 우리나라든 국제 계약에서든 '추가적인 손해배상 청구가 가능함'을 계약서에 명시함으로써 위에서 나열한 상황을 바꿀 수 있다.

계약 해제와 그에 따른 효과를 규정하는 방법은 앞서 Termination에 대해 다룬 바와 같다.

한편, 이러한 실 손해의 배상 청구 절차가 진행되는 경우 발생하는 법률적 분쟁을 피하기 위해 많은 계약에서는 금융기관을 통해 이행 보증서를 발행한다. 금융 기관을 통한 이행 강제 방법에 대해서는 실제 보증서의 발행을 통한 이행 강제가 빈번히 일어나고 있는 국제 조달을 예로 들어 〈제4부 Chapter 02 국제 조달의 주요 이슈〉에서 심도 있게 다루었다.

11 조세 문제

조세 문제는 계약의 성격이나 종류에 따라 심도 있게 분석해 볼 필요가 있다. 대개 실무자들이 조세 문제가 인코텀즈(Incoterms)에서 모두 해결되는 것으로 오해하는 경향이

있어서 조세 규정에 대해서는 오히려 주의를 기울이지 않는데[8], 상황에 따라 별도의 부가적인 세금이나 수수료 등이 발생할 수 있다. 특히 현지의 발생 가능한 모든 세액에 대해서는 현지 기업이 직접 부담하고 우리 기업은 이에 대해 책임을 지지 않음을 명시할 필요가 있다.

한편, 이와 관련해 같은 뜻인 것처럼 보임에도 불구하고 상당히 다른 효과가 발생할 수 있는 2가지 다른 문장의 예를 살펴보자.

All taxes, charges, fees, and duties incurred outside the Seller's country shall be borne by the Buyer.

해석 매도인(Seller)의 국가 이외에서 발생하는 모든 세금은 매수인(Buyer)이 부담한다.

All taxes, charges, fees, and duties incurred outside the Buyer's country shall be borne by the Seller.

해석 매수인(Buyer)의 국가 이외에서 발생하는 모든 세금은 매도인(Seller)이 부담한다.

언뜻 그게 그 말인 것처럼 보이지만, 신용장 거래에서도 부수 조건(Additional Terms) 또는 설명부(Narratives)란에 위와 같은 예문이 삽입된 경우 제3국에 존재할 수도 있는 확인 은행(Confirming Bank)이나 유사 수수료의 부담 주체를 결정하는 기준이 될 수도 있고, 라이선싱 계약서나 장기간 소요되는 개발 계약에서는 예상치 못하게 발생하는 제3국 세금이나 수수료 등으로부터 보호받을 수도 있다. 따라서 위 예에서 우리가 매도인(Seller)의 입장이라면 최대한 먼저 제시한 조항을 구성하도록 노력해야 한다.

한편, 세액과 수수료 등에 대해서는 별도의 조항을 만들기보다는 기본적인 가격 조항에서 한꺼번에 정하는 것도 손쉬운 방법이다.

Article 11. Price

11.1 XXX Company shall make payment of a firm and fixed price of United States Dollar 000,000-to YYY Company upon its completion of shipment.
11.2 The price specified above Ⓐ **is exclusive of** all Taxes, Fees and Duties of the Buyer's Country.

---

[8] 이를테면, 계약서 Payment(대금) 조항에서는 DDP 조건으로 정했음에도 불구하고, 조세 조항에서는 수입자가 수입 등에 따르는 제세액을 부담한다고 규정하게 되면 계약서 내부 조항 간의 충돌이 생기게 되어 분쟁의 씨앗이 될 수도 있다. Incoterms 2020에서 DDP의 경우에는 매도인이 부담하는 Duty의 범위를 관세와 내국세, 수수료, 창고료 등을 포함하는 것으로 규정하고 있다. (인코텀즈 (Incoterms)에 관해서는 〈제4부 Chapter 3 국제 무역의 주요 이슈〉 내용을 참고한다.)

설명 및 해석 Buyer의 국가에서 발생되는 세금 등은 제외된 가격이므로 이러한 세금이 발생되는 경우에는 Buyer 가 부담하거나 Buyer가 Seller에게 해당 금액만큼을 보상하게 된다. Ⓐ be exclusive of~(~을/를 제외하고)의 반 대말은 be inclusive of~(~을/를 포함해)다.

12 지적재산권의 보호

기술 용역이나 개발 용역과 같은 계약에서는 그 이행 과정 중에 투입되는 지적재산 권(Background Intellectual Property)에 대한 보호가 필요하기도 하고, 이행 과정 중에 새로운 개량 기술이 탄생할 수도 있어 이에 대한 귀속 주체를 명시할 필요가 있다. 각각의 경우 모두 정의 조항에서 용어를 정의해 두고 협상을 시작하는 것이 바람직하다.

Definition

"Intellectual Property(IP)" means all inventions (whether patentable or not), innovations, discoveries, Know-how, copyrights, design rights, integrated circuit design rights, Confidential Information and other intellectual property rights.
"Background IP" means Intellectual Property which is created prior to or independently of this Agreement.
"Foreground IP" means Intellectual Property which results from or is generated pursuant to or for the purpose of this Agreement as the case may be.

설명 각 기술에 대한 보호 방법은 당사자의 협상력에 따라 달라지겠지만 하도급자, 즉 Contractor의 입장에서 는 스스로가 원래부터 갖고 있다가 계약의 이행을 위해 이용해야 하는 기술이나 도면(Background IP)에 대해 서는 계약 이후에도 자신의 독점적 권리로 유지된다고 명시하는 것이 유리하고, 개발 과정에서 발생하는 신기술 (Foreground IP)의 경우에도 가급적 하도급자 자신의 독점적 권리로 남겨두는 것이 유리하다.

해석 Intellectual Property(IP)란, (특허 여부와 관계없이) 모든 발명, 혁신, 발견, 노하우, 저작권, 설계 권리, 집 적회로 설계 권리, 기밀적 정보와 기타의 지적재산권을 의미한다.
Background IP란, 본 계약과는 독립적으로 또는 본 계약 이전에 생성된 지적재산권을 의미한다.
Foreground IP란, 경우에 따라 본 계약의 목적으로 또는 본 계약에 따라 발생한 지적재산권을 의미한다.

다만 협상이 진행되면서 이에 대한 조정을 요구받을 수 있는데, 역시 처음에 강하게 규정해 둘수록 조정할 때마다 양보하는 규모가 커 보이고 그만큼 다른 것을 대가로 얻을 수 있는 폭이 커질 수 있다. 대개 요구되는 조정의 범위는 "당신의 권리라는 건 인정하지 만, 우리에게 무상의 사용권을 부여해 달라."는 정도이므로 생각하기에 따라 다양한 조 합의 경우의 수를 만들어 내면서 협상에 임할 수 있다. 예를 들어, 사용권의 기간 제한, 사용권의 대가 요청, 대금 인상 등을 이와 연계시켜 협상할 수 있는 것이다.

협상 상황에 따라 여러 형태로 변환시켜 사용할 수 있는 IP 관련 조항의 예를 살펴보 기로 한다.

Article 23. Proprietorship

23.1 The parties acknowledge that the Buyer owns the proprietorship of the Deliverable(s) upon the completion of payment. The title to and risk of the delivered products shall be also transferred to the Buyer accordingly.

23.2 The parties acknowledge that XXX owns the proprietary right of the Background Information and/or Intellectual Property and shall grant YYY to use for YYY's own purpose without any additional charge.

23.3 The parties acknowledge that YYY owns the proprietary right of the Foreground Information and/or Intellectual Property and shall grant XXX to use for XXX's own purpose without any additional charge.

설명　위 예문에서는 물품의 소유권은 대금 지급에 따라 Buyer에게 이전되고, XXX(Seller)가 원래 가지고 있던 지적재산권은 원래대로 XXX가 가지는 것으로 하되 YYY에게 무상의 사용권을 부여하는 것으로 하고 있다. 한편, 개발 과정에서 발생된 개량 기술의 소유권은 Buyer인 YYY가 가지는 것으로 하되, 매도인인 XXX에게 무상의 사용권(License)을 부여하는 것으로 하고 있어 비교적 공평해 보이는 문장이다.

협상 과정에서 Seller로서 먼저 제안하는 입장이라면, 23.2에서 for YYY's non-commercial purpose라든가 for YYY's internal purpose라든가 하는 방식으로 Seller의 기술 이용을 제한하려는 노력을 기울이는 한편, without any additional charge 부분에 대해서도 'with charge which will be separately agreed(추후 협의되는 charge에 따라……)'와 같이 불분명함을 일부러 남겨 둠으로써 협의의 여지를 두고 넘어갈 수도 있다.

보다 민감한 주제는 오히려 23.3 조항인데, 대개의 경우 Buyer인 YYY는 Foreground IP를 Seller인 XXX 측에서 상업적으로 이용하는 것을 원하지 않는 반면, Seller는 상업적인 목적이 아니라면 License의 의미가 없을 것이다. Seller라면 for XXX's own purpose는 반드시 삭제시키거나 for any purpose…등으로 변경해서 상업적 목적으로 활용할 수 있는 근거를 마련해 두는 것이 좋다.

해석　23.1 각 당사자는 매수인이 대금 지급이 완료된 시점에 인도 물품의 소유권을 가짐에 동의한다. 인도된 물품의 권리와 위험은 그에 따라 매수인에게 이전된다.

23.2 각 당사자는 XXX(주로 개발자/매도인)가 기초 보유 정보(Background Information) 및 지적재산권에 대한 전유적 권리를 가지고, 별도의 대금 지불 없이 YYY(주로 개발 의뢰인/매수인)에게 YYY의 자체적인 목적으로 사용할 수있는 권리를 부여한다는 것에 동의한다.

23.3 각 당사자는 YYY가 개발 개량 정보(Foreground Information) 및 지적재산권에 대한 전유적 권리를 가지고, 별도의 대금 지불 없이 XXX에게 XXX의 자체적인 목적으로 사용할 수 있는 권리를 부여하는 것에 동의한다.

한편, 지적재산권의 보호와 관련해 제3자에 대한 침해(Infringement to Third Party Rights) 조항이 삽입될 수 있다. 이는 제조 과정에서 삽입된 기술이나 외관 등에서 제3자의 권리 침해가 발생했을 경우의 조치 사항을 규정하는 것으로 대개 구매자의 협조로 판매자가 적극 방어해야 한다는 내용으로 구성된다.

13 계약의 유효성을 보장하는 조항

가분 또는 독립성(Severability) 조항에서는 법원의 판결이나 중재 판결 등 어떠한 사태에 따라 계약의 일부 조항이 무효화되었을 때, 나머지 조항들에 대해서는 그 효력을 유지시킴으로써 계약의 유효성을 보장하고 가급적 계약 전체의 실효를 방지하고자 하는 내용이 규정된다.

> The Parties agree that if for any reason any provision, term or condition contained herein shall be deemed illegal, invalid, unenforceable or defective, then in any such case, that provision, Ⓐ **term or condition shall be severable from all the other provisions of this Agreement** such that this Agreement is interpreted, construed and applied as though such severed provision, term or condition did not form part thereof.

설명 및 해석 한 조항의 무효화에도 불구하고 나머지 다른 조건들과는 분리가 가능해. 일부 조항의 무효가 다른 조항에 영향을 미치지 않음을 설명하고 있다. Ⓐ 그러한 조건들은 계약의 나머지 조항들로부터 분리가 가능하다.

한편, 지적재산권의 보호와 관련해 제3자에 대한 침해(Infringement to Third Party Rights) 조항이 삽입될 수 있다. 이는 제조 과정에서 삽입된 기술이나 외관 등에서 제3자의 권리 침해가 발생했을 경우의 조치 사항을 규정하는 것으로 대개 구매자의 협조로 판매자가 적극 방어해야 한다는 내용으로 구성된다. 〈제5부 영문계약의 표현 기법 Chapter 2 관용어구를 이용한 문장구성〉에서 infringement와 indemnification을 다루었다.

14 계약 종료 후에도 살아남는 조항

말 그대로 계약이 종료되더라도 유효하게 당사자를 구속하는 내용을 담는 조항이다. 대개 비밀 유지 의무, 경쟁 금지 의무, 손해배상액의 지급과 같은 조항들은 계약 종료와 관계없이 해당 당사자에게 이행을 강제할 필요가 있다.

계약서에서 Survival 또는 생존 조항(Survivability)을 규정하는 방법은, (1)별도의 Survival 조항을 두어 종료 후에도 유효성이 인정되는 조항들을 정리해 두는 방법, (2)별도의 조항 없이 종료 후에도 그 효력이 필요한 각각의 조항들에 Survival에 관한 내용을 말미에 써 두는 두 가지 방법이 있다.

Article 29. Survivability

Article 29.1 Articles 1, 11, 12, 14, 15, 16, 17, 22, 25 and 28 shall survive the termination or expiration of this Agreement. Other clauses shall also survive if they are so intended in this Agreement.

Article 29.2 Any provision of this Contract which can be reasonably construed to survive the expiration or termination of this Contract for any reason, including but not limited to the indemnification, license rights and confidentiality obligations set forth herein, shall survive such expiration or termination of this Contract. In particular, and without limitation of the foregoing, the following Articles shall survive the expiration or termination of this Contract: Article XX, Article XY, Article YY... .

해석 29.1 제1조, 제11조, 제12조, 제14조, 제15조, 제16조, 제17조, 제22조, 제25조 및 제28조는 본 계약의 종료 및 만료 이후에도 효력을 가진다. 다른 조항 역시 본 계약에서 그렇게 의도하고 있는 경우 효력이 유지된다.

29.2 본 계약의 어떠한 사유로 인한 만료 또는 종료 이후에도 효력을 가지는 것으로 합리적으로 해석될 수 있는 면책, 실시권 및 기밀 유지 의무와 같은 본 계약의 어떠한 조항도 본 계약의 만료 또는 종료 이후에도 효력을 유지한다. 특히 상기의 제한에도 불구하고, 아래 조항들은 본 계약의 종료 또는 만료 이후에도 효력을 유지한다: XX항, XY,항 YY항...

단순한 문법 문제이지만, survive라는 단어 자체의 정의가 '~로부터 살아남다'라는 점에 유의해 'survive from~ '과 같은 오류가 없도록 작성한다.[9]

한편, Survivability 조항은 비밀 유지 계약서와 일반 계약서의 비밀 유지 조항, 그리고 고용 계약서의 퇴직 후 경쟁 금지, 대리점 계약서의 경쟁 금지(Non-Competition) 조항에서 많이 인용된다.

This clause shall survive and continue in full force and effect for successive (   ) years after the termination or expiration of this Agreement for any reason whatsoever.

설명 Survivability 조항이 아닌 비밀 유지 의무(Confidentiality)와 같은 개별 조항에서 그 조항의 내용을 설명하고, 그 다음 단락에서 계약 종료 후에도 동 조항이 유효함을 설명하는 방법이다.

해석 본 조항은 어떠한 사유로 인해서든 계약서의 종료 또는 만료 이후 (   )년 동안 완전한 효력을 유지한다.

15 완전 합의 조항

This Agreement (including Annex A, B, C, D and E and the documents and instruments referred to herein) Ⓐ **supersedes** all prior representations, arrangements, understandings and agreements between the Parties, (whether written or oral) relating to the subject matter hereof and sets forth the entire complete and exclusive agreement and understanding between the Parties hereto relating to the subject matter hereof.

설명 본 계약은 사전에 이루어진 모든 합의 Ⓐ에 우선한다.

해석 부록 A, B, C, D 및 E와 이하에 언급된 문서들과 서식들을 포함한 본 계약서는 본 계약의 주제에 관한 당사자 간 모든 기존의 진술, 약속, 합의 및 계약에 우선하며 (서면이나 구두나 모두), 본 계약에서 다루는 주제에 관해 당사자 간 완전 합의와 배타적 합의 및 배타적 계약을 이루는 것이다.

---

❾ survive는 자동사로 혼동하기 쉬운 타동사로 뒤에 전치사가 오지 않는 것이 원칙이다. 계약서에서 간혹 등장하는 이 같은 동사로는 mention (about), discuss (about), address (to), leave (from) 등이 있는데 (괄호) 안의 전치사와 함께 사용하면 안 된다.

완전 합의 조항은 Parole evidence rule[10]을 비롯해 법적으로 매우 중요한 의미를 갖고 있지만, 실무적으로는 '모든 사전 협의 문안과 구두 합의는 이번 계약서로 흡수되었으며, 이 계약서와 다른 내용의 사전 합의는 무효다'라는 내용을 천명하는 조항으로 이해하는 것이 좋다. 다만 본 조항을 삽입하는 것을 잊으면 곤란하다.

즉, 완전 합의 조항을 계약서에 정해 두지 않은 경우, 계약 협상 과정에서 작성된 회의록이나 이메일 등을 무기 삼아 상대방이 클레임을 걸어오게 되면 또 다른 합의 사항이 존재한다는 상대방의 주장을 배척할 수 있는 근거가 없게 되는 것으로 곤란에 처할 수 있다. 물론, 완전 합의 조항이 있더라도 회의록과 이메일과 같은 자료들은 (계약의 변경까지는 아니지만) 법원의 계약 배경에 대한 이해나 불명확한 조항의 해석을 위한 참고 자료로 활용되고 있다.

16 A/S의 뜻에 더 가까운 Warranty

앞서 설명한 Guarantee와 Warranty는 우리말에서는 공히 '보증'으로 해석되지만, 계약의 이행 보증을 의미하는 Guarantee와는 달리 영문에서의 Warranty는 우리가 흔히 쓰는 A/S, 즉 제품에 대한 하자 보증으로 이해하는 것이 원래의 뜻에 더 가깝다.

본 조항의 개념은 '(1) 인도되는 물품은 하자 없는 최신 제작 제품이어야 하며, (2)물품의 인도 이후에 일정 시일 내에 검사를 마치고, (3)하자가 발견되는 경우 교환 또는 수리를 요구할 수 있으며, (4)고객의 사용 중에 발생하는 하자에 대해서도 인도 이후 얼마간의 기간 동안은 무상 보증되어야 한다'는 것을 규정하는 것이다.

따라서 하자 보증 조항에서 규정할 수 있는 내용들은 (1)과 같은 무하자 조항, (2)의 검사(Inspection) 조항을 비롯해 (3)의 하자 발생 시 조치 사항, 그리고 (4)의 무상 보증 기간 등인데, (2)는 검사 조항을 따로 두어 검사의 시기와 방법을 정할 수 있고 (3)도 검사 불합격 시 조치 사항으로 규정할 수 있으므로 나머지 부분을 Warranty 조항에서 정하는 것이 일반적이다.

> ABC Company shall deliver the Products in perfect condition which conform to the requirements specified in Annex A(Technical Specification) and warrant that the quality of the Products shall not change during 12 months after delivery ⓐ **except for the cases that such changes have occurred by non-negligence of ABC Company**.

---

⑩ Parole evidence rule이란, '완전 합의 조항이 있는 계약과 관련된 분쟁에서 기존의 합의문서는 완전 합의 조항으로 인해 효력을 상실한 것이며 따라서 소송상의 증거로 제시할 수 없다'는 미국 소송법상의 법리다.

인도 물품이 최상의 상태로 인도되어야 할 것, 별첨의 기술적 명세서에 규정된 요구 사항들을 만족할 것, 그리고 인도 후 12개월간 제품의 품질이 변하지 않음을 보증하고 있다. Ⓐ 부분은 ABC Company의 입장에서는 반드시 삽입을 요구해야 한다. '그러한 품질 변화가 ABC Company의 태만에 의해 발생한 것이 아닌 경우에는 예외로 인정'하는 조항이다.

한편, 영문 계약서에서 별도로 등장하는 Representations and Warranties(진술과 보증) 조항이 있다. 이는 계약과 관련하여 진술과 보증 항목들을 나열해 둔 것인데, 주로 판매자가 구매자에게 거래와 관련하여 약속 또는 확인하는 내용이다. M&A(인수 합병) 계약에서의 Warranty는 매도 대상 회사에 대해 매수인에게 제공하는 정보가 진실함을 보장하는 것이다. 기술 개발 계약이나 기술 이전(Licensing) 계약에서는 해당 기술이 제3자의 권리를 침해하지 않는다는 보증이 되고, 물품 매매 계약에서는 대상 물품에 하자 없음을 보증하는 것이다.

한 가지 팁을 제공하자면, 매도 대상 회사에, 또는 대상 기술에 문제가 없다는 것은 잘 알지만, 구석구석의 모든 정보를 알 길이 없는 매도인의 입장에서는 'To the Knowledge of 보증자' 또는 'To the best of 보증자's knowledge'와 같은 한정구를 활용하여 문장을 구성하는 것이 바람직하다.

To the Knowledge of Licensor, the Licensed Technology does not infringe or make unauthorized use of the Intellectual Property Rights of any third party.

해석　기술 실시자가 아는 한도 안에서, 실시 대상 기술은 제3자 지적재산권을 무허가 사용하지도 침해하지도 않는다.

17　보증 책임을 부인하는 조항

앞 부분의 Warranty 조항에서 삽입되기도 하고, 책임의 한계를 나타내는 Limits of Liability 조항에 삽입되는 경우도 있고, 별도의 조항으로 구성되기도 한다.

보증 책임 중에서 제품의 하자에 대한 담보 책임 이외에 제품의 상업성이나 특정 목적에 따른 적합성을 보증하지 않음을 미리 선언하고 계약서에 삽입해 두는 것이다. 즉, 구매자가 판매 실적이 기대에 미치지 않는 경우에 곧잘 제기하는 '판매된 제품은 시장성이 너무 떨어지는 제품이다'라는 식의 주장을 배제하기 위한 조항이다. 보증 책임의 대상이 되는 부분은 원료 및 생산 공정(material and workmanship), 기술 사양의 충족(satisfaction of technical requirement), 신제품(new product) 등과 같이 스스로 통제할 수 있는 범위로 한정하는 것이 좋다.

몇 가지 예문을 통해 Warranty를 제한하는 방법을 보자.

EXCEPT FOR THE EXPRESS WARRANTY STATED ABOVE, THE SELLER MAKES NO WARRANTIES, EXPRESS OR IMPLIED, INCLUDING ANY IMPLIED WARRANTIES OF MERCHANTABILITY OR FITNESS FOR A PARTICULAR PURPOSE.

해석 상술한 명시적 보증을 제외하고, 매도인은 어떠한 상업성 또는 특정 목적에의 적합성에 관한 어떠한 묵시적 보증을 포함해 명시적이거나 묵시적인 보증을 하지 않는다.

THIS WARRANTY IS Ⓐ **IN LIEU OF** ALL OTHER WARRANTIES, EXPRESS, IMPLIED OR STATUTORY, INCLUDING ANY WARRANTY OF MERCHANTABILITY, FITNESS FOR A PARTICULAR PURPOSE OR Ⓑ **NONINFRINGEMENT**. PURCHASER'S SOLE REMEDY FOR ANY BREACH OF WARRANTY FOR PRODUCTS MANUFACTURED BY OR FOR CONTRACTOR AND SOFTWARE LICENSED BY CONTRACTOR IS THE REPAIR OR REPLACEMENT, AT CONTRACTOR'S OPTION, OF THE FAILED PRODUCT. CONTRACTOR SPECIFICALLY DISCLAIMS ANY AND ALL WARRANTIES, EXPRESS OR IMPLIED, TO CUSTOMERS OF PURCHASER. Ⓒ **CONTRACTOR MAKES NO WARRANTY THAT THE OPERATION OF ANY SOFTWARE WILL BE UNINTERRUPTED OR ERROR FREE**. IF AN ERROR OCCURS IN THE OPERATION OF THE XXX COMPANY OWNED SOFTWARE, THE ERROR WILL BE CORRECTED UNDER THIS WARRANTY.

설명 Ⓐ IN LIE OF: Instead of~, 즉 '대신에'의 뜻으로 뒤이어 나오는 내용들을 대체한다고 해석한다.
Ⓑ 권리의 불침해(본문에서는 특정 목적에 대한 상업성, 적합성, 제3자 권리의 불침해를 보증하지는 않는다는 것으로 해석한다)
Ⓒ CONTRACTOR MAKES NO WARRANTY THAT THE OPERATION OF ANY SOFTWARE WILL BE UNINTERRUPTED OR ERROR FREE: 계약자(판매인)는 어떠한 소프트웨어의 운용도 연속성을 가지거나 하자가 없음을 보증하지 않는다

해석 동 보증은 명시적이거나 묵시적, 선언적, 상업성 보증, 특정 목적에의 적합성 또는 타인 권리의 불침해와 같은 모든 기타 보증들을 대신한다. 계약자에 의해 제조된 제품과 계약자에 의해 실시된 소프트웨어의 보증을 어떻게든 위반하는 데 대한 매수인의 고유한 구제 조치는 실패한 제품의 수리 또는 교체이고 이는 전적으로 계약자의 선택에 의한다(계약자, 즉 매도인에게 유리한 조항이다). 매수인이라면 대금 반환이나 배상과 같은 다른 조치를 포함시키려 할 것이다). 계약자는 특히 고객이나 구매자에 대한 어떠한 형태의 명시적이거나 묵시적인 모든 보증을 부인한다. 계약자는 어떠한 소프트웨어의 운용이 차단되지 않거나 에러가 없을 것이라는 보증을 하지 않는다. 만일 XXX 회사(구매자)가 소유한 소프트웨어의 운용에 있어 에러가 발생하는 경우, 그러한 에러는 본 보증 조항에 의해 수정될 것이다.

Limitation of Liability 조항이나 Disclaimer 조항이 대개 대문자로 구성되어 있는 것은 나름의 이유가 있다. 계약상 준거법이 영미법인 경우, 특히 미국 법인과 계약을 체결하는 때 법적으로 배상 가능한 부분까지도 동 조항을 통해 배상 책임을 제한하는 문구는 conspicuous, 즉 다른 조항보다 더 눈에 잘 띄게 표시되지 않으면 효력을 인정받지 못할 수도 있다. 미국 〈통일상법전(UCC)〉에 의하면, 상업성의 암묵적 보증(implied warranty of merchantability), 즉 통상적 목적에의 적합성과 적정 품질의 보장을 배제시키려

면 볼드체나 대문자 등을 이용함으로써 conspicuous 조건을 만족시켜야 하며, 상업성 (merchantability)이라는 단어를 반드시 포함해야 한다고 규정하고 있다.[11]

한편, Limitation of Liability 조항에서 책임의 한계를 구성하는 예문을 보면 다음과 같다.

Article XX.X(LIMITATION OF LIABILITY)
EXCEPT FOR CLAIMS FOR PERSONAL INJURY CAUSED BY ITEMS FURNISHED HEREUNDER, Ⓐ **CONTRACTOR SHALL NOT BE LIABLE** TO PURCHASER OR ANY OTHER PERSON OR ENTITY **FOR INDIRECT, SPECIAL, INCIDENTAL, CONSEQUENTIAL, PUNITIVE, OR EXEMPLARY DAMAGES** ARISING OUT OF OR IN CONNECTION WITH THIS TRANSACTION OR ANY ACTS OR OMISSIONS ASSOCIATED THEREWITH OR RELATING TO THE SALE OR USE OF ANY ITEMS OR SERVICES FURNISHED, **WHETHER SUCH CLAIM IS BASED ON BREACH OF WARRANTY, CONTRACT, TORT OR OTHER LEGAL THEORY** AND REGARDLESS OF THE CAUSES OF SUCH LOSS OR DAMAGES OR WHETHER ANY OTHER REMEDY PROVIDED HEREIN FAILS. Ⓑ **IN NO EVENT SHALL CONTRACTOR'S TOTAL LIABILITY UNDER THIS CONTRACT EXCEED AN AMOUNT EQUAL TO THE TOTAL AMOUNT PAID FOR ITEMS PURCHASED HEREUNDER.**

설명 및 해석　Ⓐ부분을 따라가면서 해석하면, 'Warranty, 계약, 불법행위(tort), 또는 기타의 법 이론의 위반에 따른 클레임이라도 계약자는 간접적, 특수한, 부수적인, 연속적인, 징벌적인, 또는 징계적 손해에 대한 책임을 지지 않는다'는 내용을 명시하고 있다.

Ⓑ 'in no event 조동사+주어'의 형태는 '어떠한 경우에도 ~하지 않는다'는 의미를 강조하기 위한 표현으로 계약서에서 권리나 의무를 제한하기 위한 목적으로 사용한다. 본문은 '어떠한 경우에도 본 계약에 따른 계약자의 책임의 총합은 이하에 따라 구입되는 항목을 위해 지급된 총액을 초과할 수 없다'로 해석한다.

최근 외국으로부터 이메일을 받는 경우 이메일 하단에 Disclaimer가 붙어 있는 경우를 많이 볼 수 있는데, 이메일의 내용이 법적으로 불리한 증거로 사용될 수 없다는 등의 내용을 사전에 설정한 것이다.

---

❶ U.C.C. 2-316 Exclusion or Modification of Warranties 〉(2) Disclaimer of Express Warranty 원문에서는 다음과 같이 규정하고 있다.

Subject to subsection (3), to exclude or modify the implied warranty of merchantability or any part of it in a consumer contract the language **must be in a record, be conspicuous**, and state **"The seller undertakes no responsibility for the quality of the goods except as otherwise provided in this contract,"** and in any other contract the language must mention merchantability and in case of a record must be conspicuous. Subject to subsection (3), to exclude or modify the implied warranty of fitness, the exclusion **must be in a record and be conspicuous. Language to exclude all implied warranties of fitness in a consumer contract must state "The seller assumes no responsibility that the goods will be fit for any particular purpose for which you may be buying these goods, except as otherwise provided in the contract,"** and in any other contract the language is sufficient if it states, for example, that "There are no warranties that extend beyond the description on the face hereof." Language that satisfies the requirements of this subsection for the exclusion or modification of a warranty in a consumer contract also satisfies the requirements for any other contract.

해석 본 이메일은 보안이 유지되어야 하며, 오로지 수신인의 이용을 위해 의도된 것입니다. 여기 나타난 모든 관점과 견해들은 오로지 작성자의 것이며 TERRENCE사나 그 계열사의 의견을 대표하는 것은 아닙니다. 귀하가 (발송인이) 의도한 수신인이 아니라면, 본 이메일을 오류로 수신한 것이며, 그 경우 본 이메일의 어떠한 사용이나 전파, 전송, 인쇄 또는 복사도 엄격히 금지됩니다.

18 통화 조항

거래 통화에 대해서는 Payment 조항에서 간단히 US Dollar 또는 Euro 등으로 명기하면 그만이지만, 개발도상국과의 계약에서 결제 통화가 현지 통화인 경우에는 인플레이션의 위험으로부터 지급받는 통화 가치를 일정 수준 이상으로 확보할 필요성이 있다.

한편, 국제 통화인 달러화나 유로화로 계약하게 되더라도 해외 계약을 수주한 기업들은 환율의 등락에 따라 희비가 교차하게 된다. 그럴 수밖에 없는 것이 우리나라는 IMF 이후 완전한 외환 자유화 국가에 가까워지면서 매일매일의 대미달러 환율 변동이 내외부의 경제 충격에 의해 극심하게 등락하곤 한다. 이것을 보면 보유하고 있거나 보유할 사업 대가의 상당 부분이 그야말로 운에 따라 증감하는 것인 것인데, 제품마다 기업마다 다르겠지만 외환으로 수수하게 되는 사업의 자금 관리를 포기하는 것은 그 계약에 따른 사업 수행으로 이익이 날 것인지 손해를 볼 것인지의 결정을 운에만 맡겨두는 것이나 다름없다.

최근 많은 기업들이 환율로 인한 잠재 손익을 회피하고 계약 시점의 환율을 기준으로 미래 예상되는 외환의 유출입을 고려해 헤지(Hedge)를 시도한다. 환 헤지를 통해 가능한 한 환차손과 환차익을 모두 배제하고자 하는 것이지만, 그럼에도 불구하고 환율 변동에 따라 해외 원자재 가격의 변동이 발생하는 것까지 완벽하게 헤지 할 수는 없기 때문에[12] 통화 가치의 보전을 위한 조항을 삽입함으로써 불확실한 미래의 위험을 공유하게 된다.

물론, 매도인과 매수인의 협상력에 따라 다소 귀찮을 수 있는 본 조항을 삭제하거나 변형하는 것도 가능하므로 예문을 통해 살펴보도록 하자.

---

[12] 이를테면, 선물이나 옵션 등을 통해 달러 매도 헤지(Hedge)를 해 둔 경우, 달러-원 환율이 하락하게 되더라도 안전하게 고정시켜 둔 환율로 매도할 수 있게 되는 한편(환차손 방지), 달러-원 환율이 상승하게 되더라도 기본적으로 헤지(Hedge)를 통해 고정해 둔 환율 정도에서도 수익을 기대할 수 있으므로 문제가 되지 않는다고(환차익 포기) 생각할 수 있지만, 환율 상승에 따른 유가 상승, 물가 상승, 해외 원자재 가격 상승과 같은 부수적인 현상들의 영향으로 포기할 용의가 있었던 환차익 이상의 가치를 포기해야 하는 것이다.

Manufacturer reserves the rights to adjust pricing if the exchange rate of US Dollar to Korean won alters by more than 5% up or down. In this case, either party is entitled to request an adjustment to the above prices equal to one half of the move or ±2.5%.

설명 'Terms of Payment'에서 삽입될 수 있는 문장으로 장기로 이어지는 개발 용역 계약에서 환율의 변동에 따른 손실을 보전하기 위해 상호 간의 가격 조정 권리를 설정하는 조항이다.

해석 미국 달러 대 한국 원화 환율이 5% 이상 증감하는 경우 제조자는 가격을 조정할 권리가 있다. 이 경우, 어느 일방은 그러한 증감 부분의 절반 또는 ±2.5%에 해당하는 금액 조정을 요구할 수 있다.

19 지불 조건

지불 조건을 규정함에 있어서는 일반적으로 많이 사용되고 있는 확정 가격 방식(Firm Fixed Price/FFP Contract)과 수급 가격에 변동이 심한 대규모 엔지니어링 공사에 적합한 가격 변동 방식(Cost-reimbursement Contract)으로 구분해 살펴볼 수 있다.

가격 변동 방식(Cost-reimbursement Contract) 유형의 계약은 사전에 계약에서 허용된 조건에 따라 발생한 비용을 추가로 지급하기로 하는 조건으로 지불 조건을 설정하고 있으며, 가격을 사전에 설정할 수 없는 대규모의 건설공사나 상황에 따라 계약 사양의 변동이 잦은 연구 개발 계약에서 주로 활용된다. 물론, 추산 금액과 최고 상한 금액은 설정되어 있지만, 역시 합의에 의해 변경될 수 있도록 한다.

건설업계를 비롯한 대규모 엔지니어링 공사 계약에서는 특히, 확정 가격 방식과 더불어 Cost Plus an Award Fee 방식이나 Target Estimate with Incentive Fee and Penalty 방식과 같은 가격 변동 방식 계약에 체결되기도 하는데, Cost Plus an Award Fee 방식이 최소 금액(Baseline)을 정하고 공기 단축 등과 같은 수행 만족도에 따라 추가 금액(Award Fee)을 추가 지급하는 방식이라면, Target Estimate with Incentive Fee and Penalty 방식은 개략적인 견적을 통해 목표 금액(Target Estimate)을 먼저 합의하고 계약 종료 시점에 전체 사업비를 정산(clearance 또는 settlement)하는 방식으로서 비용을 기준으로 상벌 금액(incentive and penalty)을 추가 지급 또는 환수한다는 차이가 있다. 확정 가격 방식은 다시 대금 지불의 시기에 따라 선불(Prepayment) 방식, 후불(Deferred Payment)방식, 또는 분할급 (Progressive Payment또는 Payment against Milestone) 등으로 구분되고, 또한 대금 지불의 방법에 따라 신용장, 전신환 방식 등과 같은 다양한 경우의 수가 존재한다.

실무에서 사용되는 다양한 지불 조건에 대한 설명은 〈제4부 Chapter 03 국제 무역의 주요 이슈〉에서 다루기로 하고 다음에서는 일반적인 경우에 사용될 수 있는 지불 관련 조항의 작성 예를 살펴보자.

Article 24. Payment by Letter of Credit

This contract requires a letter of credit as a payment terms. In the event that the letter of credit in form and substance satisfactory to Seller is not in Seller's possession within ( ) days from the effective date of the Contract, Seller may, at its option, either terminate the contract without liability or require Buyer to pay the contract price upon presentation to Buyer of documents substantially conforming to those required by the contract.

해석 계약 체결 이후 일정 기일 이내에 매도인이 받아들일 수 있는 신용장을 개설해 ( )일 이내에 매도인에게 전해지지 않는 경우에는 매도인은 스스로의 판단에 따라 계약을 종료하거나 또는 (계약상 규정된 것과) 실질적으로 일치하는 문서를 매수인에게 제시함으로써 대금 지급을 요청할 수 있다.

TRES Company shall pay the amounts due on or before the date indicated above. All amounts due under this Agreement shall be paid by telegraphic transfer to ABC Company (Supplier)'s account herein enclosed.

Milestone	Payment Due Date	Amount	Rate
Program Kick Off	Within 3 months after Effective Date of the Agreement	200,000	20%
Preliminary Review	July 10, 2009	200,000	20%
Shipping Readiness Review	September 10, 2009	100,000	10%
Products Inspection	October 10, 2009	200,000	20%
After Warranty	October 10, 2010	300,000	30%
	Total	1,000,000	100%

설명 Milestone을 설정해 두고 이에 따라 해당 milestone이 충족되는 경우에 대금을 분할 지급(Progressive Payment)하는 방식의 예문이다.

해석 TRES사는 상기 나타난 날짜 또는 그 이전에 대금을 지급해야 한다. 본 계약의 모든 금액은 이하 첨부된 ABC사의 계좌로 전신환 송금되어야 한다.

주요 일정	지불 기한	금액	비율
프로그램의 개시	계약서 유효기일 이후 3개월 이내	200,000	20%
예비 검토	2009년. 7월 10일	200,000	20%
신적 준비 검토	2009년. 9월 10일	100,000	10%
제품 수입 검사	2009년. 10월 10일	200,000	20%
보증 기간 후	2010년. 10월 10일	300,000	30%
	합계	1,000,000	100%

　　주요 일정별 분할 지급 방식(Milestone Payment)에 신용장이 결합되는 경우에는 전 과정을 신용장으로 커버하는 방법과 일부를 신용장으로 커버하는 방법이 있다. 거래의 전 과정을 신용장으로 진행하려면 분할 선적을 허용하고 분할 지급하는 방식으로 신용장을

개설하면 되겠지만, 일반적인 물품 거래가 아닌 개발 계약의 경우에는 그러한 선적 물품이 없으므로 은행에 제출해야 하는 서류를 선적 서류가 아닌 수입자의 확인서로 대체해야 하는데, 은행 입장에서 위험성이 커서 받아들이지 않을 수 있다.

한편, 일부를 신용장으로 진행하고, 일괄 선적하는 경우에는 신용장 가액(전체 대금 중 일부)과 통관 가액(전체 대금)이 달라지게 되는데 이때 수입하는 기업의 담당자는 반드시 세관에 전체 대금을 신고하고 그에 상응하는 세금을 납부해야 한다. 담당자로서는 추후에 의도하지 않은 관세 범법자가 되는 일이 없도록 주의해야 한다.

20 / 양도 조항

계약의 목적을 달성하기 위한 계약상의 권리와 의무를 제3자에게 양도하지 못하는 내용을 정하는 조항이다. 일견 상식적으로 이견이 없을 것이라 생각하기 쉽지만, 이를테면 법인의 분할과 합병의 경우에, 법적으로 포괄 양수도를 원칙으로 당연히 양도가 가능한 경우가 있음에도 불구하고, 계약 내용에서 막혀있다면 분쟁의 소지가 남게 된다. 또한, 상대방은 자회사(subsidiary), 관계 회사(affiliated company)등에 양도를 가능하도록 하고, 우리 측은 원천 차단된 경우도 많으므로 가급적 균형을 맞추도록 유의해서 검토해야 한다. 또한 합리적인 사정에 의해서도 양도 자체가 불가능할 수 있으므로 사전에 서면 동의(prior consent in writing)가 있는 경우에는 가능한 것으로 정하는 것이 좋다.

실제로 사용되는 예문을 보면 다음과 같다.

This CONTRACT and any right or obligation hereunder shall not be transferable or assignable directly or indirectly by any PARTY to a third PARTY without the prior written consent of the other PARTY.

해석 본 계약 및 본 계약에서 정하는 어느 일방 당사자의 여하의 권리 또는 의무는 상대방의 사전 동의 없이는 제3당사자에게 직간접적으로 이전 또는 양도 가능한 것이 아니다.

The Contract shall not be transferred or assigned, in whole or in part, by the Party to any other individual, firm, partnership, corporation, institution, government agency or any other entity without the prior written consent of the other Party.

해석 본 계약은 전체 또는 부분적으로, 일방 당사자가 타 개인, 기업, 파트너쉽, 기업, 기관, 정부 기관 또는 어떠한 실체에 대해서도 상대방의 사전 서면 동의 없이는 이전되거나 양도될 수 없다.

계약의 양도와 관련해서, 자주 질문받는 것 중의 하나가 Subcontract에 관한 것이다. 특히 외주 용역의 비중이 큰 시스템 사업이나 건설 사업에서 외주 용역을 주는 것이 계약 양도 조항에 위반되는 것인지에 대한 것이다. 일반적으로는 assignment의 범위에 subcontract가 포함되지는 않는다고 보므로 외주 용역(subcontract)는 계약자(contractor)의 판단에 의하지만, 그 규모가 총액의 상당 부분에 이르는 등 중요한 내용이라면, 별도로 SOW(Statement of Work)에서 Subcontract할 부분을 사전에 정해 두거나, Subcontract 조항을 따로 두는 것이 서로 간에 안전하다고 본다.

The Contractor may subcontract any part of the Contract and may issue subcontracts of less than One Million US Dollars or equivalent for any other part of the Contract after making written notification to the Customer. For any subcontract of greater than One Million US Dollars or equivalent, the Contractor shall submit the following for the Customer's prior written approval: (1) the identity and qualification of the subcontractor, (2) the subcontractor's management plan, (3) a copy of the subcontract(s).

해석 계약자는 본 계약의 어느 일부를 하도급하거나 미화 일백만불 이하 또는 계약 어느 일부의 동등 하도급에 대해서는 "고객"에 통지한 이후에 하도급 계약으로 배분할 수 있다. 일백만불 또는 동등의 하도급에 대해서는 계약자는 아래의 문서를 제출하여 "고객"의 사전 승인을 얻어야 한다: (1) 하도급자 소개 및 적정성, (2) 하도급자의 사업관리 계획, (3) 하도급 계약서 사본.

21 / 첨부 문서

첨부 문서를 나타내는 표현으로는 Appendix, Attachment, Annex, Schedule, Exhibit 정도가 있다. 주로 일반적인 물품 매매 계약에서는 견적서와 동일하다는 것을 보여주기 위해 견적서(Quotation)를 첨부하기도 하고, 기술 개발이나 특수한 형태의 물품 매매 계약, 라이선싱 계약에서는 기술 명세서 또는 시방서라 불리는 Statement of Work 또는 Scope of Work(SOW)를 첨부하는 것이 일반적이다. 물론 어떤 형태의 문서라도 당사자들의 합의로 첨부할 수 있는 것이지만, 영업 또는 계약 담당자가 이해하기 어려운 내용들이 포함되는 경우가 많으므로 반드시 담당자의 확인을 얻어야 한다.

전문 서적을 살펴보면, 저자에 따라 Exhibit는 별첨 문서이므로 계약서가 아닌 별도의 문서이며 Annex는 첨부 문서이므로 계약서와 일체를 구성한다는 설명을 하지만, 역시 계약서 내용의 해석에 따를 일이지 단순히 Exhibit인가 Schedule 또는 Annex인가와 같

이 표제 자체에서 계약서로서의 효력이 발생하거나 부인되는 것은 아니라고 본다.[13]

따라서 이러한 첨부 문서 역시 계약서 일반 조항에서 '동일한 효력을 갖는다'라고 규정하거나 '해석적, 보조적 효력을 갖는다'라는 식으로 규정함으로써 첨부 문서의 효력을 결정해야 한다.

첨부 문서의 작성 과정에서 협상이 어려운 경우에는 어느 정도 양보를 해 주되, 계약서 본문에서 해석적 효력만 갖는 것으로 규정하는 것도 한 가지 방법이 될 수 있다.

Article 18. Order of Precedence

The Terms and Conditions shall prevail over the Annexes of this Agreement. The Annexes have no order of precedence between them.

설명 및 해석 계약서의 일반 조건들에 대한 내용이 첨부 문서들에 우선한다는 내용이며, 첨부 문서들 간에는 우선권이 없는 것으로 규정하고 있다.

Article 19. Contractual Documents

This Agreement, together with its Annexes, shall be contractually binding for both Parties and comprises the following documents:
- Terms and Conditions
- Annex 1. Scope of Work
- Annex 2. Certificate of Work Completion

설명 계약서의 앞 부분에서 계약서를 소개하면서 삽입되는 부분이다. 우선 적용에 대한 내용은 없다.

해석 본 계약은 부속 서류들과 함께 양 당사자를 계약적으로 구속하며 아래의 문서들로 구성된다.
- 일반 조건
- 부속1. 작업의 범위
- 부속2. 작업 완료 확인서

The General Terms of Sales specified in Attachment 3 may be referred to as a supplementary condition.

설명 계약 상대방이 자사의 약관을 반드시 삽입해야 한다고 주장하는 경우에 삽입을 허용하면서 그 내용의 구속성을 제한하는 효과를 가져올 수 있는 문장이다.

---

[13] 다만 원칙적으로 계약서 내용의 흐름상 일일이 규정하기 곤란한 세밀하고 긴밀한 내용의 경우에는 별지를 넣은 첨부, 즉 Schedule로 정리하는 한편, 어떤 양식을 미리 정의할 필요가 있는 경우, 이를테면 신용장 조건에 대한 사전 합의라든가 물품 인도 확인서와 같은 양식을 미리 정의할 때는 계약서 별첨 서류, 즉 Exhibit으로 해결하는 것이 좋다.

해석 부록3에서 정하는 판매 일반 조건은 보충적 조건으로 참고할 수 있다.

> In the event of a conflict between any of the terms of this Agreement, including Annex A and Annex B, the conflict will bae resolved according to the following priority: Annex B, Annex A, the Clauses of the Agreement, and other annexure hereto, the Recitals.

설명 만에 하나 계약서 각 첨부 문서들 간에 충돌이 있는 경우를 대비해 우선순위를 가정해 둔 조항이다.

해석 부록 A와 부록 B를 포함해 계약서 조건들 간의 충돌이 있는 경우, 그러한 충돌은 다음의 우선순위를 두고 해결된다: 부록 B, 부록 A, 계약서 조항, 기타 첨부물, 전문의 순서.

22 협상의 여지가 많은 기타 조항

계약서의 구성을 위해 반드시 별개의 조항으로 구성할 필요는 없다고 판단하는 경우에는 기타 조항(Miscellaneous) 또는 일반 조항(General Provisions)이라는 이름으로 다양한 조건들을 묶어서 구성할 수 있다. 특히 통지(Notice), 완전 합의(Entire Agreement), 양도(Assignment), 언어 (language), 독립 당사자(Arms length), 일부 무효와 가분성(Severability), 준거법(Governing law), 신뢰(Reliance)와 같은 조항에서는 의례 사용되는 문장들이 존재하는데 이들을 관용 조항(Boilerplate)이라고 한다. 이들 관용 조항들을 모두 기타 조항에 묶어 규정하는 경우가 많다.

그러나 기타 조항에 묶어 놓는다고 해서 이들의 법률적 효과를 무시해서는 안 되고, 협상의 여지를 포기해서는 안된다. 예컨대 당사자 간에 비밀유지기간을 10년으로 설정한 NDA(비밀유지각서)가 체결되어 있는 상태에서 본 계약서 내에서는 비밀유지기간을 5년으로 규정하고 완전합의(Entire Agreement) 조항을 포함시키는 경우 원칙적으로 기존 비밀유지각서의 유효성은 배척된다. 한편, 언어(Language) 조항에서 단순히 영어로만 하는 경우라면 문제될 것이 없겠지만, '제6부 제2장 계약법 에센스'에서 다루는 것처럼 한글과 영문이 다르게 규정되거나 달리 해석될 가능성이 있다면 계약서의 해석과 관련한 우선 적용 언어를 설정하는 것은 필수적이다.

분쟁 해결 조항과 관련한 준거법과 재판관할권의 협상에 대해서는 제3부 계약불이행과 분쟁 해결에서 별도로 다루었다.

Article 21. Miscellaneous Provisions

21.1. This Agreement imposes no obligation on either party to purchase, sell, license, transfer or otherwise dispose of any technology, services, or products.

21.2. This Agreement does not create a partnership nor agency relationship.

21.3. This Agreement is made under, and shall be construed according to the laws of the Republic of Korea.

21.4. This Agreement constitutes the entire agreement between the parties with respect to the subject matter hereof, and supersedes and replaces all prior or understandings or agreements, written or oral, regarding the subject matter of this Agreement. No amendment to or modification of this Agreement will be binding unless in writing and signed by all parties.

21.5. The Contractor(Seller) accepts that the Buyer, inter-alia, relies on the skill and judgement of the Contractor in the design, description, manufacturing, quality, reliability function of the Articles and performance of the Services and on the judgement and skill of the Contractor for any and all of the Services to be performed. If there are any inadequacies in the design or manufacturing of any of the materials by the Contractor from any supplier or manufacturer, the Contractor shall use its best endeavours to pursue such inadequacies against the supplier or manufacturer, and any benefit so obtained shall be passed to the Buyer.

설명 및 해석   21.1. 계약의 체결로서 어떠한 구매나 판매, 양도 등에 대한 의무가 발생하는 것이 아니라는 내용으로, MOU나 LOI, NDA와 같은 계약서에서 자주 사용된다. 일반적인 거래 계약이라면 No Partnership과 같은 별도의 조항으로 두는 것이 바람직할 것이다.

21.2. 계약의 체결이 제휴 관계를 창설하지는 않는다는 내용으로 Arm's length transactions(독립적 당사자 거래)라고 표현하거나, 별도로 Relationship of the Parties(당사자 관계)라는 조항을 마련할 수 있다.

21.3. 이 계약은 한국법에 따라 작성했고 해석해야 한다.

21.4. 완전 합의 조항을 기타 조항에 삽입한 예다. 본 계약은 당사자 간 이 문서의 내용들과 관련해 완전 합의를 구성하며, 서면이든 구두이든 간에, 이 문서의 내용들과 관련해 모든 이전의 양해와 합의에 우선하고 대체한다.

21.5. 신뢰(Reliance) 조항이다. 주로 컨설턴트나 엔지니어링 사업자의 기술에 대한 신뢰를 바탕으로 체결하는 구매 계약에서 사용된다. 본 조항의 법률 효과는 계약불이행에 대한 구제 대상이 되는 신뢰 이익(reliance interest)과 관련이 있다.

Chapter II 실무 속 다양한 계약 서식

해외 업무를 진행하다 보면 처음 듣는 약어들로 이루어진 계약 관련 서식들이 무수히 오가는 상황에 직면하곤 한다. 그 자체로 계약서를 구성하지는 않지만 본 계약의 체결을 위해 필요한 서식으로는 위임장(Power of Attorney)과 보증서(Letter of Guarantee)가 대표적이다. 보증서에 대해서는 제4부 특수한 계약과 주요 이슈 편에서 국제조달계약을 설명하면서 따로 설명하였으므로, 본 장에서는 위임장, 계약 조건 합의서(Term Sheet), 선진행 허가서(ATP)를 포함한 부수 문서들의 서식과 의미를 살펴본다.

💬 Core Vocabulary

estoppel	금반언(禁反言)	power of attorney	위임장
set forth	진술/설명/규정하다	specimen	견본
notary public	공증(대개 변호사의 것)	specimen signature	서명 인감
contrary to	~에 반(反)하여	bind upon	~을/를 구속하다
exclusive jurisdiction	전속 관할권	injunctive relief	가처분(금지적 구제)
set one's hands	서명하다	attorney-in-fact	대리인
in the presence of	~의 참석하에(면전에서)	attorney-in-law	변호사
proprietary	사유의/전유하는/소유의 (proprietary information은 소유 정보 또는 보호대상 정보)	proxy	대리라는 의미에서 attorney와 비슷하지만, 대개 투표권과 관련지어 사용한다.
as appropriate	(경우에 따라) 적절한 (where it is acceptable to do so)	term sheet	계약 조건 테이블
waiver	적용 유예	subject to~	~을/를 조건으로

112

goodwill	호의. 계약서에서는 주로 영업권으로 해석되는데, 대개 인수 합병에 있어서 자산가치 산정에 이용	on a need-to-know basis	(주로 NDA에서 정보 공개범위 설정에 있어) 필요한 경우 필요한 것만 공개하는 방식으로

🗨 Core Sentence

The contract may be extended for one more year unless either Party notifies **to the contrary**.	**반대의** 통지가 없으면 계약은 1년 더 연장될 수 있다.
The parties hereto **set their hands** this 7th day of March, 2009.	당사자들은 2009년 3월 7일, 본 계약서에 **서명했다**.
To sign, execute and carry out any and all other formalities related to and all documents which may be required in connection with the **aforesaid matters**.	(위임장의 권한 나열 부분에서) **상기의** 건과 관련해 필요한 모든 형식 문서의 서명, 집행, 수행하는 권한.
IN WITNESSTH WHEREOF, "Global Travis Logistics limited" has caused this Power of Attorney to be executed by its **duly authorized representative** as of this 22nd day of Nov. 2007.	이의 증거로서, Global Travis Logistics Limited는 2007년 11월 22일 부로 **정히 위임받은 대리인이** 본 수임권을 집행토록 한다.
Commissions valid until December 22, 2010.	**위임**은 2010년 12월 22일까지 유효하다.
This Agreement shall **be subject to** all applicable government security requirements and export regulations binding upon either Party.	이 계약서는 일방 당사자를 구속하는 정부의 해당 안보 관련 요구사항이나 수출 통제를 **조건으로 한다**(그러한 제도에 맞지 않으면 계약 효력이 없다).
Specifications and prices **are subject to** change without notice.	사양과 가격은 별도의 통지 없이 변동**될 수 있다**.
Contractor shall report in reasonable detail on the performance of the Contract in an annual report presented pursuant to the Contract **as appropriate**.	계약자는 계약서에 따라 제시된 **적절한** 연간 보고서의 형태로 계약 이행에 관한 세부 내역을 보고해야 한다.
Proprietary Information may include, **but is not limited to**, trade secrets, know-how, inventions, techniques, processes, computer programs, schematics, data, customer lists, financial information and sales and marketing plans.	**(보호 대상이 되는) 전유적 정보**에는, **아래에 한정되지는 않지만**, 영업 비밀, 노하우, 발명, 기술, 처리, 컴퓨터 프로그램, 설계, 데이터, 고객 리스트, 재무 정보 및 판매와 마케팅 계획에 관한 것을 포함한다.

Failure by Distributor to **comply with** any of his/her obligations defined in Section 2 of this Agreement will **constitute a material breach** of this Agreement and will entitle the Manufacturer to give notice to Distributor requiring it/him/her to cure the breach.	판매점이 계약서 섹션 2에 정의된 의무 사항들을 **지키지** 못하는 것은 계약의 **중대한 위반**을 **구성하며**, 제조자에게 판매점에게 그러한 불이행을 치유할 것을 요구하는 통지를 할 수 있는 권한을 부여한다.

 ## 위임장의 작성

위임장(Power of Attorney, POA)이란 계약을 체결할, 또는 어떤 법률 행위를 수행할 권한을 위임했음을 증명하는 문서로서 우리의 위임장에 해당한다고 보면 무방하다. 이러한 위임장을 반드시 요구해야 하는 경우는 상대 회사 임직원이 아닌 대리인이 회사를 위해 협상을 대행하게 되는 때이며, 회사의 임직원이 직접 참석해 협상하는 경우에는 그 사람의 권한 범위가 어느 정도 인정되는 측면이 있어 따로 요구하지는 않는 경향이 있다.

위임의 종류에는 포괄적 위임(General Power of Attorney)과 구체적 위임(Limited/Special Power of Attorney)이 있는데, 계약 체결에 대한 구체적 위임이 일반적인 모습이다. 다음 예시는 구체적인 구매 계약 체결 권한을 위임한 증명서 예문이다.

Power of Attorney

(a) **KNOW ALL MEN BY THESE PRESENTS**;
KHANS, a corporation existing under and (b) **by virtue of** the laws of the Republic of Korea and having its office at (address), Korea, hereby constitutes and appoints Mr. Tae Hyung Lim, one of its (c) **directors**, its true and lawful attorney, to act in its name and place, and for its use and benefit:

* To sign the Contract for the Procurement of EFRD systems between KHANS and YMB.
* To...

granting to its attorney full power and authority to do every act and thing necessary or appropriate to carry out the (d) **foregoing** powers, hereby (e) **ratifying** and approving all that its attorney shall lawfully do by virtue of this Power of Attorney.

December 18, 2008
(Signature)
Kim, Lee-park
CEO of KHANS Inc.

(a) KNOW ALL MEN BY THESE PRESENTS: 이 위임장에 의해 모두에게 공표합니다. Presents는
문서 또는 서면의 뜻으로 '본 문서'로 해석된다. 'Be it known by these Presents;'로 바꾸어 쓸 수 있다.
(b) by virtue of: ~때문에/~에 의거해
(c) director: 이사/임원
(d) foregoing: 앞서 언급된/상술한
(e) ratify: 비준/인준하다
위 사례에서는 언급되고 있지 않지만, 'Commissions valid until...'과 같은 표현을 삽입해 위임장의 효력 기간을
부여하는 것도 좋다.

해석 본 위임장으로 아래 사실을 공표한다.
KHANS, 대한민국 법률에 의해 설립되어 한국 (주소)에 사무소를 두고 있는 KHANS 회사는 이에 이사인 임태형
을, KHANS의 이익을 위해 그 이름으로 법률행위를 할 수 있는 진정하고 합법적인 대리인으로 임명한다.

* KHANS와 YMB 간의 EFRD 시스템 조달을 위한 계약 서명
* (기타 권한들 나열)

대리인에게 상술한 권한을 수행하기 위해 필요하거나 적절한 모든 행위를 할 수 있는 전권 및 권한을 부여함으로써
이에 본 위임장에 의거한 대리인의 합법적인 모든 행위를 승인하고 비준하는 바다.
2008년 12월 18일
(서명)
김이박
CEO of KHANS Inc.

특히 국제 조달 계약에서 POA를 지참할 것을 요구하는 경우가 종종 있는데, 실무적으로 사기업 간의 계약에서는 잘 이용되지 않지만 차후에 대리권의 문제로 인해 계약서의 효력이 문제시되는 사태를 방지하기 위해서는 오히려 일반적인 국제 거래에서도 POA를 교환하는 것이 바람직할 것으로 생각된다.

한편, 외국 정부와의 조달 계약에서는 이러한 POA라는 문서 자체의 신뢰성을 강화하기 위해 몇 가지 보충 요구를 추가하기도 하는데, 대표적인 것으로 대표이사 서명이 등록된 상공 회의소 발행 서명감(Specimen Signature), 변호사 공증(Notary Public), 영사 인증(Consular's Authentication)과 같은 번거로운 절차가 있다. 이에 대한 자세한 내용은 〈제4부 Chapter 2 국제 조달의 주요 이슈〉에서 살펴보기로 한다.

2 / Term Sheet

Term Sheet는 계약 조건 합의서로 번역하기도 하고 조건 명세서나 내용 합의서로 번역할 수도 있다. 대개 계약 관련 조항들을 나열해 주요 사항에 대해서만 당사자 간에 일목요연하게 논의하기 위해 작성되는 팸플릿을 의미하는 경우가 많다.

그렇지만 때로는 이 자체로 계약서가 구성되는 경우도 있고, 추후 계약의 해석과 관련된 분쟁이 발생했을 때 당사자의 의사를 확인하는 주요 자료로 활용되기도 한다.

Term Sheet와 LOI(Letter of Intent)의 차이를 보면, 대개 문서 형태라든가 문장 구성의 차이 정도에 불과하다. LOI가 대개 편지 형식으로 작성되고 당사자 간 의사의 존재를 확인하는 데 그 목적이 있다면, Term Sheet는 대부분의 형식적 요소들을 무시하고 가능한 한 협상 대상이 되는 조건들을 항목화하는 테이블 정도로 이해할 수 있다. 또는 Term Sheet 자체로 당사자 서명을 거쳐 계약화하는 방법도 있다.

Term Sheet

DATE: date/month/year

Buyer's full company name:

Address:

Phone/FAX/E-mail:

Represented by: Mr. (Signatory name)

Description

We (Buyer's company name) the undersigned, confirm on behalf of buyer that, by signature below verify that we have the financial capability, including the necessary import permits, to complete the purchase of:

1. PRODUCT AND SPECIFICATION OF THE PRODUCT
2. INCOTERMS
3. DESTINATION & PRODUCT DISCHARGE
4. LEAD TIME & DELIVERY(DURATION OF CONTRACT)
5. UNIT PRICE & TOTAL AMOUNT
6. SELLER'S MINIMUM ORDER QUANTITY & QUANTITY TO BE ORDERED
7. PACKING
8. PAYMENT CONDITIONS
9. OTHER CONDITIONS
10. WAIVER OF THE PARTIES
    - SELLER: Article XX
    - BUYER: Article X

Above articles are to be agreed on or before (date) of (year), the Effective Date of Contract, and the terms and conditions stipulated in this Term Sheet shall be null and void unless above waivers are cleared until the Effective Date of Contract.

The parties have familiarized with conditions of the Contract and completely accept the terms above.
SIGNATURE
Name and Title

Term Sheet

일자: 일/월/년	
매수인의 회사명	
주소	
전화/팩스/이메일:	
대리인: (서명인)	

내용

아래 서명한 당사는 당사가 아래의 서명으로, 구매자를 대신해, 필요한 수입허가를 포함해 아래 구매를 진행할 수 있는 재정적 능력을 확보하고 있음을 확인한다.

1. 제품과 제품 명세
2. 인코텀스
3. 목적지 및 제품 양륙지
4. 제조 기간 및 납기(계약 기간)
5. 단가 및 총액
6. 매도인의 최소 주문 수량 및 주문 예정 수량
7. 포장
8. 지불 조건
9. 기타 조건
10. 당사자 유예 사항
    – 매수인: Article XX
    – 매도인: Article X

상기 조항들은 계약서 효력 발생일인 ( )년 ( )월 ( )일까지 합의되어야 하며, 계약서의 효력 발생일까지도 상기 유예 사항들이 정리되지 않는 경우 본 Term Sheet에 규정된 조건들은 모두 무효가 된다.

당사자들은 계약서의 조건들을 인지했으며 상기 조항들을 완전히 받아들인다.
서명
성명 및 직책

3 Letter of Comfort(LOC), Comfort Letter

확약서 또는 확인 각서(Comfort Letter)는 앞에서 소개된 Term Sheet나 MOU, LOI와 같은 서식들과는 다소 다른 목적에서 사용되는 문서로, 주로 협상 진행 과정에서 계약에 다다르기 전에 상대방의 신용을 확보하기 위해 요청하고 작성한다.

특히, 재정 거래에 있어서 금융기관과 같은 대주(Creditor)가 차주(Debtor)에게 자금을 융자하는 경우에 차주의 관계 회사, 특히 모회사로부터 추상적으로나마 비공식적이지만 지급 보증을 받는 일환으로 사용한다. 법적인 보증서로서의 역할에 대해서는 여러 사례를 통해 그 구속력이 부인되고 있지만, 모회사는 국제 시장에서의 신용을 바탕으로 정치적으로 구속되는 효과가 있어서 주식 지분의 거래, 대규모 프로젝트 파이낸싱에서의 금융 거래에 실무적으로 활용되고 있다.

확인 각서(Comfort Letter)의 주요 내용은 사안에 따라 많이 달라지겠지만, 자금 차입의 경우에는 '모회사와 차주인 자회사와의 관계', '자금 차입에 관한 인지(awareness)', '차주인 자회사가 채무 이행을 완료할 때까지 지분을 유지할 것(maintenance of ownership)' 그리고 법적 보증서로서의 구속력을 확실히 하는 경우에는 '자회사의 금융 거래에 있어 모회사의 지원 방침(policy of financial support)'과 같은 조항이 들어가는 경우가 있다.

실무적으로 확인 각서(Comfort Letter)는 정부나 공공 기관의 대규모 프로젝트에 참여하는 입찰자가 첨부 문서로 제출하도록 되어 있는 경우가 많다.

4 Letter of Commitment(LOC)

확약서(Letter of Commitment) 역시 MOU나 LOI, NDA 등과 같이 특별한 법적 구속력을 갖기보다는 당사자 간의 의사가 존재함을 표현하는 문서의 일종이다. 다만 Commitment라는 단어 자체에서 오는 뉘앙스가 약속에 가까운 면이 있어 일반적인 계약 관계에서라면 당사자들이 본 계약의 체결 이전에는 작성을 꺼리는 측면이 있다.

금융 계약에서 확약서는 일반적인 계약에서의 LOI와 유사한 목적으로 사용된다. 즉 주로 금융기관이나 기타 투자가가 차주(Borrower)에 대해 자금의 투자나 융자에 대해 자신의 사전 입장과 주요 조건들을 통보하는 문서로 활용되고 있으며, 그 내용을 보면 '어떠한 내용에 대해 이자율 연리 몇 퍼센트로 어느 기간 동안 융자가 승인되었으므로 첨부된 별지를 작성해 신청하라'는 정도로 되어 있다. 이 서식을 가장 많이 활용하고 있는 대금의 차입이 이루어지는 재정 거래에서는 대출을 실행하거나 대출 범위를 확장하겠다는 목적으로 확약서를 사용하는 경우 법적인 강제성을 보장하고 있다. 다만 차주로서는 함께 첨부된 공식적인 답변이나 신청서의 제출을 통해 양 당사자 간에 구속력을 발생시키는 것이지, 확약서의 수령만으로는 차주에게 어떠한 의무도 발생되지 않는다.

5 Letter of Awareness

인지 서한(Letter of Awareness)은 앞에서 설명한 Letter of Comfort와 유사하게 당사자 간의 합의 문서로 작성되기보다는 어느 일방에서 편지 형식으로 어떠한 내용을 인지하고 있음을 설명하기 위해 작성된다. 대개 상대방이 이러한 문서를 요구하는 경우가 많고, 내용까지 작성한 뒤에 확인 서명을 요구하기도 한다.

특히, 어떠한 거래에 있어서 계약의 내용과 별도로, 차후에 상대방이나 제3자가 그 배경이 되는 내용이나 계약의 일부 내용을 알지 못했음을 주장할 수 없도록 하기 위해 작성하는 경우가 많다.

6 Authorization To Proceed(ATP)

말 그대로 먼저 진행하라는 공식 확인 문서다. 이 문서는 특히 A라는 본 계약이 있고 그에 대한 하부 계약으로 B라는 계약이 있을 때, A의 계약이 이루어질 것이라는 확신에도 불구하고 정부 승인이나 예산 집행 과정에서의 지연으로 인해 추후 납기에 문제가 생길 소지가 있는 경우에 'B 계약 이전에 먼저 제작을 진행할 수 있는 확인 문서'로 활용한다.

ATP의 활용에 있어서는 특히 추후 계약이 이루어지지 않는 경우의 손해배상에 대한 규정이 없으므로 그 작성에 신중을 기해야 한다.

ATP를 받는 입장에서는 추후에 계약이 이루어지지 않으면 어떻게 손해를 보상받을 것인지에 대한 최소의 보완 사항을 기록해야 하고, ATP를 주는 입장에서는 A계약이 이루어지지 않으면 B계약도 이루어지지 않을 가능성도 있으므로 ATP를 받는 쪽에서 반드시 필요한 최소한의 선 투자만이라도 하도록 유도해야 한다.

7 Form printed on letterhead

해외 업무로 특히 서구권 업체들과 커뮤니케이션을 하다 보면, 간혹 어떤 문서를 Letterhead에 작성해 달라고 하는 경우가 있다. 이를테면 'Please submit a document with your company letterhead(회사 레터헤드에 작성된 문서를 제출해 주세요).'와 같은 식이다. 주로 수출입 과정에서 발생하는 세관 등 공공 기관에 제출하는 서류를 작성할 때 letterhead가 요구되는 것이 일반적이지만, 일반 상거래에서도 어떤 자료나 의견을 공식화하고 이를 추적하고자 할 때 사용된다.

그런 요청을 받는 경우, '우리 회사에는 letterhead가 없는데 어떡하지.' 하고 고민할 필요가 없다. 그저 문서의 위쪽에 회사 로고와 명칭, 주소, 전화번호를 기재한 채로 본문을 써내려 가면 된다. 본문을 쓰기 전에 수신인을 먼저 지정하는데, 수신인이 정확하게 지정되지 않은 경우에는 To whom it may concern(관계자님께) 정도로 쓰는 것도 문제 없다.

Authorization to Proceed

Date	Document No.
Attention	Referenced Contract No.

Gentlemen:

You are hereby authorized to initiate design of the subject project in accordance with the terms and conditions of the above referenced contract.

The Scope of Services for the project is attached hereto. The same contains the Program Budget, Basic Design Fee, Time of Completion, and other relevant information.

Kindly indicate your agreement to the foregoing by signing below in the space provided, Return the five (5) enclosed copies of this letter to the Procurement Division of ABC Company, attention:

(name) _____

(address) _____

Very truly yours,

(signature/name)

Enclosure A Action Items Requested

(선 진행을 허용하는 사항에 대해서는 별도로 작성 첨부해 범위를 한정한다)

Agreed and Acknowledged

(FULL NAME OF CONTRACTOR)

By: _____   ____/____/_____
                                                              Date

Title: _____

작업 진행 허가서	
날짜	문서 No.
수신인	관련 계약서 No.

귀하:

귀사는 상기 참조 계약의 조건들에 따라 제하의 프로젝트의 설계를 시작할 권리를 부여받았습니다.

프로젝트의 업무 범위는 여기 첨부되었습니다. 프로그램의 예산과 기본 설계 비용, 완성일 및 기타 관련 정보 역시 마찬가지입니다.

아래 공간에 서명해 상기의 내용에 대한 귀사의 동의를 적시하시고, 5통의 첨부된 사본을 ABC사의 구매 부서로 회신해 주십시오. 아래 보내실 곳.

(성명) _____

(주소) _____

재배

(서명/성명)

첨부 A 요구되는 업무 항목
이에 합의하고 인정합니다
(계약자 이름)

서명: _____   _____/_____/_____

일시

직책: _____

계약 불이행에 대한 구제 조치 조항의 미삽입으로 거래선의 가격 재협상 전략에 말려든 경우

중국인이 대부분인 대만뿐만 아니라 싱가포르, 말레이시아, 인도네시아 등의 국가들은 전형적인 화교 경제권으로서 이들의 상업적 수완에 대해서는 이미 잘 알려져 있다. 이들은 각 나라의 원주민들보다 월등한 생활 수준을 누리고 있으며 말레이시아의 경우에는 심지어 원주민 우대정책을 펼치고 있을 정도다.

이들과의 거래에 있어 우리 기업들은 협상 단계뿐만 아니라 계약 체결 단계에 있어서도 반드시 잠재적인 분쟁의 가능성을 인정해야 한다. 무엇보다 기본적인 체크 리스트를 확인하고 중요하게 보이지 않더라도 기본적인 계약서는 갖추고 있어야 한다.

우리나라 ㈜영실일렉에서는 말레이시아 화상이 경영하는 M사와 말레이시아 국영 전력 공사에 전력공급 설비를 공급하기로 계약을 체결하고 약 1년 동안 제품 생산을 진행했다. 선금으로 10%를 수령했기 때문에 별 의심 없이 제품 생산을 완료하고 선적 준비를 하고 있는데 선적 1개월 전인 6월경, 말레이시아 M사로부터 국영 전력 공사의 프로젝트 지연으로 인해 제품 수령이 불가하다는 통보를 받았다.

가장 먼저 살펴볼 것이 계약 당사자로서, 당사자는 우리나라 영실일렉사와 말레이시아 M사이므로 계약서에 국영 전력 공사의 권리 의무에 관한 내용은 들어 있지 않았다. 다음으로 찾아볼 것이 계약서의 불이행 조항인데, 안타깝게도 최초의 계약서 양식은 말레이시아 M사가 건네준 것이었고, 계약서 역시 가격과 기술 사양 이외에는 별다른 협의 없이 서명해 있어야 할 불이행 시의 조치 조항이 보이지 않는 것이었다.

8월, 주식회사 영실일렉의 김 대리는 자문 변호사를 통해 즉각 제품을 수령하지 않으면 M사를 제소하겠다는 뜻을 전달했고, 그제서야 M사에서는 비로소 협상에 응할 자세를 보였다. 그러나 M사에서는 국영기업의 프로젝트 지연으로 인해 자신들의 피해도 만만찮으므로 자신들의 과실은 없다면서, 언제 선적이 가능할지는 자신들도 모른다는 태도를 고집함으로써 쉽게 협의가 되지 않았다. 그 사이 영실일렉은 대규모 물량 생산을 위해 투입한 자금으로 인해 자금 압박에 시달리게 되었고, 9월까지 M사와 계속 협의했지만 쉽게 해결될 조짐이 보이지 않았다.

약 3개월 후인 12월, M사는 자신들의 변호사를 통해 거래 신용의 문제가 있으니 독촉을 그만하라는 공문을 보내오는 한편, 자신들의 책임은 없지만 도의적으로 일정 수량은 구매할 의사가 있음을 알려왔다. 하는 수 없이 M사와의 재협상에 응하게 된 영실일렉의 김 대리는 제작 완료 후 무려 6개월 만에 온 기회를 놓치고 싶지 않았고, 결국 M사의 희망대로 30%에 가까운 가격 인하를 해주고서야 선적을 완료할 수 있었다.

정황상으로는 M사는 6월경에 실제로 프로젝트의 진행이 연기된다는 통지를 받았을 것이고, 계약서상 불이행에 따른 책임 조항이 없는 점을 이용해 일방적으로 계약을 정지시킨 것이다. 아마도 11월을 전후해 M사는 해당 국영기업으로부터 프로젝트의 재개에 관한 연락을 받았을 것이다. 따라서 이번 기회에 M사로서는 가격 인하를 요청할 수 있을 것이라 판단했을 것이고, 자금 압박에 시달리던 영실일렉으로서는 어쩔 수 없이 M사의 요청에 따를 수밖에 없었던 것이다.

제3부

계약 불이행과
분쟁의 해결

Chapter 1 계약 불이행과 손해배상

계약 협상의 성공 여부는 일차적으로 계약서에서 판가름이 나겠지만, 결과적으로는 계약의 성공적인 이행이 담보되어야 한다. 아무리 좋은 계약서라도 이행의 지체나 불이행과 같은 껄끄러운 사태가 발생하고 이에 대해 효과적으로 대처할 수 있는 능력이 없다면 결코 성공적인 협상이라 할 수 없을 것이다.

이행 지체와 불이행과 같은 사태를 방지하기 위해 계약서에서 규정할 수 있는 일차적인 해결책은, 사전에 계약 이행에 문제가 생겼을 때 발생할 손해액을 미리 확정하고 이를 지급할 대금에서 공제(deduction 또는 set-off)한다든가 추후에 청구할 수 있는 권리를 규정하는 것인데, 이를 손해배상액의 예정(Liquidated Damages)이라고 한다. 무엇보다 손해배상액의 예정의 가장 큰 장점은 계약 이행의 지연이 발생했을 때 실제 발주자(구매자)가 입은 손해를 입증할 필요 없이 계약서에 약정된 손해배상금을 보장받을 수 있다는 점이다.

한편, 계약서 전체에서 손해배상액의 예정의 역할은, 있을지 모르는 계약 파기에 대한 일종의 보험 기능을 수행함과 동시에 계약 이행 의지를 상대방에게 전달하는 것이다.

📭 Core Vocabulary

liquidate	청산하다/금액을 결정하다	liquidated damage	손해배상액의 예정
set off	상쇄/별충하다	be of the essence	본질적인
in duplicate	원본 2통으로	in triplicate	원본 3통으로
in no event~	어떠한 경우에도 ~하지 않는다	at its option	재량에 따라/마음대로/임의대로 (at its discretion)
punitive damage	징벌적 손해배상	indirect damage	간접 손해
negligence	태만/과실	notwithstanding ~	~에도 불구하고
gross negligence	중과실(반대말은 '경과실'로, slight negligence)	consequential damage	연속적 손해

grace period	유예 기간(이행 준비기간)	without prejudice to	~에 영향을 주지 않고

💬 Core Sentence

The payment of the liquidated damages shall be **without prejudice to any other rights and remedies of the Customer** as provided in this Contract, including, but not limited to, the Article 13(Termination for Default) or at law.	지연 배상금을 납부했다 하더라도 제13조(불이행에 따른 계약 종료)와 법률적 내용을 포함한 본 계약서에서의 **Customer의 다른 권리나 구제 수단에 영향을 미치지 않는다.**
The Seller understands and agrees that the times for Delivery set forth herein **are of the essence** of this Contract.	매도인은 본문에 규정된 납기 시간이 계약서의 **본질적인** 부분이라는 점을 인지하고 동의한다.
Damages for breach of contract by one party consist of a sum equal to the loss, including **loss of profit**, suffered by the other party as a **consequence of the breach**.	일방 당사자에 의한 계약 위반에 대한 손해배상액은 **이익의 상실**을 포함해 **위반의 결과**로서 상대방에 입혀지는 손실액으로 구성된다.
In the event of any default in article 8.2, above, company or representative, as the case may be, may, **at its option**, terminate this Contract immediately.	상기 8.2조를 불이행하는 경우, 회사나 대리점에서는 경우에 따라, **임의로**, 본 계약을 즉시 종료시킬 수 있다.
The Liquidated Damages shall **in no event** exceed the value of the Contract.	예정된 손해배상액의 지급은 **어떠한 경우에도** 계약 총 규모를 초과할 수 없다.
The total amount of the Liquidated Damage under the Agreement shall **be limited to** thirty(30) percent of the contract price of the Goods delayed.	본 계약에 따른 약정 손해배상의 총액은 지연된 물품의 계약가에 대해 30%로 **제한된다**(초과할 수 없다).
Either party may terminate this Agreement upon the **material breach** of this Agreement by the other Party, which breach cannot be or has not been cured within ten(10) days after the giving of a written notice specifying such breach.	일방 당사자는 상대방이 본 계약을 **중대하게 위반**해 그 위반이 그러한 위반을 명시해 서면 통지한 날로부터 10일 이내에 치유되지 않았거나 그렇지 못한 경우 계약을 해제할 수 있다.
The buyer may require performance by the seller of his obligations unless the buyer has **resorted to a remedy** which is **inconsistent with** this requirement.	매수인은 이러한 요구 사항과 **일치하지 않는 구제책에 호소하지 않는다면**(요구 사항에 일치하는 구제책이라면) 매도인의 의무에 대해 그 이행을 요구할 수 있다.

If the goods do not **conform with** the contract, the buyer may require the seller to remedy the lack of conformity by repair, (unless this is unreasonable having regard to all the circumstances.)	만약 상품이 계약서와 **일치하지** 않는다면, 매수인은 매도인에게 그러한 불일치를 배상하는 구제책으로 수리를 요구할 수 있다(모든 상황에 의거 이 구제책이 불합리하지 않다면).
In the event that the Seller delays shipment of the Goods in accordance with the shipment Schedule for reasons solely **attributable to** the Seller, the Buyer may grant the Seller ten(10) days of **grace period**, without liquidated damage on each specified delivery.	매도인이 매도인의 귀책에 **따른 사유로** 선적 일정에 따른 상품의 인도를 지연하는 경우, 매수인은 매도인에게 각 인도에 대한 지연 배상 없이 10일간의 **유예 기간**을 부여할 수 있다.

1 계약 이행 과정에서 등장하는 불이행의 만상과 구제

일반적인 계약에서 불이행의 주요 모습은 계약상 의무가 소멸하거나 또는 의무를 이행하지 않거나 위반하는 형태로 나타난다. 즉, 유효하게 성립한 계약상의 의무에도 불구하고 당사자가 이행기에 그 내용대로 이행하지 아니하면 계약위반이 되며, 상대방은 법에서 정한 바에 따라 그의 권리를 보호받는다.

계약상 의무의 소멸

정상적인 경우라면 계약상의 의무는 그 내용에 따른 이행 완료로 소멸하는 것이 일반적인 모습이다. 불이행이라도 변경 계약의 체결, 당사자 간 합의에 의한 취소, 대물 변제, 그리고 당사자 변경이 발생하는 경우라면 합의를 통해 계약을 정상화할 수 있다. 그 밖에 당사자 권리 보호 차원에서 문제되는 것이 영미법 특유의 Frustration 법리에 따른 이행 불능(impossibility)과 이행 곤란(impracticability)이 있는데, 실무적으로 체결된 계약을 불이행하는 당사자가 그럴 수 밖에 없었던 타당성을 주장하는 데에는 목적의 좌절(frustration of purpose), 불가항력(physical impossibility), 그리고 상업적 불능(commercial impracticability)의 법리가 주로 이용되곤 한다.

이행 곤란은, 계약 체결 시점에 당사자가 예상하지 못했던 사정의 변경이 발생하여 계약 내용대로 의무를 이행시키면 당사자 일방에게 불합리한 결과를 초래하는 것으로서, 새로운 법령의 등장과 같은 후발적 위법성이 대표적인 사유가 된다. 이러한 주장이 인정되는 경우 계약상 의무는 장래에 대해 당연히 소멸한다고 한다.

계약의 위반

계약상의 의무 이행자가 이행 가능한 채무를 이행기 내에 이행하지 않거나 이행기 도래 전에 이행하지 않을 것임을 상대방에게 명백히 하는 이행 거절이 있거나, 또는 계약 내용과는 다른 이행을 함으로써 계약의 위반이 있게 된다.

계약 위반에 대한 구제(Remedies)

계약상 합의에도 불구하고 어느 일방의 불이행이 발생하는 경우, 상대방(non-breaching party)은 계약을 해지할 수 있고, 계약에서 정해진 내용에 따른 구제 조치를 취할 권리가 발생한다. 영미권에서 접수되는 계약서를 보면 대개 Injunctive Relief(금지적 구제) 조항에서 다음과 같은 문장이 등장하는 것을 종종 발견할 수 있다.

> The parties agree that the unauthorized disclosure or use of Confidential Information of the Disclosing Party could cause irreparable harm and significant injury to such party and that money damages may not be a sufficient remedy for any breach of this Agreement.

해석　양 당사자는 정보 제공자로부터 얻은 비밀 정보에 대해 허가되지 않은 공개 또는 사용이 있는 경우, 정보 제공자에게 치유 불가능하고 중대한 피해를 야기하게 됨과 함께 이는 금전적 손해배상으로는 본 계약의 어떠한 위반에 대한 충분한 구제책이 될 수 없다는 것에 동의한다.

결국 손해에 따른 구제(Remedies)에는 금전적 구제(Monetary relief 또는 Pecuniary compensation)와 비금전적 구제(Non-monetary relief)로 구분되는데, 금전적 구제는 실제 손해, 기대 손실(expectation damages로서 계약이 이행되었다면 얻을 수 있었을 금전적 규모), 신뢰 이익에 따른 손해배상(reliance damages로서 계약이 없었다면 존재했을 피해 당사자의 재무적 상태), 징벌적 손해(punitive damages), 부당 이득의 반환(restitution damages), 특별 손해(consequential damages), 그리고 예정한 손해배상액(Liquidated damages)과 같은 구제가 있다.

한편, 비금전적 구제에는 특정 채무의 이행 (specific performance)과 금지적 명령에 의한 구제(injunctive relief)가 있는데 대개의 계약에서 정하고 있는 Liquidated Damages만으로는 충분히 구제가 되지 않거나, 비밀 유지 계약에서의 "비밀"과 같이 계약 목적물이 유일무이한 것인 경우에 요구되곤 한다.

2 손해배상액의 일반적인 구성 방법

하도급 계약에서의 이행 지체는 사실, 구매자 입장에서는 하도급한 금액 이상의 피해를 입는 것이 일반적이다. 예를 들어, A라는 시공사가 B건설에게 건축 계약을 하도급했는데, B건설은 다시 건축 원부자재를 C기업에게 발주한다. 이때, C기업의 이행 지체가 발생해 최악의 경우 전액을 배상한다 하더라도 B가 A에게 배상할 손해배상액에는 미치지 못한다. 우리 민법에서는 경우에 따라 특별 손해(A시공사에게 배상해야 할 B건설의 피해액)의 배상 청구가 가능한 것으로 규정하고 있지만, 현실적으로는 지나치게 가혹해질 가능성이 높다.

The Seller understands and agrees that the times for Delivery set forth herein **are of the essence** of this Contract.

설명 'be of the essence'는 계약서 내용 중에서도 중요한 본질적인 내용임을 강조하는 표현으로 영미의 많은 판례에서는 이러한 표현이 명시된 의무를 위반하는 경우 상대방에 대한 책임의 범위가 더 커진다고 보고 있다. 대개 계약 내용 중 납기에 대해서는 본질적인 중요성을 강조함으로써 판매자의 납기 준수에 대한 책임을 강화하고 있다.

해석 매도인은 본문에 규정된 납기 시간이 계약서의 본질적인 부분이라는 점을 인지하고 동의한다.

The Seller acknowledges and agrees **that the Delivery of the Equipment later than the Delivery Dates** may be the sole or partial cause of financial or economic loss being sustained by the Customer. In the event that Delivery of the Equipment occurs later than the Delivery Dates other than due to the circumstances provided for in the Article 11("Force Majeure") or agreed by the Parties in written, the Seller agrees to pay to the Customer, as a Liquidated Damages, for each calendar day by which Delivery of such Equipment is late, two-tenth(0.2) percent of the total amount.

설명 일반적으로 무난하게 사용될 수 있는 예문이다. that the Delivery of the Equipment (which is) later than the Delivery Dates 사이에 which is가 생략되어 있으므로 볼드체를 그 밑 문장의 주어로 해석하는 것이 이해하기 쉽다. 즉, 'Seller는 납기의 지연이 Customer에게 재정적 손실을 가져온다는 것을 이해하고 있다'라고 확인하는 것이다.

해석 매도인은 정해진 납기보다 늦어지는 장비의 납기가 고객이 입게 되는 재정적, 경제적 손실의 전체적 또는 부분적인 원인이 됨을 인지하고 동의한다. 제11조(불가항력)의 상황 또는 서면으로 당사자 간에 합의된 바에 따른 경우를 제외하고 정해진 납기일보다 장비의 납기가 늦어지는 경우에는 매도인은 손해배상액의 예정(지연 배상액)으로서, 그 장비의 납기가 늦어진 일수에 대해 총액의 0.2%를 고객에게 지급하는 데 동의한다.

---

3 손해배상액의 예정 조항을 구성하는 주요 포인트

손해배상액의 예정에 있어서 핵심 쟁점 사항은 다음의 4가지 정도로 요약된다.

첫 번째, 손해배상액의 예정 조항은 어디까지나 일방의 불이행에 따른 손해 발생이 있는 경우 손해액의 입증이 곤란한 점을 감안하여 편의상 약정된 것으로, 실제 손해액은 이보다 훨씬 클 수 있음에도 불구하고 손해배상의 예정이 있는 경우에는 추가적인 손해를 입증하더라도 배상이 불가능하다는 점은 염두에 두어야 한다. 구매자의 입장이라면 다음과 같이 구성하는 것이 바람직하다.

Buyer shall in addition to any other remedies in this Agreement or otherwise have the right to require Seller to pay or to deduct from the Contract Price, as and for liquidated damages (and not as a penalty) a sum to be calculated at the rate of one-tenth percent of the price.(구매자는 본 계약서에서 정하는 다른 구제방법 또는 달리 가지는 권리에 더하여 판매자에게 지체 상금을 부과할 권리가 있다.)

두 번째, 손해배상액의 예정 규모를 어느 정도로 정할 것인가의 문제이다. 우리나라 국가 계약법에서는 대개 매 지체 1일당 총액의 0.15~0.25%로 정하고 있고 이는 해외에서도 크게 차이가 없다. 때로는 계약의 성격에 따라 매 지체 1일당 비율로 정하는 것이 아니라 일정 규모의 정액을 정해 두는 경우도 있다. 실무적으로는 지체일수마다 총액의 0.1~0.5% 정도 범위 안에서 협의해 결정하는 것이 보통인데, 우리나라 민법에서는 계약상 지연 배상액이 지나치게 높은 경우에 법원이 강제 조정할 수 있도록 하고 있다.

또, 분할 선적 또는 장기 계속 계약에서는 지연 배상률이 합의되더라도 계산 방법에서 합의를 보기 어려울 수 있다. 즉, 일부가 이미 인도된 경우에 판매자의 입장에서는 그 부분은 제외하고 미인도 된 부분에 대해서만 지연 배상률이 적용되어야 한다고 주장하는 반면, 구매자의 입장에서는 일부만의 인도로는 계약의 목적이 완성되지 않았으므로 전체에 대해 지연 배상률을 적용하자고 요구한다. 이를 규정하는 것은 때로 어려운 협상이 될 수도 있지만, 미리 작성된 우리 측의 계약서에서 이를 반드시 우리 측에 유리하게 삽입해둔다면 상대방이 계약서를 검토하는 과정에서 발견하지 못하고 쉽게 넘어갈 수 있다. 이는 곧 반대로 상대방이 작성한 계약서를 검토하는 데 있어서 반드시 체크해야 할 부분임을 뜻한다.

(a) The Buyer is entitled to **reduce the price by 0.1% of total amount** specified in Article X (Price) for each day of delay.
(b) The Buyer is entitled to **reduce the price by 0.1% of delayed item** for each day of delay.

설명 두 문장은 뒤의 수식어 유무에 따라 손해배상액의 규모가 크게 달라지게 된다. 분할 인도가 이루어지는 경우, 최종 인도분의 납기 지연이 발생할 때는 상당히 다른 효과를 가져오게 되는 문장으로 판매자의 입장에서라면 당연히 (b)와 같이 계약서를 구성함으로써 지연된 부분에 대해서만 배상할 수 있도록 해야 할 것이다.

해석 (a) 매수인은 제X조(가격)에 정해진 대로 지연일수 1일마다 총액의 0.1%씩 가격을 감액할 권리가 있다.
(b) 매수인은 지연일수 1일마다 지연된 항목의 0.1%만큼 가격을 감액할 권리가 있다.

세 번째, 손해배상액의 상한을 얼마나 높게 설정할 것인가에 대한 것이다. 일반적인 계약서에서는 계약 총액 대비 5% 또는 10%, 20%, 심지어는 100%까지 상한을 정하고 있는데, 판매자 또는 하도급자의 입장에서는 최소한으로 정하는 것이 유리하고, 구매자의 입장에서는 당연히 최대한의 상한을 정함으로써 이행을 담보하고자 할 것이다. 다음과 같은 문장 구성이 가능하다.

(a) The BUYER shall be entitled to Price reduction by 1% for each day of delay **to a maximum of 10%**.
(b) The Liquidated Damages of each delayed product **shall in no event exceed 30% of its price**.
(c) The Liquidated Damages **shall in no event exceed** the value of the Contract.

해석 (a) 매수인은 지연일수 1일마다 총액의 1%씩, 최대 10%만큼 가격을 감액할 권리가 있다.
(b) 지연된 품목의 지연 배상은 어떠한 경우에도 해당 가격의 30%를 초과할 수 없다.
(c) 지연 배상은 어떠한 경우에도 계약 대금을 초과할 수 없다.

네 번째, 손해배상액의 상한을 넘기는 경우에 발주자 또는 구매자는 어떤 조치를 취할 수 있는가에 관한 것이다. 위에 정해진 손해배상액의 상한에 다다를 때까지 이행이 이루어지지 않는 경우에는 이미 심각한 계약 위반의 상태에 처해진 것으로, 계약의 이행 가능성 여부에 따라 취해져야 할 조치가 선택될 수 있도록 계약서를 구성하는 것이 좋다.

구매자 또는 발주자의 입장에서는 손해배상액의 상한을 계약의 해제(Termination)와 연결시키되, 구매자의 선택에 따라 처리할 수 있도록 하는 것이 바람직하다. 이를테면, 손해배상액의 상한에 다다른 경우, 구매자는 판매자의 계약 위반에 의거해 계약을 해제할 권리를 갖게 되고 계약 해제에 따라 판매자의 기술(Foreground Intellectual Property), 제작 완료된 부분(기성고)에 대한 소유권을 구매자에게 이전할 것을 요구할 수 있다.

For any delay exceeding one(1) month, the Buyer has the right to terminate the Contract in accordance with Article 13(Termination for Default).

설명 납기 지연을 계약의 해제로 연결시키는 조항으로 이 경우에는 계약 해제(Termination) 조항에서 이후의 조치(주로 손해배상[1])를 규정한다.

해석 1개월을 초과하는 납기 지연에 대해, 매수인은 제13조의 '불이행에 따른 종료'에 따라 계약을 종료시킬 권리를 갖는다.

---

[1] Debit Note와 지연 배상금을 납부했다고 하더라도 계약 해제에 따른 손해배상과 불법행위에 따른 배상 문제는 별개의 건으로 하는 것으로 규정한다.
The payment of the Liquidated Damages shall be **without prejudice to any other rights and remedies of the Customer** as provided in this Contract, including, but not limited to, the Article XX(Termination for Default) or at law. (납부했다 하더라도 Customer의 다른 권리나 구제 수단에 영향을 미치지 않는다.)

한편, 고객 또는 매수인(Customer)이 제조자 또는 매도인(Manufacturer)에게 지급할 잔여 대금이 있는 경우 예정된 손해배상액(Liquidated Damages)을 공제하고 지급한다는 내용을 넣음으로써 향후 지연 배상의 납부 문제로 다시 껄끄러운 협의를 할 필요가 없도록 만든다. 이를테면, 다음과 같이 구성할 수 있다.

> The Customer **shall deduct** such Liquidated Damages from any payment due to the Manufacturer under this Contract.

설명 협상에 있어 우리가 구매자인 경우를 가정하면 위 문장이 유리하다. 반대로 우리가 판매자/제조자인 경우에는 위와 같은 문장은 고객으로 하여금 (타당한 이유로 납득을 시켰더라도) 위 문장 때문에 어쩔 수 없이 그러한 손해배상액을 공제해야 할 수밖에 없는 상황이 될 수 있다는 것은 주의해야 한다. shall deduct를 may have the right to deduct...로 바꾸는 것이 효과에는 변화가 없으면서도 나중을 위해서는 바람직하다.

해석 고객은 본 계약에 따라 제조자에게 지급되는 금액으로부터 그러한 손해배상액을 공제해야 한다.

손해배상 관련 조항을 구성할 때 한 가지 반드시 고려할 사항은 역시 손해배상의 제한 또는 예외(Exception 또는 Exclusion)에 관한 내용이다. 상대방의 과실이나 공동 책임의 경우, 또는 불가항력의 경우에 있어서 면책되는 내용은 Excusable Delay(인정되는 지체) 조항을 따로 두어 정하도록 한다. 즉, Force Majeure(불가항력)와 Customer's delay(고객의 지체)에 관한 조항은 계약서 내에 따로 두거나 Excusable Delay 조항에 포함시켜 정하는 것이 일반적인데, Excusable delay에 해당되는 경우에 대해서는 손해배상뿐 아니라 어떤 책임도 부담하지 않음을 명시하도록 한다.

> (A) An "Excusable Delay" as to any party shall mean a delay in the delivery of the Equipment caused solely by the other party or by the occurrence of the Force majeure, as specified in Article XX (Force majeure).
>
> (B) If either Party is delayed in making or taking delivery of any Unit of Equipment as a result of any "Excusable Delay", Buyer and Seller shall not be liable for such failure or delay and the Delivery Schedule shall be extended in the event Seller or Buyer shall have given written notice to the other party within the reasonable time periods.

설명 Delay by Customer(고객에 의한 지체)라는 조항을 따로 두는 경우에는 고객의 대가 지급 지연이나, 수령 지체와 같은 채권자 지체 상황을 포함시키도록 한다. 특히 고객의 대가 지급 지연에 대해서는 Liquidated Damages(손해배상의 예정)와 상호 규정 간에 협상 논리를 만들 수 있다는 점은 〈제1부 계약속 협상상황_ Chapter 04 돌발변수와 대처방법〉에서 다룬 내용을 참고한다.

해석 (A) 어느 일방에 대한 "인정되는 지체"는 오로지 상대방에 의한, 또는 제XX조에서 정한 불가항력의 발생에 의한 장비의 인도 지연을 의미한다

(B) 어느 일방이 "인정되는 지체"의 결과 장비의 어느 부분을 인도하는 데 지연이 발생하는 경우, 구매자와 판매자는 그러한 인도 실패 또는 지연에 책임지지 않으며, 합리적인 기간 내에 상대방에게 서면으로 통지한 경우 인도 일정은 연장되어야 한다.

4 직접 손해 vs. 간접 손해(통상 손해 vs. 특별 손해)

우리와는 다른 법체계를 가진 영미법에서는 많은 개념들이 법관에 의해 정의되는 경향이 있다. 손해의 개념 구분, 즉 직접 손해(Direct Damages)와 간접 손해(Indirect Damages), 또는 연속 손해(Consequential Damages)에 관한 내용 역시 마찬가지인데 일찍이 1854년 영국 법원이 판시한 내용을 참고하면 보다 명확하게 이해할 수 있다.[2] 법원은 손해를 2가지 유형으로 구분했는데, '통상적 과정에서 발생한 손해(Direct Damages)'와 '당사자로서 위반 시에는 그러한 손실이 있을 것이라고 예상했던 통상적 과정 이외에서 발생한 손해(Indirect Damages)'가 그것이다. 다분히 추상적이고 애매한 구분이며 법관의 재량에 따라 잣대가 달라질 수 있다.

따라서 가능하면 계약서의 예외 조항(Exclusion Clause)이나 책임의 한계(Limitation of Liabilities), 책임 부인(Disclaimer Clause) 등 관련 조항에 다양한 종류의 간접 손해(Indirect Damages)를 삽입하고 이를 책임지지 않는다고 명시해 둠으로써 예견하기 어려운 손해를 회피하고자 노력하는 것이 상당히 중요하다. 예컨대, 이익의 상실(loss of profit)은 우리 민법에서나 상식적으로도 간접적인 특별 손해에 해당한다고 보지만, 영미의 많은 판례에서는 이익의 상실을 직접 손해로 분류하고 있으므로 이를 명시해 이익의 상실에 대해서는 책임질 수 없음을 명기할 필요가 있다.

Neither Party shall be liable for Indirect and/or Consequential Damages whatsoever such as but not limited to loss of production, loss of profit etc. caused to the other resulting from undertaking its obligations.

해석 어떠한 당사자도 그 의무 이행에 기인한 상대방의 생산 손실, 이익의 상실 등을 포함하는 어떠한 간접적이거나 연속적인 손해에 대해서는 책임지지 않는다.

계약의 일방 당사자에게 귀책 사유에 따른 채무 불이행이 있었던 경우에 상대방이 청구할 수 있는 손해배상이 채무의 불이행과 관련된 모든 손해를 포함한다고 하는 식으로 그 범위를 제한해두지 않았다면, 거액의 손해배상을 하게 될 우려가 있다.

한편, 우리 민법에서의 통상 손해와 특별 손해에 관한 규정은 UNICITRAL의 CISG 조항 74와 UNDROIT의 Principles Article 7.4.4에서 규정하고 있는 내용과 표현상의 차이는 있지만 유사한 내용을 갖고 있으며, '당사자가 예상한, 발생 가능한 사정으로 인한 손해의 인식 시점'에서만 차이가 있다.

---

[2] Hadley v. Baxendale case(1854)

민법 제393조(손해배상의 범위)	CISG Article 74(손해의 예견 가능성)
① 채무 불이행으로 인한 손해배상은 통상의 손해를 그 한도로 한다. ② 특별한 사정으로 인한 손해는 채무자가 그 사정을 알았거나 알 수 있었을 때 한해 배상의 책임이 있다.	Damages for breach of contract by one party consist of a sum equal to the loss, including loss of profit, suffered by the other party as a consequence of the breach. **Such damages may not exceed the loss which the party in breach foresaw or ought to have foreseen at the time of the conclusion of the contract**, in the light of the facts and matters of which he then knew or ought to have known, as a possible consequence of the breach of contract. (채무 불이행자는 계약 성립 시 불이행으로부터 결과될 것으로 합리적으로 예견했거나 할 수 있었던 손해에 대해서만 책임을 진다.)

계약상 특약에 의해 특별 손해를 배제시킬 수 있느냐에 관해서는 우리나라 대법원에서도 인정하고 있는 것(대법원 1993. 4. 23. 선고 92다41719 판결)으로 수출자인 매도인의 입장이라면 손해배상액의 한도를 미리 설정하는 한편, 그 범위를 넘는 손해배상에는 따르지 않겠다는 취지를 명시적으로 규정할 필요가 있다.

Limitation of Liability

Notwithstanding any other provision of this Agreement, neither party shall under any circumstances be liable for any Indirect, Punitive or Consequential Damage (including without limitation lost profits or opportunity) howsoever arising under or in connection with this Agreement, except in cases of intentional misconduct or gross negligence.

설명 상실 이익 또는 상실 기회에 따른 손해를 포함한 어떠한 간접 손해도 책임지지 않는다는 것을 명시하고 있다. 한편, 간접 손해(Indirect Damage)와 연속 손해(Consequential Damage)를 원격 손해 또는 부수적 손해(Remote Damage)라고 표현하기도 한다.

해석 본 계약의 어떤 다른 규정에도 불구하고, 불법행위나 중과실의 경우를 제외하고, 어떠한 당사자도 본 계약과 관련하여 또는 본 계약 하에서 일어난 어떠한 간접적, 징벌적 또는 연속적인 손해(이익 또는 기회의 상실을 포함하여)에 대해 책임지지 아니한다.

계약서를 작성할 때 Whereas 조항에 양 당사자의 기본적인 상황과 거래의 배경에 대해 가능하면 구체적으로 설명함으로써 상대방으로 하여금 계약의 불이행에 따라 각 당사자가 입게 되는 손해액을 사전에 인지하고 있도록 명시하는 방법도 있다.

WHEREAS, XYZ company wishes to perform engineering support in the areas of nuclear technologies and related disciplines of which ABC company has cumulated extensive research accomplishments by itself,
WHEREAS, ABC desires to engage XYZ company to perform research and development relating to the 2nd Phase pollution monitoring project in the said area by this agreement,
WHEREAS, XYZ company and ABC company understand the importance of the said project and intend to jointly participate in the Program through mutual collaboration.

설명 XYZ와 ABC 양사 간에 방사능 오염 감시 프로젝트에 공동으로 참여하면서 Distributorship(판매대리점 계약)이나 Supply Agreement(공급 계약)를 체결하는 계약서의 전문에서 삽입된 예문이다. 구체적인 프로젝트를 언급하면서 계약을 불이행할 경우 입을 수 있는 손해가 어느 정도인지를 예상할 수 있게 하고 있다.

5 징벌적 손해배상

징벌적 손해배상은 즉 반사회적 행위에 대한 추가 페널티(penalty) 정도로 이해하면 되는데, 우리나라에서는 다소 생소한 제도이지만 할리우드 영화나 미국 드라마를 즐겨 보는 사람들은 어느 정도 이해하고 있는 제도일 것이다.

사례의 신문 기사에서 보는 것처럼 징벌적 손해배상은 귀책 사유의 성격에 따라 사악하거나 반사회적인 행위에 대해 민사적인 손해배상뿐만 아니라 재발 방지를 위해 법원에서 따로 부과할 수 있는 형벌적 금액이다. 우리나라에서도 태안 반도 기름 유출 사태 이후 동 제도를 도입해야 한다는 목소리가 높았지만, 정작 징벌적 손해배상(Punitive Damage)의 본고장인 미국에서는 최근 동 제도의 실행에 신중을 기하는 모습이다. 바로 변호사의 수임료에 기한 과다한 손해배상액 청구가 많아지고 있고, 과다 배출되고 있는 변호사가 주도하는 성향이 강한 듯하며, 특히나 패스트푸드점과 같은 외식 업계를 대상으로 한 집단 소송이 지나치게 많기 때문이다.[3]

---

❸ Smokescreen, The Economist(2007.2.22) 담배 회사인 필립모리스를 대상으로 한 집단 소송에서 미국 연방 대법원은 8천만 달러에 달하는 징벌적 손해배상(Punitive Damage)을 인정하지 않았다.

특히, 판매자의 입장에서라면 Liquidated Damages가 구성되는 조항에서 반드시 손해의 대상이 되는 원인들을 한정해 둘 필요가 있다. 이를테면, 간접적(indirect)이거나 부수적(incidental), 연속적(consequential) 손해에 대해서는 책임이 없으며, Limit of Liability 또는 Disclaimer 조항을 통해 징벌적(punitive) 손해배상 책임은 인정하지 않겠다는 합의를 규정해야 할 것이다. 이에 대해서는 바로 앞에서 제시된 특별 손해의 회피를 위한 예문을 참고할 수 있다.

6 Penalty와 Liquidated Damages는 완전히 다르다

실무적으로 납기 지체가 일어나게 되면 페널티(Penalty)를 부담한다는 표현을 많이 쓰게 되는데, 사실 법률적으로는 상당히 조심스러운 표현임에 유의하도록 한다.

Penalty는 위약금으로 해석할 수 있는데, 우리 민법에서는 위약금도 손해배상액의 예정으로 추정되어 그 효력이 인정된다.[4] 다만 그 금액이 과다한 경우에 법원에 의해 조정이 가능하다는 제한이 있고, 해석상 제재적인 성격의 위약금 또는 위약벌, 제재금이라는 내용으로 해석되는 경우엔 공정성을 잃은 계약으로 보아 동 내용 자체가 무효화될 수 있다.

하지만 영미법에서는 계약 위반 시에 손해배상액을 지급하겠다는 조항이 위약금, 즉 Penalty로 해석되는 경우에는 오히려 그 효력을 부인해 그 약정 자체가 무효가 되는 경우가 있다. 다시 말해 예상되는 손해에 비해 현저하게 제재적인 성격의 금액을 지급할

---

❹ 민법 제398조

필요가 없다는 것이다.

이러한 점을 감안해 실무에서 계약서 문구를 작성할 때, 다음과 같이 삽입하는 것이 일반적이다.

> The Seller shall make payment to the Buyer as Liquidated Damages, **not as a penalty**, 0.1 percent of the value of any delayed item for each delayed day.

해석 매도인은 위약금으로서가 아닌, 손해배상액의 예정으로서 매 지연 일수마다 지연된 항목에 대해 0.1%를 지급해야 한다.

다만 주지할 것은, 이러한 손해배상액의 예정에 관한 약정은 정상적인 거래 과정에서의 불이행에 따른 손해가 발생한 상황을 예정한 것에 불과하다.

영미법에서 인정되는 징벌적 손해배상(punitive damages)은 오직 불법 행위 책임(tort)에서만 인정되는 것이고, 당사자 간 계약 불이행에 따른 손해배상에는 적용되지 않는다. 즉, 어느 일방의 심각한 계약 위반이 불법 행위(tort)를 구성함으로써 발생하는 손해에 대해서만 징벌적 손해배상이 고려될 수 있다.

7 의도하지 않은 계약 불이행을 미리 피하는 유예 기간 조항

유예 기간은 의도적인 불이행이 아닌, 일반적인 상황에서 피하기 어려웠을 법한 불이행에 대해 주로 구매자가 스스로의 판단에 의해 부여할 수 있는 혜택의 일종이다. 유예 기간을 자동으로 부여하도록 작성할 수도 있고, 어느 일방이 결정하여 부여할 수 있도록 작성할 수도 있다.

물론, 계약은 대가의 교환이라는 차원에서 볼 때, 유예 기간은 단순히 구매자만이 갖는 권리가 아니라 판매자의 입장에서도 가질 수 있는 권리이다. 판매자의 입장이라면, 구매자의 검수 기간이나 대금 지급 기한에 앞과 같은 유예 기간을 부여할 수 있는 권리를 가질 수 있다.

판매자의 입장에서는 손해배상액의 비율이나 상한은 만일의 사태를 대비해 최소화하는 것이 좋겠지만, 이에 더해 유예 기간(Grace Period)을 계약서에서 설정해 두는 것이 유리하다. 납기 지연에도 불구하고 30일 또는 일정 기간 동안은 유예 기간을 부여함으로써 손해배상액을 납부할 필요가 없도록 하는 것이다.

The delay is calculated from the date of delivery specified in Article 7 plus a Grace Period of **two(2)weeks** and any revisions or Changes of Scope mutually agreed to in writing.

설명 및 해석 지연 날짜의 산정 방법을 설명하면서 유예 기간을 함께 규정하는 방식이다. '지연'은 서면으로 상호 합의된 작업 범위의 변경 또는 개정에 제7조에서 정하는 납기일로부터 2주간의 유예 기간을 더해 산정되는 것이다. 즉, 제7조에서 정하는 납기일로부터 2주 이후부터 '지연'의 개념이 적용된다. 수출자인 매도인의 입장에서 유리할 수 밖에 없다.

If the Contractor does not achieve a product delivery by the day defined in the contract due to reasons not excusable pursuant to Force Majeure articles, **after a Grace Period of thirty(30) days**, the Contractor shall pay the Buyer a sum equaling 0.2% of the delayed product's price as the Liquidated Damages for each day of such delay.

설명 콤마와 콤마 사이에 수식 어구 '지연(Delay)에 30일간의 유예 기간이 있음'을 자연스럽게 삽입했다.

해석 계약자가 Force Majeure 조항에 따라 양해가 가능하지 않은 사유에 의해 계약에서 정의된 날까지 제품을 인도하지 못하는 경우, 30일간의 유예 기간 이후, 계약자는 그러한 매 지연 일수마다 지연 배상으로 지연된 제품 가격의 0.2%를 구매자에게 지급해야 한다.

Notwithstanding above, the Seller shall have a Grace Period of sixty(60) calendar days before this clause may be invoked and the Liquidated Damages may become effective on the 61st day after the scheduled delivery date.

설명 본 조항은 Liquidated Damages 조항이나 Liquidated Damages를 포함하는 Late Delivery와 같은 조항에서 Liquidated Damages에 대해 설명을 한 이후 아래쪽에 배치함으로써 단서 조항으로 기능한다. 한편, 본 예문은 Seller에게 유리한 문장이며 이를 Buyer의 입장에서 Seller의 권리를 제한하고자 한다면 아래 예문과 같이 수정할 수 있다.

해석 위 내용에도 불구하고, 이 조항이 원용되기 이전에 매도자는 60일간의 유예 기간을 갖고, 지연 배상은 정해진 인도일 이후 61일째부터 효력을 갖는다.

The Buyer may grant a Grace Period of sixty(60) calendar days before this clause may be invoked. Notwithstanding the Grace Period granted, the Liquidated Damages may become effective on the First(1st) day after the scheduled delivery date in the event that the Seller fails to deliver the Products after the Grace Period which has been granted by the Buyer.

설명 및 해석 이 예문은 'Notwithstanding above...'으로 시작하는 바로 앞의 예문과는 2가지 점에서 다르다. 즉, Buyer의 선택에 의해(at its option) 유예 기간을 부여할지 여부를 결정할 수 있으며, 유예 기간의 종료 후에도 계약 이행이 이루어지지 않는 경우에는 계약상 이행 약정일의 다음 날로부터 기산해 지체일을 산정한다는 조건이다.

수출자인 판매자의 입장이라면 유예 기간의 유무에 따라 추후에 발생할 수 있는 지연 배상액을 결정하는 데 큰 차이를 가져올 수도 있다. 유예 기간의 요청을 위한 협상 방법은 여러 가지가 있다.

먼저, 납기에 관한 인코텀즈 거래 조건이 공장 인도 조건(Ex Works), 본선 인도 조건(FOB) 등과 같은 수출지 기준이 아닌 CIP, CFR, CIF, DDU 등과 같은 조건인 경우 수입국, 즉 구매자의 국가에서 발생할 수 있는 통관 지체 문제는 예상치 못할뿐더러 통제가 불가능한 면이 있으므로, 이의 해결을 위해 10~20일 정도는 고려해 달라고 요구할 수 있다.

한편으로는 우리의 거래가 일회성이 아닌 장기적인 동반자 관계임을 강조하면서 감정에 호소하는 방법도 가능하다. 얼핏 유치해 보일지 몰라도 가장 확실한 방법이기도 하다. 즉, 장기적인 협력 관계에서 며칠간의 사소한 지체로 인해 계약적인 문제를 일으키는 것은 서로 불편한 면이 있을 것임을 강조하는 것이다.

하나마나한 이야기이겠지만, 가장 좋은 것은 납기의 지체가 발생하지 않도록 하는 것이고 납기 지체가 발생할 소지가 보인다면 일찌감치 문제를 터놓고 공유하는 자세가 중요하다. 이 과정에서 상대방의 이해를 구하고 그에 관한 합의 문서를 작성할 수 있다면 이보다 더 좋은 해결 방법은 없다.

건너서는 안 될 강, 분쟁과 해결

계약서에서 국제 소송이나 국제 중재와 관련된 내용은 분쟁 해결(Dispute Settlement) 조항에서 주로 찾아볼 수 있다. 최근 중재 제도가 활성화되고는 있지만 아무래도 아직은 중재가 분쟁 해결 방법의 주류라고 볼 수는 없고, 중재 합의가 없는 경우에는 소송에 의하게 될 뿐더러 태국 등 일부 국가의 경우에는 공공기관의 계약에서 중재 합의를 하지 못하도록 하는 경우도 있으므로 전통적 분쟁 해결 방법인 소송법에 대해서도 어느 정도의 이해가 필요하다.

대표적인 관리 규정으로 분류되는 분쟁 해결(Dispute Settlement) 조항은, 조항 자체의 낮은 비중과 협상 과정에서의 경시에도 불구하고 국제 거래에서는 심심치 않게 참고되는 경향이 있다. 한편, 협상 과정에서 실리가 아닌 자존심 문제로 자주 비화되는 조항이 또 이 분쟁 해결 관련 조항이기도 하다.

분쟁 해결과 관련해서는 두 개의 조항이 관련되어 있는데, 즉 준거법(Applicable Law / Governing Law)과 분쟁 해결(Dispute Settlement) 조항이다. 또는 해석(Interpretation)이라는 조항을 별도로 두어 해석상 충돌이 발생할 때 우선 적용할 법률이나 문서 간의 우선순위를 정하기도 한다.

준거법에서는 계약서 해석의 차이가 발생하거나 문제가 발생할 때 어느 나라 법에 따라 계약 내용을 해석하고 분쟁을 해결해 나갈 것인지에 대한 조항이고, 분쟁 해결 조항에서는 해결 방법을 협의, 소송, 또는 중재 중 어떤 방법을 택하고 어느 지역의 법원을 관할 법원으로 할 것인가에 대해 규정한다.

흔히 준거법이 한국이면 관할 법원도 한국이어야 한다는 시각을 가지고 있는 경우가 있는데 이 둘은 위에서 설명한 것처럼 전혀 다른 목적을 가진 규정으로써, 관할 법원에 의해 배척되지 않는 한 적용 법률은 다른 곳이어도 무방하다고 본다. 국제 계약에서 분쟁이 발생한다고 가정했을 때 문제가 되는 것은 가장 먼저 재판관할이 어디에 있는가, 그리고 적용할 준거법은 어느 나라 법인가, 그 다음으로 그 판결을 어떻게 집행할 것인가에 관한 것이므로 이 장에서는 순서대로 기본적인 내용만 간략히 살펴보도록 한다.

📮 Core Vocabularies

Governing law	적용 준거법 (Applicable law)	then obtaining rules	당시 유효한 규칙(법률)
beyond	~를 넘어서는. (불능) 특히 beyond someone's reasonable control은 누군가의 합리적 통제 범위를 넘어서는	conflict of laws principle	적용 법률의 선택(choice of law)과 같은 문제를 해결하는 원칙으로서 우리나라의 국제사법과 유사한 개념
discrepancy	불일치	amicable adjustment	원만한(우호적) 해결
waiver of claim	(경고만 하고) 클레임 유보	mediation	알선/조정(제3자 개입 방식)
renounce	포기하다	disclaim	책임의 부인(거부)
insurance premium	보험료	amount insured	보험 금액(Insured Value)
respondent	피신청인(피고의 입장) (=defendant)	complainant	신청인(원고의 입장) (=plaintiff)
litigation	소송	jurisdiction	재판관할
tribunal	법정	contract construction	계약 해석

📮 Core Sentences

Any claim beyond the amicable adjustment between seller and buyer shall be settled by arbitration at destination.	매도인과 매수인 간에 **우호적으로 조정될 수 없는 클레임**은 목적지에서의 중재로 해결되어야 한다.
In case **discrepancy** on the quality of the goods is found by the Buyer after arrival of the Products at the port of destination, **claim may be lodged** against the Seller within 10 days after such arrival.	제품의 품질상 **불일치**가 매수인에 의해 목적지 항구에서 발견되는 때에는 그러한 도착 이후 10일 이내에 매도인에 대해 **클레임을 제기할** 수 있다.
The award rendered by the arbitrator(s) shall be final and binding upon both parties concerned.	**중재에 의해 내려진 판정**은 최종적이며 관련된 쌍방 당사자를 모두 구속한다.
Please understand that we must **disclaim** all liabilities in this case.	당사는 이번 경우에 모든 **책임이 면제**됨을 양지하여 주십시오.

No claim or right of either party under this agreement shall be deemed to **be renounced** in whole or in part unless the renunciation of such claim or right is acknowledgement and confirmed in writing by such party.	본 계약 하에서 일방 당사자의 어떠한 클레임이나 권리도, 그러한 클레임이나 권리가 서면으로 승인되거나 확인되지 않는 한, 전부 또는 일부 **포기된** 것으로 간주되지 않는다.
All question not regulated by this contract **are governed by** the general provisions of the Korean Civil Law on contracts.	본 계약에서 규정하지 않는 모든 문제는 대한민국 민법 계약편의 일반 규정에 **따른다.**
In case of non-performance of this Contract, **the party breaking the Contract** is to compensate for the loss to the other Party incurred in such non-performance.	본 계약을 불이행하는 경우, **계약을 위반한 당사자**는 상대방에게 그러한 불이행에 따르는 손해를 보상해야 한다. (불이행 당사자를 가리키는 표현은 breaking party, breaching party, non-performing party 등 상황에 따라 달리 쓰임)
Insurance premium shall be payable to the insurer when it issues the policy, unless another arrangement is agreed upon by the Parties or required by trade custom.	**보험료**는 다른 계약이 합의되거나 무역 관습에 의해 요구되는 것이 아니라면, 보험자가 증권을 발행하는 때에 지급하여야 한다.

1 어느 나라 법원에서 다툴 것인가, 재판관할 합의(Jurisdiction)

국내 거래에 있어서도 계약서를 통해 분쟁이 발생하는 경우에 소를 제기할 관할 법원을 미리 지정할 수 있는데, 국내 분쟁에서는 관할 법원에 대한 체계적이고 통일된 기준으로서 민사소송법 등이 존재하는 반면, 국제 분쟁의 경우에는 그러한 기준을 설정하려는 노력들은 있지만 그 실효성을 기대하기 어렵다. 국제 거래에 있어서 어느 나라에서 재판을 진행할 것인가의 기준은 분쟁이 발생했을 때 가장 먼저 부딪히게 되는 현실적 문제이다. 국제 거래에 있어서 특정 법원이 어떤 사건을 사법 판단할 권한을 가지는지에 대해서는 우리나라의 경우 국제사법에서 다루고 있고, 국제사법에서는 재판관할의 기준과 특별재판적, 관련재판적, 그리고 합의관할과 응소관할에 대해 그 기준을 정하고 있다.

그러나, 국제 거래 당사자들로서는 분쟁 발생 시의 신속한 처리를 위해, 그리고 복잡한 법 규정에 의해 분쟁해결이 지체되는 것을 막기 위해 그 관할 법원을 합의해 두는 것이 일반적이다. 국제 거래에서의 관할 합의는 전속관할(exclusive jurisdiction) 또는 임의관할(non-exclusive jurisdiction)의 형태로 정하는데, 전속관할은 본래 재판의 적정이나 공정 등의 공익적 요구에 따라 특정법원만이 배타적으로 관할권을 가지는 것을 의미하는 것이므로, 계약 당사자들에 의한 전속관할 합의가 효력을 가지기 위해서는 몇몇 요건을 충족해야 한다는 제한이 있고, 실제 우리 법원에서도 불편법 정지 원칙에 따라 효력을 부인한 사례가 있다. (대법원 1997.9.9. 선고, 96다20093 판결)

계약서상에 독점적 관할권 또는 전속관할권(Exclusive Jurisdiction), 즉 유일한 합의 관할 법원을 설정함으로써 다른 법원에서 제소하는 것을 불가능하도록 하는 경우가 많은데, 이는 계약 이행 과정에서 발생할 수 있는 불확실성(제3의 법원에서 뜻밖의 소송 발생 등)을 제거하고자 하는 목적이 강하다. 그러나 독점적 관할권 또는 전속관할권이 인정될 것인가의 여부는 앞서 설명한 것처럼 다분히 국내법적인 고려에 의해 결정될 소지가 강하다. 즉, 경우에 따라서는 당연하게 어느 일방 국가의 재판관할권이 인정되어버릴 수도 있는데, 이를 당사자 임의로 배제한다는 것은 때로는 불합리한 합의로 간주되어 그 효력이 부인됨으로써 오히려 계약의 안정성만 해칠 수 있다. 실무적으로는 비전속 관할권(Non Exclusive Jurisdiction, 부과적 관할권)을 설정하는 것이 일반적이다. 또한 중재합의에 있어서도 모든 당사자는 계약상 평등한 혜택을 가져야 하므로 계약에서 어느 일방 당사자의 중재신청권을 박탈하거나 제한하는 조항은 합의되더라도 무효라는 우리 대법원의 판결이 있기도 하다. (1990.2.13. 선고 88다카23735)

재판관할과 관련하여 알아둘 것은 헤이그 재판관할 합의 협약(우리나라는 미가입)이나 우리나라 법원의 태도, 그리고 실질적 관련성(substantial connection 또는 genuine link)을 따지는 국제적인 경향으로 볼 때, 당사자 또는 분쟁과 전혀 관계없는 제3국 법원을 전속관할 법원으로 합의하는 것은 무효가 될 가능성이 있다. 중립적 재판을 위해 계약서에서 제3국 법원을 전속관할 법원으로 지정하더라도 그 제3국의 법원에서 관할권을 부정한다면 그 조항은 결국 처음부터 있으나마나 한 조항이 되어버린다.

결과적으로 국제 거래에서 재판관할지를 합의하게 되는 경우에는 '계약불이행 사태가 발생하는 경우 손해를 보는 쪽이 어느 쪽이고, 분쟁 해결을 누가 더 급하게 원할까'를 먼저 고민해야 한다. 만일 계약 불이행 사태가 발생할 때 우리가 손해를 보는 경우라면 굳이 우리나라 법원에 전속관할권을 부여하려고 애쓸 필요는 없을 것이다. 상대방이 한국까지 와서 심리과정에 충실하게 협조할 가능성이 낮은데다, 승소 이후의 집행은 또 다른 문제가 되기 때문이다.

관할권을 다룸에 있어서 달리 고려할 기준은 책임의 제한이 인정되는가에 대한 것이다. 우리가 피고가 될 가능성이 높은 경우에는 책임의 엄격한 제한이 인정되는 우리나라 법원이 더 유리하겠지만, 우리가 원고가 되어 피해를 배상 받아야 하는 경우라면 책임 제한이 완화된 영미법계 국가에서 승소하는 것이 더 유리할 것이다.

이러한 점에서 관할권의 설정에 대해서는 앞에서 설명한 중재지의 선택 문제와 갈등 구조를 같이한다. 또, 중재에서와 같이 준거법 적용에 따른 법률 효과의 예측가능성을 위해서라면 준거법과 중재지, 준거법과 관할 법원은 가급적 같은 나라의 것으로 정하는 것이 바람직하다고 본다.

2 어느 나라 법에 따라 해석할 것인가 (Applicable law)

대부분의 계약 협상 실무자들은 계약 협상 과정에서 준거법 조항, 즉 계약서의 해석과 이행에 적용되는 법률의 결정에 있어 보이지 않는 갈등을 겪곤 한다. 대부분 먼저 계약서를 제시한 측에서는 자국의 법률을 준거법으로 설정하고 있고 이를 검토하는 실무자로서는 '우리나라 법도 잘 모르는데 남의 나라 법을 어떻게 알고 준거법으로 설정할 것인가'라는 회의를 가지지 않을 수 없는 것이다.

계약서는 영미법 체계에 따른 영문으로 작성되고, 준거법은 대륙 법계인 한국법으로 하면 어딘가 이상할 것 같지만 특별히 문제될 것은 없으며, 오히려 우리 측에서는 가능한 한 한국법의 적용을 주장할 필요가 있다. 때로는 준거법이 2개국 이상으로 설정되는 경우가 있는데, 이때의 준거법 조항은 아무런 효력을 가지지 못하며 각 당사자의 입맛에 맞게 자국 법령에 따라 적용하려 할 것이다.

우리 나라 국제 사법에서는 준거법에 대해 당사자가 특약으로 정하는 것에 따른다고 하는 '당사자 자치의 원칙'을 채택하고 있으나, 그러한 규정이 없는 경우에는 행위지에 따르게 되어 계약 체결 서명지(Signing Place)가 어디인가, 청약에 대한 승낙이 어디에서 이루어졌나 등의 고려에 따라 결정된다고 한다. 하지만 이러한 내용이 우리의 국제 사법에 따라 준거법이 결정될 것인지의 여부 역시 우리나라 법률이 준거법일 때라야만 가능한 일이므로, 준거법에 대해서는 당사자 간의 특약 조항을 삽입하는 것이 가장 중요하다. 조항의 중요성에 비해 비교적 간단하게 구성될 수 있다.

(a) This CONTRACT shall be governed by the laws of England without reference to the conflict of laws principle.
(b) This Agreement shall be governed by and construed in accordance with the laws of England.
(c) The validity, performance, construction, and effect of this Agreement shall be governed by the laws of Korea.
(d) This Contract shall be interpreted, governed and construed in accordance with the laws of Korea.

해석 (a) 본 계약은 법 선택의 원칙과 관계없이 영국법에 의해 적용된다.

(b) 본 계약은 영국법에 따라 적용되고 해석되어야 한다.

(c) 본 계약의 합법성, 이행, 구성과 효력은 한국법에 따라 적용되고 해석되어야 한다.

(d) 본 계약은 한국법에 따라 해석, 적용되고 추정되어야 한다.

3 외국 판결의 국내 집행 (Enforcement)

국내 사건과는 달리 국제 거래에서는 재판에서 승소했다고 해서 즉시 배상을 받는다던가 강제로 집행할 수 있는 것도 아니어서 집행을 위한 외국에서 얻은 판결이 국내에서 효력을 가지기 위한 승인 요건에 대해 우리나라 민사소송법에서는 다음과 같이 정하고 있다. (2014년 개정)

제217조 (외국 재판의 승인) 외국 법원의 확정판결 또는 이와 동일한 효력이 인정되는 재판(이하 "확정재판 등"이라 한다)은 다음 각호의 요건을 모두 갖추어야 승인된다.

1. 대한민국의 법령 또는 조약에 따른 국제 재판관할의 원칙상 그 외국 법원의 국제 재판관할권이 인정될 것

2. 패소한 피고가 소장 또는 이에 준하는 서면 및 기일통지서나 명령을 적법한 방식에 따라 방어에 필요한 시간 여유를 두고 송달 받았거나(공시송달이나 이와 비슷한 송달에 의한 경우를 제외한다) 송달 받지 아니하였더라도 소송에 응하였을 것

3. 그 확정재판 등의 내용 및 소송 절차에 비추어 그 확정재판 등의 승인이 대한민국의 선량한 풍속이나 그 밖의 사회질서에 어긋나지 아니할 것

4. 상호 보증이 있거나 대한민국과 그 외국 법원이 속하는 국가에 있어 확정재판 등의 승인요건이 현저히 균형을 상실하지 아니하고 중요한 점에서 실질적으로 차이가 없을 것

위 요건의 충족 여부는 민사집행법에 의해 법원으로부터 집행판결을 받는 과정에서 법원이 심사한다.

새로운 형태의 분쟁 해결, 중재와 ADR

Chapter III

중재(Arbitration)란, 분쟁 당사자 간의 합의나 중재 계약에 따라 사법상의 법률 관계에 관한 현존 또는 장래에 발생할 분쟁의 전부 또는 일부를 법원의 판결에 의하지 아니하고 사인인 제3자를 중재인으로 선정하여 중재인의 판정에 맡기는 동시에 그 판정에 복종함으로써 분쟁을 해결하는 자주 법정 제도로서 국가 공권력을 발동하여 강제집행할 수 있는 권리가 법적으로 보장되어 있는 제도이다.[1]

대표적인 분쟁의 해결 방법인 소송과는 달리 중재 제도는 자유로운 의사에 의해 합의된 방법과 절차에 따라 진행하는 점, 3심이 아닌 1심만으로 법원의 확정판결과 같은 효과를 보장받을 수 있는 점, 세계 각지의 전문가로 구성된 중재인이 중재에 나서고, 그 심리 과정이 비공개인 점 등을 그 특징으로 하고 있다. 한편, 그 집행 가능성에 대한 의문 역시 UN의 외국 중재 판정의 승인 및 집행에 관한 (뉴욕) 협약과 같은 각종의 국제 협약을 통해 해소되고 있어 최근 그 활용이 확대되고 있는 추세다.

실무적으로 국제 중재 조항을 작성하거나 검토할 때 고려해야 하는 사항은 중재 재판 지역과 기관, 적용할 법률, 그리고 심리 언어, 중재인의 국적 등에 대한 것이다. 중재인의 숫자는 따로 정하지 않았다면 재판 과정에서 정할 수도 있다.

📣 Core Vocabularies

arbitration	중재	proceedings	(특히 소송) 절차, 변론
mediation	알선 (또는 조정)	controversy	논쟁, 쟁의
conciliation	화해	KCAB	the Korean Commercial Arbitration Board(대한 상사 중재원)
inquiry	심사	presiding arbitrator	의장(중재인)

---

❶ 중재법 제3조 제1호, 대한 상사 중재원 (www.kcab.or.kr)

tribunal	중재 판정부	closed hearing	비공개 심리
correspondent	중재를 제기당한 자 (Claimant는 제기자)	court of competent jurisdiction	관할 법원

🗨 Core Sentences

The arbitration proceedings shall be conducted in accordance with the **then obtaining rules** of the Association.	중재 소송은 협회의 **당시 유효한 규칙**에 의해 수행되어야 한다.
The award rendered by the board may be entered in any court of competent jurisdiction for execution.	**중재 위원회에서 내려지는 판정**은 그 집행을 위해 어느 관할 법원에라도 접수할 수 있다.
All disputes, controversies, or differences which may arise between the parties out of or in relation to or in connection with this contract, or for the breach thereof, shall be finally settled by arbitration in Seoul, Korea in accordance with the Arbitration Rules of The Korean Commercial Arbitration Board and under the law of Korea. The award rendered by the arbitrator(s) shall be final and binding upon both parties concerned.	본 계약으로부터 또는 본 계약과 관련하여 또는 본 계약의 불이행으로 말미암아 당사자 간에 발생하는 모든 분쟁, 논쟁 또는 의견 차이는 대한민국 서울에서 대한 상사 중재원의 중재 규칙 및 대한민국법에 따라 중재에 의하여 최종적으로 해결한다. 중재인(들)에 의하여 내려지는 판정은 최종적인 것으로 당사자 쌍방에 대하여 구속력을 가진다. [대한 상사 중재원이 권고하는 표준 중재 조항의 예]
The award rendered by the arbitrator(s) shall be final and binding upon both parties concerned.	**중재에 의해 내려진 판정**은 최종적이며 관련된 쌍방 당사자를 모두 구속한다.
In cases any controversy or claim arises out of or in relation to this Contract, the Parties shall **seek to resolve the matter amicably** between the Parties.	본 계약으로부터 또는 본 계약과 관련하여 발생하는 모든 논쟁 또는 분쟁이 있는 경우, 당사자들은 **우호적으로 해결하는 방법을 모색**해야 한다.
All disputes that may arise under or in relation to this contract shall be submitted to arbitration in the **country of respondent.**	본 계약과 관련해 발생하는 모든 분쟁은 **피신청인의 국가**를 중재지로 하여 접수되어야 한다.

📁 1 중재지의 선택

계약서에서 중재의 준거법을 별도로 명시하는 경우도 있지만, 대신 중재지를 선택함으로써 중재 준거법도 함께 정할 수 있다. 아시아 국가에 위치한 회사 간의 계약에서는 싱가포르가 중재지로 많이 활용되고 있고, 중재 준거법 역시 싱가포르의 것으로 하는 경우가 많다. 실제로 2005년 싱가포르 국제 중재 위원회(Singapore International Arbitration Centre)의 통계에 의하면 국제 계약의 절반 이상이 싱가포르를 계약서의 준거법으로 선택했다고 하는데, 우리나라 대한 상사 중재원의 중재 심판도 최근 그 공정성과 전문성을 인정받고 있는 추세라고 한다.

Article XX. Arbitration

All disputes, controversies, claims or difference arising out of, or in relation to this Agreement, or a breach hereof, shall be finally settled by arbitration Ⓐ **in Seoul, Korea in accordance with the Arbitration Rules of the Korean Commercial Arbitration Board** and Ⓑ **under the laws of Korea**. The award rendered by the arbitrators shall be final and binding on the parties concerned.

설명 Ⓐ가 중재지를 선택하는 내용이고, Ⓑ에서 중재 준거법을 선택하고 있다. 중재지와 중재 준거법이 반드시 같은 곳의 그것이어야 할 필요는 없지만 역시 일부러 복잡하게 할 필요가 없기 때문에 동일하게 구성하는 것이 좋다.

해석 본 계약과 관련되거나 본 계약으로부터 발생한, 또는 본 계약의 위반으로 인한 모든 분쟁, 다툼, 클레임 또는 차이는 최종적으로 대한 상사 중재 위원회와 한국 중재법에 따라 대한민국 서울에서 중재에 의해 해결되어야 한다. 동 중재인들에 의해 내려진 판정은 최종적이며, 모든 관련 당사자를 구속한다.

Any dispute, controversy or claim arising out of or relating to this Agreement or the breach, termination or validity thereof, shall be finally settled in accordance with the Rules of Conciliation and Arbitration (the "Rules") of the International Chamber of Commerce (the "ICC") then obtaining, by a panel of three arbitrators. Each party shall have the right to nominate one arbitrator in accordance with the Rules, and the third arbitrator shall be appointed by the International Court of Arbitration of the ICC in accordance with the Rules. The place of arbitration shall be Korean Commercial Arbitration Board in Seoul, Korea. The language of the arbitration shall be English.

설명 중재지는 서울로 하되, 중재 준거법은 ICC 중재 규칙에 따르기로 하는 조항의 예이다. 또한, 중재인 3인 중 각자가 1인씩 임명하고 나머지 1인은 중재 재판소에서 임명하는 것을 확인하는 조항도 포함되어 있다.

해석 본 계약이나 본 계약의 위반에 관련되거나 그에 기인한 어떠한 분쟁, 다툼, 또는 클레임은 최종적으로 3인의 중재인으로 구성된 패널에 의해 국제상업 회의소(이하 "ICC"라 한다)의 조정 중재 규칙(이하 "규칙"이라 한다)에 따라 해결되어야 한다. 각 당사자는 동 규칙에 따라 1인의 중재인을 선임할 권리가 있으며, 세번째 중재인은 동 규칙에 따라 ICC의 국제 중재 법원에 의해 선임되어야 한다. 중재 장소는 대한민국 서울의 대한 상사 중재원이 되어야 한다. 중재 언어는 영어로 한다.

다만, 중재지의 선택을 위한 협상은 다분히 소모적이거나 자존심 경쟁으로 이루어지는 경우가 많아서 계약에 대한 어느 정도의 지식이 쌓인 회사의 담당자들은 중재지 선택에 있어서 지나치게 대한 상사 중재원이나 우리 쪽에서 가까운 장소를 고집하는 경우를 보곤 한다. 사실, 어떤 경우든 한국이 중재지가 되는 것이 여러모로 편할 수밖에 없겠지

만, 무수한 계약 협상 의제들 중의 하나라고 생각하면 균형을 맞추어 전체적으로 우리에게 유리한 방법을 찾는 것이 더 중요하다.

또 한 가지 기억할 것은, 중재지의 선택에 있어서 한국이 되느냐 상대방이 되느냐의 문제는 그 공정성을 떠나서 각각의 장단점이 있는데, 아래의 표를 살펴보면 쉽게 이해가 되리라 생각된다.

중재지	우리나라	상대국
장점	• 신속하고 상대적으로 편리 • 출장 등 비용 절감 • 언어 문제가 거의 없음	• 승소 시에 집행 가능성 높음
단점	• 승소해도 집행하는데 상대국에서 추가적인 절차를 밟아야 할 가능성이 높음	• 번거롭고 불확실성 많음 • 출장 등 비용 많음 • 언어 문제 등

결국, 이러한 갈등을 극복하는 차선책으로 주로 선택되는 것이 균형 중재 방식과 제3국 중재 방식이다. 균형 중재 방식이란, 어느 한 당사자가 위치한 국가를 서로 고집하는 소모전 대신, 분쟁이 있다고 판단하여 중재를 신청하는 당사자는 상대방의 국가에 중재를 신청해야 한다는 것으로 균형을 맞추거나 그 반대의 경우로 중재를 신청하는 당사자 국가에서 중재를 진행하는 것으로 하는 것이다. 제3국 중재 방식이란, 당사자 어느 한 국가가 아니라 싱가포르나 파리, 영국, 스위스 등과 같은 제3국을 중재지로 선택하는 방식이다.

한편, 실무적으로 중재지를 결정하는 데 있어 흔히 저지르는 실수 중의 하나가 국제 상업 회의소(ICC)의 International court of Arbitration를 중재 재판소로 지정하면서 'All disputes, controversies, claims or difference arising out of, or in relation to this Agreement, or a breach hereof, shall be finally settled by arbitration in accordance with the Rules of Arbitration Board of the International Chamber of Commerce in Geneva, Switzerland.'와 같이 작성하는 것이다. 이는 특히 동남 아시아나 중남미의 계약서에서 많이 볼 수 있는 오류인데, 1999년 Geneva 협정에 의해 Arbitration Rules가 제정된 것은 사실이지만, 스위스 Geneva에는 ICC의 중재 재판소가 없다.[2]

---

[2] ICC의 중재 재판소는 스위스 취리히가 아니라 프랑스 파리에 위치하고 있으며, 위의 예와 같이 잘못 설정된 계약에서는 준거법 조항에 따라 해당 법률의 국가에서 중재를 진행하거나, 중재 계약을 별도로 맺어야 하는 번거로움이 있다. (http://www.iccwbo.org/)

또 다른 실무적인 실수로는 'ICC Rule에 따라 중재한다'라는 조항을 계약 전반에 적용되는 준거법으로 이해하고 중재 조항에서 별도의 준거법 규정을 두지 않는 것인데, ICC Rule은 중재 신청과 개시에 관한 절차적 문제를 다루고 있으므로 계약을 해석하는 데에는 역시 별도의 준거법 규정이 필요하다.

Article XX. Arbitration

XX.1. Any dispute arising out of or in connection with this Agreement, including any question regarding its existence, validity or termination, shall be referred to the authorized representatives of XXX and YYY, who shall use their best endeavours[3] to resolve the dispute by amicable negotiation. If the matter cannot be thus resolved, the dispute shall be referred to and finally resolved by arbitration in London, United Kingdom, under the International Arbitration rules of the London Court of Arbitration

설명 및 해석   1차적으로 최선을 다해 우호적인 협의를 위해 노력해야 하지만, 그렇게 해결되지 않는 경우에는 London 중재 재판소에서 해결되어야 한다는 내용의 조항

XX.2. The commencement of any arbitration proceedings under this clause shall in no way affect the continued performance of the obligations of the Parties hereto except insofar as such obligations relate to the subject matter of such proceedings.

설명 및 해석   중재 신청과 진행에도 불구하고 계약 자체의 이행은 계속되어야 한다는 내용의 조항이다.

2 중재 비용 및 기타 사항

사법적 해결에서 개입되는 변호사 비용(attorney fee)과 마찬가지로 중재에서도 변호사 비용이 발생할 수 있고, 이에 더해 중재인 비용이 발생한다. 중재인에게 중재 비용 판결도 함께 맡길 수 있고, 패소자 부담으로 규정할 수도 있다.

The proceedings of the arbitration shall be conducted in the English language. Each Party shall bear its own expenses in participating in the arbitration process. Judgment of the award may be rendered and executed by any court having competent jurisdiction.

설명 및 해석   중재 언어를 영어로 정해 두는 한편, 중재 비용은 각자 부담하는 것으로 하고 있다. 또한, 중재 판정의 집행력을 위해 관할권이 있는 법원에서 강제집행이 가능한 것으로 작성되었다.

---

❸ best endeavors는 완화된 형태의 계약상 의무를 나타낸다. 다만, 전혀 의무가 없는 것은 아니며, 같은 상황에 처한 합리적인 자 (reasonable person)로서 행할 수 있는 노력/주의 의무의 정도를 나타내는 것이다.

다만 몇 차례 경험한 바에 의하면, 국제 중재에 있어 사법적 해결과 중재 간의 변호사 비용을 비교한다면, 중재 과정에서의 변호사 비용이 결코 저렴하지는 않다. 특히 해외에서 진행되는 경우에 중재가 금전적으로는 더욱 불리한 측면이 있다. 사법적 해결에 있어 변호사 비용이 선금과 성공 보수로 구성된 경우가 많지만, 중재의 경우에는 일반 경비와 함께 시간당 보수를 요구하는 경우가 많아 그 총액이 얼마나 커질지 알 수 없다.

참고로 유럽에서는 50만불 이하의 거래에서 신속 중재(Fast track arbitration) 조항을 둘 수 있도록 하여 중재 절차를 간소화하려는 노력도 있다.

대한 상사 중재원(www.kcab.or.kr)의 홈페이지를 참고하면 준거법 및 분쟁 해결과 관련한 풍부한 사례 및 계약서 작성의 용례가 많이 소개되어 있다.

3 중재의 한계

앞에서 언급된 많은 장점들에도 불구하고, 중재를 비롯한 대안적 분쟁 해결 방식들은 태생적인 한계가 있다. 무엇보다도 집행력에서 아무래도 법원의 판결에 비해 그 강제성이 떨어진다는 평가를 받기도 하고, 중재 판정을 이행하지 않는 경우에는 직소 금지의 원칙에도 불구하고 소의 제기를 통해 강제집행을 확보할 필요가 생길 수 있다.

그 밖에도 공권력에 의해 조사가 이루어지고 선서가 선행되는 소송과 달리, 중재에서는 증인, 심문, 서증 조사와 같은 증거 조사의 진실성이 아무래도 떨어질 수 밖에 없는 한계도 지적되고 있다.

Actual Case 1

🔵 계약 기간의 자동 갱신 관리 잘못으로 손해를 본 사례

창완 물산 수입영업팀의 강 대리는 전 세계에 분포한 주요 생명 공학 회사들과 대리점 계약을 맺고 국내에 사료와 농약 등을 공급하는 업무를 맡고 있다. 대리점 계약서는 대부분 기간이 한정되어 있지만 특별한 통지가 없으면 자동으로 기간이 갱신되는 것으로 설정되어 있다.

사내에 표준화된 계약서가 있고, 대개의 제조사들은 회사의 서식에 따르기 때문에 별문제 없이 지금까지 제조사들과 분기별 커미션을 정산해 왔다. 문제는 글로벌 대기업인 몇몇 회사들이 자사의 계약서에 따라 계약하겠다고 하면서 시작되었다. 아무래도 협상력이 약하다 보니 따를 수밖에 없었는데 계약한 지 몇 년이 지나도록 별다른 문제 없이 영업과 커미션 수익 정산이 진행되어 왔다. 그러던 어느 날 미국 B사에 커미션을 청구한 강 대리는 뜻하지 않은 회신을 받았다.

> You are not entitled to the commission for the sales which has been made after September 2, 2008 so the commission should be US Dollar 30,000 instead of US Dollar 50,000.

당황한 강대리는 계약서를 뒤지기 시작했다.

> This Agreement shall be effective on this 3rd date of September, 2005 and shall have an initial term of two(2) years("the Initial Period") and (a) automatically renewed for a successive two(2)-year period("the Successive Period") after the end of the Initial Term, unless terminated by (a) either Party giving written notice at least thirty(30) days before the end of the Initial Term or the Successive Period, or (b) in accordance with the terms of the article 7(Termination).
> (a) '최초 기간' 2년 이후 '연속 기간' 2년의 기간 동안으로 자동 갱신된다.

계약서 기간 조항에는 automatically라는 단어가 있으므로 당연히 자동갱신 조항인 것으로 생각했고 검토 단계에서도 문제로 인식되지 못했지만, 사실 이대로라면 2년의 initial period와 이후 2년의 successive period가 끝나는 4년 후에는 어떻게든 종료되는 것이고 그 흔한 '협의에 의해 갱신된다'라는 내용조차 발견할 수 없다. 결국 미국 B사는 계약이 종료되어 더 이상 대리점이 아니므로 창완 물산에 커미션을 지급할 의무가 없다고 한 것이다. 창완 물산으로서는 계약이 종료될 것도 모르고 영업 활동을 지속해 왔던 것이다.

● 대리점 계약에서 Notice 조항을 무시하다가 손해를 볼 뻔했던 사례

우리나라 Calvin CK Trading 주식회사는 미국 A사와 독점 대리점 계약을 맺었다. 미국 A사는 캐나다와 유럽 등지에 지사를 갖고 있는데, 캐나다 C사와는 특히 어느 쪽이 본사인지 모를 정도로 각 사무실과 인력, 각종 사업 정보를 공유하고 있었다. 따라서 독점 대리점의 지역 조항에서는 미국과 캐나다, 멕시코까지 규정하고 있는 상태였다.

계약서의 통지 조항에서는 모든 통지는 'A사의 Mr. Smith'를 통하도록 규정하고 있었지만, Mr. Smith가 때로는 C사에서 이메일을 보낼 때도 있었고 C사의 팩스로 선적 문서를 수령한 적도 많았다. 자연스럽게 Calvin Trading은 경험에 따라 Mr. Smith와의 거래에 집중했다.

대리점 계약 이후 몇 년의 시간이 지난 어느 날, A사는 'Calvin CK Trading사의 계약 위반에 따라 계약 해제 조항에 의거 Calvin CK Trading과의 계약을 해제하고, 일정액의 손해배상액을 청구한다'는 내용의 서신을 보내왔다. 어찌 된 영문인지 알 길이 없던 Calvin CK Trading의 담당자인 이 대리가 내용을 확인하기 위해 A사와 협의를 시도했다. 이 과정에서 알게 된 것은 A사와 C사는 계약 후에 본–지사 관계를 종료하고 별도의 독립법인으로 설립되었으며 A사의 Mr. Smith가 C사로 옮기면서 많은 거래처들을 확보해 가는 바람에 A사의 손실이 커졌다는 것이었다.

계약상 A사는 캐나다에서도 독점 대리점 권한을 갖고 있으므로 공급자인 Calvin Trading사로서는 C사와는 직접 거래가 불가능한 상황이 된 것이다. 이러한 상황을 알 리 없던 Calvin Trading사에서는 C사의 Mr. Smith와 거래를 계속했고, 결국 계약 위반 상황에 처한 것이었다.

이 대리는 협의를 계속하다가 계약서를 다시 펼쳤고, 다음의 조항을 찾아냈다.

■ Article 5   Notice

5.3 In the event that any Key Personnel become unavailable to work on this Contract, the Party shall advise the other Party thereof in writing without delay, and the Party shall replace such Key Personnel with a replacement of equal or better abilities, qualifications and experience, subject to mutual agreement between the Parties.

결국 Calvin Trading사의 이 대리는 5.3항의 주장을 통해 우리 회사는 어떠한 변경 통지도 받지 못했다고 설명해 위기를 모면할 수 있었다.

제4부

특수한 계약과
주요 이슈

Chapter 1 계약서 종류와 주요 이슈

실제 업무를 하다 보면, 알게 모르게 계약의 목적에 따라 다양한 계약서를 작성하는 때가 있다. 기본적으로는 인사팀에서 해야 할 일이지만, 외국인과의 고용 계약에서는 계약 실무자가 개입되어야 하자 없는 계약서를 작성할 수 있다. 또, 재무팀에서 해야 할 일이지만, 외국과의 투자 계약에서는 역시 계약 실무자의 개입 없이는 계약서의 구성에 있어 오해를 불러일으킬 가능성도 있다.

이렇게 분야의 다양성으로 영문 계약의 계약서 작성에 있어 주요 조항과 표현이 달라질 수 있고, 기본적인 지식 없이는 계약서 작성을 할 수 없을 때도 있으므로 어느 정도 학습을 거친 뒤에 더욱 주의해서 작성하지 않으면 안 된다. 대표적인 실무 계약서로는 구매계약과 판매계약, 회사 입사 후 작성하는 고용 계약, 대리점 계약, 기술 실시 계약, 공동 연구 개발 계약, 자문 컨설팅 계약 등이 있다.

🖥 Core Vocabulary

VMI	Vendor Managed Inventory	probation	수습기간
less	마이너스(빼기)	fringe benefit	급여 외 수당
ODM	Original Design Manufacturing (제조자 디자인 생산)	exclusivity	독점(권)
OEM	Original Equipment Manufacturing (주문자 상표에 의한 제품 생산자)	minimum order requirement	최소 주문 요구 수량
parallel import	병행 수입	bear	(비용/책임을) 부담하다
as-is basis	있는 그대로의	knockdown	제품 해체
bona fide	선의의	dividend	배당
maintenance	유지 보수	double taxation	이중 과세

All costs and expenses **incurred** in relation to the services to be rendered hereunder shall **be borne** by the Seller.	이하에서 제공되는 서비스와 관련해 **발생하는** 모든 비용은 매도인이 **부담한다**.
In case of such termination by the **Lessor**, the Lessee shall return the Products within 30 days after termination.	**임대인**에 의한 종료 시에, 임차인은 종료된 날로부터 30일 이내에 물품을 반환해야 한다.
Employee shall be **on probation** for first three months of employment, during which period Employee shall satisfactorily establish himself/herself to be qualified as a regular employee.	피고용인은 만족스럽게 정식 직원으로서의 자격을 갖추도록 자리 잡는 동안, 고용일로부터 3개월간 **수습기간을 거친다**.
Two month notice of termination of service will be obligatory both for the employee and the company after the **probation period**.	**수습기간** 이후, 2개월 전의 종료 통지는 직원과 회사 모두에게 강제적인 것이다.
The total CIF price shall mean the total Contract price **less** the cost for inspection test.	총 CIF가격은 총 계약가에서 인수시험을 위한 비용을 **공제**한 금액을 의미한다.
Word importing the singular only also includes the plural and **vice versa**.	단수만으로 표시된 단어는 복수를 포함하는 것이며, **그 반대 역시 마찬가지다**.
Dividends shall be declared to the shareholders at an ordinary general meeting of shareholders and paid to the shareholders of the Company who have been duly entered in the Register of Shareholders as of the fiscal year.	**배당**은 주주총회에서 주주들에게 발표되어야 하고 회계연도 현재 주주명부에 적절히 포함되어 있는 회사의 주주에게 지급되어야 한다.
The said attorney is authorized hereby to demand, sue for, collect, and receive all money, debts, accounts, legacies, bequests, interest, **dividends**, annuities.	상기 피위임인은 이에 모든 금전, 채무, 계정, 유산, 유증, 이자, **배당**, 연금에 대해 요구, 청구하거나, 징수 및 수령할 권리를 부여받는다.
A one year warranty against **manufacturer's defects** from date of purchase. However abusive use, such as accidents, severe climate, or **improper maintenance**, is not to be covered by the warranty.	**제조사 결함**에 대해 구매일로부터 1년간 보증한다. 그러나 사고나 극심한 기후 및 **부적절한 유지**와 같은 잘못된 사용은 보증에 의해 보호되지 않는다.

156

Purchaser expressly acknowledges and agrees that the warranty contained herein shall not extend to material which ages or deteriorates due to **ordinary wear and tear**, or to defects or conditions caused, in whole or in part, **by deficiencies** in supplies, service, or facilities furnished by purchaser.	(Disclaimer 조항에서) 구매자는 여기에 포함된 보증에, **일상적인 마모**에 의해 오래되고 저하되는 재료와 전체 또는 부분적으로 구매자에 의해 제공된 공급, 서비스 또는 시설상의 **결함으로 인한** 상태나 결함을 포함하지는 않음을 분명히 인지하고 동의한다.
Both parties will co-operate to obtain the benefits of such **double taxation agreements** as may be applicable to this Agreement.	양 당사자는 본 계약에 적용이 가능한 것이 있다면, 그러한 **이중 과세방지협약**의 적용을 위해 협력할 것이다.

 일반 구매 계약(Purchasing Agreement/Purchase Order)

단순한 물품의 구매를 위해서라면 발주서 정도면 되지 굳이 계약서를 별도로 작성할 필요가 있냐고 반문할지도 모르지만, 실무에서 흔히 쓰고 있는 발주서(Purchase Order) 역시 계약서의 한 형태다. 즉, 우리가 견적서(Quotation/Offer/Proposal)를 제시했고, 상대방이 발주서를 통해 우리의 견적서를 받아들이면 그 자체가 계약으로서 의미가 있어서 이때 사용된 두 문서는 계약서로서의 효력을 갖게 되는 것이다. 따라서 발주서나 청약서(Offer)는 그 이면에 주요 계약적 사항에 대한 기본 거래 조건(Terms and Conditions)을 빼곡하게 채워놓기도 하고, 때로는 발주서상에 몇 가지 필수적인 조항들을 기록해 두기도 한다.

하지만 역시 일반적인 계약서처럼 서로가 동일한 내용에 대해 동의했다는 정황은 적게 마련이므로, 이때 발주서 등의 양식에 승낙으로서의 발주서를 수령했음을 Counter-signature를 통해 확인해 줄 것을 요청하는 경우도 있다.

다음은 일반적인 발주서라도 계약서로서의 효력 요건을 충족시키고, 기본적인 계약서로서 당사자 간의 권리와 의무 사항을 표시하기 위해서 반드시 포함되어야 하는 내용이다.

- 계약 당사자와 당사자에 대한 일반 정보(Parties)
- 계약의 목적물(subject matter)과 목적물의 가치

약인(consideration), 즉 대가의 교환은 계약의 중요한 성립 요건이다. 목적물과 그 가치에 대한 명시를 통해 교환되는 약인을 표시하는 것이다.

- 목적물의 수량과 단위, 설명(Description)

- 계약의 시기와 종기, 또는 목적물 인도 시기(Delivery)

- 무역 조건(Incoterms)과 대금 지급 조건(Terms of Payment)

- 불이행 시의 구제 조치(Remedies)

지연 배상 또는 손해배상액의 예정(Liquidated Damages)과 계약 종료(Termination)의 사유와 조치를 비롯하여 발주자가 취할 수 있는 계약 불이행 시의 구제 조치를 나열한다.

- 다른 문서들과의 우선 적용 관계

청약서(Offer), 거래 조건(Terms and Conditions), 기술적 명세(Technical Specification) 등과 같이 계약서 체결 전후에 교환된 다른 문서들과 내용이 충돌할 때 어떤 순서로 적용할 것인지를 규정한다.

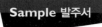

TERRIAN TECHNOLOGY INC.

123-45, Yeoyido-dong, Youngdeungpo-gu, Seoul, Korea (Tel. +82-2-1234-5678)

Purchase Order

A. Messrs.	Mr. Kasutomo Dakuan	B. Our Reference No.	PO 30231
KASTOMO Co., Ltd.	Overseas ivision	C. Date	December 31, 2008
(Address)		D. Our Contact	Mr. Jin-uk Seo

We are pleased to inform you that we place an order as the following:

E. Item	F. Description	G. Quantity	H. Unit Price(U$)	I. Amount
1. AF 302	Air Filter 2 inch	1000	3.5	3500
2. AF 303	Air Filter 3 inch	1000	4.0	4000
3. AF 304	Air Filter 4 inch	1000	4.5	4500
J. Total Amount				12,000

K. Validity	This PO shall be acknowledged by e-mail within 7 days of issuance.

L. Delivery(Shipment)	Before July 20, 2009	O. Incoterms	CIF Incheon
M. Terms of Payment	T/T in advance	P. Ultimate Destination	Seoul
N. Insurance	To be effected	Q. Carrier Nomination	N/A

R. Other Conditions

① **Shipping Notification shall be provided and include estimated date of shipment and expected date of arrival.**

② Time is of the essence with respect to delivery. If the Seller is unable for any reason to deliver as specified it shall forthwith give notice to TERRIAN.

③ If the Seller fails to meet above-mentioned delivery, above total amount will be deducted at 1/1000 rate per day as a Liquidated Damages.

④ If your document includes modification and/or amendment on above conditions, if any, it shall be considered as a counter offer other than an acceptance or order acknowledgement.

⑤ Warranty: Shall be provided for 360 days from the delivery date.

Should you have anything to be informed, please do not hesitate to contact us.

Signed By(TERRIAN)   Acknowledged By(SELLER)

_____   _____
Director, Purchasing Section   Overseas Division
TERRIAN TECHNOLOGY   KASTOMO Co., Ltd.

TERRIAN TECHNOLOGY INC.
123-45, Yeoyido-dong, Youngdeungpo-gu, Seoul, Korea (Tel. +82-2-1234-5678)

발주서

A. 수신	Mr. Kasutomo Dakuan	B. 본사 발주 No.	PO 30231
KASTOMO Co., Ltd.	Overseas Division	C. 발주일	December 31, 2008
(주소)		D. 본사 담당	Mr. Jin-uk Seo

아래와 같이 주문합니다.

E. 제품	F. 설명	G. 수량	H. 단(U$)	I. 금액
1. AF 302	Air Filter 2 inch	1000	3.5	3500
2. AF 303	Air Filter 3 inch	1000	4.0	4000
3. AF 304	Air Filter 4 inch	1000	4.5	4500
J. 총액				12,000

K. 유효기간	발행일로부터 7일 이내에 이메일을 통해 승낙되어야 한다.

L. 인도(선적)	2009년 7월 20일 전	O. 인코텀스	CIF 인천
M. 지불 조건	전신환 선금	P. 최종 목적지	서울
N. 보험	가입	Q. 운송인 지정 여부	N/A

R. 기타 조건
① 선적 통지가 제공되어야 하며, 통지 시에는 도착 예정일 및 선적 예정일을 포함해야 한다.
② 시간은 납기와 관련해 계약의 본질을 구성한다. 매도인이 어떠한 이유에서건 인도할 수 없는 상황인 때는 TERRIAN에게 통지해야 한다.
③ 매도인이 상기의 납기를 지키지 못한 경우에는 상기 총 금액은 손해배상의 예정으로서 매일 1/1000의 비율로 감액된다.
④ 매도인의 문서가 상기 조건들의 조정이나 변경을 포함하는 경우, 본 발주서에 대한 승낙이 아닌 반대 오퍼로 간주된다.
⑤ 무상 보증기간: 납기일로부터 360일간 지속된다.

기타 통지 사항이 있으면 연락을 바랍니다.

서명자   승낙자

_____   _____
Director, Purchasing Section   Overseas Division
TERRIAN TECHNOLOGY   KASTOMO Co., Ltd.

2 VMI(Vendor Managed Inventory)

회사가 소규모일 때는 자재 창고를 변변히 갖추지 못하고 그때그때 필요한 부품이나 부자재들을 구매해서 사용하지만, 회사가 조금씩 커지면 관리하지 않는 자재로 인한 낭비 요인의 제거와 효과적인 생산을 위해 자재 창고의 중요성이 강조된다.

이렇게 기업 규모의 확대와 함께 차츰 원가에서 큰 비중을 차지하는 자재의 원활한 수급과 관리를 위해 개발된 것이 VMI(Vendor Managed Inventory) 방식이다. 말 그대로 공급 협력업체(Vendor)가 회사의 재고(Inventory)를 관리(Manage)하는 방법을 말한다. 발주 측 기업의 구매 부문은 VMI를 채용함으로써 관련 품목에 대한 발주 및 재고 관리 업무를 경감시킬 수 있고, 협력 업체는 보다 안정적인 매출을 확보할 수 있게 되는 장점이 있다.

이러한 VMI 계약은 비단 국내에서만 이루어지는 것이 아니라 해외 기업과 이루어지는 경우가 많다. 더구나 해외에 진출해 있는 우리 기업들이 현지의 부자재 업체들과 거래하거나 현지 대기업에 공급 협력 업체로서 물품을 공급하는 경우가 다반사다. 특히 고신뢰성을 요구하는 제품의 생산이나 지정 원부자재를 사용해야 하는 OEM/ODM 기업에서는 해외 기업과 POS나 RFID와 같이 실시간 정보 시스템을 이용한 VMI를 채용함으로써 자재 업무를 간소화시킬 수 있다. VMI 계약에서 유의하여 작성해야 할 항목들은 주로 공급 협력업체의 입장에서 다음과 같이 정리할 수 있다.

표준 재고 수준의 사전 합의

VMI 대상 항목과 표준 재고 수량은 계약의 가장 기본이 되는 항목이므로 사전에 합의해 계약서에 명시해 두고 수량 변경을 요청하는 경우 생산 일정을 고려해 일정 시일 이후에 적용되는 것으로 규정한다.

사용자의 재고 불인수 위험

Vendor는 구매자인 사용자의 창고에 사전에 설정된 표준 재고를 맞춰야 하는 의무가 있다. 사용자가 파산하거나 예상치 못한 사태로 인해 계약을 이행하지 못하는 경우를 예상해 계약서를 작성하도록 한다. 구매자의 파산 등으로 인한 계약 불이행 사태 시에는 창고 내 표준 재고 수량에 대해서 최우선 순위의 권리를 인정할 것(highest priority on the rights)과 재고 전매의 금지(prohibition of resale)를 규정한다.

계약의 범위(VMI 대상 물품 한정)

VMI 거래 대상 물품에 대해서는 일반 구매 계약과는 다른 대금 결제 조건이 함께 온다. Vendor의 입장에서는 계약 체결 당시에 의도한 물품 외에 다른 물품의 공급 요청이 오는 경우 반드시 별도의 계약서를 체결하거나 기존 계약서를 변경해 품목을 재확정짓도록 한다. 이는 구매자인 사용자의 비의도적인 횡포를 방지하기 위함인데, 거래의 절차상 편의를 앞세워 요청되는 구매건은 대금 결제 과정에서 구매팀이나 재무팀에서 인정받지 못하는 경우 문제가 될 수 있다.

단가 조정 가능성

VMI 계약은 단가가 확정된 상태에서 장기간 계속되는 계약이다. 따라서 환율이나 원자재 가격의 급변으로 인한 단가 조정의 가능성을 열어 두는 것이 현명하다. 대개 단가의 5~10% 이상 변동하는 경우 합의하에 조정하는 조건으로 한다.

VMI 대상 물품의 사양 한정

계약 기간 중에 대상 품목의 사양이 변경되는 경우도 자주 볼 수 있다. 표준 재고 수준을 맞추어야 하는 Vendor 입장에서는 생산이 진행 중이거나 계획되고 있어야 하는데, 중간에 변경된 사양은 큰 부담이 된다. 사양의 변경에 따른 보상 문제를 반드시 규정하되, 생산 중인 수량을 감안해 표준 재고 입고 수량의 100%를 초과해 보상받도록 한다.

입고 물품의 검사 기준

입고일로부터 일정 시일 내에 검사하도록 사용자의 의무를 규정하고, 검사가 이루어지지 않으면 합격한 것으로 간주한다. 한편, 검사 기준도 사전에 확정하고 그 변경은 엄격한 조건하에서만 가능하도록 구성한다.

3 / 고용 계약(Employment Agreement)

1995년의 WTO 출범이 상품 무역 거래에 초점을 맞추었다면 최근의 FTA(Free Trade Area)로 대변되는 지역주의 경향은 노동의 자유로운 이동에도 비중을 두어 바야흐로 세계화 시대로 성큼 다가서고 있다. 우리나라 역시 2008년 기준으로 100만 명의 외국인이 우리나라에 체류하고 있다는 통계 조사가 있다. 반대하는 사람들도 있지만, 많은 외국인들이 하는 일은 우리나라의 경제 발전에 힘을 보태고 있다.

우리나라 법인의 고용에 대해서는 우리나라 근로기준법이 어느 정도 지침이 되어줄 것이므로 크게 복잡하게 작성할 필요는 없겠지만, 그 근로 지역이 한국이 아닌 외국이라면 우리 근로기준법이 적용될 여지보다는 상황에 따라 현지의 노동법이 적용될 가능성이 더 높다.

적용되는 법률을 떠나 외국 인력의 고용을 위한 계약서를 작성하는 데 고려해야 할 주요 사항들은 다음과 같이 요약할 수 있다.

사전에 작성된 직무명세서(Job Description)의 첨부

Job Offer 또는 Vacancy Notice와 같은 채용 공고를 낼 때는 직무명세서를 반드시 구체적으로 기술해 나중에 채용 후 고용 계약서를 작성할 때 함께 첨부함으로써 서로 간의 직무에 대한 오해가 없도록 한다.

직무명세서 작성의 실례는 외국 회사들의 홈페이지로 가면 쉽게 구할 수 있지만 대개 다음과 같은 형식을 취한다. 계약서가 아닌 관계로 해석이나 설명을 생략했지만, 인사 관련 업무를 하는 곳이라면 아래 양식을 그대로 활용할 수도 있다.

Job Description

I. Position Information(직책 정보)

Job Title: Operations Assistant

Indicative Salary: US Dollar 50,000

Supervisors: Operations Manager

II. Organizational Context(조직적 소속)

Under the guidance of the Representative and supervision of Operations Manager/Programme Managers, the Operations Assistant provides secretarial support and operations services, which require high quality, accuracy and consistency of work. The Operations Assistant's services and performance will be assessed based on a result-oriented approach consistent with in-house regulations and relevant codes.

The Operations Assistant works in close collaboration with operations and programme staffs.

III. Functions/Responsibilities(기능 및 책임)

Secretarial support to the Representative:

Perform regular secretarial support;

Maintain the Representative's calendar, make appointments with visitors, and arrange meeting and other activities;

Act as an interpreter and take minutes, when required, at the meetings;

Ensure timely follow up on actions by other staff in the office;

and Perform other duties as assigned by the Representative.

Support to office management:

Manage the office registry, which include incoming/outgoing pouch, mail, fax, and e-mail etc.;

Maintain and update the company's website

VI. Qualifications/Experience(자격과 경험)	
Education	University Degree in Business Administration. Additional degree in Computer Science or application desirable.
Minimum Experience and Knowledge	Five years of working experience in secretarial support, finance and/or administration. Sound knowledge of ICT, particularly on e-filing system, database and website management, knowledge of SharePoint preferred.
Language Requirements	Fluency in English, both written and spoken; Korean as mother tongue
Others	Good inter-personal skills an asset

계약 기간

계약 발효일(effective from)과 계약 만료일(valid until)의 형태로 기간을 설정한 뒤에 종료에 대해 다음의 문구를 삽입한다. Employment in accordance with this agreement may be ended by the Employer or by the Employer at any time by giving 30 days' advance written notice and for any reason., 즉 종료일 30일 이전에 사전 통지를 통해 언제든지 계약을 해제할 수 있다는 내용으로 현재 우리나라의 근로기준법 내용과 양립한다.

고용 형태

고용의 형태는 정규직(Permanent)과 임시직(Temporary), 그리고 시간제(Part-time) 등으로 구분해 기록한다.

수습기간과 내용

Both Employer and Employee agree that the first 90 days of employment shall be probationary only, that Employer performs assessment for the period and that if the Employee's services are not satisfactory to the Employer, Employment may be terminated at the end of this period.

해석 고용인과 피고용인은 최초 90일간의 고용기간은 수습기간에 불과하며, 고용인은 해당 기간 동안 평가를 수행해 피고용인의 업무가 만족스럽지 않은 경우, 고용은 동 기간이 끝나는 때에 종료될 수 있음을 합의한다.

급여 및 퇴직금, 복리후생 등

역시 피고용인인 직원으로서 가장 중요한 내용이 아닐 수 없다.

A salary in the amount of Korean won ( ) per year payable at the rate of Korean won ( ) monthly. Social insurance i.e., health care insurance, national pension and labour insurance shall be provided after completion of probationary period.

해석　연봉 원화 ( )의 급여는 매월 원화 ( )로 지급된다. 사회보험, 즉 의료보험, 국민연금과 고용보험은 수습기간이 종료되는 이후부터 제공되어야 한다.

보안과 비밀 유지

비밀 유지에 관한 조항은 다음에서 설명할 경쟁 금지 조항과 유사하게 구성되어 '경쟁 기업으로 정보가 누설되지 않도록' 예방의 역할을 한다.

During and after the Employment Period, the Employee Ⓐ **will not divulge or appropriate** to his/her own use or to the use of others, in competition with the Company, any secret or confidential information or knowledge pertaining to the business of the Company, or of any of its subsidiaries, obtained by him/her in any way while he/she was employed by the Company or by any of its subsidiaries.

설명　Ⓐ 누설하거나 사적으로 전용하지 않는다.

해석　고용 기간 중 또는 그 이후라도, 피고용인은 회사와 경쟁해, 타인의 이용을 위해 또는 스스로의 이용을 위해 회사 또는 자회사에 고용된 기간 동안 어떤 방식으로든 획득된 어떠한 비밀이나 기밀 정보 또는 회사 및 자회사의 영업사항을 포함하는 지식을 누설하거나 사적으로 전용하지 않는다.

퇴직 후 경쟁업체 취업 또는 창업 금지

퇴직 후 경쟁업체의 취업이나 동종 기업의 창업을 금지하는 조건은 근로자에게 다소 불리한 조항이지만, 우리나라를 비롯한 많은 국가에서 이러한 규제는 오히려 강화되고 있다. 직업 선택의 자유라는 기본권과 공정한 시장 경쟁이라는 두 가치가 대립되고 있는 모습이지만, 최근 경향은 그 금지 기간이 지나치게 길지 않다면(사례에 따라 다르지만, 대개 3~4년 이내) 경쟁업체 취업과 창업 금지 조항은 유효한 것으로 인정하고 있다.

During the period of his/her employment under this Agreement and during 3 years after the employment period ends, the Employee shall not be employed by or otherwise engage in or be interested in any business in competition with the Company, or with any of its subsidiaries or affiliates, except that the Employee's investment in any such business shall not be considered a violation of this paragraph if either (1) the Employee owns less than (number)% of the equity thereof, or (2) such business is not in competition with the Company.

적용 준거법

일반 계약서에서 규정하는 준거법과 동일하게 구성할 수 있지만, 피고용인의 국적에 따라 계약서의 해석과 관련한 불필요한 분쟁이 발생할 수 있으므로 사전에 정해 두는 것이 바람직하다. 다만 우리나라를 비롯한 많은 국가에서는 고용의 기간에 따라 그 고용이 이루어지는 국가의 준거법을 자동적으로 적용하기도 하므로 현지 노동 관련 법령에 대한 이해가 수반되어야 한다.[1]

직무 발명

Employee does hereby grant ownership of all inventions and discoveries to Employer. 또는 Employee hereby conveys, transfers and assigns its interest in any inventions to Employer.와 같은 문장이 고용 계약(Employment agreement)에 포함되어 있는 경우 미국의 법원에서는 특허의 양도(assignments)가 되어 있는 것으로 인정한다. 즉 고용 계약일 이후의 발명에 대해 자동적인 양도가 이루어지는 Present Assignment가 인정되는 것이다. 이는 고용 이후 발명에 대해 별도의 양도가 필요한 다음 문장과 구별된다. I agree to assign all inventions and discoveries to Employer. 또는 All inventions and discoveries will be assigned to Employer.와 같은 문장의 경우에는 양도를 위한 별도의 법률 행위가 수반되어야 한다고 본다.

한편, 우리나라 특허법 제39조 제1항에서 정의한 바에 따르면, 직무 발명이란 '종업원이 그 직무에 관해 발명한 것이 성질상 사용자의 업무 범위에 속하고 그 발명을 하게 된 행위가 종업원의 현재 또는 과거의 직무에 속하는 발명'을 말한다. 이에 의하면 종업원, 즉 근로자와 회사 간에 별도의 승계 계약을 체결해 두지 않더라도 그 특허에 대해서는 특허법에 의거한 각종의 실시권이 인정되고 있지만, 특허나 실용 신안과 같은 연구 기회를 확장하는 차원에서나 직무 발명의 범위에 대한 차후의 분쟁을 방지하기 위해서라도 회사와 종업원 간 구체적 권리 의무에 관한 사항을 사전에 조정해 두는 것이 바람직하다.

❶ 우리나라 국제 사법에서는 '근로 계약의 당사자는 서면에 의해 국제 재판관할에 관한 합의를 할 수 있는 것'으로 규정해 상대적 약자인 근로자를 보호하기 위해 관할 합의(Jurisdiction)를 일부 제한하고 있다. (제28조 제5항)

Employment Agreement

This AGREEMENT, entered into this ___ day of [Month], 20__, between TERRA Company, being registered in Seoul, Korea(the "Company"), and Anthony Kim(the "Employee" or "He"),

WITHNESSTH THAT:

WHEREAS, the parties hereto desire to enter into this Agreement to define and set forth the terms and conditions of the employment of the Employee by the Company;
NOW THEREFORE, in consideration of the mutual covenants and agreements set forth below, it is hereby covenanted and agreed by the Company and the Employee as follows:

1. Position; Employment Period 직위 및 고용 기간
The Company hereby employs the Employee as its (직위 및 직책), and the Employee hereby agrees to serve in such capacity, for the period beginning(고용 시작일) and ending on the date on which the Employee's employment is terminated in accordance with the provision 8 below (the "Employment Period").

2. Performance of Duties 직무의 수행
The Employee agrees that during the Employment Period he shall devote his full business time to the business affairs of the Company and shall perform his duties faithfully and efficiently subject to the direction of the (인사권이 있는 상위/차상위 보직자나 CEO) of the Company; provided that the foregoing shall not limit or prevent the Employee from serving on the board of directors of charitable organizations or other business corporations not in competition with the Company. The Employee shall not be assigned duties and responsibilities that are not generally within the scope and character associated or required of other employees of similar rank and position.

3. Compensation 보상
(a) Subject to the following provisions of this Ag reement, during the Employment Period the Employee shall be compensated for his services as follows:

(b) He shall receive an annual salary, payable in monthly or more frequent installments, in an amount which shall initially be (연봉) per annum, subject to such increases as may from time to time be determined by the (인사권이 있는 상위/차상위 보직자나 CEO) of the Company.

(연금이나 보험 등 비급여성 Fringe Benefit을 명시)

(c) He shall be entitled to vacations of not less than (연차 일수) per year.

(d) He shall be entitled to such other perquisites as may be customarily granted by the Company to employees of similar rank and position.

4. Confidentiality 기밀의 유지
During and after the Employment Period, the Employee will not divulge or appropriate to his own use or to the use of others, in competition with the Company, any secret or confidential information or knowledge pertaining to the business of the Company, or of any of its subsidiaries, obtained by him in any way while he was employed by the Company or by any of its subsidiaries.

5. Amendment and Termination 계약 사항 변경과 종료

This Agreement may be amended or cancelled by mutual agreement of the parties without the consent of any other person and, so long as the Employee lives, no person, other than the parties hereto, shall have any rights under or interest in this Agreement or the subject matter hereof The Employment Period shall be terminated or prolonged as of the earliest of:

(a) 1 year after the beginning date specified in Provision 1;

(b) the last day of the month in which the date of the Employee's death occurs.

6. Non-Assignment 양도의 금지

The interests of the Employee under this Agreement are not subject to the claims of his creditors and may not be voluntarily or involuntarily assigned, alienated or encumbered.

7. Applicable Law 준거법

The provisions of this Agreement shall be construed in accordance with the laws of Korea.

IN WITNESS WHEREOF, the Employee has hereunto set his hand, and the Company has caused these presents to be executed in its name and on its behalf, all as of the day and year first above written.

_____

Albert Delasaux Kim(피고용자)

TERRA Company(사용자 회사)

_____

By: _____

Its Duly Authorized Representative(인사 담당 임원 등)

---

4 대리점 계약(Agency / Distributorship / Reseller Agreement)

　기업들이 수출을 계획하는 첫 단계에서 마주치게 되는 해외 마케팅 방법임과 동시에 처음 체결하게 되는 계약서가 바로 대리점 계약이다. 그만큼 신중하게 접근해야 하고 수년간의 관계를 이끌어 갈 중요한 사항들을 정리해야 하는 단계임에도 불구하고 많은 기업들이 대리점의 발굴 단계에서부터 지쳐버리는 경향이 있다. 또는 제품의 매출 가능성이 목전에 와 있는 상황에서 계약 조항을 간단히 처리하는 것이 좋겠다고 생각하기도 한다.

　제조자와 대리점은 무엇보다 신뢰를 바탕으로 한 관계이고, 현지에 직접 지사를 차리는 것보다 현지의 정황과 시장, 거래 관습을 보다 잘 알고 있는 대리점과 좋은 관계를 맺는 것이 매출과 시장을 확장시킬 수 있는 좋은 방법이 될 수 있어서 대리점 방식은 많은 경우에 실무에 활용되고 있다.

그러나 많은 관련 사례들과 판례들은 대리점 계약 관계가 그다지 편하지 않다는 것을 보여 준다. 대리점과 일어난 분쟁이 수수료에 관한 것이거나 독점 지역에 관한 것이 대부분이라는 점은 주의해서 작성해야 할 부분이 무엇인가를 말해 주는 방증이 되기도 한다.

대리점 계약 관계를 맺을 때 결정하거나 특별히 고려해야 하는 이슈들은 다음과 같다.

Agent로 할 것인가 Distributor로 할 것인가의 결정

우리말로 흔히 대리점 또는 오퍼상이라고 부르는 용어는 본인(흔히 제조자)과 대리인(흔히 판매상)과의 관계에 따라 Agent(대리인), Agency(대리점), Distributor(판매인), Distributorship(판매점), Dealer(판매인), Dealership(판매점)으로 표현한다. 본인과 대리인의 관계에 대해서는 〈제6부 알아 두면 든든한 국제 거래법〉에서도 다루고 있지만, 여기서는 현지에서 본인의 대리인으로 활동하게 되는 대리점의 역할과 기능에 따라 용어의 구분을 달리하는 것이므로, 이하에서는 대리점과 판매점을 구분해 설명한다.

실무적으로 가장 많이 사용되는 형태는 Agency(대리점)인 것 같지만, 용어를 Agency로 사용하더라도 Distributor(판매점)의 개념인 경우가 가장 많다.

대리점(Agency)과 판매점(Distributorship)은 모두 제조자인 본인을 위해 고객을 발굴하고 그에 따라 이익을 향유하게 되지만, 계약 관계가 있는지 거래의 책임은 누가 지는지에 따라 구분된다. 대리점(Agency)은 고객과 제조자(본인)의 가운데에서 거래 중개를 하는 것에 지나지 않고, 수익의 원천은 거래 성사에 따라 제조자로부터 받는 커미션(commission)[2]이 된다. 반면, 판매점(Distributorship)은 고객을 발굴하면 거래를 중개하는 것이 아니라 스스로 제조자로부터 (자기의 비용으로) 물건을 구입해 고객에게 (자기의 책임으로) 판매하는 계약을 체결하게 된다. 따라서 수익의 원천은 거래 성사에 따른 판매 대금과 구매 대금의 차액이 되는 것이다.

한편, Dealership은 특약 대리점과 같은 용어로 사용되고 있는데 Agency나 Distributorship 역시 특약에 의한 대리점이 아니라고는 말할 수 없으므로 Dealership이 가진 독특한 특징은 없다고 할 수 있다. 다만 주로 자동차 등의 거래 중개인을 딜러라 많이 칭하는 것 같다.

결론적으로 대리점이냐 판매점이냐의 문제는 표제에서 어떻게 정하느냐보다는 역시 계약 내용과 실제 거래 행위가 어떻게 이루어지는가에 따라 사례별로 구분하는 것이 정확하다.

---

❷ 커미션 비율(commission rate)이 어느 정도인지에 대해 대기업이나 공공기관의 구매팀에서 질문해 오는 경우가 있는데, 이는 엄연히 영업 비밀을 요구하는 것으로서 말해 줄 필요도 없고 고민할 가치도 없다. 또, 해외 대리점에 대한 커미션을 몇 % 정도로 정하는 것이 바람직하겠느냐는 질문을 많이 받는데, 이에 대해서는 전적으로 본사의 협상력과 거래 관행, 제품의 특성, 계약 내용에 따른 대리점의 의무 범위 등에 따르는 것이지 정확히 바람직한 수수료율 같은 것은 애초에 없는 것으로 생각하는 것이 맞다.

실제로도 Agency 권한만 갖고 있는 회사가 우리나라 조달청에 일정 규모 이상의 물품을 납품하려 할 때 조달청에서는 Agency로 하여금 계약 이행 보증 증권을 제출하도록 하고 있는데, 이 경우에는 거래의 책임을 Agency에게 지우는 것으로서, Distributor에 준하는 책임을 Agency에게 부과하는 것이므로 변형된 계약 형태라 할 수 있다.

독점권(Exclusive Right/Exclusivity)의 부여 여부

대리점으로서는 이왕 시작하는 사업인데 독점권을 갖고 영업 기반을 확고히 하고 싶겠지만, 현지의 정황을 잘 모르는 제조자로서는 가능한 한 여러 대리점을 통해 많은 판매 경로를 확보하고 싶어할 것이다. 특히 국가에 따라 독점권에 지나치게 집착하는 경우가 있는데, 호주와 중국, 그리고 이집트를 비롯한 중동 국가들이 대표적이다.

독점권을 부여함으로써 독점대리점(Sole/Exclusive Agency)이나 독점판매점(Sole/Exclusive Distributorship)[3]과 같은 형태로 대리점 계약을 체결할 때는 제조자의 입장에서 독점권을 주는 대신 얻을 것이 무엇인가를 고려해야 한다. 가장 대표적으로 얻을 수 있는 것은 아래에서 설명할 최소 구매 수량(Minimum Order Requirement)이다. 또, 대리점(Agency)인 경우에는 수수료율(Commission Rate) 수준도 조정할 수 있다. 수수료율을 조금 낮추어 시작하되 독점권(Exclusivity)을 부여하겠다고 협상할 수 있다. 또, 다음에서 설명하겠지만 시장 보고서 등의 주기적 정보 제공을 요구할 수도 있다.

한편, 수수료율 역시 중요한 협상 대상이 되는데 수수료율의 결정에 있어 협상 테이블에 올려 놓을 수 있는 쟁점으로는 독점권의 부여 여부, 계약 존속 기간, 수수료 정산 기간, 독점 판매 영역 등이 있으며 이들 쟁점은 서로 맞물려 협상의 대상이 될 수 있다.

대리점 계약의 지역적 범위(Territory) 설정

대리점 계약은 독점권 부여의 여부를 떠나 지역적 범위를 설정하는 조항을 둠으로써 대리점의 활동 범위를 정하는 것이 일반적인 모습이다. 일반적 비독점 대리점이라면 Territory 조항의 유무가 큰 문제가 되지 않겠지만, 제3국에 위치한 대리점과의 영역 분쟁이 발생할 수 있으므로 가급적 설정해 두도록 한다. 특히 중동 지역 국가들과 거래하는 경우에는 대부분 GCC(Gulf Cooperation Council: '중동 협력 기구 가입국'으로, 대부분의 중동 국가가 포함된다) 전체에 대해 지역 설정을 하겠다고 주장하는 경우가 많은데, 중동이라고 다 같은 중동이 아니고 각 국마다 특색에 맞는 영업 활동을 펼칠 필요가 있음을 감안하면 무조건 많은 국가를 커버한다고 해서 좋은 것은 아니다.

한편, 독점 대리점 계약에서의 지역 범위 설정은 중요한 쟁점이 될 수 있다. 특별한 예외 조

---

❸ Sole(총판)과 Exclusive(독점)는 때때로 제조자인 본인의 현지 직접 영업이 가능한가의 여부에 따라 구분된다. 즉, Sole Right를 부여한 경우에는 제조자의 현지 영업이 가능해 경우에 따라 대리점과의 경쟁도 가능하지만 Exclusive Right를 부여한 경우에는 제조자라도 현지 영업이 불가능하다고 한다. 하지만 이러한 구분 역시 계약의 내용에 따라 판단할 일이지 일률적으로 제목만으로 구분할 수는 없다고 본다.

항을 두지 않는 이상, 제조자라도 대리점의 관할 지역 내에서 직접 거래 조회서(Enquiry)를 받게 되면 대리점에게 그 거래를 이전해 줘야 하는가 하면, 제3자가 제조자로부터 다른 지역에서 정상적으로 구매한 물품을 독점 대리점이 있는 지역에서 판매하는 경우에는 병행 수입(parallel import)의 허용 문제가 발생할 수도 있다. 병행 수입에 대해서는 수출자인 제조자도 통제할 수 없는 측면이 있으므로 가급적 제조자의 면책 사유로 두는 것이 바람직하다.

지역 설정과 관련해 또 한 가지 고려해야 할 내용은 설정된 지역 이외에서의 영업 가능성이다. 설정 지역 외에서의 영업이 불가능하다는 규정은, 지리적으로 고려하지 않았던 국가로부터의 사업 기회가 생기는 경우 대리점 스스로 이러한 기회를 무시함으로써 시장 창출의 기회를 놓치게 만들 수 있으므로 '독점권 없이 영업이 가능하지만 그러한 영업 사항에 대해서는 보고(또는 사전 승인)해야 한다' 또는 '타 대리점과 중복되지 않는 한 수수료를 인정한다' 정도로 규정해 두는 것이 좋다.

독점 대리점인 경우에는 허락되는 지역적 범위는 영업을 위한 강력한 인센티브가 될 수 있으므로 계약 체결 시에 일부 지역에 대해서만 부여하고 나머지 지역에 대해서는 성과에 따라 독점권을 부여하기로 약정하는 것도 효과적이다. 이를테면 미국의 주 단위, 동부와 서부, 중동의 국가 단위가 이러한 예다.

그런가 하면 해외 유수 기업의 국내 대리점(Selling Office: 흔히 오퍼상)의 경우에는 각 사업 부문마다 전문 분야에 특화된 대리점을 별도로 두고 있어서 해당 산업별로 독점권을 부여하고 있기도 한데, 방위 산업(Defense Industry), 일반 상용(Commercial), 자동차 산업(Automobile) 등으로 구분하는 것이 그렇다.

Article 8. Territory

8.1 Ⓐ **The Territory is comprised of the countries in which Representative have exclusive rights to sell and are listed below**:
- North America: Canada, USA
- Central America: Mexico, Costa Rica, Panama
- South America: Brazil, Argentina, Chile, Venezuela

8.2 The Agency shall not promote the Products to other territory than above listed in 8.1, Ⓑ **without the prior written consent of ABC**, nor shall the Agency sell the Contract Products to persons or businesses entities which may resell them outside the Territory. The parties may from time to time reconsider the Contract Products or the Territory.

설명 Ⓐ 본 계약에서 판매점이 독점권을 갖는 지역 범위는 아래에 열거된 국가들이다.
Ⓑ ABC사의 사전 동의 없이는 이외 지역에서 판촉 활동을 벌이고 이외 지역으로 재판매할 가능성이 있는 사람/회사로의 판매 등 2가지가 금지되어 있다.

해석 8.1 본 계약에서 판매점이 판매 독점권을 갖는 국가들로 구성된 지역은 아래에 열거된다.
8.2 대리점은 ABC사의 사전 서면 동의 없이는 위 8.1조에 열거된 지역 이외에는 제품을 판촉해서는 안 되며, 지역 이외로 재판매할 수 있는 사업체나 사람에게 계약 물품을 판매해서도 안 된다. 당사자들은 때때로 지역 또는 계약 물품을 재고할 수 있다.

시장 정보 제공의 의무

대리점에 대해 정기적으로 고객을 방문하고 고객과의 상담 보고서를 제출하도록 하는 것을 요구하거나, 지속적인 시장 조사 의무를 부과하고 보고서를 제출하도록 할 수도 있다. 특히, 제조사의 협상력이 강하다거나 대리점에게 독점권을 주는 경우의 대가로서 요구할 수 있는 부분이기도 하다.

Article 3. General Obligations of the Agency

3.1 The Agency shall take all steps necessary and shall use its best commercial efforts to further the promotion, marketing and sale of the Products and Services in the Territory. The Agency shall market the Product and Services to their commercial contacts. Ⓐ **The Agency shall also prepare and submit to the ABC company** a quarterly progress report describing the Representative's status with regards to prospective Customers.

3.2 A reasonable annual advertising budget and a sufficient number of well trained sales and service representatives shall be maintained by the Agency for the purpose of Article 3.1 hereof.

설명 Ⓐ 대리점은 또한 가망 고객들에 대한 대리점의 현황을 설명하는 분기별 진도 보고서를 작성해 제조사에 제출해야 한다.
3.1항에서는 대리점의 적극적 영업 의무를 규정하면서 보고 의무를 부과하고 있으며, 3.2항에서는 구체적으로 대리점에서 적절한 자원을 투입해 영업해야 한다는 의무를 부과하고 있다.

해석 3.1 대리점은 관할 지역에서의 제품과서비스의 촉진활동, 마케팅 및 영업을 증진시키기 위해 모든 필요한 조치를 취해야 하며 최선의 상업적 노력을 기울여야 한다. 대리점은 제품과 서비스를 그들의 상업적 거점에서 영업해야 한다. 대리점은 또한 예상 고객에 관한 대리점의 상황을 설명하는 매 분기별 진도보고서를 준비해 ABC 회사에 제출해야 한다.

3.2 상기 제3.1조의 목적을 위해 합리적인 연간 홍보 예산 및 충분한 수의 잘 훈련된 영업 및 서비스 요원들이 대리점에 의해 유지되어야 한다.

Net Selling Price(또는 Net Contract Value)

역시 수수료와 관련해서 이슈가 되는 쟁점이다. 판매점이라면 사전에 정해진 고객 가격이 있는 경우 그로부터 몇 %를 할인해서 구매할 수 있는 권리가 주어지겠지만, 대리점이라면 영업의 대가로 판매액에 일정 비율의 수수료를 곱해 계산한 뒤 대리점의 청구를 통해 지급되는 것이 보통이다. 여기서 판매액의 설정을 놓고 분쟁이 생기는 경우가 많다. 제조자는 가급적 낮추려고 하는 반면, 대리점은 가급적 총액을 전제로 계산하고 싶어하기 때문이다. 이러한 불필요한 다툼을 방지하기 위해 다음과 같이 순 매도 가격(Net Selling Price) 개념을 설정하고 명확하게 수수료율(Commission Rate) 계산 방법을 정리해 두는 것이 좋다.

> The term "Net Selling Price" is defined as the gross amount of invoices rendered to customers, Ⓐ **less to deductions** for trade or cash discounts, returns, refunds, taxes, and all other direct costs incurred by the Manufacturer necessary to the successful termination of the sale, as freight allowances, prosecution or defense of any claims or actions relating to the products or their sale, etc.

설명 및 해석 Ⓐ less to deductions: less는 전치사로 사용될 때 minus의 의미를 갖는다. A year less 2 days(2일 모자란 1년), 10 dollars less tax(세금 빼고 10달러)이 그러한 예다. 'Gross amount of invoice에서 뒷 문장의 공제 항목들을 빼고' 본문에서는 할인액, 반송, 환불, 세금, 기타 제조자가 성공적 판매 종료를 위해 필요한 직접 비용(운송비, 법적 방어 비용)을 총액에서 공제하는 것으로 되어 있다.

계약 만료 또는 해지 이후의 수수료

대리점 계약이 요구하는 대리점의 활동은 '소개 행위'라는 점에서 대리점 계약의 유효기간은 민감한 의미를 갖는다. 실컷 소개만 열심히 하고 계약이 종료되는 경우 종료 이후 발생하는 소개된 회사와의 첫 거래는 분명히 대리점의 공헌이라 할 것이므로 종료 이후의 커미션 자격에 대해서 반드시 주장하도록 한다. 우리가 제조자인 경우에는 반대로 생각해 볼 수도 있고 커미션 지급 의무를 완화시키는 방법으로 협상할 수 있다.

> In the event of expiration or termination of this agreement the Agency shall continue to be entitled to payment of a commission, during a period of five(5) year from the date of termination, on all sales made by the Manufacturer to customers first introduced by the Agency. This commission shall be paid at the full rate set forth in paragraph 11-2 above during the first two years thereafter.

해석 계약의 종료나 만료의 경우, 대리점은 그러한 종료일 이후 대리점에 의해 처음 소개된 고객에게 이루어진 판매에 대해서 5년간 커미션을 받을 자격이 있다. 이러한 커미션은 그 후 첫 2년간은 상기 paragraph 11-2에서 규정된 바에 따라 완전한 비율로 지급되어야 한다.

한편, 대리점의 입장에서 제조자의 편의 해지(Termination for Convenience by Manufacturer) 권한은 엄격하게 인정되어야 하며, 일방적인 해지 시에는 그간의 노력에 대한 기본적인 대가를 지급받을 수 있도록 규정하는 노력도 필요하다.

경쟁 제품 취급 제한 의무

대리점이든 판매점이든, 수출자인 제조자는 가격 정보와 제품 사양에 대한 모든 정보를 노출시키게 된다. 비밀 유지 의무가 있지만, 경쟁 제품을 함께 취급하는 대리점이라면 비밀 유지 의무가 무용화될 가능성이 매우 높고, 자칫 고객의 판단이 아닌 대리점의 판단에 따라 제조자의 제품이 경쟁사의 제품보다 낮게 평가되어 소개될 수 있다.

참고로 우리나라의 공정거래법 국제 계약 고시에서는 대리점과 관련해 몇 가지 유형의 불공정 거래 행위를 규제하고 있으므로 이에 반하는 계약은[4] 강행 규정인 독점 규제법을 위반한 것으로 무효화될 수 있다.

Article 9. Non Competition

(A) The Distributor shall not, directly or indirectly, through another party, purchase, import, export, sell, distribute, or otherwise deal in products competitive with the Contract Products in the Territory.
(B) The Distributor and its employees shall not promote the Products of others which may be directly or indirectly compete with the Manufacturer in any way Ⓐ **during the continuance of this agreement and two(2) years after the termination** of this agreement without the written consent of the Manufacturer.

설명 (A)와 (B)는 경쟁 금지 조항을 다른 방식으로 규정한 예문이다.
(A)는 일반적인 규정 방법으로 '판매점은 직접적이든 간접적이든 타 당사자를 통해 구매하거나 수출입, 판매 또는 배포 또는 다른 방식으로 지역 내에서 계약 제품과 경쟁되는 제품을 취급해서는 안 된다'라고 해석한다. (B)의 예문에서처럼 경쟁 제품의 취급 제한 의무를 부과할 때는 계약 기간 이후에도 유효하도록 장치해 두는 것도 중요하다.

Ⓐ 계약 유효기간 동안 및 계약 종료 후 2년 동안

해석 판매점은 직접적이든 간접적이든 타 당사자를 통해 구매하거나 수출입, 판매 또는 배포 또는 다른 방식으로 지역 내에서 계약상 제품과 경쟁되는 제품을 취급해서는 안 된다. 판매점과 그 피고용인들은 본 계약의 유효기간 내, 그리고 종료 후 2년 동안은 제조사의 서면 승인 없이는 직접적이든 간접적이든 제조사와 경쟁되는 타사 제품을 어떤 형태로든 판촉해서는 안 된다.

Minimum Sales Obligation(Agency)/Minimum Order Obligation(Distributorship)
독점권을 주는 대신 월간 또는 연간 일정 규모 이상의 구매를 지속해야 한다는 조건을 걸수 있다. 이 같은 요구 사항은 반드시 독점권의 해제 조항(대개 Exclusivity 조항)에서 '구매가 지속되지 않는 경우의 독점권 해제'를 규정함으로써 '최소 구매 수량' 자체를 보호해 두는 조치가 필요하다.

---

❹ 국제 계약상의 불공정 거래 행위 등의 유형 및기준(공정거래 위원 회고시 제1997-23호)

Article 16. Minimum Purchase Requirement

Ⓐ **Notwithstanding anything in this Agreement to the contrary**, if the monthly "Minimum Purchase Requirement" specified in Article X(Minimum Purchase Requirement) Ⓑ **has been failed, even 1 month, to comply with by Distributor for continuous 6 months** after the Effective date of Agreement, ABC Company may immediately upon written notice revoke Distributor's exclusivity pursuant to written notice delivered by ABC Company to Distributor, Ⓒ **upon which revocation** ABC Company may, directly or indirectly, sell Products to any persons or entities within the Territory by itself or through any party or parties other than Distributor.

설명 Ⓐ '본 계약에서 달리 정하고 있는 내용에도 불구하고'의 관용적 표현이다.
Ⓑ 계속되는 6개월의 기간 동안 한 달이라도 지켜지지 못하는 경우 독점권을 철회하고 직접 거래하거나 다른 대리점을 통해 거래할 수 있다.
Ⓒ 철회되는 즉시

해석 본 계약에서 달리 정하는 어떠한 규정에도 불구하고, 본 계약의 유효일 이후 연속되는 6개월 동안 판매점에 의해 1개월이라도 월간 제X조(최소 구매 조건)에서 정하는 '최소 구매 조건'이 달성되지 못하는 경우, ABC 회사는 즉시 ABC 회사에 의해 전달된 서면 통지에 따라 서면 통지 시점에 판매점의 독점권을 철회할 수 있다. 그러한 철회 즉시, ABC 회사는 직접적으로든 간접적으로든 그 제품을 스스로 또는 판매점 외 다른 당사자를 통해 관할 지역 내 타인 또는 타사에 판매할 수 있다.

5 기술 실시 계약(License Agreement)

눈부시게 발달하고 있는 신기술과 이러한 신기술을 채용한 신제품은 때로는 개발자가 직접 생산해 판매하는 것이 어려울 수 있다. 시장에 대한 이해, 마케팅에 대한 이해, 제품화에 있어서 능력이 부족할 수도 있고 때로는 더 잘할 수 있는 기업에게 제품화 이후의 권리를 부여하는 것이 더욱 효과적일 수 있다.

특히 대학과 정부 출연 연구기관을 비롯한 연구 개발 중심 조직에서는 기술의 개발과 특허 등록 이후에 상용화 및 제품화, 판로 개척과 같은 문제가 남게 되는데 이를 해결하기 위해 기업들에게 기술을 이전 또는 실시하도록 함으로써 애써 개발된 기술이 실험실에서 사장되는 것을 막는다. 한편, 기업들은 새로운 신기술을 이용해 시장을 개척할 수 있다는 장점이 있다.

이러한 기술 실시 계약에는 실시권의 독점적 허여 여부에 따라 독점적 실시권을 부여하는 전용(독점) 라이선스 계약과 통상(비독점) 라이선스 계약이 있고, 당사자 상호 간의 지적 재산을 교환해 실시하는 교차 라이선스 계약, 기술이나 특허를 제품 단위와 묶어서 실시하는 패키지 라이선스 계약이 있다.

실시 계약의 종류	주요 내용	계약 시 고려 사항
독점 라이선스 계약 (Exclusive Licensing)	대개 사전에 특정된 지역(Territory)에 대해 다른 당사자에게는 동일한 내용의 라이선스를 부여하지 않기로 하는 계약이다. 우리나라에서는 특허의 전용 실시권이 인정되고 있으며, 등록으로 효력이 발생한다. 다만 내용에 따라 독점적 통상실시권의 개념인 경우도 있다.	기존 기술 제공자(Licensor)와 비독점 라이선스 계약 관계가 있는 회사에 관한 조항을 삽입한다. 있다면 어느 회사이고, 가급적 본 계약에 따라 기존 계약을 소멸시키도록 유도하는 것이 바람직하다. 특허권자의 실시 가능 여부를 확인한다. (우리나라의 전용 실시권에서는 불가능)
비독점 라이선스 계약 (Non-Exclusive Licensing)	우리나라의 통상실시권 정도로 파악할 수 있는데, 다수의 기술 도입자(Licensee)가 존재할 수 있으며 기술 도입자 간의 경쟁이 발생할 수 있다.	본사 외에 기술 도입자(Licensee)가 어떤 회사인지 파악하고 기술 실시료(Royalty) 규모에 대해 최고의 조건을 요구함으로써 낮은 기술 실시료를 주장할 수 있다.
교차 라이선스 계약 (Cross Licensing)	기술 제공자(Licensor)와 기술 도입자(Licensee)가 특정되지 않고 각자가 갖고 있는 기술이 상호 간에 실시되는 형태의 계약이다.	양 당사자 간에 반드시 필요한 기술이 무엇인지, 그 가치는 어느 정도인지 사전에 정의되어야 한다.
하청 라이선스 계약 (Sub Licensing)	기술 도입자가 부여받은 권한 범위 내에서 제3자에게 실시권(sub-license)을 허락하는 권리를 부여하는 계약이다.	우리나라 특허법에서의 전용 실시권 제도하에서는 전용 실시권자는 자신의 권리 이내에서 타인에게 그 내용을 재실시할 수 있다.
패키지 라이선스 계약 (Package Licensing)	기술과 제품이 결합되어 라이선싱 되는 형태의 계약인데, 기술과의 직접적 연관성이 없는 제품이 결합되는 경우에는 거부할 필요가 있다.	기술 실시자의 우월적 지위를 이용한 강제 실시권은 공정 거래 규정에 위반될 수 있으며, 특히 기술과 함께 비핵심 부품의 끼워팔기가 요청되는 경우가 있다.

라이선스 계약에 있어서 공통적으로 적용되는 협상 분야는 대개 기술의 범위와 기술료 (Royalty), 계약 기간(Term), 지역(Territory), 그리고 개량 기술의 취급에 관련된 것이 핵심적이다.[5]

기술료

직접적으로는 기술료율 자체가 중요한 협상 대상이 되지만, 기술료의 대상이 되는 매출의 범위와 그 산출 방법에 대한 협상이 매우 중요하다. 총매출(Gross Sales)과 순매출(Net Sales), 직접 매출(Direct Sales) 정도로만 나누어 보아도 기술료 대상이 되는 매출 범위는 매우 달라진다. 기술료의 산출 방법에 대해서는 정의 조항에서부터 확실하게 못박아 두고 시작할 필요가 있다.

기술료율에 대해서는 Licensee shall pay to Licensor "5% of the total net sales by Licensee of the Products."와 같이 일정 수준의 로열티를 정하는 방법, Licensee shall

---

[5] 초기 우리나라의 휴대전화 제조사 간에 휴대전화 키패드의 문자열 구성에 관한 특허가 듀얼 창 특허와 상호 실시된 적이 있다. 한편, 일본 마쓰시타(松下) 전기와 LG 전자, 파나소닉의 상호 특허 사용(Cross-License) 협상 진행 과정에서 유리한 입장을 차지하기 위해 발생한 바 있는 양사 간 특허 분쟁과 같은 사례가 있다.

pay to Licensor "5% of the total turnover of Licensee" upon annual net sales of Licensee amounts to or over US Dollar 100,000.와 같이 매출액이 일정 수준이 되고 나서부터 로열티를 받기 시작하는 방법, 그리고 순 매출액의 규모에 따라 층층이 다른 요율을 적용하는 방법 등을 활용할 수 있다.

"Net Sales" shall mean Licensee's gross sales volume resulting from Ⓐ **bona fide, arms length transactions** at invoice price, Ⓑ **less** deductions for trade discounts, shipping charges, returns and allowances, and sales taxes (or any use, value-added or similar taxes) included therein, whether or not separately stated on the invoice. Ⓒ **Such deductions shall not collectively exceed fifteen percent(15%) of Net Sales during any single Contract Year**. Such Net Sales shall be determined without deducting any income taxes, franchise taxes, uncollectible accounts, anticipation or financial discounts. No costs incurred in the manufacture, sale, distribution, advertisement or exploitation of Licensed Products shall be deducted from gross sales. Ⓓ **A sale shall be deemed to occur when product is shipped or invoiced by Licensee, whichever occurs earlier**. Included in Net Sales shall be all transactions of Licensed Products distributed by Licensee or any of its affiliated, associated or subsidiary companies, even if such transactions are not invoiced. Such non-invoiced transactions shall be included in Net Sales at the usual selling prices of such Licensed Products.

설명 기술료 관련 분쟁의 대부분이 Net Sales의 개념 차이에서 오는 것임을 고려할 때, Net Sales의 개념은 아무리 상세하게 기술해도 지나침이 없다. Net Sales의 정의를 내릴 때는 위와 같이 기본 Invoice Amount(매출액)에 선적 운송비와 제세공과금 등의 실비를 공제한 금액으로 설정하는 것이 보통이다. Ⓐ bona fide, arms length transactions는 '선의의 독립 당사자 간 거래'라는 의미다. Ⓑ less는 마이너스, 즉 빼기로 해석해야 한다. Ⓒ 공제액에 대한 제한 규정인데, 15%를 넘지 못하도록 하고 있다. Ⓓ 매출의 발생 시점은 선적 시점 또는 대금 청구 시점 중 빠른 시점이 된다.

해석 '순매출'이란, 선의의 독립 당사자 간 Invoice 금액 거래에 따른 실시권자의 총 판매액으로부터, Invoice에 별도로 표시되어 있는가와 관계없이 그에 포함된, 영업 할인, 선적 운송 비용, 반환 및 공제 금액, 그리고 영업 세액(또는 기타의 사용, 부가가치세 또는 유사한 세액)을 공제한 금액을 의미한다. 그러한 공제액은 매 계약연도 기간 동안, 합계해 순매출의 15%를 넘지 못한다. 그러한 순매출액은 소득세, 프랜차이즈 세액, 회수불능 계정, 예상 또는 재무적 할인을 공제하지 않고 산정되어야 한다. 실시 대상 제품의 제조, 영업, 판매, 홍보 또는 이용에 따른 어떠한 비용도 총 매출액에서 차감되어서는 안 된다. 판매는 제품이 기술 도입자에 의해 선적된 때 또는 청구된 때 중 앞선 때에 발생한 것으로 간주한다. 순매출액은 기술 도입자 또는 그 계열사, 협력사 및 자회사 등이 판매하는, 청구되지 않는 거래라 하더라도, 실시 제품의 모든 거래를 포함해야 한다. 그러한 청구되지 않는 거래는 그 실시 대상 제품의 일상적 판매가로 순매출액에 포함되어야 한다.

Regardless of actual sales occurred by Licensee, the total amount of the royalty due and payable to the Licensor under Article XX(Calculation of Royalty) shall not be less than US Dollar Ten Thousand(10,000) annually in the first two(2) year from the date of the effectiveness of the Contract.

설명 기술 제공자인 Licensor의 협상력에 따라 최소 기술료를 강제하는 것도 가능하다. 예문에서는 계약 후 첫 2년간은 최소 미화 1만 달러의 기술료를 요구하고 있다.(반대로 기술 도입자(Licensee)의 협상력에 따라 Maximum Royalty 또는 Ceiling Royalty를 설정하는 경우도 있다.)

또한, 우리나라 내에서의 기술 실시 계약도 마찬가지지만, 국제적으로도 기술 실시료 (Licensing Fee)의 정확한 산정 여부를 심사할 수 있는 권한을 기술 제공자(Licensor)가 갖는 것이 보통이다. 특히 국제 라이선싱 계약에서는 원화로 표시되는 매출에 어느 시점의 환율을 적용할 것인가도 분명히 정해 둘 필요가 있다.

기술료는 정액 방식과 기술료율에 따른 방식으로 나뉘는데, 일반적으로 많이 사용되는 기술료율에 따른 방식에서는 매출에 따른 기술료(Running Royalty)만 있는 경우, 매출에 따른 기술료 외에 선납 기술료(Initial Royalty)가 포함된 경우, 그리고 기술 전수 비용에 대한 규정이 포함된 경우 등이 있다.

계약 기간(Term)과 지역(Territory)

실시자의 입장에서, 기술을 라이선싱해 개발된 제품이 안정적으로 판매되도록 하기 위해서는 지나치게 짧은 기간의 계약 기간은 적절하지 못할 수 있다. 반대로 계약 이후 시간이 흘러 충분한 개량 기술과 독자 기술을 확보했음에도 불구하고 계약 기간 때문에 라이선싱을 계속해야 하는 경우가 있을 수도 있다.

지역에 대해서도 마찬가지로, 판매 지역에 있어서는 개발된 제품에 대해 국내뿐만 아니라 해외로도 수출할 수 있도록 어느 정도의 여지를 남겨 두는 것이 좋고, 생산 지역에 있어서는 해외에서의 아웃소싱이나 생산도 가능하도록 해 둘 필요가 있다.

기술 제공자의 직접 판매 금지

기술 제공자인 Licensor가 자신의 기술로 Licensee의 지역에서 판매가 허용되는지 여부에 대한 검토도 반드시 필요하다. 기술을 제공하는 입장이라면 기존에 갖추어진 제품 라인업의 판매를 위해 가능하다고 하는 것이 유리하겠지만, 기술을 실시받는 입장이라면 불필요한 경쟁관계가 발생하게 되므로 피하는 것이 좋다.

개량 기술의 취급

기술 도입자인 Licensee의 입장에서, 계약 기간 중에 기술의 가치를 향상시키는 개량 활동이 양 당사자 모두에게 유리한 것이므로, 이를 장려하기 위해 개량 기술의 소유권이 Licensee에게 있거나 적어도 교차 라이센싱(Cross Licensing)이 가능해야 할 것이다. 하지만 많은 경우에 기술 제공자인 Licensor는 초기 협상의 우위를 점하기 위해서 또는 회사 정책상 개량 기술에 대한 소유권을 포기하지 않는 경우가 많다.

상업적 기술 사용의 책임사항

기술의 상업적 사용으로 제조물 책임(Product Liability)과 같은 책임이 수반되는 경우가 있는데, 이에 대해 실시권자(Licensee)가 특허권자(Licensor)를 면책시켜야 하고, 실시권자는 보험 가입을 통해 이를 대비할 의무가 있다는 등의 사항을 정해 두어야 한다.

장치 및 시설 설치 비용 별도 계약 여부

기술의 상업적 사용을 위해 특허의 허락뿐만 아니라 필요에 따라 노하우가 담긴 장치나 시설을 설치해야 할 필요가 있는데, 이 경우 별도로 장치 및 시설 설치 비용, 정비 보수 비용의 내역과 부담 주체에 대해 밝혀 두어야 한다.

당사자 본국의 법규 및 정부 인허가 관련 사항

기술 사용에 있어서 각 당사자 국가의 정부 인허가 및 법규 준수가 필요한 경우가 많은데, 이에 대한 책임 소재와 그러한 인허가 지연에 따른 매출 손실에 대한 사항도 미리 정할 필요가 있다.

> The Licensee hereby recognizes to the Licensor full and sole ownership of the LICENSOR in and to any such modification, improvement, adaptation, enhancement or translation and undertakes to confer, full and sole ownership in said modification, improvement, adaptation, enhancement or translation to the Licensor by executing an assignment of rights evidencing such transfer to Licensor.

설명 기본적으로 실시 계약으로 인해 발생한 모든 개량 기술이나 기술의 향상에 대해서는 Licensor가 독점적 권리를 가진다고 하는 조항이다.

해석 기술 도입자는 이에 기술 제공자에게, 어떠한 수정, 개량, 적용, 개선 또는 변경에 대해 기술 제공자의 완전하고 독점적인 소유권을 인정하며, 상술한 수정, 개량, 적용, 개선 또는 변경에 있어 그러한 기술 제공자에 대한 이전을 증명하는 권리의 양도를 수행함으로써 기술 제공자에게 완전하고 독점적인 소유권을 부여하는 것을 약속한다.

한편, 기술 실시 계약과 관련해서는 특허 관련 제도에 대한 이해뿐만 아니라 기술 계약에서 특수하게 나타나는 용어들에 대한 이해도 필요하다.

용어	우리말 표현	의미
grant back	개량 기술 전환	실시권자 쪽에서 한 개량 발명에 관해 이를 실시 허락자인 산업 재산권 소유자에게 양도한다는 내용의 약정으로, 모든 개량 발명은 실시 허락자에게 귀속된다는 exclusive grant-back clause는 원칙적으로 불공정한 거래 방법에 해당되어 공정거래법 위반 또는 민법상 무효로 판단될 수 있다. 그러나 실시권자와 실시 허락자가 계약 기간 중 각자가 이룬 개량 발명에 관해 특허 출원 시에 공동 소유로 하겠다는 약정을 한다거나, 상호 간에 실시 허락하겠다는 것을 내용으로 하는 계약(cross license)은 유효한 것으로 실무적으로도 많이 이용되고 있다.
cross license	교차 실시	특정 산업재산권에 대해 실시권자 간에 상호 교환이 필요하다고 인정되는 경우 상호 실시권을 부여할 수 있는데, 이때 산업 재산권의 경제적 가치가 동등할 경우에는 상호 무상으로 사용하게 되지만, 어느 한쪽의 산업 재산권의 경제적 가치가 더 높을 경우에는 가치가 낮은 쪽에서 그 차액만큼 보상해 주고 실시권을 허여받는 것이 일반적이다. 상대방 특허의 경제적 가치를 평가하기 위해서는 특허의 수, 특허의 권리 기간, 특허의 권리 범위 및 기술적 가치(발명이 제품에서 차지하는 비중 등), 원천 기술인가 또는 개량 기술인가, 특허의 유효성(무효 가능성은 없는가) 등을 심도 있게 검토할 필요가 있다. 한편, 시장지배적 사업자 간의 교차 실시는 카르텔로 인한 공정거래법 위반 가능성이 있을 수 있다.
sub-license	재실시(복실시)	특정 산업 재산권의 실시를 허락받은 자가 제3자에게 동일한 재산권의 실시를 허락하는 경우의 실시권으로서 원래 실시권 허락자와의 관계, 통지 또는 승인 의무를 검토할 필요가 있다.
initial vs. running royalty	선불 정액 실시료 vs. 정률 실시료	일반적으로 기술 실시에 따라 지급되는 대금에는 기술 전수의 대가로 지급하는 기술 전수료, 선불로 일정 금액을 지급하는 Initial Royalty와 동 기술의 실시로 발생한 매출에 대해 일정 비율로 지급하는 Running Royalty가 있다.
paid-up royalty	선불 실시료	실시 허락의 대상이 된 특허, 노하우 등의 존속 기간 중 또는 유효 수명 기간 중에 발생할 것으로 예상되는 실시료(기술 대가)의 합계액을 정액으로 산출 표시해, 그러한 정액을 실시료로 미리 산정해 지불하는 방식의 기술료 유형으로서 화학, 플랜트 등의 건설이 수반되는 경우에 채택되는 경우가 많다. 이러한 정액 실시료를 당사자가 합의한 플랜트(Plant)의 생산 능력에 한정하는 경우의 기술료를 의미한다.
due diligence	실사	특허와 관련해서, M&A에서의 가치 실사와 마찬가지로 Licensor의 입장에서 Licensee가 작성한 Royalty Report에 대한 실사, Licensee의 입장에서 Licensor가 보유한 기술의 실사를 의미한다.

first refusal right	우선 거부권	기술 도입자인 Licensee의 입장에서 당해 계약 범위에 포함되지는 않지만, Licensor가 가지고 있는 다른 기술에 대해서도 계약 지역 내에서의 실시가 일어나게 되면, 제3자에 앞서 실시자가 먼저 자사 실시 여부를 결정할 수 있는 권리다.
grossing-up	역산 합계	기술 실시로 발생된 기술료 소득에 대한 세금을 지급자인 Licensee가 납부하도록 하는 경우가 있는데, 이때 지급자가 실제로 부담해야 할 금액을 역산해 재조정하는 것이다. 이때, 계약 체결 시점의 세금의 종류와 세율을 설정해 두고 그 외의 세금에 대해서는 부담하지 않는다고 명시해 두는 것이 계약의 안정성을 위해 바람직하다.
as-is basis	있는 대로	계량이나 조정 없이 '있는 그대로의' 기술을 실시하는 것으로 기술 제공자인 Licensor가 스스로의 책임을 경감시키기 위해 반드시 삽입하는 문구 중의 하나다(묵시적 보증 책임이 면제된다고 한다).
most favoured treatment	최혜우 조항	WTO 조약과 같은 국제 조약에서 등장하는 최혜국 대우(Most Favored Nation)라는 단어가 있다. 다른 Licensee보다 불리한 조건으로 실시권을 받는 것을 방지하기 위한 확인 조항이다.
tie in 조항	연결 거래 조항	Package Licensing에서처럼 실시 대상이 되는 기술과 함께 제품이나 부품, 또는 다른 기술을 끼워 파는 형태다. 역시 직접성이 없는 기술이나 부품을 끼워 파는 형태라면, 위법성의 소지가 있다.
have made 조항	제3자 생산 조항	기술의 실시자가 직접 생산하는 것이 아니라 아웃소싱을 통해 제3자로 하여금 생산과 제조를 진행하도록 할 수 있는데, 이러한 합의가 이루어지는 조항이다.
knock down	제품의 분해	계약 목적물을 분해했을 때의 구성품을 의미하는 것으로, 완전 분해 시의 세부 구성품(Complete Knock Down)과 일부 분해 시의 구성품(Semi Knock Down)으로 구분될 수 있다. 기술과 제품이 함께 거래되는 Package License에서 특히 검토 대상이 되는데, 제품을 분해했을 때의 구성품 모두를 생산할 수 있는 기술을 허여하는 경우는 거의 없어 핵심 부품을 함께 판매하거나 실시 초기의 부품을 판매하기 위해 설정하는 개념이다.

6 개발 용역 계약(Development Agreement)

최근 KAIST가 외부에 위탁해 개발하거나 제작하는 기술 용역의 결과에 대한 소유권을 철저히 학교에 남기겠다고 선언하면서 이슈가 되기도 했던 기술 용역 계약은 논쟁이 일어났던 내용과 마찬가지로 결국 기술의 소유권에 대한 내용과 귀속 주체가 가장 핵심적인 결정 사항이 된다.

일반적으로 하도급 또는 하청이라고 표현되는 '도급'은 일방 당사자인 수급인, 즉 계약자가 정해진 기간 동안 어떤 일을 완성할 것을 약정하고 다른 상대방인 도급인이 그

일의 수행에 대한 보수를 지급할 것을 약정함으로써 성립하는 유상 계약의 일종이다. 도급은 주어진 일의 완성을 목적으로 하는 계약으로서 여기서 '일'이란 노무에 의해 생기는 결과를 말하며 그 노무의 성격에 따라 다음과 같이 다시 분류할 수 있다.

생산 계약(Production Agreement)

주로 OEM 계약의 표제로 많이 사용되는데, 당사자의 일방인 도급인이 상대방의 주문에 따라 제작한 물건을 공급할 것을 약정하고 이에 대해 상대방이 도급인에게 대가를 지급하기로 약정하는 계약이다.

공동 기술 개발 계약(Collaborative Development Agreement)

우리나라 역시 마찬가지지만, 많은 개도국에서는 정부나 공공기관의 기술 용역 발주에 있어서 단순한 구매 계약이 아닌 공동 기술 개발이라는 표현을 즐겨 사용한다. 물론, 실제로 공동의 투자로 기술 개발을 약정하는 경우도 많은데, 역시 기술의 소유권을 어떻게 배분할 것인가가 문제시될 것이며 그 성격이 도급을 통해 개발 용역을 주는 것이라면, 아래에서 설명하는 기술 개발 용역과 동일하다.

건설/플랜트 공급 계약(Construction/Plant Supply Agreement)

도급의 대상이 건설이나 플랜트가 되는 계약이다. 이러한 계약은 계약 기간이 1년 이상 장기인 경우가 많고 특히 계약자 선정(award) 이전에는 발주자의 권한이 막강해 다수의 보증서를 요구하고 있으며, 시방서(Statement of Work; Technical Specifications)와 같은 계약서의 첨부 문서가 계약 일반 조항만큼이나 중요한 특징을 갖는다. 건설공사나 플랜트와 같은 대규모 프로젝트의 도급 계약은 일반적으로 공개 경쟁 입찰에 의해 이루어지는 경우가 많다.

기술 개발 용역 계약(Technology Development Agreement)

기술의 개발 또는 신제품의 개발을 도급 대상으로 하는 계약으로 대기업뿐만 아니라 최근에는 독자적인 기술을 바탕으로 창업하는 많은 벤처 회사들이 해외 진출 단계에서 개도국 정부나 관련 기관으로부터 개발을 의뢰받아 진행하는 경우가 많다. 기술 개발을 목적으로 체결하는 용역 계약에는 몇 가지 특징이 있는데, 우리나라의 정부 연구 개발 과제와 같이 계약자로 하여금 매칭 펀드(Matching Fund)를 제공할 것을 요구하는 경우가 있고, 계약대금이 사전에 확정되어 있지 않고 사후에 정산하는 개산 계약이거나 개발 결과에 따라 대금을 사후에 확정하는 경우도 있다. 용역을 수주해 진행하는 경우라면, 기술 협력(Technical Collaboration)의 성격이 강하므로 개발 성공 후의 이익 분배 문제에 대한 검토 역시 필수적이다. 대개의 경우, 그 결과물의 특허 및 실시에 대한 권리를 설정하는 것으로 이익 분배 문제를 정리하는 것이 보통이다.

7 / 자문 계약(Consulting Agreement)

자문 계약은 Consulting Agreement 또는 Advisory Agreement로 번역한다. 첨단 기술을 요하는 제품의 개발이 필요한 경우, 전문 경영인이나 마케팅 전문가의 자문이 필요한 경우, 자문 계약을 통해 전문가의 지혜를 빌릴 수 있다. 어느 분야든 전 세계적으로 지명도를 갖춘 전문가들은 있게 마련이어서 특히 최근에는 컨설턴트의 컨설팅 범위가 기존의 마케팅이나 인사 분야를 넘어서고 있다. 이런 추세에 따라 엔지니어들도 컨설턴트로 많이 활동하고 있고, 활동 범위 역시 국내외를 막론하며, 이 외에도 많은 전문가들이 컨설팅에 참여하고 있다.

자문 계약의 체결에 있어 검토해야 할 주요 사항에는 계약서에 기본적으로 삽입되는 일반 사항 이외에도 소득세의 처리 문제와 이중 과세 방지를 위한 정부 간 조세 협약의 적용이 주요 이슈가 된다. 특히, 자문 용역 계약에 따른 대금을 지급하는 입장에서는 기타 소득 또는 사업 소득에 해당되는 세율만큼을 원천 공제해 지급할 것인지 여부를 판단하는 것이 중요하다. 그 판단의 기준으로는 해당 자문 제공자가 우리나라 거주인지 아니면 비거주자인지, 그리고 해당 자문 용역의 주요 부분이 우리나라에서 이루어졌는지 아니면 자문 제공자 국가에서 이루어졌는지를 살펴봐야 한다.

절대적인 기준이 될 수는 없지만, 그러한 용역이 국내에서 이루어진 경우에는 비거주자의 기타 소득세로 분류해 세액을 원천 공제해 지급하되, 해당 국가와 우리나라 간의 조세 협약을 살펴보고 이중 과세 여부를 판단할 필요가 있다.

8 / OEM vs. ODM 계약

OEM과 ODM은 각각 Original Equipment Manufacturing과 Original Design Manufacturing(또는 Original Development Manufacturing)의 약자다. 지난 시대 수출 주도의 경제 성장을 추구하는 과정에서 우리나라 경제 발전의 한 축을 담당했던 것이 OEM(주문자 상표 부착 방식)이라면, ODM(제조자 설계 생산 방식)의 경우는 이제 어느 정도 기술력을 갖추게 된 기업이 나름의 제품 개발 능력을 확보함으로써 단순한 제조 용역의 제공을 넘어 글로벌 유통망을 갖춘 기업에게 기술 용역과 제조 용역을 함께 제공하는 방식이다.

ODM에서는 이렇게 기술력을 갖춘 제조 업체와 판매망과 브랜드를 갖춘 유통 업체 또는 관련 대기업 간의 제휴 관계가 이루어지게 되는데, 그 계약 과정에서 기본적으로 제작비 또는 가공비에 관한 이슈 이외에 중요하게 검토되는 사항들을 정리해 볼 필요가 있다.

생산 능력을 확보한 초기 단계의 제조업체에서 도전해볼 수 있는 OEM 방식의 수출 계약은 다분히 하도급 생산에 관한 내용이 많다. 따라서 그 계약의 표제는 제조 계약(Manufacturing Agreement) 또는 공급 계약(Supply Agreement)의 형태를 띠는 경우가 대부분이고, 그 내용 역시 일반적인 구매 계약과 유사한 면이 많다. 그럼에도 불구하고 OEM 계약으로서 중요하게 검토되어야 하는 조항들은 다음과 같다.

비밀 유지→계약 기간(Duration)

OEM에서는 개발을 위한 설계 능력이 없는 제조사에게 주문자가 설계와 제작 방법에 대해 지도하므로 비밀 유지 조항이 가장 중요한 이슈로 등장한다. 제조사 입장에서는 주문자의 비밀 유지에 대한 강력한 보호 요구를 선별해서 받아들이되 제조사의 성장성을 고려해 독이 될 수 있는 표현들을 삭제해 나가는 노력이 필요하다.

예를 들어, 주문자가 요구하는 비밀 유지 조항에서는 상당 부분이 비밀로 정의되어 있을 것인 바, 실용적인 접근을 유도함으로써 비밀로 분류될 필요가 없는 항목들을 하나씩 제외 조항(Exclusion; Exception; Limitation)으로 밀어 넣을 수 있다. 다음의 예를 보면 내용 중에서 (v), (vi), (vii)항의 내용이 제외 조항으로 고려될 수 있다.

Article 10. Limitations

The obligations with respect to handling and using Proprietary Information as aforesaid in this Agreement do not apply to information which:

(i) is already in the possession of the Receiving Party, as evidenced by written documentation in the files of the Receiving Party, or;

(ii) has come into the public domain prior to, or after the disclosure thereof and in such case through no fault of the Receiving Party, or;

(iii) has been lawfully received from a third party without an obligation of confidentiality upon the Receiving Party or breach of this Agreement, or;

(iv) is approved for release or use by written authorization of the Disclosing Party, or;

(v) has since become known or developed in good faith independently by the receiving Party without making use of the Proprietary Information of the disclosing Party, or

(vi) has been or is published without violation of this Agreement, or

(vii) is not properly designated or confirmed as Proprietary and provided that it is not possible to consider in good faith such information as Proprietary Information for any other element.

원자재 공급의 범위와 사급의 범위

원자재의 공급이 주문자의 사급으로 이루어지는 경우, 제조사의 부가가치는 그만큼 더 떨어질 수 밖에 없다. 원자재의 선정과 구매 경로, 구매 대상 업체의 선정에 대한 권리를 얻어내느냐의 문제는 OEM 제조사의 역량을 한 단계 더 업그레이드하기 위해 확보할 필요가 있는 내용이므로 신중하게 고려해야 한다.

최소 구매 수량(Minimum Order Quantity)

OEM이나 ODM 방식의 수출 계약에서 최소 구매 수량의 협상이 가능한 경우는 그다지 많지 않다. 다만 주문자가 요구하는 일정 규모 이상의 생산을 위해서는 특화된 생산 라인의 구축이 필요할 것이므로 이에 대한 보상의 차원에서 최소 구매 수량을 보증해 줄 것을 요구할 수 있다.

선적 전 검사(Pre-shipment Inspection) 또는 현지 검사(On Site Acceptance Test)

개인적으로 OEM 방식의 수출 업무를 진행한 경험이 있는데, Buying office에서 실시하는 검사(inspection) 절차가 발주서 수령부터 선적에 이르는 수출의 전 과정 중에서 가장 까다로운 부분이었던 것으로 기억한다. OEM 방식의 수입을 진행하는 글로벌 대기업들은 현지에 연락 사무소나 구매 전담 사무소(Buying Office)로서의 대리점(Agency)을 두고 있는데, 이들 대리점의 중요한 역할 중의 하나가 품질 검사에 관한 것으로 작업 과정의 감독과 더불어 선적 전 검사를 수행하는 역할이다. OEM 계약서에서는 대부분 이러한 품질 보증 과정을 마친 제품만 선적하도록 규정하고 있는데, 수출하는 제조사의 입장에서는 선적 전 검사 조건이 지나치게 까다롭게 되어 있지는 않은지, 어떤 경우에는 검사를 면제받을 수 있는지, 대리점의 권리 남용에 대한 대처 방안 등에 대한 면밀한 검토가 필요하다.

그러나 최근의 계약 경향은, 제작사가 독자적으로 확보하고 있는 기술을 바탕으로 생산 계약을 체결하는 사례가 확대되고 있어 우리나라에서도 OEM은 상당 부분 축소되어가고 있고, 반면 ODM 방식의 수출이 확대되고 있다. ODM 계약에 있어서 주의해서 검토해야 할 사항을 보면, 기본적으로는 ODM과 OEM 모두 계약 내용에 제조 또는 생산이 포함되어 있으므로 이러한 차원에서는 위에서 설명된 OEM의 경우와 유사할 것이다. 그러나 기술을 확보하고 있는 입장에서 계약하게 되는 ODM 방식에서는 위 내용에 더해 무엇보다 유통 업체와의 힘의 균형이라는 차원에서 전반적인 검토가 선행되어야 하고, 세부적으로는 상표 및 설계에 대한 권리와 의무라는 차원에서 검토가 이루어져야 한다.

상표(Trademark)→계약 기간(Duration)→경쟁 조항(Non-Competition)

상표는 대부분 유통 업체 또는 상표권을 갖고 있는 대기업에서 독점적으로 사용하게 되므로, OEM과 같이 주문자 상표를 부착하는 방식이 된다. 따라서 ODM으로 제품을 공급하게 되는 경우에는 계약 기간이 무엇보다 중요한 이슈가 되는데, 일정 기간이 지나고 나면 제조사 자사의 독자적 브랜드를 활용함으로써 시장을 개척할 능력이 생김에도 불구하고 계약서에서 설정된 계약 기간과 불경쟁 조항(Non-Competition)에 따라 어쩔 수 없이 공급을 지속하거나 계약 만료 후에도 해당 시장에 대해서는 공급을 포기해야 하는 경우가 있다.

다만 경우에 따라 제조자의 상표를 병기하는 경우도 있는데 이때는 계약 기간과 경쟁 조항 이외에도 상표의 부착 위치와 크기가 중요한 협상 이슈가 된다.

설계(Design)

설계와 개발에 관한 권리는 제조자가 갖고 있지만, 주문자 측에서는 자신들에게 무상의 사용권을 부여해 줄 것을 요구하는 경우가 많은데도 실무에서는 의외로 이를 정확히 파악하고 있지 못하다. 고유한 제조사의 설계에 대해서는 주문자라고 해도 함부로 침범할 수 없도록 보호 장치를 마련해 둬야 한다. 가장 좋은 예가 기술료(Licensing Fee)를 받는 것인데, 기술 이전이 이루어지지 않더라도 주문자가 우리 기술을 이용해 혜택을 입게 되는 것이므로 실제로도 많이 활용되고 있다. 일정 수량마다 기술료의 수준과 범위를 달리 정해서(Huddle Value 설정) 매 회당 주문 수량을 늘리도록 유도할 수 있다.

ODM 공급 지역의 설정(Territory)

ODM 공급 계약에 있어서 기간 개념과 연결되어 고민해야 하는 부분이다. 공급 지역을 고려하지 않고 계약하게 되면, 심지어 우리나라에서의 판매조차 상표권자의 허락을 받아야 하는 경우가 생길 수 있다. 회사에서 행해 왔던 마케팅 지역을 놓고 볼 때, 가까운 장래에 매출이 생길 수 있는 지역이나 브랜드의 영향을 크게 받지 않는 지역에 대해서는 가급적 직접 마케팅을 통해 수출과 판매가 가능하도록 여지를 남겨 둬야 한다. 실제 계약서에서는 아래와 같이 리스트를 만들어 열거형으로 별도로 첨부하는 것이 일반적이다.

The Manufacturer allows Brand Company to sell the Manufacturer's products in the countries, regions and territories listed below. This list may be amended by mutual agreement of the parties in writing.

- United States and Canada
- Middle and South America
- Australia

해석 제조자는 브랜드 회사가 공급자의 제품을 아래 리스트에 열거된 지역 및 국가에 판매하는 것을 허용한다. 아래 리스트는 서면으로 당사자 간의 상호 합의에 의해 수정될 수 있다.

– 미국과 캐나다
– 중남미
– 호주

9 임대차 계약(Lease Agreement)

실무에서 해외 마케팅을 담당하는 경우라면 전시회나 현지에서의 로드쇼를 통해 제품을 홍보하거나 시제품의 임대를 통해 시험 운용을 권유할 필요가 생길 수 있다. 이때, 해외 대리점 또는 거래처에 제품을 일정 기간 임대해 주거나 해외 투자 기업의 경우에는 토지나 건물을 임대하는 경우도 있다.

토지와 건물의 임대에 있어서는 계약 대상 물품이 해외에 위치해 있고 상대방 역시 해당 국가의 국민일 경우 해당 국가의 국내법이 적용되므로 별다른 생각 없이 기본적인 조건들을 바탕으로 부동산 표준 거래 약관을 통해 계약할 소지가 높다. 하지만 이 경우에도 역시 계약 내용은 얼마든지 협상이 가능하고, 일반 관리 조항의 신축적인 적용을 통해 우리의 입장을 유리하게 이끌기 위해 노력하는 것이 필요하다.

한편, 우리 장비나 물품을 현지에 임대하는 경우에는 준거법은 당사자가 정하기 나름이므로, 우리의 재산을 보호하고 임대차의 목적을 달성하기 위해서 별도의 임대차 계약을 통해 임대차 조건을 규정해 두는 것이 중요하다.

임대차 조건의 규정에 있어서 그 대상물이 토지든 건물이든, 또는 장비와 같은 우리 회사의 재산이든 계약의 목적은 당사자 간에 임대차를 통한 법률 관계를 확정해 두는 것이므로 계약 당사자의 입장에서 다음과 같은 검토가 필요하다.

임대차 기간(Term)
임대차 기간과 자동 갱신의 설정 여부를 검토한다.

목적물과 현재 상태(Current Status of the Leased Product/Premise)

계약 대상이 되는 목적물과 목적물의 현재 상태에 대한 간단한 설명이 필요하다. 특히 고장 난 부분이 있는지, 중고인지 새 제품인지에 대한 내용, 목적물의 관리 상태에 대한 내용을 넣도록 한다.

임대료 규모와 범위(Rent/Rental Fees)

임대료 또는 임차료는 모두 임대차에 따라 지급하는 대금을 당사자마다 입장에 따라 다르게 부르는 것으로 Rental Fee라고 표현한다. 가장 핵심이 되는 협상 대상은 아무래도 임대료의 규모가 되겠지만, 그 외에도 Yearly(Annual) Fee, Monthly Fee, Weekly Fee와 같은 임대료 지급 주기와 임대료에 포함된 기타 비용이 있다. 특히 다음에서 다루게 될 세금이나 유지 보수에 관한 사항들까지 포함되는가의 여부는 각 항목별로 유의해서 살펴봐야 한다.

세금(Tax)

세금의 부담 범위를 확정한다. 부동산의 경우 부과되는 세금의 종류와 세율은 우리나라 법도 제대로 이해하지 못하는 경우가 많은데, 하물며 외국 법률에 의한 세금의 종류와 세율이니만큼 사전에 확정을 요구해야 한다.

유지 보수(Maintenance)

기본적인 유지 보수의 의무와 누가 그러한 의무를 지는지를 규정한다. 기본적으로 귀책 사유가 있는 자가 보수와 수선의 의무를 지도록 하되, 특히 천재지변에 의한 파손이나 원인이 불분명한 파손의 경우에는 그에 따른 책임에서 벗어나도록 노력함과 동시에 여의치 않은 경우에는 그 수선 부담을 가급적 양 당사자가 비례해지도록 규정하는 것이 좋다.

> In the event of loss or damage of any kind whatsoever to any item of Leased Properties, the Lessee agrees that the Ⓐ **culpable party** shall be responsible for any loss or damage or destruction of Leased Properties hereunder. However, any loss or damage or destruction of an unknown cause shall be borne respectively by each of Lessee and Lessor in conformity to their Ⓑ **proportionate** shares.

설명 Ⓐ 과실 있는 당사자 / Ⓑ 비례하는

해석 임대 물품 어떤 품목에라도 어떠한 종류의 손실 또는 피해가 있는 경우, 임차인은 과실 있는 당사자가 모든 손실 또는 피해 또는 이하에서 규정하는 임대 물품의 파손에 대해 책임을 져야 한다는 것에 동의한다. 그러나 불명의 사유에 기인한 모든 손실, 피해, 파손에 대해서는 각자의 분담 비율에 따라 각자 부담해야 한다.

계약의 해지와 그 사유, 효과

토지나 건물의 임대차에 있어서 우리나라 주택 임대차 보호법은 임차인에게 유리하게 되어 있는 측면이 많아 2년의 계약 기간을 두도록 하고 있고, 그 이하인 경우에도 2년의 법정 기간 동안에는 계약의 해지에도 불구하고 임차인은 자신의 임차권을 주장할 수 있다. 그러나 다른 나라의 부동산 임대차에서 이 같은 약자 보호 규정을 기대하기란 쉽지 않다. 계약의 해지에 대한 정의와 그 사유들, 그리고 해지 이후의 효과에 대한 내용을 정리해 둬야 한다. 특히, 일반 계약에서와 마찬가지로 양 당사자인 임대인과 임차인 모두 상호 간에 해지권을 갖도록 규정해야 하고 대상물의 인도, 즉 명도에 관한 시한을 설정해 둬야 한다.

장비의 임대차에 있어서는 계약의 해지 또는 종료 이후에 누가 철거해 누구의 계산과 책임으로 목적물을 인도해야 하는지에 대한 규정이 필요하다.

In case of such termination by the Lessor, the Lessee shall return the Products within 30 days after termination.

해석 임대인에 의한 종료 시에 임차인은 종료된 날로부터 30일 이내에 물품을 반환해야 한다.

When this Agreement expires or terminates in accordance with the terms hereof, the Lessee shall quietly and peaceably deliver possession to the Lessor Ⓐ **by the account of Lessee** without notice from the Lessor Ⓑ **other than as may be specifically required by any provision of this Agreement.**

설명 및 해석 본 계약의 조건에 따라 계약이 만료되거나 종료되는 때는 Ⓑ 본 계약의 다른 조항에 의해 따로 요구되는 경우를 제외하고, 임차인은 평화롭게 Ⓐ 임차인의 비용으로 임대인의 통지 없이도 임대인에게 대상물을 인도해야 한다.

10 국제 운송 계약

물품의 운송에 가장 많이 쓰이는 해상 운송과 항공 운송에 있어서 수출자 또는 수입자의 입장에서 선박 회사(선사)나 항공사와 직접 계약을 체결하는 일은 드물다. 대신, 수출자 또는 수입자는 운송 주선인인 Freight Forwarder를 비롯한 화물 운송 회사와 계약을 체결하고 화물 운송 회사는 항공사나 선사와 운송 계약을 체결해 운송의 전 과정을 진행하는 것이 일반적이다.

운송 주선 계약

운송 주선인과의 계약은 대개 운송 주선인이 국내 대리점을 갖고 있거나 우리나라 법인인 경우가 많아 국내 계약이 되므로 영문 계약서를 작성할 필요가 없다. 이러한 계약의 준거법으로는 당연히 우리나라 민법과 상법이 적용되며, 여기에서 상세하게 설명할 만한 주제는 아닌 것 같다.

다만 상식적인 선에서 몇 가지 체크할 내용을 적어 보기로 한다.

DHL이나 FEDEX, UPS, TNT를 비롯한 국제 특송 회사들이 국내에 진출해 있고 이들의 활동 범위는 이미 기존 Freight Forwarder의 시장을 상당 부분 잠식하고 있다. 특히 항공 운송을 많이 이용하는 회사들에서는 이들 특송 회사들로부터 고객 계정(Account Number)을 부여받아 다양한 거래 서비스를 이용하고 있는데 업계에서는 이들 특송 서비스가 용적 중량 (Volumetric)[6] 200kg 이하의 물품에 있어서는 오히려 일반 Forwarder보다 더 저렴하다고 한다. 기업마다 제공되는 할인율이나 협상력에 따라 그 기준은 더 높을 수도 있다. 이러한 특송 회사들과의 운송 계약은 대개 특송 회사가 이미 갖고 있는 약관에 의해 정해지므로 별도의 계약이 필요 없을 수 있다.

다만 수출입 주체로서의 기업의 입장에서 애써 개발하고 생산한 물품의 운송은 계약의 최종 단계인 인도(Delivery)에 해당하는 중요한 단계임을 감안할 때, 무조건 특송 회사의 약관만을 믿고 맡길 수만은 없는 노릇이다. 가급적 운송 계약서를 마련해 확인해 두는 것이 좋은데, 다음의 몇 가지 사항을 넣도록 한다.

- 운송 예정물에 대한 정보와 크기, 무게
- 항공편을 포함한 구체적 운송 일정
- 운송 기간 이후 도착하지 않을 때의 조치 사항(Liquidated Damages)[7]
- 도착 후 멸실 및 손상 시의 조치 사항과 배상 청구 절차

참고로, 국내에 들어와 있는 일부 다국적 특송사가 연착(Delayed Delivery)에 대한 면책 약관을 두고 있는데 이는 우리 상법에서 연착에 따른 배상 의무를 두고 있는 것과는 배치되는 것이다. 법적으로도 면책 약관은 효력이 없는 것이며 이러한 면책 약관은 하루빨리 개선되어야 할 부분이라고 생각한다.[8]

국제 운송 계약

무역 계약이나 개발 용역 계약, ODM와 OEM을 막론하고 서로 다른 국가에 소재하는 당사자 간의 거래에서 최종적인 이행은 물품의 인도(Delivery)가 된다. 물품 인도를 위해 필수적으로 개입되는 것이 국제 운송 계약인데, 일반적으로 해상 운송이 자주 사용되었던 것에 비해 첨단 기술을 이용한 고가의 제품이나 온도와 습도에 민감한 제품, 시급을 요하는 제품

---

[6] (가로X세로X높이)cm/6000으로 계산하면 용적 중량을 산출할 수 있다.

[7] 조치 사항으로 지체 상금을 부과하는 경우에는 운송 중개인 입장에서 받아들이기 어려울 수 있으므로 운송 일정에 일정 기간(2~3일 정도)의 Grace Period를 부여함으로써 기본적인 운송 기간을 설정하고 최악의 상황을 피하도록 한다.

[8] 물론, 운송 주선사와 운송사의 입장에서는 이러한 연착의 위험을 회피할 방법이 있어야 하는데 국제 운송에 활용되는 적하보험에서는 운송 지연으로 인한 손해에 대해서 보상하지 않고 있어 아이러니한 측면이 있는 것이 사실이다.

의 경우에는 항공 운송을 이용하는 비중이 점차 늘고 있다.

국제 운송 분야에서 체결된 국제 조약들은 국제 운송 계약의 법원을 이루고 있는데, 운송 당사자 간의 계약 관계에 따른 책임과 한도를 규정하는 한편, 거래의 편의를 위해 사용되고 있는 선하증권(Bill of Lading)과 항공 화물 운송 증권(Airway Bill)과 같은 운송 증권의 효력을 규정하고 있다.

다만 많은 경우에 있어서 수출입에 종사하는 기업들은 직접적인 국제 운송 계약의 당사자가 되지는 않아 무역 실무 차원에서 화환 신용장(Documentary Credit)의 현금화를 위해 확인해야 하는 선하증권 이외에는 크게 영향을 받지 않는다.

선하증권 전면과 이면에는 알아보기 힘들 정도로 빽빽하게 작성된 약관이 기재되어 있다. 이 선하증권 약관의 국제적 통일을 위한 각종 조약이 체결되어 있는데, 이중에 선하증권과 직접 관련된 국제 조약으로 1924년의 헤이그 규칙, 헤이그 규칙의 개정 의정서인 1968년 헤이그-비스비 규칙, 1978년의 함부르크 규칙, 1979년 헤이그-비스비 규칙 개정 의정서 등이 대표적이다.

법조계에는 선하증권의 약관에 관한 수많은 판례들이 존재할 정도로 약관의 개별 규정들 자체에 대한 실효성이 다투어지고 있는 분야이기도 하다. 다음 예문은 전면 약관의 한 예다.

전면 약관의 예문

Received by the Carrier from the Shipper in apparent good order and condition unless otherwise indicated herein, the goods or the container(s) or package(s) said to contain the cargo herein mentioned, to be carried subject to all the terms and conditions appearing on the face and back of this Bill of Lading Ⓐ **by the vessel named herein or any substitute at the Carrier's option and/or other means of transport,** Ⓑ **from the place of receipt or the port of loading to the port of discharge or the place of delivery** shown herein and there to be delivered unto order or assigns. If required by the Carrier, the Bills of Lading duly endorsed must be Ⓒ **surrendered** Ⓓ **in exchange for** the goods or delivery order.

In accepting this Bill of Lading, the Merchant agrees to bound by all the stipulations, exceptions, terms and conditions on the face and back hereof, whether written, typed, stamped or printed, as fully as if signed by the Merchant, any local custom or privilege to the contrary notwithstanding, and Ⓔ **agrees that all agreements or freight engagements for and in connection with the carriage of the Goods are superseded by this Bill of Lading.**

In witness whereof, the undersigned on behalf of (   ) the Master and owner of the Vessel, has signed the number of Bill(s) of Lading stated under, all of this tenor and date, one of which being accomplished, the others stand to void.

설명 Ⓐ 운송인의 재량에 따라 운송 수단을 대체할 수 있음을 의미한다. 여기에 지정된 선박 또는 운송인의 선택에 따른 대체 운송수단에 의해 운송된다.

Ⓑ the port of loading to the port of discharge: 양륙지에서 하역지까지를 의미한다.

Ⓒ surrendered: 양도하다 또는 영도하다

Ⓓ in exchange for: '~와/과 교환해'라는 뜻으로 서류를 통한 업무에서 대부분 '~와/과 상환으로'라는 뜻으로 자주 사용하는 표현이다.

Ⓔ 동 물품의 운송에 관한 모든 합의 또는 운송 약정보다 본 선하증권이 우선 적용된다.

해석　이 증권에 달리 기재된 사항이 없는 한, 화물을 포함하고 있다고 이 증권에 언급되어 있는 물품이나 컨테이너 또는 포장물은 운송인에 의해서 양호한 상태로 수령되었으며, 본 선하증권의 전면이나 이면에 나와 있는 조건에 따라 여기에 지정된 선박 또는 운송인의 선택권에 의한 대체 선 또는 다른 운송 수단에 의해 운송되며, 증권상에 나와 있는 수령지 또는 선적항으로부터 하역항 또는 인도지까지 운송해 그 장소에서 지시인 또는 양수인에게 인도되어진다. 만약 운송인이 요구하는 경우에는 정히 배서된 선하증권이 물품 또는 인도 지시서와 상환으로 양도되어야 한다.

본 선하증권을 수령하면서 화주는 반대되는 지역적인 관습이나 특권에도 불구하고, 화주가 서명한 것과 같이 수기 또는 타이핑, 스탬프, 인쇄의 어느 것이든지 관계없이 본 증권의 전면이나 이면에 있는 규정, 면책, 조건에 구속된다는 것에 동의한다. 그리고 물품의 운송에 대한 그리고 물품의 운송과 관련해 모든 합의 또는 운송 약정보다 본 선하증권이 우선 적용된다는 데 동의한다.

이에 증거로서 '글로벌 트래비스' 사를 대리해 아래에 서명한 선장과 선주는 수 통의 선하증권에 기재된 취지와 일자에 서명했다. 이것들 중에 하나가 이용되고나면 나머지는 무효가 된다.

11　공동 사업 발굴 계약(Teaming Agreement)

　대형 프로젝트의 발굴과 사업 수주를 위해서는 다양한 분야의 기술을 가진 다양한 기업들이 참여해야 할 필요가 있고, 때로는 입찰서 자체에서 필요한 분야의 기술과 실적을 적절히 갖춘 기업들과의 협력이 약속되었다는 증빙을 요구하기도 한다. 이런 경우 이용되는 계약서가 Teaming Agreement(사업 협력 계약)인데, 때로는 MOU의 형식을 빌려 작성되기도 하지만 표제와 상관없이 그 실질은 역시 Teaming Agreement이다. Teaming Agreement를 작성하거나 검토함에 있어서 반드시 고려할 사항은 다음과 같다.

Exclusivity(독점적 협력)

사업을 따내기 위해서는 우리 진영에 서 있는 기업이 다른 경쟁사와 협력하는 것을 막을 필요가 있다. 반대로 우리가 Prime Contractor(1차 계약자)가 아니라면, 내가 속해 있는 진영의 Prime Contractor가 탈락할 경우에 다른 (경쟁) 진영에 속해 일할 수 있는지 여부도 함께 살펴봐야 한다.

설명   주 계약자의 입장에서는 협력 진영의 이탈을 방지하기 위해 without written notice보다는 without prior written approval로 쓰고자 할 것이다. 다만, ABC가 본 사업 탈락에도 불구하고 경쟁사 측과 하도급 계약을 맺지 못하도록 하는 경우라면, 우리나라 공정거래법에 저촉될 가능성이 높다. 실제로 우리나라 대기업의 구매 계약에서도 간혹 이런 조항이 발견되는데, 영업 담당자는 적극적으로 독소 조항임을 알리고 이를 삭제하거나 완화시키려 애써야 할 것이다.

해석   본 계약의 유효기간 중, 도급자는 ABC의 서면 통지 없이는 본 계약에 저촉될 수 있거나 저촉되는 어떠한 형태의 협력에도 참여하지 않을 것에 동의한다.

Final Agreement(성공적 사업 획득 후 팀내 계약 배분)

사업 획득에 성공하는 경우 당사자 간의 도급 계약 체결이 의무적인지, 팀 내 계약 배분에 있어 하도급자로서 우선적으로 고려할 것을 의무화했는지, 또는 그저 in good faith(최선을 다하여) 정도로 표현되었는지를 검토한다.

대부분의 Teaming Agreement에서는 사전에 Work breakdown(작업 명세서)과 그에 따른 대략의 금액이 정해져 있으므로 그 금액에 대한 구속력 여부도 사전에 검토해야 한다.

또한, 최종 고객이 사업 획득에도 불구하고 팀 내 특정 subcontractor(하도급자)의 참여를 원하지 않는 경우에는 부득이하게 참여를 배제해야 한다. 이 경우, Prime Contractor라면 이러한 경우는 불가항력이므로 보상은 없다고 정하는 것이 좋겠지만 Subcontractor라면 일정 부분의 보상을 요구할 수 있는 권리를 정해 두는 것이 좋다.

Confidentiality(비밀 유지)

협상력이 약한 subcontractor(하도급자)로서는 사업 획득을 위해 영업 비밀만 공개하고, 아무것도 얻지 못하는 불상사를 대비해야 한다. 비밀 유지의 범위와 기간, 사업 탈락 시에도 지켜져야 한다는 점 등을 정해 두는 것이 좋다. Public Release(미디어 공개) 조항을 따로 두기도 하지만, 외부 공개는 반드시 서면 협의에 의하도록 한다.

Termination(계약 종료)

Teaming Agreement 계약이 종료되는 시점은 사업 획득 시점이 될 수도 있고, subcontract(하도급 계약)이 체결되는 시점이 될 수도 있다. 사업에 탈락한다면 즉시 종료하는 것으로 하되, 비밀 유지 조항과 같이 계약 종료에도 불구하고 살아남는 조항들을 정리해 두어야 한다.

Negotiation(협상)

성공적인 사업 획득 후에는 최종 고객과의 구체적 계약 협상이 시작되는 것이 일반적이다. 이 협상 과정에서 subcontractor의 참여가 보장되는지를 정하도록 한다.

⎡12⎦ 주식 배분 계약(Shareholder Agreement)

계약서를 작성하거나 검토하는 데 있어 개별 산업과 해당 제품마다 가지는 특징을 이해하지 못한 채 법률적인 시각만으로 접근하게 되면 계약서는 제 기능을 하지 못하고 반쪽짜리 계약서로 전락하고 만다. 기업 간 거래 대상이 되는 것은 제품과 기술뿐만 아니라 기업 자체, 주식 또는 영업이 될 수도 있는데, 이 부분은 재무 분야의 상당한 전문 지식 없이는 검토조차 쉽지 않은 것이 사실이다.

이렇게 기업과 주식, 영업이 거래되는 경우 작성되는 계약 중 대표적인 것이 shareholders' agreement이다. Shareholders' agreement는 기업의 정관(Articles of incorporation)을 보완하는 목적으로 작성되는데, 주주 간 관계, 회사의 지분 비율, 그리고 회사 경영 곤란이 발생하는 경우의 대응에 관한 계약이다. 주주는 반드시 개인(자연인)일 필요가 없고 법인이나 단체가 될 수 있다. 근래 기업 합병, 사업부 인수 등 다양한 형태의 M&A가 활성화되면서 기업 간 영업 양수도 계약이 체결되거나 합작 투자 회사(joint venture)를 설립하는 경우가 많은데, 그 주된 내용은 역시 주식의 배분 및 양수도에 관한 것이라 shareholders' agreement로 통칭하여 이용되곤 한다.

shareholders' agreement의 작성에 있어 중요하게 검토되어야 할 내용은 일반적인 계약서에서 다루어지는 관리 조항 외에 역시 주식의 취급과 양도/양수 이후의 경영권에 관한 내용들이다.

주식 양도의 제한과 허용(restriction and permission on transfer of shares)

주식은 일반적으로 양도성을 가지는 유가증권이다. Joint venture(합작투자)와 같은 주주 간 계약에서는 목적 사업을 원활하게 유지하기 위해 다양한 방법으로 그 양도성을 제한하고 있다. 다만, 합작 투자 계약에서 합작회사의 주식은 양수자(구매자)의 계열사로 양도하는 것을 허용하고 있는데, 이때 양도 받은 계열사에게 해당 계약서의 당사자로서 의무를 질 것을 규정하는 것이 중요하다.

주식과 관련하여 양도를 제한하는 방법으로 양도인의 재구매 권리(re-purchase rights), 신주인수권(pre-emptive rights), 양도인의 우선 매수 청구권(right of first refusal), 공동 판매권(Co-sale rights, piggy-back, tag-along right), 동일 조건 지분 매각 요구권(Drag along rights)이 특히 이슈로 다루어지고 있으며, 대개 각각의 조항으로 구성되어 구체적인 내용을 다룬다.[9]

---

❾ 각 용어의 정의와 자세한 내용은 한국 거래소(www.krx.co.kr) 용어 사전 또는 중소기업청 M&A 거래 정보망(www.mna.go.kr)에서 확인하는 것을 추천한다.

i. The Shareholders may not sell their shares before a period of five (5) years has elapsed from the signing of this Agreement.

ii. The sale of shares to a third non-competing Party must be authorised by Shareholders representing three-fourths of the consortium's capital.

iii. No new participation of a direct or indirect competitor in the consortium, be it through purchase of shares or an increase in the capital, will be authorised without the unanimous Agreement of the Shareholders.

해석 i. 주주는 본 계약 서명일로부터 5년이 경과하기 전까지는 주식을 매각할 수 없다.

ii. 제3의, 경쟁하지 않는 당사자로의 주식 매각은 컨소시엄 자산의 3/4을 대표하는 주주들에 의해 인가 받아야 한다.

iii. 컨소시엄에서 직-간접적으로 경쟁하는 새로운 주식 참가는, 그것이 주식 매수에 의한 것이든 자산 증가에 의한 것이든 간에 모든 주주들의 만장일치가 아닌 한, 허락되지 않는다.

경영권 관련 조항(Board of Directors)

경영권 조항에서는 이사회 구성원의 선임 방법, 수, 대표이사 등을 정한다. 일반적으로 주식 양수인은 주식을 인수함으로써 양수인 또는 양수인이 추천하는 자를 이사로 선임할 수 있도록 하여 실질적인 경영권을 이전받거나 확보하도록 한다.

13 / 산학연 공동 연구 계약(미국 정부 CRADA 계약)

근래 국내 기업과 연구기관의 연구 수준이 글로벌 수준에 맞게 고도화 및 첨단화 되면서 외국 소재 대학이나 연구기관과의 공동 연구가 많아지고 있다. 공동 연구 계약은 일반 상업 거래가 아닌 R&D 자체를 계약 내용으로 하며, 그에 따른 특징들이 있다. 국제 공동 연구 계약의 대표적인 예로서 미국 연방 정부 산하 국립 연구소의 모델 공동 연구 계약(Cooperative Research and Development Agreement: 이하 CRADA)의 주요 특징과 핵심 조항들을 이해해 둘 필요가 있다. 이를 통해 공동의 자원과 인력을 투입하여 공동 연구를 수행하기 위한 연구 계약들이 갖추어야 할 사항을 파악 및 활용할 수 있을 것이다. CRADA란, 미국 연방 정부가 설립한 국립 연구소(Contractor)와 외부 공동 연구 기관(Participant) 간의 공동 연구를 통해 국립 연구소가 보유한 기술의 상업화와 자원배분의 최적화 및 민간기업을 보호 육성하기 위해 체결, 추진하는 공동 연구 계약을 의미한다.

CRADA 특징

미국 정부가 설정해 둔 모델 계약서가 있고, 이 조항의 변경을 위해서는 연방 정부의 별도의 허락이 필요하다. 미국 연방 정부에서는 계약이 체결된 후 당해 연구가 연방 연구소의 미션에 부합하는가, EAR 또는 ITAR에 해당되는 수출 통제 관련 사항인가를 검토하게 된다. 한편, 우리 참여 기업의 입장에서 검토해야 할 사항은 상업적으로 가치 있는 정보라도 최장 5년간만 보호된다는 점을 유념하고, 특별히 중요하게 취급할 정보는 Proprietary Information(전유적 정보) 등으로 개별 보호하도록 한다.

지적재산권

지적재산권의 분류에 있어 Generated Information(CRADA 내부 결과로서 창출된 정보), Proprietary Information(CRADA 외부 창출된 주요 비밀/가치정보), Protected CRADA Information(Generated Information 중 보호가 필요한 정보로 분류된 것으로서 외부 참여자의 Proprietary Information과 결합된 정보), Subject Invention(CRADA 내부에서 나온 발명), Background Intellectual Property(어느 일방 당사자의 독자적 지적재산권으로서 별도 목록으로 첨부) 등으로 구분하고 있다. 양 당사자는 창출 정보에 대해서 공개 및 사용에 제약이 없으며, 미국 정부는 본 계약에 따라 창출된 모든 정보에 대한 무제한적 권리를 보장받는다. 미국 정부 연구시설에서 나온 모든 정보는 특별히 CRADA 참여 양 당사자가 보호 요청을 하지 않으면 통상적으로 미국 정부는 관념적으로 무제한적인 사용권을 보장받게 된다. 한편, 연구 발명의 소유권 배분 옵션들(Article XV. Title to Subject Inventions)에 대해서도 미리 정하고 있는데, 양 당사자가 협의를 통해 정하며 다만 미국 정부의 비독점적, 이전 불가능한, 무상의 범세계적 사용 권리는 보장되어야 한다.

- Option 1. 각 당사자는 자신의 발명에 대해서는 DOE에게 고지한 후 소유권을 확보할 수 있으며, 상대가 등록하지 않기로 한 상대 발명에 대해서는 타방이 소유 가능
- Option 2. 모든 발명은 일방의 소유로 할 수 있으며, 이를 위해 필요한 조치를 취함 (필요 시 DOE 승인 필요)
- Option 3. 공동발명인 경우 양 당사자의 공동 소유
- Option 4. 양 당사자는 상대방에게 전세계적으로 사용 가능한 비독점적, 이전 가능한, 회수 불가능한, 무상의, 기술 실시 가능한 사용권을 부여한다. (상호 무제한 사용권)

한편, 미국 경쟁 조항(Article XXII. U.S. Competitiveness)에서는 CRADA의 이익을 상호 교환하기 위해, CRADA에 의한 창출 정보가 병합(embodying)되거나, 포함된(covered) 제품은 미국에서 주요 공정이 이루어져야 하고, 그 생산이 타국 생산으로 인한 차별을 받아서는 안 된다고 정하고 있다.

CRADA 협의상 유의점

CRADA는 미국 국립 연구소와의 공동 연구로서 창출되는 정보에 대해 미국 정부의 권리를 인정해 주는 조건으로 무제한적인 열람 및 사용권을 허락 받는 것이다. CRADA에 참여

하는 경우에 연구 발명에 있어서 Cross License를 상호 부여하여 무제한적으로 사용하는 옵션도 선택 가능하다. 또한 위에서 설명한 것처럼 미국 경쟁력 조항(U. S. Competitiveness) 은 추후 우리 측에서 진행하는 공동 연구 기술의 기술 사업화에 영향을 미칠 소지가 크므로 이에 대한 특별한 주의가 필요할 것이다.

14 산학연 위탁 연구 계약(미국 WFO 계약)

미국 연구기관에 대한 위탁 연구의 주요 형태로서, Work for Others(WFO)의 모델 계약에 따라 체결 추진되는 방식이다. 계약 체결 당사자는 계약자(Contractor)인 미국 연구 소와 의뢰인(Sponsor)으로서의 외부 기업이나 연구 기관이 된다.

WFO 계약은 일반 조항(General Terms and Conditions)과 업무 명세서(Statement of Work) 로 구성되는데, WFO의 체결 절차는 다음과 같다.

Ⓐ Sponsor와 미국 연구소(계약자)의 Statement of Work와 Cost Estimate 협의

Ⓑ 계약자에 의한 Proposal

Ⓒ 미국 정부 review/approval

Ⓓ Sponsor review the Proposal

Ⓔ 미국 정부 승인

Ⓕ WFO 수탁 연구 수행

WFO 특징

WFO 계약서 구성은 CRADA의 그것과 내용 면에서 유사하며, 특징적인 부분은 연구 결과 물에 대한 미국 정부와 미국 국립 연구소 면책과 특허권에 관한 것이다. 즉, 외부 스폰서의 요청으로 수행하여 나온 연구 결과물의 상업적 활용과 사용에 있어서 미국 정부와 미국 국 립 연구소는 면책되어야 하며, 제조물 책임 등의 책임을 부담하지 않는다. 특허권에 있어서 도 스폰서는 창출 정보에 대해 전세계적인 소유권을 취득할 수 있지만, 미국 정부에게 무상 의 비독점적이고도 무제한적인 사용권을 부여해야 하며, 스폰서는 미국 경제에 불리한 제3 자에게는 기술 사용 독점권을 줄 수 없음을 조건으로 한다.

CRADA 계약과의 차이점

CRADA에서 공동 연구에 대한 미국 정부의 재정 투입이 발생하는 반면, WFO에서는 순수 스폰서의 제공 비용으로 연구를 수행하는 것이므로 스폰서인 참여 기업이나 연구 기관에게 창출된 결과물에 대해 폭넓은 권리를 부여하고, 창출된 정보에 대해서도 전면적인 소유권 또는 사용권을 협상에 의해 취득할 수 있다는 차이가 있다.

계약 체결에 이르기 직전 단계에서 당사자 간 의중을 확인하는 차원에서 즐겨 이용되는 합의문의 대표적이고도 대중적인 형태로 MOU(Memorandum of Understanding)와 MOA(Memorandum of Agreement), 그리고 LOI(Letter of Intent)가 있다.

MOU와 MOA는 대개 계약 이전에 상호 간에 일정한 계약 체결의 의사가 있으며 이를 위해 양 당사자가 최선을 다해 협조할 것이라는 것, 그리고 좀 더 나아가 어떤 절차로 협력할 것인지를 주요 내용으로 하는 것이 일반적이다. 이런 점에서 MOU와 MOA, LOI등의 약정을 계약 전 합의서(Pre Contractual Agreement)라고 부르기도 한다. 그중 MOU는 양해각서, MOA는 합의각서로 번역되어 실무에서는 마치 MOU에서 MOA로 그리고 본 계약으로 이어지는 것처럼 적용하는 경향이 있는데, 그 순서는 전혀 중요하지 않고 무엇 하나를 체결하지 않는다고 하여 문제가 되지도 않는다.

MOU는 특히 당사자 간 특정 활동에 대해 법적인 구속성을 부인하면서도 당사자 간의 유대를 강화하고 진지한 관계를 형성하고자 할 때, 협상자가 의사의 합치를 확인함으로써 미 합치된 의사를 발견해 협상의 초점을 맞추고자 할 때, 향후의 협상을 위한 틀을 만들고 할 때, 또는 특정 활동이 진행 중임을 대중에 홍보하거나 확인함으로써 또 다른 협상에서 유리한 고지를 차지하고자 할 때 유용하게 사용할 수 있다.

중요한 것은 MOU와 MOA를 각서로 번역하여 법적인 구속력이 없는 것으로 이해하는 경우가 많은데, 사실 모든 문서의 법적 효력 여부는 문서에서 합의한 내용에 따라 판단해야 하고 최종적으로는 법원이 결정하게 된다. 즉, 표제(Title)를 계약서로 하든 협의서로 하든 간에 구속력은 표제의 명칭으로부터 발생하는 것이 아니라 양 당사자가 실제로 합의한 내용에 따라 결정된다는 점을 반드시 주의한다.

MOU의 법적 효력 여부는 "내용 중에 효력 부인 조항이 없다면 효력이 인정된다."라고 설명된다. 즉, 법적 효력 조항을 따로 두어 법적 구속력(legal binding)을 원천 부정할 수도 있고, 몇몇 특정 조항들에 대해서만 법적 구속력을 부여하고 나머지는 구속력이 없다고 선언할 수도 있다. 또는 법적 효력에 대해서 언급하지 않고 서로의 의도를 일일이 열거하는 것도 추가적 협상의 여지를 남겨놓는 방법이 된다. 즉, MOU를 작성하거나 검토할 때에는 문서가 법적 구속력을 의도하고 있는지 여부와 함께, 당사자의 의도를 벗어난 법적 효과를 가져올 지에 대해 주의를 기울여야 한다.

MOU를 구성함에 있어서 포함되어야 할 내용은 당사자들의 합의사항과 지향하는 바에 따라 다르겠지만, 다음의 내용 정도로 구성하면 크게 무리가 없을 것이다.

Memorandum of Understanding

This Memorandum of Understanding(the "MOU") is made and entered into this 30th day of May, 2000,

by and between:

XXX company and YYY Inc.

XXX and YYY are hereinafter collectively referred to as the "Parties" or individually referred to as a "Party."

WHEREAS XXX... and YYY...(각 회사들의 간단한 소개와 desires to~무엇을 원하는가에 대한 내용이다.)
AND WHEREAS...(두 회사 간의 협력에 관한 내용이다.)
NOW THEREFORE the Parties, in consideration of the mutual covenants herein contained, have agreed on the following:

1. COMMON GOAL(MOU 체결의 목적)

The Parties herewith renew and pronounce in writing their shared intention to jointly prepare and submit a Proposal for the Project to the Client.(공동으로 제안서를 준비하자는 내용이다.)

2. LICENSE AGREEMENT(기술 이전 계약을 본 계약으로 함을 암시)

The Parties hereby agree to conclude by the 31th of August, 2008 a license agreement with regard to the Model no. ECO 3300, XXX's security product to be defined in the License agreement.(언제까지 진짜 계약을 체결하자는 내용이다.)

3. LEGAL EFFECT(법적 효력)

The provisions of this MOU are intended solely to represent a statement of principle for the shared intent of the Parties referenced in Section 1.

The provisions of this MOU shall neither be construed as having any legal effect, nor constitute any rights or obligations for the Parties hereto.(법적인 효력을 부인하는 조항이다.)

IN WITNESS WHEREOF the Parties have caused this MOU to be signed by their respective representatives duly authorized to do so as of the date first written above.

서명(양 당사자의 서명)

특히 위 예시문의 3조(Legal Effect)가 포함되는 경우에는 MOU 전체의 효력을 부인할 소지가 있으므로 독점 협상권(Exclusive Negotiation)이라든가 비밀 유지 관련 조항에 대해서는 별도의 구속력을 부여하는 조항이 필요할 수 있다. 반면, 위 조항이 포함되지 않는 경우에 일부 회사들은 이를 이용해 구속력 있는 내용들을 MOU에 심어 두는 전략을 쓰는 경우가 있으므로 각별히 주의해 검토하도록 한다.

어떤 의향서가 법적 구속력이 있는지 여부는 종합적인 검토가 필요하다는 점은 재차 강조할 만하다. 일반적인 당사자 간 합의에는 구속력이 부여되는 것이 원칙이므로, 실무적으로는 구속력을 배제하고자 하는 당사자는 해당 의향서에 이사회 등 특별한 절차를 통과해야만 효력이 있다는 조항을 넣기도 한다. 이를테면 subject to approval 또는 subject to the customer's purchase order와 같은 형태로 계약상 효력 조건이 삽입되곤 한다.

16 Letter of Intent(LOI)

실제 거래에서는 MOU뿐만 아니라 Memorandum이나 LOI(Letter of Intent)와 같은 명칭의 문서들도 많이 사용한다. LOI는 말 그대로 일방적인 의사 표시를 기재한 서면으로 M&A에 있어서 매수인이 얼마 가격에 당해 기업(또는 자산)을 매입할 의사가 있다는 확약서로 사용되고 있다.

국제 거래에 있어서 Letter of Intent(LOI)란 정식 계약(본건의 경우 보증계약) 체결 전에 당사자 간에 본 계약 체결을 위해 예비적으로 양해한 사항을 기재한 서면을 말한다. 그 법적 성격에 있어서는 문서의 명칭(title)보다는 본문(substance) 중에 나타난 당사자의 의사가 더 중요하므로 본문 중에 계약 체결 전에 당사자 간에 이행되어야 할 조건 등을 열거하고, 다툼의 여지가 없도록 LOI 자체는 계약을 구성하지 아니함을 본문에 명시할 필요가 있다. 물론, 일부러 법적 효력을 부여하고자 할 때는 반대로 조건과 의무에 관한 내용을 가급적 많이 기재함으로써 계약서로서의 성격을 갖도록 할 수 있다.[10]

실무에서 특히 LOI가 사용되는 상황을 보면, 어느 일방의 입장이나 결정, 약속 등을 전달하는 경우, 본 계약의 체결 이전에 수출입 허가가 필요할 때 상대국 정부에 제출할 계약 예비 문서 정도로 활용되고 있다.

우리가 위와 같은 경우로 LOI를 필요로 하는 때가 있다. 이런 때는 이제까지의 상담과 협상 결과를 바탕으로 LOI를 작성해 줄 것을 요구할 수 있다. 즉 We require a properly executed letter of intent before any concrete action can be taken. The letter should include the following; (1) (2) (3)...과 같은 방법으로 요청하는 것이다.

다만 LOI는 일반적인 계약과는 달리 법적인 구속력을 다소 약화시키는 것이 일반적

---

[10] 참고로 MOU와 LOI 등과 같은 대안 서식들의 법적 구속력을 판단할 때 법원이 참고하는 고려 사항은 다음과 같다고 한다. (1) 의향서의 문구와 내용 (2) 협상의 맥락 (3) 당사자의 의무 이행 정도 (4) 당사자들이 핵심 조항에 대해 합의에 도달했는지 아니면 주요 쟁점들이 남아 있는지의 여부 (5) 계약서와 같은 자세한 거래 내용을 포함하고 있는지의 여부

이다. 이에 따라 표현 방법 역시 계약서에서 자주 등장하는 shall 대신에 may나 can, will과 같은 다소 약한 의미의 조동사를 사용하거나, agree, collaborate, cooperate, best endeavor 등과 같은 중성적 표현들을 자주 쓴다.

흔히 LOI의 작성에서 범하는 실수로는 조동사의 오용이라든가[11] LOI의 유효 기간 설정을 빠뜨리는 실수 등이 있다. 우리 측에서 작성하는 LOI라면, 나름의 기준을 갖고 스스로를 위험에 빠뜨리는 일이 없도록 주의를 기울여 작성해야 한다.

계약서 형식으로 작성하는 예

Letter of Intent

THIS LETTER OF INTENT is made on the 11th day of June 2008, by and between ABC Pharmaceuticals, Inc., a corporation duly organized and existing under the laws of the state of California, having a principal place of business at 12345 North Torrey Road, La Jolla, California 92016(hereinafter called "ABC"), and The Immune Response Institution, a corporation duly organized and existing under the laws of the state of Delaware, having a principal place of business at 67890 Darwin Court, California 92082(hereinafter called "IR"). ABC and IR are sometimes hereinafter referred to as a party(collectively "parties") to this Agreement.

BACKGROUND

In accordance with the terms of this Letter of Intent, IR has agreed to license to ABC the exclusive rights necessary or useful for the registration and/or commercialization of the product known as REM, a non-infectious intact Human Immunodeficiency Virus("HIV") devoid of outer envelope proteins. This Letter of Intent, which shall be binding on the parties, sets forth the basic license terms upon which the parties have agreed. The full terms of the license will be set forth in a definitive agreement to be prepared as described below.

NOW, THEREFORE, the parties agree as follows:

1) Term

2) Non Disclosure

3) License

4) Etc.

IN WITNESS WHEREOF, the parties herein have caused this LETTER OF INTENT to be executed in duplicates by their respective duly authorized officer as of the date first above written.

---

[11] shall과 will, may의 차이는 직관적으로 파악할 수 있지만, 특히 상대의 계약서를 검토하는 단계에서는 주의를 기울여야 한다. 한편, will로 이어진 문장에 구속력이 없다고 보는 사람들도 있지만, will 역시 의지를 나타내는 조동사로 당사자에게 어느 정도의 의무를 부여하고 있음을 잊지 말아야 한다.

의향서

배경

본 의향서의 조건에 따라, IR은 ABC에 대해 REM제품의 상용화 및 등록을 위해 필요하거나 유용한 독점적 권리를 허여하는 것에 합의한다. 본 의향서는 당사자들이 합의한 당사자들을 구속하는 기본적인 실시 조건들을 정하고 있다. 완전한 허여 조건은 아래 설명과 같이 준비되는 최종 계약서에 규정된다.

이에 당사자들은 아래와 같이 합의하는 바다:

1) 기간
2) 비공개
3) 라이선스
4) 기타

이상에 대한 증거로, 당사자들은 본 의향서를 작성했으며, 이 의향서는 상기일로부터 적절히 권한이 위임된 각 당사자들의 직원들에 의해 원본 2통으로 작성했다.

설명　위 LOI에서는 양 당사자의 서명을 유도함으로써 계약서의 초보적인 형태를 의도하고 있으며, 법적 효력이 부인되는 조항이 없다면 구속력이 인정될 수 있는 형태다.

편지 형태로 작성하는 예

XXD Instrument LLC
(주소)

Letter of Intent

Dear sirs,

We refer to your letter dated 14th of March, 2008 with respect to the procurement condition of XXD Testing Equipment.

We hereby confirm that we have received your proposal no. XXD 080314 and intend to proceed the procurement in 2009.

As explained in our previous letter, our budget constraint does not allow excessive expenditure this year so our procurement will be in early January, 2009 subject that your proposal submitted to us remains current conditions including the specifications, price and delivery.

Yours Sincerely,

(　　　　　　)
Leader, Procurement office

Korea Institute of Radiation Test
(주소)

XXD Instrument 주식회사
(주소)

의 향 서

귀하,

귀사의 XXD 시험장비 구매 조건에 관한 2008년 3월 14일자 서신을 참조했습니다.
당사는 귀사의 제안서 번호 XXD 080314를 수령했으며 2009년 중에 구매 절차를 진행하고자 함을 확인합니다. 이전 서신에서 설명해드린 바와 같이 당사의 예산 제약이 금년의 초과 지출을 허용하지 않아 당사에서는 귀사의 사양과 가격, 납기를 포함한 현재 조건들이 유지된다는 조건으로 2009년 1월 초순에 구매를 진행하고자 합니다.

재배,
(   )
팀장, 조달팀

한국방사선시험원
(주소)

　보통 정부나 공공기관에서는 여러 가지 이유로 구매 절차가 복잡하게 되어 부득이하게 어떤 장비의 구매 시점을 늦추거나 구매 시점이 늦어지는 경우가 많은데, 이때 제조자 입장에서는 급변하는 원재료의 조달 상황에 대한 어려움을 설명하면서 구매하겠다는 보증만 있으면 미리 원재료를 구매해 장비를 제작해 두겠다고 할 수 있다.

　구매자 입장에서도 구매 계획만 확실한 것이라면 현재의 가격으로 내년에 구매할 수 있는 것이므로 유리한 방법이 된다. 이러한 경우에 LOI의 작성을 고려할 수 있다.

17　협상을 비밀로 하는 NDA

　일반적인 물품의 매매에 있어 상대방에게 견적을 요청하면 곧장 얼마의 가격으로 며칠 내의 납기를 갖고 어떤 조건으로 선적하겠다는 내용의 견적서가 도착한다.

　그러나 그 물품의 특성상 장기간의 개발이 필요한 제품이거나, 경쟁이 극심한 제품이거나, 거래처마다 가격 차별 전략을 펼치고 있는 회사의 제품인 경우에는 쉽게 견적이나 제품 사양서(Technical Specification)를 내 주는 일이 없다. 제품의 기술 사양에 대한 상담을 원하는 경우에도 마찬가지다. 한편, 기업이 직원을 채용할 때도 우리나라에서는 기밀 유지 보호 의무가 당연히 부과되는 것으로 보지만, 영미의 고용 계약에서는 비밀 유지(Confidentiality) 의무를 별도로 명시하기도 한다.

　반대로 우리 측에서 위와 같은 상황을 우려하고 있는 경우에도 쉽게 우리 정보를 줘서는 안 된다.

이때 필요한 계약서가 비밀 유지 계약서인데, 영어로는 Confidentiality Agreement, Secrecy Agreement, Confidential Disclosure Agreement(CDA) 또는 Non Disclosure Agreement, 즉 NDA로 번역한다. NDA에서 다루는 주요 내용은 비밀 정보로 분류되는 내용들을 주의해서 취급해야 하고, 외부로 누출해서는 안 되고, 복사해서도 안 되고, 해로운 어떤 형태의 가공도 해서는 안 되고, 이러한 약속을 어기는 경우에는 손해 배상을 해야 한다는 것이다. 이런 내용을 규정하기 위해서는 먼저 당사자와 비밀 정보에 대한 정의부터 내려야 하는데, 대개 비밀 정보의 범위를 규정하는 조항이 첫 번째로 작성할 내용이자 주의를 기울여 검토할 대상이다.

당사자의 정의

계약의 당사자인 the Parties를 NDA 계약에서는 정보 수령자(the Recipient)와 정보 제공자(the Disclosure), 또는 정보 수령자(the Receiving Party)와 정보 제공자(the Disclosing Party)로 분명하게 구분 짓는 경우가 많다. 정보가 서로 교환될 필요가 있는 경우에는 주어인 당사자를 특정 회사의 이름으로 명기하기보다는 Receiving Party 나 Disclosing Party와 같이 구분지어 정보의 수령에 따른 의무사항을 나열하기도 한다. 한편, Receiving Party 와 Disclosing Party의 개념을 다음과 같이 사전에 확정하는 것은 추후에 발생할 수 있는 Receiving Party의 정보 제공을 보호할 수 없게 되므로 바람직하지 않다.

> XXX company, hereinafter called as the "Disclosing Party", YYY company, hereinafter called as the "Receiving Party", collectively referred to as the "Parties" hereby agree that —

> **설명** 바람직하지 못한 예문이다. XXX company를 정보 제공자, 즉 Disclosing Party로 처음부터 제한하고 있어 우리가 YYY company의 입장이라면 항상 정보 수령자가 되기 때문에 정보를 제공하더라도 계약서 내용으로부터 보호받지 못하게 된다.

> **해석** XXX 회사(이하에서는 '정보 제공자'라 한다)와 YYY 회사(이하 '정보 수령자'라 한다)는 통틀어 '당사자'라 하며 이들은 …와 같이 합의한다.

다음은 NDA의 서문, 즉 Recital의 설명 조항에서 볼 수 있는 예문으로 주어의 구성에 있어 균형 잡힌 형태를 보이고 있다.

> The Receiving Party understands that the Disclosing Party has disclosed or may disclose information relating to each Company's personal and business data, which to the extent Ⓐ **previously, presently, or subsequently** disclosed to the Receiving Party is hereinafter referred to as "Proprietary Information" of the Disclosing Party. Ⓑ **Each Party shall be the "Receiving Party" and/or the "Disclosing Party" as appropriate**.

Ⓐ '이전에', '현재', '추후에'의 뜻으로 자주 사용되는 조합이다.
Ⓑ 각 당사자는 경우에 따라 정보 수령자 또는 제공자가 될 수 있다.

해석   정보 수령자는 정보 제공자가 정보 수령자에게 회사의 사적 및 영업적인 자료와 관련한 정보를 제공하였거나 제공할 수 있으며 그렇게 정보 수령자에게 이전, 현재, 또는 추후에 제공된 데이터는 정보 제공자의 '보호대상이 되는 전유적 정보'라 한다. 각 당사자는 경우에 따라 '정보 제공자' 또는 '정보 수령자'가 될 수 있다.

비밀의 범주

비밀의 범주를 정의하기 위해 보호 대상이 되는 정보(Proprietary Information) 조항을 서두에 둘 필요가 있다.

> For the purpose of this Agreement, "Proprietary Information" means all information, in whatever form transmitted, relating to past, present or future business affairs, including but not limited to, specifications, schematics, drawings, research, development, financials, business plans, customer lists, trade secrets, operations, engineering data, intellectual property, inventive technology, know-how, or systems of the Disclosing Party hereto, which is disclosed by the Disclosing Party to the Receiving Party.

설명 및 해석   본 계약의 목적상, 보호 대상이 되는 정보(Proprietary Information)는 '정보 제공자'가 '수령자'에게 제공하는 '정보 제공자'의 사양서, 도면, 설계, 연구, 개발, 재무, 사업계획, 고객 목록, 영업 비밀, 운영, 기술적 데이터, 지적재산권, 발명적 기술, 노하우, 또는 시스템을 포함한, 전송 방법에 관계없이 과거와 현재 또는 미래의 사업에 관한 모든 정보를 의미한다.

예외에 관한 사항

요청에 의해 제공된 비밀일지라도 그 내용이 이미 논문이나 잡지 등에서 공지된 사실인 경우에는 굳이 비밀로 취급할 필요가 없다. 역시 비밀의 범주를 규정한 조항 내에 다음과 같이 예외를 표시하도록 한다.

> Proprietary Information shall NOT include any information disclosed by the Disclosing Party that: Ⓐ can be established by written documentation to have been known to the Receiving Party prior to receipt from the Disclosing Party; Ⓑ is or becomes publicly known through no wrongful act of the Receiving Party; Ⓒ can be established by written documentation to have been independently developed by the Receiving Party or by a person or persons not having access to Proprietary Information received from the Disclosing Party; or Ⓓ is obtained from a third party in lawful possession of such information who is not restricted by the Disclosing Party from disclosing such information.

설명 및 해석 (보호 대상이 되는) Proprietary Information에는 정보 제공자에 의해 공개되는 다음 정보는 포함되지 않는다. Ⓐ 정보 제공자로부터 접수받기 이전에 수령자에게 알려진 것임을 서면으로 작성할 수 있는 경우 Ⓑ 수령자의 과실 없이 대중에 알려진 정보가 된 것 Ⓒ 정보 제공자로부터 수령한 정보로의 접근이 없었던 사람 또는 정보 수령자에 의해 독자적으로 개발되었음을 문서로 작성할 수 있는 경우 Ⓓ 그러한 정보를 제공하는 것이 정보 제공자에 의해 제한되지 않은, 그러한 정보를 합법적으로 소유하고 있는 제3자로부터 획득한 정보.

비밀 유지 기간과 NDA 계약서의 유효기간

많은 경우에 비밀 유지 기간과 NDA 계약서의 유효기간은 다르게 설정한다. 즉 NDA 계약이 만료되거나 종료되는 경우에도 비밀 유지 의무는 존속시키는 것이다. 이 경우, 비밀 유지 기간은 계약 종료 후 5년 정도가 적절한 데, 영구적인 비밀 유지 기간의 설정은 서로에게 부담이 될 수밖에 없기 때문이다. 한편, NDA 계약서의 유효기간은 이후의 본격적인 계약서의 서명 시점과 같이 Event에 맞추는 방법도 있고, 특정 기간을 정할 수도 있다.

위약 책임과 구제(Injunctive Relief)[12]

비밀 정보의 취급 주의 의무를 위반한 경우에 대한 책임과 구제 방법(Injunctive Relief) 역시 중요한 체크포인트가 되는데, 대개의 NDA에서는 이렇게까지 자세한 내용을 넣지 않는 것이 보통이다. 보통 준거법과 관할 법원을 명시하면서 위반 시의 제소 가능성을 언급하는 것으로 마무리한다.

The Parties shall ensure that disclosures under this Agreement Ⓐ **are not contrary to** the laws and regulations of their respective countries. This Agreement shall be subject to all applicable government security requirements and export regulations Ⓑ **binding upon** either Party. This Agreement shall be governed by and be construed and take effect in all respects in accordance with the Laws of England, and the parties hereby Ⓒ **submit to the exclusive jurisdiction of** the English courts.
In case the Receiving Party or its employee uses the Proprietary information against the purpose and contents of this Agreement, this act shall be recognized as a Ⓓ **material breach** of this Agreement. The Parties agree that, upon any Ⓔ **actual or threatened violation** of this Agreement by the other Party, the Ⓕ **Disclosing Party shall be entitled to preliminary and permanent Injunctive Relief against such violation**, in addition to any other rights or remedies which such party may have at law or in equity.

---

[12] 'Injunctive Relief'란, 법원이 당사자에게 특정 행위를 금지시키거나 특정 행위를 하도록 명하는 금지적 구제 조치로 번역한다. 계약서에서는 어느 일방이 상대방에게 그러한 조치를 취할 수 있도록 하는 권리로 사용된다.

설명 ⓐ be contrary to: '~에 반(反)해'로 해석하고, 'are not against the laws ~'로 바꿀 수 있다. The contract may be extended for one more year unless either Party notifies to the contrary.(반대의 통지가 없으면 계약은 1년 더 연장될 수 있다)

ⓑ bind upon: ~을/를 구속하다

ⓒ submit to the exclusive jurisdiction: '전속 관할권에 응한다'라는 표현이다.

ⓓ material breach: '중대한 위반'이라는 표현으로 material은 주로 '실질적인(substantial)' 또는 '중대한'이라는 의미로 사용된다. 관련 표현으로는 material harm(중대한 피해), material change(중대한 변화)가 있다.

ⓔ actual or threatened violation: '실제 위반 또는 위반 위험'이라는 뜻으로서 위반의 위협만으로 본문과 같은 구제 조치를 취하도록 하는 것은 다소 불합리한 감이 있을 수 있으므로 필요에 따라 삭제할 수 있다.

ⓕ Injunctive Relief 조항이 삽입될 필요가 있다면, 상기 조항의 (f) 부분과 같이 삽입해 배상 책임을 부과하는 것을 참고하도록 한다.

해석 각 당사자들은 본 계약 관계하에서의 정보 공개가 각자 국가의 법령과 상충되지 않음을 보증해야 한다. 본 계약은 어느 당사자를 구속하는 수출 통제와 해당 정부 안보 요구 조건들에 따른다. 본 계약은 모든 면에서 영국법에 따라 적용되고 추정되며 효력을 가지고, 당사자들은 이에 영국 법원의 독점적 관할권을 받아들인다. 정보 수령자나 그 종업원이 (보호 대상이 되는) 전유적 정보를 본 계약의 목적과 내용에 반해 사용한 경우, 이러한 행위는 본 계약의 중대한 위반으로 인식되어야 한다. 상대방에 의한 본 계약의 위반 또는 위반 위험에 있어, 정보 제공자는 그러한 위반에 대해 법적으로 보장된 권리나 구제 조치에 더해 예비적이고 영구적인 금지적 구제 조치를 취할 권리가 있음을 각 당사자는 동의한다.

특히 NDA는 일반적인 상거래를 예정하고 있는 계약서가 아니라는 이유에서 주의를 갖지 않고 대충 검토하는 경우를 많이 볼 수 있는데, 한 가지 유념할 것은 계약서 제목과 내용은 반드시 일치하지 않을 수도 있다는 점이다. 즉 계약서의 Title이 NDA라 할지라도 직·간접적으로 매매에 관한 상세 사항이 들어 있는 경우가 있는데, 추후의 후속 본 계약에서 미처 검토하지 못하는 내용이 사전에 계약되는 NDA에 들어 있다면 낭패를 볼 가능성이 크다.

한편, 경우에 따라서 당사자가 거래 협상을 개시하기 위한 사전 단계로서 비밀 유지 계약을 맺었다는 사실 자체도 공개를 꺼리는 때는 NDA의 내용 중에 NDA의 존재 자체에 대해서도 비밀을 유지할 의무를 부여할 수 있다.

요약하면, NDA를 작성하거나 체결할 때 반드시 검토할 사항은 ① 비밀을 공개(disclosing)하는 주체가 누구인지 ② 비밀의 종류는 무엇인지 ③ 비밀이 아닌 경우를 어떻게 정리하고 있는지 ④ 비밀을 제공한 것이 그 비밀의 사용권을 부여하는 것인지 여부 ⑤ 법원 명령 등 제공받은 비밀을 제공할 수밖에 없는 경우에 대한 예외를 정리했는지 ⑥ 제공받은 비밀에 대해서는 협약 유효기간이 지나더라도 악의적으로 경쟁 목적으로는 사용할 수 없도록 정리했는지 ⑦ 위반 시 조치사항 등으로 압축된다. 그 밖에도 NDA를 위반하는 경우의 법적인 조치사항은 일반적으로 금지적 구제조치(injunctive relief)인 경우가 많기 때문에 중재(arbitration)에 의해서는 해결할 수 없고 반드시 소송에 의한 해결을 명시해야 한다는 점이 지적되기도 한다.

Chapter
II

국제 조달의 주요 이슈

근래의 각국 간 자유 무역 협정 발효와 WTO 등 국제 사회의 노력으로 많은 국가 및 정부 또는 국제 기구 등에 대한 조달 시장 접근이 용이해지고 있다. 이미 우리나라에서도 미국 정부 조달 시장이나 국제 기구에 대한 성공적인 시장 개척 스토리를 갖고 있는 회사들이 많이 있고, 각종 국제 기구와 외국 정부의 조달 부처에서도 우리나라의 우수한 제품을 자국에서 활용하고자 내한해 KOTRA에서 설명회를 갖기도 한다.

계약이라는 차원에서, 우리나라 정부 조달을 경험해 봤다면 짐작이 가겠지만 정부 조달 계약은 거래의 안전이라는 측면과 보증된 품질의 제품을 구매한다는 측면에서 매우 까다로운 조건들을 갖추고 있다. 이는 판매자의 입장에서는 정부를 대상으로 한 판매이므로 대금 미회수 위험이 거의 없지만, 구매자인 정부 입장에서는 물품 미인도에 대한 위험이 상대적으로 높은 탓으로 이해하면 된다.

📱 Core Vocabulary

tender book	입찰 안내서	prequalification evaluation	사전 적격심사
sovereign immunity	주권 면제	notary	공증(notary public)
appostille	아포스티유 협약	bond	보증서(guarantee)
financial statements	재무 제표	auditor	감사인
lodge with	예치하다	tender	입찰(bidding)
draft	특히 bank draft로 사용되면 어음을 말한다.(초안, 징집 등을 의미)	TOR	확정되기 이전의 기본 조건 (Terms of Reference)
affix	첨부/날인하다	authentication	인증
chamber of commerce	상공 회의소	consular's invoice	영사의 확인을 얻은 인보이스

For the due and faithful performance of the Agreement and the fulfillment of the obligations hereunder, the Seller shall within thirty(30) days upon signing of the Agreement **lodge with the Buyer an irrevocable Performance Bond in the format set out in Annex A hereto.**	본 계약의 적절하고 성실한 이행과 이하 의무의 수행을 위해, 매도인은 계약일로부터 30일 이내에 **본 계약 첨부 A 에서 정하는 서식에 따라 매수인에게 취소 불능 이행 보증 서를 발행해야 한다.**
The Performance Bond shall be valid for a period up to one(1) month after the expiration of the Guarantee Period.	**이행 보증**은 보증 기간의 만료 이후 1개월의 기간까지 유효해야 한다.
In the event that the date of expiration of the Guarantee Period is **deferred for default of** the Seller, the Performance Bond shall be correspondingly extended by the Seller at its own expense.	보증 기간의 만료일이 매도인의 **귀책에 따라 지연되는** 경우에, 이행 보증은 매도인의 비용으로 그에 따라 연장되어야 한다.
We, the undersigned Parties for the Consortium, have hereunto set out hands and **affixed our seals** this ( ) days of April, 2009.	컨소시엄을 구성하는 각 당사자들은 본 계약서와 같이 합의했고 2009년 4월 ( )일에 **날인했다.**
IN WITNESS WHEREOF, the parties have executed this Agreement by **causing their corporate seals** to be hereunto affixed and duly attested and these presents to be signed by their duly authorized representatives, this 23rd day of May, 2009.	이에 대한 증거로, 당사자들은 여기에 날인되고 **적절히 인증된 회사 인감**과 각자의 권한 있는 대리인에 의한 2009년 5월 23일의 서명에 의해 본 계약서를 작성했다.
Failure to promptly notify thereof or allow equitable participation by the other party shall reduce the right of indemnification **to the extent of actual resultant prejudice.**	그러한 즉시 통지 의무 또는 상대방의 동등한 참여 허락을 해태하는 경우, 면책권은 **실제 결과에 따른 손해의 범위**만큼 축소된다.
To the extent that the Purchaser or any of its property has or hereafter may acquire any such right of **Sovereign Immunity**, the Purchaser hereby irrevocably waives all such right to immunity from legal proceedings, attachment.	구매자 또는 구매자의 어떠한 소유물이 가지거나 **주권 면제**의 그러한 권리를 획득하게 되는 범위에서, 구매자는 이에 법률 소송이나 압류로부터 면제되는 모든 그러한 권리를 취소할 수 없도록 유보한다.
Once you have all the forms completed and signed, place your tender in an envelope with the tender number on it and deliver it before the closing time to the place specified **when the tender was advertised.**	모든 서식들을 완성하고 서명하게 되면, 입찰서를 입찰 번호가 쓰인 봉투에 담아, **입찰 공고된 때** 명시된 장소로 만기일 이전에 송부하시오.

All delivery costs must be included in the **bid price**, for delivery at the prescribed destination.	지정된 목적지까지의 인도를 위한 모든 인도/운송 비용은 **입찰 가격**에 포함되어야 한다.

 국제 조달

우리나라 회사들의 기술력이 세계적으로 인정받으면서 각국 정부 조달 또는 각종 국제 기구를 통한 수출이 활성화되고 있다. 무엇보다도 이러한 조달 계약은 수출자의 입장에서 민간 기업보다는 신용 위험 부담이 줄어들게 되고, 회사의 이미지 제고를 위해서도 매력적인 수출 시장이 아닐 수 없다. 그중에서도 유엔 조달 시장은 세계 기업들로부터 물품과 서비스를 조달해 유엔 조달국(UNPS) 유엔 식량 계획(WFP), 유엔 개발 계획(UNDP), 유엔 아동 기금(UNICEF) 등 50개의 산하기구에 공급하고 있다는 점에서 잠재력이 큰 시장이 아닐 수 없다. 우리나라는 2006년 총 3천 273만 달러를 유엔 조달 시장에 공급, 총 시장의 0.35%의 조달 물량을 차지하고 있다.

국제 조달 계약이 갖는 한 가지 중요한 특징은, 계약 내용에 대해 이의가 있더라도 이를 협의할 기회가 거의 없다는 점이다. 우리나라도 정부 기관의 조달 계약은 국가 계약법에서 정하는 바에 따라 계약서 내용이 거의 고정되어 있다시피 하고, 다른 나라 정부나 국제 기구 역시 마찬가지인 경우가 많다.

결국, 사전에 공개된 기본 계약 조건(Terms and Conditions)에 동의하는 상태로 견적 작업을 해야 하는 것이다. 이러한 상황은 아랍권이나 아시아권에서 특히 심한데, 오히려 이 기본 계약 조건에 얼마나 만족하는지 또는 얼마나 더 해 줄 수 있는지를 지수화해 계약자 선정 과정에서 평가하기도 한다.

국제 조달 계약의 또 다른 특징은, 입찰을 통해 계약자를 선정하는 것인데, 우리나라 정부 기관의 경우와 크게 다를 바 없이 진행된다. 즉, 예가 산정을 위한 사전 견적 작업, 적격성 심사와 입찰 공고, 입찰, 낙찰자 선정, 계약 등의 절차를 거치는 때가 많다. 다만 해외 입찰이므로 각 경우의 용어에 익숙해질 필요가 있다. 각국 정부 및 국제 기구의 조달 계약에서 일반적으로 채택되는 순서에 따라 다음과 같이 단계별 이벤트를 정리했다.

입찰 참여 의향 조회서(RFI, Request for Information 또는 Intents)

특수한 기술이 요구되는 분야에서는 제한 입찰 또는 초청 입찰이 진행되기도 한다. 이때, 사전에 공급자 회의(Vendor Conference) 등을 통해 관련 기술을 보유하고 있는 것으로 파악된 업체들에게 발송하는 문서가 RFI인데, 대개 개괄적인 공사 내역에 대한 정보가 포함되어 있다. 이러한 RFI에 대한 회신 양식은 특별히 정해진 것이 없다면 'Response to RFI Document no XXXXX' 정도를 제목으로 하여 회신문을 작성해 발송하면 된다.

사전 적격 심사(Pre-qualification evaluation)

본 입찰이 이루어지기 전에 각 업체들에 대한 입찰 참가 자격 심사가 이루어지는 것이 보통이다. 대개 실적 증명서(Reference), 회계 감사 보고서(Independent Auditor's Financial Statements), 법인 관련 서류 등을 요구하기도 한다.

입찰 공고(Tender Notice/Notice of Bidding)

조달을 주관하는 부처의 인터넷 홈페이지나 관보에서 확인할 수 있지만, 초청받은 업체에게는 별도로 통지해 주는 경우가 일반적이다. 기술적으로 참여 기업이 제한될 수밖에 없거나 희망 공급업체가 몇몇 선정되는 경우에는 제한 경쟁 입찰을 위한 입찰 초대, 즉 Invitation To Bid(ITB) 또는 Invitation To Tender(ITT)를 거치는 경우도 있다.

제안 요청서(RFP, Request For Proposal)

특수한 기술이나 복잡한 단계의 공정이 필요한 공사 계약에서는 단순한 견적서만으로 제품을 묘사할 수 없다. 이러한 때에는 Proposal(제안서)이라는 명칭의 문서를 준비하는데, RFP의 요구사항에 따라 기술 명세(Technical Specification)와 가격 명세(Commercial Specification)를 분리하여 작성하거나 혼합 작성하기도 한다.

견적 요청서(RFQ, Request For Quotation)

RFP와 RFQ는 조달의 절차상 동일한 단계에 해당하는데, 일정 금액 미만의 구매, 특수한 기술을 요하지 않거나 복잡하지 않은 일반적 물품을 조달할 때는 몇 페이지 내에서 작성할 수 있는 견적서의 제출을 요청한다.

입찰 안내서(Tender Book)

경우에 따라 Instruction To the Bidder(ITB)로 나오기도 한다. 국가에 따라 Tender Book은 요금을 지불하고 구매하도록 요구하는 경우가 많다. 말 그대로 입찰 조건과 사양에 대한 안내문인데, 조달 주관 기관에서는 입찰 안내서를 누가 구입했는지, 누가 응찰할 것인지에 대해 미리 알고 준비할 수 있기 때문에 입찰 안내서를 열람하려면 최소한 등록이라는 절차가 필요하다.

입찰 설명회(Tender Briefing)

입찰에 따라 입찰 설명회를 개최하는 경우가 있다. 상호 간 필요한 사항에 대한 확인을 위해 열리곤 한다.

확인 요청(Request for Clarification)

반드시 따르는 절차는 아니지만, 실제 입찰서를 받아 보면 이해가 가지 않거나 헷갈리는 부분이 존재하게 마련이다. 이 경우 지레짐작으로 접근하는 것은 금물이다. 반드시 서면으로 Clarification(설명)을 요청하고 회신을 받아 두도록 한다.

이 밖에 정부 입찰에서 요구되는 법인 관련 서류들의 일반적인 영문 명칭은 다음과 같다.

영문 명칭	국문 명칭	국내 발행 기관
Reports of Financial Standing Independent Auditor's Financial Statement	재무제표/회계 감사 보고서	감사 회계법인
Corporation Registry	법인 등기부 등본	법원
Certificate for Business Registration	사업자 등록증	세무서
Certificate of Registered Specimen Stamp	법인 인감 증명서	법원
Certificate of Specimen Signature Statement of Signature Circular	서명 등록 증명서	상공 회의소
Articles of incorporation	(설립) 정관	각 기관 자체

다만 앞의 서류들에 대한 해석은 경우에 따라 달라질 수 있기도 하고, 각국 상공 회의소의 인증이나 자국 영사관의 인증을 요구할 수 있으므로 조달 계약에 참가하는 기업은 각 서류들에 대한 비교 리스트를 나름대로 마련해 주관 기관의 확인을 받는 것이 안전하다.

한편, 해외 조달 계약에 참가하는 경우에는 다음의 몇 가지 체크포인트를 반드시 확인하고 상황에 맞게 대처할 필요가 있다.

첫째, 해외 업체가 직접 참여할 수 있는가? 즉 현지 대리점이 필요한지 확인한다.

둘째, 기본적으로 제공된 양식과 거래 조건(Terms and Conditions)이 있는가? 우리 측에서 먼저 제안할 수 있는가? 협상이 가능한 양식과 거래 조건인가?

셋째, 낙찰자가 입찰 시에 제시한 가격이 그대로 인정되는가? 우선 협상 대상자 선정을 통해 재협상이 요구되지는 않는가?

넷째, 조달에 참가하기 위한 금융 비용의 총액은 어느 정도의 규모인가? 입찰 보증서 또는 증권(Bid Bond)부터 계약의 마무리를 위한 하자 보증서 또는 증권(Maintenance Bond)까지 이르는 금융 비용은 예상 외로 커질 수 있다.

다섯째, 조달 계약에 참가하는 상대방은 정부 기관인 경우가 많아 자칫 주권 면제라는 국제법상의 특권에 휘말리게 될 가능성이 있다. 주권 면제(Sovereign Immunity)란 특히 남미 등지의 개발도상국과의 계약에서, 경우에 따라 정부 개입으로 계약의 이행 과정에서 발생된 부산물이 국유화되어버리거나 또는 계약 자체로부터 발생한 채무를 이행하지 않는 위험이 있는 것이다.[1] 이에 대비해 주권 면제 특권(Sovereign Immunity Privilege)을 포기할 것을 계약서에 명시해 두는 노력이 필요하다. 실무적으로 과연 해외 공공 법인 또는 정부를 대상으로 이러한 계약 조항의 삽입을 주장할 수 있을지 또는 얼마나 실제로 효력이 있을지는 별론으로 한다. 다만 적어도 주권 면제의 효력을 다투어 우리의 재산을 보호하기 위해서는 최소한 동 조항이 삽입되어 있어야 한다.

Article XX. Waiver of Sovereign Immunity

Ⓐ **To the extent that** the Buyer may acquire any such right of Sovereign Immunity, the Buyer hereby irrevocably waives all such right of immunity from legal proceedings including, without limitation, attachment prior to judgment, or execution of judgment on the grounds of sovereignty in any action arising hereunder on behalf of itself and all its present and future property.

설명 Ⓐ To the extent that…은 '……라는 한도에서는'으로 해석되지만, '만일 ……'이라는 가정으로 해석하는 것이 가장 매끄럽다. 'Buyer가 주권 면제의 권리를 얻을 수 있는 상황이라도 그러한 권리를 포기하겠다'라는 뜻이다.

해석 매수인이 주권 면제의 어떠한 권리를 획득하는 범위 내에서(주권이 면제된다면), 매수인은 현재 및 장래의 소유권과 그 소유권 자체를 대신해 발생하는 어떠한 행위에서 판결 전의 압류, 국가 주권에 근거한 판결의 집행을 포함해, 법률 소송으로부터 면제될 수 있는 그러한 모든 권리를 취소할 수 없도록 면제하는 바다.

↑ 해외 조달 종합정보망(www.b2g.go.kr)

참고로 원자력 기술 수출 지원단(www.atomxport.com)과 같이 원자력 산업계 수출 기업들의 해외 조달물자 등록을 안내하는 곳이 있는가 하면, 중소기업청과 중소기업 진흥 공단에서 운영하는 해외 입찰 정보 사이트(www.b2g.go.kr)에서는 실제로 해외 각국의 기관에서 발주하는 품목들에 대한 유용한 입찰 정보를 얻을 수 있다.

---

❶ 법리적으로 주권 면제는 절대적 주권 면제(Absolute Immunity)와 제한적 주권 면제(Restrictive Immunity)로 구분되는데, 국가의 행위라 할지라도 상업적 기반을 가진 상행위에 있어서는 국가의 면책이 인정되지 않는다는 제한적 주권 면제에 따른 관례와 국제 조약이 형성되고 있다.

2 국제 조달 계약의 주요 이슈 (1) : 강력한 이행 담보 조건

국제 조달 계약에 있어 가장 민감한 이슈는 까다로운 이행 담보 조건이다. 기업 입장에서는 금융 비용의 차원에서나 위험 회피 차원에서나 부담스러운 내용이 아닐 수 없지만, 대부분의 국가에서는 각 정부 기관의 안전한 거래를 위해 법률로써 계약 내용을 강제하고 있어 피할 수 없는 조건이기도 하다.

조달 계약에서 흔히 요구되는 담보 서류는 다음과 같은 종류가 있는데, 입찰 참여 단계부터 계약 단계와 납품 이후 Warranty 단계까지 동일한 절차가 요구되는 경우가 많다.

Cash Deposit
현금의 납부로서, 입찰에 참가하는 기업으로 하여금 입찰 예정 가격의 일정 비율(보통 2~5% 내외)을 현금으로 납부하게 하고, 추후 낙찰된 기업이 사정이 생겨 계약하지 못하게 될 때, 동 금액을 환급해 주지 않겠다는 내용이다.

Certified Check
자기앞 수표를 현금 대신 납부할 수 있도록 한다.

Bank Draft
은행의 환어음으로서, 대개 조달 기관의 현지 은행에서 발행한 환어음을 요구하는 것이 일반적이다.

Irrevocable Letter of Credit
취소 불능 화환 신용장으로, 흔히들 LC로 일컫는 신용장을 제시하도록 하는데, 일반적인 화환 신용장보다는 보증 신용장(Standby Letter of Credit)을 많이 사용한다. 마찬가지로 현지 은행에서 발행하거나 확인한 신용장을 요구한다. 추심이 용이하기 때문이다.

은행 보증서(Bank Guarantee) 또는 보증서(Bond)를 대신 요구하기도 하는데, 가장 흔히 택해지는 방식이다. 보증서의 내용은 입찰 안내서(Tender Book) 등에 수록되어 있어 그 내용대로 발행되어야 하며, 상당히 강력한 내용으로 보증서의 환금성을 보장하고 있어서 우리나라 은행들은 다소 꺼리는 경향이 있다. 역시 조달기관의 현지 은행으로부터 확인받을 것을 요구하거나, 아예 발행 주체를 우리 은행이 아닌 현지 은행으로 지정하고 우리나라 은행은 그 현지 은행에 대해 반대 보증(Counter Guarantee)하도록 요구하기도 한다.

앞에서 언급된 각종 은행 보증서는 통칭해 Letter of Guarantee라고 하는데, 신용장에서 화물 선취 보증서를 뜻하는 Letter of Guarantee와는 전혀 다른 내용이고 적용되는 사례도 전혀 다르므로 오해가 없길 바란다.

3 국제 조달 계약의 주요 이슈 (2) : 인증

문서 자체의 신뢰성을 강화하기 위해 몇 가지 보충 요구를 추가하기도 하는데, 대표적으로 대표이사 서명이 등록된 상공 회의소 발행 서명감(Specimen Signature), 변호사 공증(Notary Public), 영사 인증(Consular's Authentication)을 요구하는 번거로운 절차가 있는 경우가 많다.

현재 실무적으로 상업 서류에 공적 인증을 요구하는 가장 까다로운 국가들은 터키, 인도네시아, 말레이시아, 이집트, 중동 국가들 정도인데 그중에서 터키와 인도네시아가 경험해 본 바에 따르면 가장 복잡하다.

예를 들어, 인도네시아 정부 입찰을 위해 법인 등기부 등본을 제출해야 한다고 가정할 때, 이를 문서화하여 제출하기 위한 대략적인 과정은 다음과 같다.

사전 준비 사항	상공 회의소 서명 등록 법인 등기부 등본의 영문 번역본 작성
번역 공증(변호사 공증사무소)	해당 서류의 영문 번역 공증
상업 공증(상공 회의소)	영문 번역 공증 서류의 확인
영사 확인(외교통상부 영사과)	상업 공증 서류의 확인
영사 확인(인도네시아 대사관)	한국 외교부의 영사 확인 서류를 인증

한편, 이와 같은 복잡한 절차를 생략하고자 국가들 간에 협약이 마련되어 현재 아포스티유 협약(Appostille)이 발효 중이며 아포스티유 협약을 맺은 국가와의 거래 시에는 상업 공증과 대사관 영사(www.0404.go.kr) 확인을 생략할 수 있어 수고를 덜 수 있다.

4 이행 담보 관련, 보증 계약의 종류와 방법

지급 보증의 형태에는 주 채무자가 대출금의 상환 의무를 게을리하는 경우 그 지급을 보증하는 가장 일반적인 형태의 지급 보증서(Bond/Bank Guarantee)와 신용장을 이용한 지급 보증(Standby L/C), 어음에 보증의 기명 날인과 해당 문언을 기재하는 어음 보증(Aval), 영미의 정부 조달 계약에서 많이 사용되는 보험 회사의 보증 채권(Surety Bond), 그리고 Project Finance에서 많이 사용되는 형태로서 차주의 지급 불능 또는 채무 불이행이 발생할 경우 대출 채무 자체를 보증인이 인수할 의무 등을 규정하는 등의 각종 계약 사항이 포함된 담보권 설정 계약서(Collateral Security Agreements) 등 다양한 형태가 있다.

국제적으로 통용되는 지급 보증서의 가장 중요한 특징은 계약 위반 또는 채무 불이행 사실에 대한 조사 또는 증거의 필요 없이, 보증을 확보하고 있는 채권자의 단순한 선언

(declaration)만으로도 발행 기관인 은행이 채권자에게 표시 금액을 지급해야 하는 무조건 적(unconditional)이며 독립적(independent)인 보증서라는 점이다.

지급 보증의 종류를 보증의 목적과 내용에 따라 구분해 보면, 대금의 상환을 보증하는 지급 보증(Payment Guarantee), 건설공사 계약 또는 플랜트 수출 계약 등에서 주로 이용되는 입찰 보증(Bid Bond), 계약의 이행 보증(Performance Bond), 선수금 환급 보증(Advance Payment Guarantee/Refund Guarantee)과 하자 보수 보증(Maintenance Bond) 등이 있다.

입찰 보증은 입찰이 종료되어 탈락하거나, 계약 업체로 선정(award)되어 계약서에 서명하거나, 경우에 따라 계약 업체로 선정된 이후 계약 이행 보증서를 발행하면 그에 대한 상환으로 해제되는 것이 일반적인 모습이다. 즉 입찰 보증은 입찰에 참가한 업체가 선정된 이후 계약을 회피할 위험을 보증하는 것이고, 계약 보증은 계약을 체결한 업체가 이행을 태만히 하지 못하도록 이행을 보증하는 것을 주 내용으로 하는 것이므로, 보증의 목적이 충족되고 나서야 비로소 종료나 해제가 가능한 것이다.

보증서를 가장 먼저 접하는 것은 역시 입찰 단계가 될 것이므로 입찰 보증에 대해서는 다음과 같이 업무 진행도를 도식화할 수 있다.

미국 현지 특정 은행의 보증서를 요구하는 경우

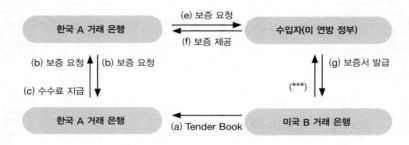

위 그림에서 (a)부터 (g)까지의 절차가 일반적인 보증서 발급에 필요하지만, 결국 가장 중요한 것은 수출자인 우리 회사의 신용이나 담보가 좋은 상황이 아니라면 (b) 단계에서부터 어려워진다. (e)와 (f)는 Corres. 관계 (Correspondence 업무 제휴 은행)가 있는 경우가 대부분이지만, 미 연방 정부에서 특정 은행의 보증서를 요구하는 경우에는 두 은행 간의 전신문이나 텔렉스(Telex) 자체의 교환에도 많은 시간이 걸리므로, 입찰 또는 계약 기한을 맞추기 위해서는 수출자의 적극적인 태도가 요구된다. 마지막의 (***) 부분은 극단적인 '계약 불이행'의 경우에 발생할 수 있는 수입자에 의한 보증서의 실행(execution) 상황으로 이런 상황에 대한 대비를 위해서는 보증에 대한 이론적 지식을 숙지해둘 필요가 있다.[2]

---

❷ 계약 보증서는 주 채무자(대개 계약자)가 계약에 따르는 채무를 이행하지 못하는 경우에 보증서를 발행한 보증인(은행)이 그 채무를 대신 변제해 주기로 약속한 문서다. 보증 관계는 주 채무에 종속되어 있는 것이 보통이지만, 국제 거래에서 통용되는 지급 보증서(Letter of Guarantee)나 보증 신용장(Standby L/C)의 경우에는 당사자 간의 특약으로 그러한 부종성을 배제하거나 신용장 고유의 독립성으로 인해 은행은 주 채무자의 항변을 원용할 수 없고, 채권자의 청구가 있는 즉시 보증 금액을 채권자에게 지급하도록 약정하는 것이 일반적이다. 보다 자세한 내용은 '서헌제, 국제 거래법 제3판 (2003), 법문사 pp.346 이하'를 참고하거나 유사 문헌을 참고해서 숙지할 것을 권한다.

현지 은행의 보증서(Guarantee)를 요구하는 경우에도 특정 은행이 아니라면, 국내 은행의 외국 지점을 통해 보증서를 발행하게 되면 금융 비용 면에서 저렴하게 거래할 수 있고, 현지 은행의 보증서를 요구하지 않는 경우에는, 우리나라 은행의 보증서만으로 거래할 수 있으므로 여전히 유리하게 된다. 이에 대한 협상의 여지가 있는지에 대해서는 매 경우마다 다를 수 있고, 각각의 보증서에 보증해야 하는 비율이 총 계약 금액의 몇 %나 되는지 역시 협상의 대상에 넣을 수 있다면 가급적 포함시키는 것이 바람직하다. 다음은 이행 보증 증권(Performance Bond)를 규정하는 계약 조항의 예시다.

For the due and faithful performance of the Agreement and the fulfillment of the obligations hereunder, the Seller shall within thirty(30) days upon signing of the Agreement Ⓐ **lodge with the Buyer an irrevocable Performance Bond** Ⓑ **in the format set out in Annex A** Ⓒ **hereto**, issued by a bank acceptable to the Buyer and Ⓓ **carrying out banking business in Malaysia** Ⓔ **covering five percent(5%) of the Contract Price**. The Performance Bond shall be valid for a period up to one(1) month after the expiration of the Guarantee Period. In the event that the date of expiration of the Guarantee Period is Ⓕ **deferred for default of the Seller**, the Performance Bond shall be correspondingly extended by the Seller at its own expense.

설명 Ⓐ lodge with: 예치하다 / the Buyer an irrevocable Performance Bond: 취소 불능 이행 보증서
Ⓑ 'Annex A 에 제시된 양식으로~'라는 표현으로 당사자는 계약서에 제시된 양식에 구속된다.
Ⓒ hereto: 'here+전치사'의 형태로서 '이하의 본 계약 첨부 문서'를 가리킨다.
Ⓓ '말레이시아에서 은행업을 영위하고 있는 은행에서 발행된 보증서일 것'을 요구하고 있다. 본 조항에 따르면, 국내 은행의 말레이시아 지점을 찾거나 현재 거래하고 있는 은행의 말레이시아 현지 Corres. Bank를 통해 Counter-Guarantee를 진행할 수 있다.
Ⓔ 계약 금액의 5%를 Performance Bond로 설정하도록 요구하고 있다.
Ⓕ 'Seller의 이행 불능으로 인한 지체'를 의미한다.

해석   이하의 의무 사항들을 완수하고, 본 계약의 정당하고 충실한 이행을 위해, 매도인은 본 계약 서명일로부터 30일 이내에 이하 첨부 A에서 정하는 서식에 따라 매수인이 받아들일 수 있는 말레이시아에 영업점을 갖고 있는 은행에서 계약 금액의 5%에 대해 발행된 취소 불능 이행 보증서를 매수인에게 예치해야 한다. 이행 보증서는 보증 기간의 만료일 이후 1개월의 기간까지 유효해야 한다. 보증 기간의 만료일이 매도인의 귀책에 의해 연기되는 경우, 이행 보증서는 매도인에 의해, 매도인의 비용으로 그만큼 연장되어야 한다.

한편, 신용장의 개설 주체가 매수인인 데 반해, 보증서의 개설 주체는 매도인이 되는 경우가 많다는 점도 눈여겨볼 만하다. 즉, 일반적으로 구매자 시장(Buyer's Market)인 소비재와 산업재 시장에서는 매수인이 이행 담보를 요구해 매도인이 자신의 비용으로 거래 은행을 통해 보증서를 개설하곤 하는 것이다. 물론 매도인이 협상력의 우위를 점하거나 공급자 시장(Seller's Market)인 경우에는 반대로 수수료 부담을 매수인에게 전가하는 경우도 있을 수 있다.

국제적으로 보증에 관한 준거 규칙들로는 다음과 같은 것들이 있으며, 대개 보증서나

보증 신용장 등에 기재가 의무화되어 있다. 실무적으로는 ISP98이 자주 사용되고 있다.

- Uniform Rules for Demand Guarantees(URDG): 요구불 보증에 관한 통일 규칙 (1992), ICC
- International Standby Practices(ISP98): 보증 신용장 통일 규칙(1998), ICC
- United Nations Convention on Independent Guarantees and Stand-by Letters of Credit: 독립적 보증과 보증 신용장에 관한 유엔 협약(1995), UNCITRAL

Performance Bond

BENEFICIARY: OOO Procurement Office, (address) Indonesia

BY THIS BOND we, **CT Bank**(hereinafter called "the Guarantor") having our registered office at **(address)** are bound to Ⓐ **OOO Procurement Office**(hereinafter called "OOO") in the sum of Ⓑ **U$(   ) being 5% of the Contract Price** of the Contract Reference Number (   ) made **the ( )st/th day of (Month, Year)** between OOO and XXX Co.,Ltd(hereinafter called "the Contractor") for the sale by the Contractor and the purchase by OOO of **The HPGE SYSTEM PROCUREMENT**.
Ⓒ **Sealed with our seals** and dated this ___ day of **(Month, Year)**.
The CONDITIONS of the above-written Bond is such that Ⓓ **if the Contractor or its successors or assignees shall well and truly perform, fulfill and keep all and every covenants, clauses, provisos, terms and stipulations in the said Contract mentioned or contained and on the part of the Contractor to be observed, performed, fulfilled and kept according to the true purport, intent and meaning thereof or if on failure by the Contractor so to do, the Guarantor shall satisfy and discharge any liquidated or other damages sustained by OOO up to the amount of the above-written bond, then the above-written bond shall be void but otherwise**, it shall be and remain in full force until **(Day, Month, Year)**(hereinafter referred to as the "expiry date") and any forgiveness or forbearance on the part of OOO to the Contractor or its successors or assignees under the said Contract should not in any way release the Guarantor from the Guarantor's liabilities under the above-written bond:
Ⓔ **Provided always that this bond is executed by the Guarantor upon the following express condition which shall be a condition precedent to the right of OOO to recover against the Guarantor under the above-written bond**:
If any failure by the Contractor well and truly to perform or keep any of the covenants, clauses, provisos, terms and stipulations in the said Contract mentioned or contained shall become known to OOO and the failure is such as may involve the Guarantor in liability under the above written bond OOO shall within 14 days after such failure has become known to OOO by letter sent by registered post notify the Guarantor of the failure.
Any demand for payment should be made and received by us on or before the expiry date. Thereafter, this Bond will be considered null and void Ⓕ **notwithstanding that it is not returned to us for cancellation**.

Signed by Guarantor

설명 및 해석　Ⓐ OOO Procurement Office: OOO 조달 사무실, 이 보증서의 수혜인, 즉 Beneficiary 가 된다.

Ⓑ U$(　　) being 5% of the Contract Price: 계약가의 5%인 U$(　　)

Ⓒ Sealed with our seals: 원래적 의미는 '우리의 봉인으로 밀봉되어'라는 뜻인데 '우리의 날인으로 보증한 다' 정도로 해석할 수 있다. 은행에 따라 정말 압인으로 찍거나 심지어 밀랍해 주는 경우도 있으므로 확인해 볼 필요는 있다. 확실하게 도장을 찍는 것은 'Affix a seal'이라는 표현을 사용한다.

Ⓓ 동사를 중심으로 문장을 구분해 보면, if the Contractor or its successors or assignees shall well and truly perform, fulfill and keep (all and every covenants, clauses, provisos, terms and stipulations in the said Contract mentioned or contained and on the part of the Contractor to be observed, performed, fulfilled and kept according to the true purport, intent and meaning thereof) or // if on failure by the Contractor so to do, the Guarantor shall satisfy and discharge (any liquidated or other damages sustained by OOO up to the amount of the above-written bond), then the above-written .bond shall be void와 같이 구분할 수 있다.

해석하면, 상기 보증서의 조건은 만일 계약자나 그 승계인 또는 양수인이 (언급된 계약서의 모든 조항과 단서 및 규정들을) 적절히 이행하거나 그렇게 이행하지 못하는 경우에는 보증자는 (상기의 보증서 금액을 한도로 ○○○ 조달 사무소가 입은 손해나 약정된 배상액을) 지불해야 하고, 그러면 상기 보증서는 무효가 된다. 즉, 보증서는 발생된 손해를 배상하거나 아무 손해가 없이 제대로 이행된 경우에 무효가 되는 것이다.

Ⓔ Provided always that this bond is executed by the Guarantor upon the following express condition which shall be a condition precedent to the right of OOO to recover against the Guarantor under the above-written bond: 다만 이 보증서는 ○○○ 조달 사무소가 보증인(은행)에 대해 회복하기 위한 권리에 앞서서 아래의 명시적 조건에 따라서만 실행된다.

Ⓕ notwithstanding that it is not returned to us for cancellation: 취소를 이유로 반송되지 않더라도 (보 증서는 무효로 된다)

국제 무역의 주요 이슈

Chapter III

계약 준비 과정에서 필요한 것은 비단 계약 문구의 결정에 대한 전략을 수립하는 것뿐만 아니라 회사 제품에 대한 충분한 이해와 해박한 무역 지식이다. 그러나 무역에 대한 해박한 지식은 무역을 전공한다거나 관련 전공 서적을 탐독해야만 얻어지는 것은 아니다. 대부분 무역 관련 서적들은 실무와 관련 없는 내용에 대해 지나치게 상세한 설명이 많고, 오히려 실무자가 자주 접하는 내용에 대해서는 단순한 개요만을 설명하고 있는 것 같다. 물론, 상세하게 설명된 책자 한 권 정도는 구비해 두면 좋겠지만, 이들 책 역시 반드시 알아야 할 무역 지식을 채워 주기에는 부족하다.

이번에는 무역 업무에 익숙하지 않은 계약 실무자의 입장에서 협상 과정에서 자주 쓰거나 접하게 되는 무역 업무 관련 지식을 정리했다.

📺 Core Vocabulary

at A's sole discretion	A의 재량으로	guarantee	보증하다
loss of goodwill	영업권의 손실	to the extent~	~의 범위에서는
irrevocable	취소 불능, revocable (취소할 수 있는)의 반대말	immigration clearance	이민국 통과(여권 확인 후의 입국 수속 절차)
logistics	물류	customs clearance	세관 통관
bill of lading	선하증권(B/L)	incoterms	인코텀즈 (2023년 현재 Incoterms 2020이 최신 버전)
letter of credit	신용장(L/C)	collect	추심하다
insofar as	~인 경우에 한해 (to the extent)	subsidiary	자회사(모회사는 parent, 계열사는 affiliate)
wire transfer	전신환 송금	misappropriation	(정보의) 부정 사용
order placement	발주	honour	(특히 신용장) 지급(payment)

📭 Core Sentence

Insofar as the documents are applicable,	문서들이 적절한 경우**에 한해**.
In the event that the Contractor fails to comply with the terms of this Section 19, the Customer may **in its sole discretion**, terminate the trademark license pursuant to this Section.	계약자가 본 계약 제19조의 조건에 따르지 못하는 경우에 고객은 본 조에 따라 **스스로의 재량으로** 상표권 실시를 종료시킬 수 있다.
This offer **is subject to acceptance** reaching our company by March 2, 2009.	이 오퍼(청약)은 2009년 3월 2일까지 본사에 **승낙이 도착하는 것을 조건으로 한다**.
Banks **deal with** documents and not with goods, services or performance to which the documents may relate.(UCP600 article 5)	은행은 서류를 **취급하는** 것이지 그 서류와 관련될 수 있는 물품, 용역 또는 이행을 취급하지는 않는다. (UCP600 5조)
A credit is **irrevocable** even if there is no indication to that effect.(UCP600 article 3)	신용장은 그러한 표시가 없는 경우라도 **취소가 불가능**하다.(UCP600 3조)
We would like to **place a substantial order** with you on regular basis if your prices are competitive.	귀사의 가격이 경쟁력이 있다면, 정기적으로 **대량 주문을 하고** 싶습니다.
It is requested to extend both the **latest date of shipment and the expiry date** to August 10 and September 10, respectively.	**최종 선적일과 신용장 만기일**을 각각, 8월 10일과 9월 10일로 연장해 줄 것을 요청한다.
Enclosed please find the copies of all your **outstanding accounts** that are past due over sixty days.	60일 이상 결제되지 않은 귀사의 **미지불 계정** 사본을 동봉하오니 참고해 주십시오.
The Buyer must contract at his own expense for the carriage of the goods from the **naming port of shipment**.	매수인은 **지정된 선적항**으로부터의 물품 운송을 위해 자신의 비용 부담으로 (운송)계약을 체결해야 한다.
Members of our staff **are strictly prohibited to** accept gift or money that may be given to them for any purpose from the vendors.	당사 직원들은 공급처에서 제공하는 여하의 목적을 위한 선물이나 금품의 수령이 **엄격히 금지되고 있다**.

1 우리 회사도 수출할 수 있을까

　세계 어느 나라를 가더라도 한국의 기술력과 사업 추진력을 알아 주지 않는 곳이 없다. 한국의 회사에서 왔다고 하면, 회사 이름이 생소하더라도 한국의 IT기술을 비롯한 거의 모든 방면에서 실력을 인정해 준다. 그러나 이들에게 우리의 제품과 서비스를 판매할 기회를 만드는 것은 그다지 녹록한 작업이 아니다. 또, 한편으로는 이들의 적극적인 관심을 이끌어내는 데 성공했다 하더라도 연구 개발과 기술을 중심으로 창업한 작은 규모의 회사의 경우 수출에 이르는 다소 복잡한 거래 기술을 이해하고 거래를 유리하게 이끌어내기란 여간 어렵지 않다.

많은 회사들이 제품에 대한 충분한 경쟁력을 갖추고 있음에도 불구하고 해외 진출을 아예 고려하지 않는 것은 이러한 복잡함과 위험성에 대해 미리 걱정만 하고 있거나 아예 엄두도 내지 못하고 있기 때문이다.

한편, 반대로 제조 분야의 몇몇 벤처 기업들은 연구소 창업의 형태를 띠거나 연구 개발 역량을 중심으로 창업한 탓에 일단 거래만 성사되면 수출입과 관련된 물류 문제에 대해서는 국제 이삿짐 운송과 유사하게 생각하고 무시하는 경향이 있는데, 큰일 날 말씀이다. 수출입 주체로서 회사가 직면하는 법률만 하더라도 세금과 관련해 관세법과 세법, 외환의 거래에 따른 외국환 관리법, 무역 관련 대표 법률인 대외 무역법과 전략 물자의 수출입 통제가 포함된 대외 무역법 시행령의 수출입 통합고시, 그리고 앞에서 제시한 각종의 국제법이 개입되고 있으며, 우리나라의 법률은 모두 처벌 규정이 포함된 강행 법규의 성격을 띠고 있다. 즉, 만만하게 보다가는 자칫 회사의 존립이 위험해질 수도 있다.

두 경우 모두 기본적으로 무역에 대한 배경 지식의 부족에서 나온 선입견 때문이라 할 수 있는데, 제품에 경쟁력이 있고 나름대로의 유통망이나 바이어가 확보된 상황이라면, 일반적으로 수출을 위한 사전 준비 작업은 다음과 같이 요약할 수 있다.

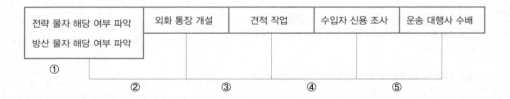

전략 물자 해당 여부 파악	외화 통장 개설	견적 작업	수입자 신용 조사	운송 대행사 수배
방산 물자 해당 여부 파악				
①	②	③	④	⑤

① 우리 제품이 방산 물자나 전략 물자에 해당하는지의 여부는 어느 정도 직관적으로 판단할 수 있는 것이지만, 구분이 애매한 경우에는 방위 산업진흥회(http://www.kdia.or.kr)와 전략 물자 관리원(www.yestrade.go.kr)에 조회하면 쉽게 판단할 수 있다. 특히, 전략 물자의 경우에는 첨단 기술이 포함되어 있지 않은 제품일지라도 수입자의 상황에 따라 해당되는 경우가 있으므로, 가급적 사전 판정을 받아 두고 필요한 경우 허가를 얻도록 한다. 두 경우는 허가 대상 수출의 대표적인 경우로서 이외에도 원자력과 항공기 등의 관련 제품 수출입에도 허가가 필요한 경우가 있다.

② 외환 거래를 위해서 가장 먼저 필요한 것이 외화 통장을 개설하는 것이다. 가까운 금융 기관에 가서 가능하면 달러화와 유로화, 엔화를 함께 거래할 수 있는 외화 종합 통장으로 개설하면 편리하다. 반드시 거래 은행의 국제 표준 코드인 SWIFT Code와 예금주인 우리 회사의 영문 표기명을 확인한다.

③ Title은 Quote/Quotation/Proposal/Pro forma Invoice와 같이 모두 쓰이고 있으므로 미리 표준 양식을 하나 더 만들어 두면 좋다.

④ 수입자 신용 조회를 위한 가장 간단한 방법은 Record 조회인데 거래 경험이 있는 한국 회사를 가르쳐달라고 하고, 그 한국 회사에 수입자와의 과거 거래 경험을 알아보는 것이다. 이때, 대금 지급 방법은 어떻게 했는지, 계약은 어떻게 진행되었는지, 무역 조건 Incoterms는 무슨 조건을 이용했는지를 포함해 가능하면 서면으로 질의서를 발송하고 조회서를 받아 두는 것이 좋다. 여의치 않은 경우, KOTRA와 수출입 은행 등에서도 저렴하게 관련 서비스를 제공하고 있으므로 활용할 수 있다.

⑤ 역시 무역 거래 협상에 들어가게 되면 이슈로 대두되기 쉬운 내용 중의 하나가 운송에 관한 것이다. 절대적인 기준은 아니지만 항공 운송의 경우, 무게 200kg을 기준으로 그 이상이면 일반 운송 대행사인 Forwarding 선사를 활용하는 것이 유리하고, 그 이하의 경우에는 FEDEX나 TNT, UPS, DHL과 같은 특송사의 서비스가 오히려 저렴하다. 특히 고가의 물품일수록 위의 기준 무게는 높아지는데 이는 특송사에서 제공하는 무료 수출 통관 서비스 때문이다(예를 들어, 10만 달러를 넘어가는 경우에는 300kg이라도 특송사가 저렴하다. 대개 통관 수수료는 수출가액의 0.1%에 달한다). Global 특송사에서는 각 회사에 고유 번호를 부여해 다양한 서비스를 제공하는데, 수출 시 상대방이 운송비를 부담하는 경우라면 우리 회사에서 거래하는 특송사에 관심을 갖게 되는 것이 당연하다. 한편, 포워딩 선사들은 대개 ○○○ 항공 해운 등의 이름을 갖고 있는데, Global 대형 포워딩 회사들은 각국에 지사를 보유하고 있기도 하고 그렇지 않은 소규모 운송사들은 전 세계 각국 주요 공항의 유사한 운송사들과 partnership을 통해 연계 서비스를 제공한다.

간혹 무역을 하기 위해 특별한 등록 절차가 있지 않느냐고 물어오는 사람들이 있는데, 지난 IMF 이후 일어난 가장 큰 변화 중의 하나가 외환과 무역의 자유화 추세다. 수출과 수입에 대리업 개념을 도입해 관리하던 것이 2000년부터 완전히 자유화되어 누구나 수출과 수입에 아무런 제한없이 종사할 수 있다.

이 정도면 대한민국의 수출 역군이 되기 위한 기본적인 준비가 된 셈이다. 전문가나 관세사의 도움을 받을 수 있다면 더할 나위 없겠지만 무역에 관한 기본적인 흐름을 이해하고 관련 지식들을 습득해 두는 것이 협상에 참가하기 위한 실무 담당자로서의 자세다.

2 전세계 장사꾼들의 표준 거래 조건, 인코텀즈(Incoterms)

어느 분야에서나 전문가들은 약자와 initial을 남발한다. 전문가로서 뽐내는 것이라기보다는 짧은 단어 몇 개로 원하는 말을 간단히 전달할 수 있는 장점이 있기 때문이다. 또, 어느 분야에서나 그들만의 기준이 되는 언어가 있다. 회계 담당자의 언어는 기업 회계 기준이고, 인사 담당자의 언어는 근로기준법일 것이고, 소프트웨어 개발자의 언어는 온통 C와 관련되어 있다. Incoterms는 무역인들의 언어라 할 수 있다. Incoterms를 빼놓고는 무역을 논할 수 없을 정도로 중요한 기준이 되는, 국제 거래에서 취급되는 물품의 책임과 위험에 관한 국제 표준 규칙이다. International Rules for the Interpretation of Trade Terms, 즉 무역 정형 거래 조건의 해석에 관한 국제 규칙은 1936년 ICC(International Chamber of Commerce)에서 첫 제정한 이래 Incoterms 1990과

2000, 2010을 거쳐 지금의 Incoterms 2020에 이르고 있다. 2020년 개정된 Incoterms 2020의 주요 변경 내용은 본 장의 마지막 페이지에 요약하였다.

그러나 앞에서 설명한 CISG, URDG와 같은 많은 국제 무역 규범들과 마찬가지로 Incoterms 역시 서로 다른 법률과 관행을 가진 국가의 거래 당사자 간 갈등을 조정하기 위한 지침 또는 참고 규칙으로 동작할 뿐, 강행 규범으로 작용하지는 않는 것이므로 당사자가 다른 내용으로 특별한 약정을 한 경우에는 약정한 내용이 우선 적용된다. Incoterms는 그 자체로 매매 계약이 될 수 없고, 주 계약이 되는 어떤 매매 계약에 편입되어 그 일부가 되는 정도의 한계가 있다. 그럼에도 불구하고 다른 많은 국제 무역 규범들이 국제 거래에서 명시적으로 적용이 배제되면서 찬밥 신세인 것과는 달리, Incoterms는 거의 모든 계약에서 가장 많이 적용되는 조항이다. 아무래도 협상을 통해 정해야 하는 조건들이 잘 정리되어 오랜 기간 국제적으로 이용되어 온 영향이 클 것이다. 하지만 이는 곧 Incoterms 내용에 대해 정확한 이해가 부족하면 그만큼 불이익을 볼 가능성이 크다는 뜻이므로 무역 현장에 있는 사람들은 반드시 숙지해야 할 내용이다.

Incoterms의 적용을 위한 대표적인 문구는 'Unless specially stated, the trade term under this contract shall be governed and construed under and by the INCOTERMS 2020.' 정도가 된다. 또는 Price(가격 조건)나 Payment(지불 조건) 조항에서 'US Dollar Ten Thousand(US$10,000), FOB Incheon, Korea in accordance with INCOTERMS 2020.'과 같이 표현함으로써 적용을 명시화할 수도 있다.

Incoterms에 대한 자세한 내용은 국제 거래법 학계에서도 관심을 갖고 접근할 만큼 어렵고 복잡하고 이론적인 부분이 많지만, 아래에서는 사용 빈도가 높은 내용들을 중심으로 기본적인 개념을 이해해 보기로 한다.

각 조건(Terms) 구분의 기준

Incoterms는 각각 조건별로 매도인과 매수인, 즉 수출자와 수입자 간의 법률 관계를 '의무'라는 측면에서 각각 규정하고 있다. 그 기준은 위험 부담의 분기점이 어디인가(안전한 물품 운송의 책임 분기점), 비용 부담의 분기점이 어디인가, 매도인이 제공해야 할 선적 서류의 범위는 어디까지인가 등 세 가지가 있다. 이들 기준에 비추어 매도인인 수출자의 입장에서 가장 의무가 완화된 조건은 출발지 인도 조건인 E 그룹으로서 위험 부담과 비용 부담은 수출자의 창고를 떠나면서 수입자인 매수인에게 이전된다. 수출자는 수출 통관의 의무가 없으므로 선적 서류 부담도 없다. 반면, 수출자의 입장에서 의무의 범위가 가장 넓은 조건은 도착지 인도 조건인 D 그룹이다. 수출자는 물품이 수입자 지정 장소(DAP에서 Place, 단 물건을 내리지 않은 채로), 지정 목적지(DPU에서 Place Unloaded), 수입자 창고(DDP)에 도착할 때까지 위험 부담과 비용 부담을 지게 되고 수출 통관을 위한 선적 서류를 부담해야 한다.

E Terms(출발지 인도 조건)

E 그룹의 가장 대표적인 조건은 Ex Works(EXW)로서, 영국에서는 loco 또는 on spot이라는 표현을 쓰고 미국에서는 point of origin(원산지 인도) 또는 FOB factory(공장 본선 인도)라고 한다. 이 조건은 수출자인 매도인의 의무가 가장 완화되어 있어서 매수인이 매도인의 작업장 등 물품이 현존하는 장소에서 매수인이 원하는 장소까지 운송하는 모든 책임과 비용을 부담해야 한다. 다만, 이 경우에도 Invoice나 Packing List와 같은 선적 서류의 제공과 같이 매수인이 수출 통관을 진행하는 데 필요한 협조 의무라든가(창고에서의) 물품 인도일 통지 의무 등과 같이 매도인 역시 기본적인 국제 거래를 위해 필요한 의무는 지게 된다. EXW 뒤에는 국가명, 도시명을 쓰기도 하지만 매도인의 회사명과 지역을 쓰는 것이 바람직하다. 즉, 'Ex Works Samsung Avionics Warehouse, Busan, Korea in accordance with Incoterms 2020, ICC'라고 정확하게 표기해 두는 것이 좋다.

F Terms(운임 미지급 조건)

Incoterms 중에서 실무적으로 가장 많이 사용되는 조건 중의 하나가 FOB(Free On Board)다. 수출자로서의 매도인이 물품을 선적항에서 본선 적재(또는 선복 적재/on board the vessel)하는 조건으로 화물을 적재하는 시점이 위험과 비용의 분기점이 된다. 과거 선측 난간(ship's rail)을 위험 분기점으로 하던 것에서 2010년부터 변경된 것이다. 어쨌든 FOB 또는 FCA 등과 같이 F로 시작되는 조건들이나 EXW 등 E 조건에서는 매수인이 해상 또는 항공 운임과 운송 중의 위험 부담도 함께 지게 되는 것이고, 스스로의 위험을 회피하기 위해 적하 보험에 가입하기도 한다. Incoterms에서도 컨테이너를 통한 항공 또는 해상 운송 수단을 이용한 복합 운송이 많고, 대부분 운송 주선인이 운송을 책임지는 경우가 많음을 감안해 FCA(Free Carrier At...) 조건을 두고 있는데, 이 조건은 본질적으로 FOB보다 무역 현장에 더욱 가까운 조건임에도 불구하고 많이 사용하지 않는 것 같다. FCA 조건은 운송인 인도 조건으로서 매도인이 물품을 수출 통관하고 지정된 장소에서, 매수인이 지정한 운송인에게 물품을 인도하는 거래 조건이다. 즉 위험과 비용의 분기점이 운송인에게 물품을 인도하는 시점과 장소가 된다. FOB나 FCA를 가격 조건으로 하는 경우의 계약 문구는 'FOB Incheon, Korea in accordance with Incoterms 2020, ICC', 'FCA Incheon Airport(계약상 지정된 장소), Korea in accordance with Incoterms 2020, ICC'와 같이 구성할 수 있다.

C Terms(운임 지급 조건)

역시 Incoterms에서 가장 많이 사용되는 조건으로, 운임과 보험료를 포함하는 CIF(Cost,

Insurance and Freight)를 빼놓을 수 없다. 이 조건에서 매도인인 수출자는 운임과 보험료를 부담해야 하므로 비용의 분기점은 수입자 항구까지가 되겠지만, 위험의 분기점은 수출되는 항구까지 약간은 복잡한 구조가 된다. 쉽게 말해서 수출자는 운임과 보험료를 부담하지만, 운송 과정에서의 물품에 대한 책임은 수입자에게 있어 문제가 발생하는 경우 보험금의 청구를 수입자가 해야 한다. 한편, FCA 조건이 FOB 조건의 현대적 변형인 것과 마찬가지로 CIF 조건 역시 복합 운송과 항공 운송의 증가에 따라 현대적으로 변형되어 CIP(Carriage and Insurance Paid to...) 조건을 별도로 두고 있는데, 이 또한 실무에서는 아직 생소한 조건으로 보인다. 이 밖에도 과거에 CIF 조건에서 Insurance, 즉 적하 보험 의무만 제거해 실무에서 많이 사용해 왔던 C&F(Cost&Freight) 조건은 지금은 CFR(Cost&Freight) 조건으로 변형되어 Incoterms상에 남아 있고, CIF와는 달리 항구가 아닌 목적지를 지정할 수 있는 CPT(Carriage Paid To...) 조건도 많이 사용되고 있다. CIF 및 CIP 조건으로 계약하게 되는 경우, 'CIF/CIP+수입자 항구/공항'의 형태로 문구를 작성하게 된다. 실무적으로 적하보험을 들게 되면 CIF 가액×110%를 부담하도록 하고 있고, 세관에서 발행한 수출입 신고필증을 보게 되면 CIF 금액과 FOB 금액이 다른 것을 발견할 수 있다. 계약서에서 CIF 조건으로 미화 1만 달러라고 되어 있는 경우, FOB 가격에 운송비와 보험료를 포함한 것이므로 FOB 가격은 약 9천 달러 내외가 된다. 우리나라의 관세법에서는 수입되는 물품에 부과되는 관세의 과세 표준은 CIF 가격으로 보는 반면, 수출 실적은 FOB 가격을 기준으로 인정하고 있다.

D Terms(도착지 인도 조건)

DAP(Delivered At Place) 조건과 DDP(Delivery, Duty Paid) 조건이 도착지 인도 조건으로 많이 사용된다. 단어의 의미에서 이해할 수 있지만, 국제 운송을 위한 운임은 당연히 매도인이 부담해야 하고 추가로 관세와 조세 등 수입 통관상 제 비용을 매도인이 부담하느냐 여부가 기준이 된다. 즉, 매도인이 수입 통관과 비용 의무를 부담하는 경우에는 DDP 가 되고, 매수인이 부담하는 경우에는 DAP가 된다. 실무에서는 영업용 견본품의 반출입과 거래 물품의 하자로 인한 반출입의 경우에 이러한 도착지 인도 조건이 많이 사용되는 편이다.

Incoterms의 사용에 있어 주의할 사항

첫 번째, 컨테이너를 비롯한 무역 운송 수단이 발달하면서 항공과 철도, 해운이 결합된 복합 운송이 등장하고 있는데, CIF, FOB, CFR, FAS와 같은 거래 조건은 그 위험 분기점이 '본선 선적'인 선박 특유의 조건으로 복합 운송에서 이들 조건을 사용하는 것은 바람직하지 않다. 대신 CPT, CIP, FCA와 같이 복합 운송의 특성에 적합한 조건을 사용하는 것이 좋다.
두 번째, CIF를 비롯한 'C 조건'에서는 운송비를 매도인인 수출자가 부담하기는 하지만 위험 부담은 선적과 동시에 끝난다. CIP와 CIF에서 매도인에게 보험 가입 의무를 부과하지만, 비용만 내는 것이지 위험 부담은 매수인인 수입자가 지게 되는 것이다. 즉, CIF와 CIP 조건에서는 보험 가입 의무가 매도인에 있지만, 매도인이 매수인(수입자)를 대신해서 가입하는 것으로 명시하고 있다. 나머지 9개 조건들에서는 매도인과 매수인 모두 보험 계약의 의무가 없다고 규정하고 있지만, 위험 부담 차원에서 C 그룹 조건 중 CFR, CPT, 그리고 D 그룹 조건에서는 수출자가 스스로의 위험을 고려하여 보험에 가입하는 것이 현실적이다.

세 번째, CPT, CIP, DAP, DDP는 지정 목적지 인도 조건이고 EXW와 FCA는 지정 장소 인도 조건으로 그 구성에 있어 주의할 필요가 있다. 즉, 우리나라에서 싱가포르로 CIP 조건으로 수출되는 경우에 CIP Incheon Airport(수출 공항)와 같이 구성하는 것이 아니라 CIP Singapore로 목적지를 삽입해야 한다.

네 번째, Incoterms 2020의 11개 거래 조건에서 규정되는 관세의 개념은 수입 관세는 물론, 수입 통관과 내국 소비제세 그리고 수입 관련 절차를 포함하는 넓은 개념이다. 따라서 계약서의 조세(Tax) 조항과 Incoterms 조항 간의 세금 부담 주체에 불일치가 있는 경우를 대비해 어느 한 조항에서는 'notwithstanding specified in article 15 (…)'와 같이 해당 조항에 우선 순위를 두는 문장을 구성할 필요가 있다.

보다 자세한 내용에 대해서는 무역 실무 관련 전문 서적을 참고하거나 인터넷에서도 제공되고 있는 무역 협회(www.kita.net)의 무역 실무 매뉴얼과 국제 상업 회의소(ICC)의 원문을 참고할 수 있다.

3 안전한 대금 수령을 위한 장사꾼들의 고민, 대금 지급의 다양한 조건

무역 대금 결제 방식은 결국 거래 당사자들이 위험을 어떻게 피할 것인가와 직접 관련된, 선택의 문제다. 상식적으로 수출자의 입장에서는 가급적 선적 이전에 선금을 취하고 싶어할 것이고, 수입자는 물건 도착 후 하자 여부를 확인하고 나서 대금을 지급하고자 할 것이다. 반대로, 수출자로서는 선적 이후에 대금을 회수하지 못할 것을 걱정하고(Credit Risk), 수입자로서는 대금 지급에도 불구하고 물건을 받지 못할 것을 근심하는 (Mercantile Risk) 것이 당연하다.

현재의 다양한 수출입 대금 결제 방식은 이러한 수출자와 수입자의 걱정을 덜어 주고자 하는 은행과 국제 상업 회의소를 비롯해 수많은 시장 참가자가 시행착오를 거치면서 이루어낸 산물이다.

무역 거래에서 가장 대표적인 대금 결제 방식인 신용장(Letter of Credit, L/C)은 이러한 걱정을 해결하고자 등장했으며, 고전적이면서도 불완전하지만 지금까지도 가장 확실한 위험 회피 방식으로 이용되고 있다.

무역학 교과서에서는 대금 결제 방식을 송금 방식과 추심 방식, 환어음(Bill of Exchange)에 의한 방식, 그리고 신용카드 등에 의한 신종 결제 방식으로 나누고 있는데, 여기서는 신용장으로 대표되는 환어음 방식을 제외하고, 송금 시기에 따라 사전 송금과 사후 송금 방식을 살펴보고, 추심 방식인 인수도(D/A)와 지급도(D/P거래), 동시 결제 방식으로 불리는 현물 상환 방식(COD)와 서류 상환 방식(CAD), 신용장 결제 방식, 신종 결제 방식으로서 에스크로우(ESCROW) 결제를 살펴보기로 한다.

송금 방식(Telegraphic Transfer; T/T vs. Demand Draft; D/D)

간혹 미국이나 유럽, 싱가포르와 거래하는 회사에서는 D/D(Demand Draft)로서 Mail Check를 통해 대금을 수령하는 경우가 있다. 우편으로 수표(Check)를 수령하고 그 수표를 은행에 가서 일정 수수료를 내고 현금화할 수 있는데, 오늘날 은행 간 전신환이 발달하면서 그 규모가 상당히 축소되고 있다. 한편, T/T 거래는 전신환으로 상대적으로 저렴한 수수료와 전신료 정도만 지급하면 D/D와 같은 수표 분실 위험 없이 대금 거래를 할 수 있다는 측면에서 많이 이용되고 있다.

추심 방식(Collect)

D/A와 D/P로 대표되는 추심(Collect: 대금을 쫓아 청구하는) 방식은 후불의 성격을 갖고 있어 수출자에게는 송금환(順換)에 비해 상대적으로 불리한 방식이다.

D/A(Document against Acceptance: 인수도 조건)는 의뢰인(Drawer)인 수출자가 매매 계약에 따라 물품을 선적한 뒤 거래 은행을 통해, 수입자의 거래 은행이 수입자로부터 대금을 추심할 수 있도록 의뢰하는 방식이다. 이때 수출자는 추심을 의뢰하는 거래 은행에 기한부 환어음(at-days after sight)을 발행해 수입자 거래 은행으로 전달하고, 수입자 거래 은행은 이 환어음의 만기가 도래하면 대금을 지급받는다. 수출자는 발행한 환어음을 은행에서 할인받아 수출 대금을 조기에 회수하는 것이 일반적이다.

D/P(Document against Payment: 지급도 조건) 역시 의뢰인(Drawer)인 수출자가 매매 계약에 따라 물품을 선적한 뒤, 선적 서류를 첨부한 환어음을 발행한다는 점과 거래 은행을 통해 수입자의 거래 은행이 수입자로부터 대금을 추심할 수 있도록 의뢰한다는 점에서 인수도 조건(D/A)과 동일하지만, 발행되는 환어음이 일람 출급[1], 즉 'at sight'로서 수입자로서는 대금 결제가 이루어진 다음에 선적 서류를 받을 수 있다는 차이가 있다.

---

❶ 다분히 일본어의 영향을 받은 표현이지만, '일람 출급'에서 '일람(一覽)'이란 '한눈에(sight)'라는 뜻이고 '출급(出給)'이란 '대금을 지급한다'는 뜻이다. 즉, 'sight payment'는 '선적 서류를 보는 즉시 대금을 지급한다'로 해석한다. 일람 출급의 반대되는 표현은 기한부 지급(usance) 또는 연지급(deferred payment) 정도가 있다.

한편, D/A와 D/P 방식의 거래에 대해서는 1995년의 국제 상업 회의소의 추심에 관한 통일 규칙(Uniform Rules for Collections, ICC Publication no. 522)이 적용된다.

서류 상환 방식

선적 서류와 대금을 교환하는 방식으로 서류 상환 방식의 CAD(Cash Against Document), 현물 상환 방식의 COD(Cash On Delivery)와 같은 방식이 사용되고 있다. CAD는 수입자가 수출자 소재지 국가에 지사나 대리점을 갖고 있어, 수출자가 물품 선적 후에 선적 서류를 수입자의 대리점 등에 제시하면 대금을 결제하는 방식으로 선불에 가깝게 사용된다. 수하인(Consignee)은 수입자가 된다.

한편, COD는 수출자가 수입자의 소재지 국가에 대리점이나 지사 등의 네트워크를 갖춘 경우에 수출자가 선적 후 선적 서류를 자신의 대리점으로 보내고 나서 물품이 도착하면 검사 후 대금이 결제되는 방식으로 후불에 가깝게 사용된다. Consignee(수하인)는 수출자 지사 또는 대리점이 된다.

CAD든 COD든 대금 자체의 결제는 송금 방식으로 이루어지는 경우가 많아 T/T와 유사하다. 한편, CWO(Cash With Order) 방식은 전형적인 선불 방식으로 Payment in Advance로 사용되고 어느 쪽의 지사로 서류를 보내어 결제하는 방식과는 다른 개념이다. 이를테면, 계약서에서 50%는 선불 지급하고 50%는 L/C로 결제하는 방식을 채택하는 경우 Payment shall be made by CWO for 50 percent and Letter of Credit at sight for the other 50 percent라고 정할 수 있다.[2]

신용장 방식

아무래도 처음 거래하는 회사인 경우에는 수입자 입장에서는 대금의 선지급이 꺼림칙할 수 있고, 수출자 입장에서도 선적 후 대금 회수에 대한 걱정이 더욱 클 수밖에 없다. 신용장 방식의 가장 큰 효용은 이러한 거래 흐름에 은행들을 개입시킴으로써 거래의 안전성을 확보하는 방식으로 이해하면 된다. 신용장 방식에 대해서는 다음 장에서 좀 더 자세히 살펴보기로 한다.

ESCROW

기업 간의 초기 거래나 위험성이 높은 자산의 거래를 진행하다 보면 실무적으로 많이 접하게 되는 표현 중의 하나가 에스크로우(ESCROW)인데, 사전적 의미는 '일정 조건이 성립될 때까지 독립적 제3자에게 보관해 두는 조건부 날인 증서'를 말한다. 근래 옥션이나 G마켓과 같은 인터넷 거래 중개 회사들이 회원들 간의 직거래를 금지하고 스스로 ESCROW 기

---

[2] 의외로 이런 혼합 방식은 거래 안정성이라는 목적 이외에 관세 당국으로부터 관세를 낮추기 위한 방편으로 이용되는 경우가 많다. 즉, 나중에 개설될 신용장에 특별한 언급이 없으면, 50%의 대금만 기입된 Invoice로 통관을 진행하고 세금도 50%만 내면 되는 것이다. 실제로 자주 발견되는 편법인데, 자칫 관세 포탈로 인한 패가망신의 지름길이 될 수 있다는 점을 명심하자.

능을 수행하면서 수수료 이익을 얻고 있는 것을 보면 쉽게 이해가 된다.

부동산을 거래할 때도 법적으로 '동시 이행'을 한다고 하지만 실제로 몇 군데 은행으로부터 대출이 있는 물건을 거래할 때, 매수인의 잔금과 매도인의 등기 권리증이 동시 이행되는 것은 거의 불가능하다. 이때 ESCROW로 주로 등장하는 제3자가 공인중개사나 법무사인데, 역시 법적으로 보호받는 방법은 아니지만 매도인과 매수인 간을 중개함으로써 대금과 등기 권리증을 함께 기탁하고 있다가 서로의 조건이 충족되면 반대로 교부해 주는 역할을 한다. ESCROW Account는 이러한 개념을 무역 거래에 도입한 것으로서 연계 무역이나 바터 (barter) 무역에 의한 거래를 원활히 하기 위해 ESCROW Credit에 대해 설정한 계정을 말한다. 즉, A가 상품 수입을 위해 신용장(ESCROW Credit)을 개설하면 상대방 B는 그 신용장에 근거해 수출 어음을 발행하고, A가 그 어음을 결제하지만 B에게 직접 지급하는 것이 아니라, 제3자인 외국환 은행에 기탁해 둔다. 그러고 나면 다음에 반대로 B가 상품 수입을 위해 A와 거래할 때, B가 기탁한 외화를 사용할 수 있는 것을 조건으로 하는 신용장을 ESCROW Credit라고 한다.

팩터링(Factor; Factoring)과 포페팅(Forfait; Forfaiting)

팩터링 방식은 한마디로 신용장에서의 수출자 거래 은행과 수입자 거래 은행이 하는 역할을 수출자 팩터와 수입자 팩터가 각각 수행하는 방식으로, 주로 소액 거래에서 많이 이용되는 대표적인 무신용장 방식의 금융 기법이다. 이에 비해 포페팅은 플랜트 수출과 같이 5년 이상의 중장기 거액 거래에서 많이 이용되며, 팩터링에서 거래 은행 대신 개입되는 팩터들이 있는 것처럼 포페팅에서는 수출상의 외상 채권을 인수하는 포페터와 수입상의 거래 은행인 대금 지급 보증 은행이 개입되며 신용장(주로 Usance) 방식과 추심 방식에서 사용된다. 특히, 포페팅은 수출자 입장에서 수입자로부터 내도된 신용장을 신용장 시장에서 할인 판매하고 즉시 현금화한다는 개념으로 보면 이해가 쉽다. 수출자가 거래에 따른 외상 채권(주로 Usance L/C)을, (포페터가 수출자에 대해 갖는) 상환 청구권(소구권)을 행사하지 않기로 약속받고(without recourse), L/C를 포페터에게 매도하는 약정을 체결한 뒤, 이를 수입자 거래 은행 (L/C 개설 은행)에서 인수한다는 내용의 통보를 받게 되면 즉시 고정금리로 할인 후 현금화할 수 있다는 점에서 선적 서류를 Nego하는 시점에 현금화되는 신용장에 비해 금융 위험을 최소화할 수 있고, 대금 수령 후의 위험으로부터 보호된다는 장점이 있지만, 할인율이나 수수료 비율이 상대적으로 크다는 부담이 있다.

팩터링에서의 당사자인 팩터들은 국제 팩터 회원 네트워크가 형성되어 있어 수입자의 신용을 바탕으로 거래하게 되지만, 포페팅에서의 당사자인 포페터는 대개 일반 거래 은행이 되거나 거래 은행이 중개하는 경우가 많다.

한편, 무역 거래에서의 대금 지급 방식과 관련해 거래 당사자가 택하게 되는 대금 지급 방식 또는 거래 절차에 따라 각 당사자의 명칭은 다음과 같이 다양하게 나타날 수 있으므로 계약의 검토 단계에서 혼돈을 피하기 위해서는 이를 숙지해 두는 것이 필요하다.

구분	수출자(Exporter)		수입자(Importer)	
	영문	국문	영문	국문
일반	Seller	매도인	Buyer	매수인
신용장 거래	Beneficiary	수익자	Applicant	개설 의뢰인
(환)어음 거래	Drawer	발행인	Drawee	지급인
대금 관계	Accountor	대금 수취인	Accountee	대금 결제인
지급 관계	Payee	수취인	Payer	지불인
선적 절차	Shipper/Consignor	송화인	Consignee	수하인

4 신용장은 안전하다는 편견

신용장(Letter of Credit, L/C)은 수출자인 판매자(Beneficiary)에 대해, 수입자인 구매자(Applicant)의 개설 요청으로 은행(issuing bank)이 개설해 수출자에게 대금 지급을 확약하는 조건부 대금 지급 확약서 또는 보증서를 의미한다.

수출자와 수입자 두 당사자 사이에 은행이 개입됨으로써 보다 안전한 거래를 확보한다는 점에서 유용한 제도임은 분명하지만, 무역 사기의 많은 부분이 이 신용장 거래에서 일어나는 것 또한 부인할 수 없는 사실이다. 수출자 거래 은행과 수입자 거래 은행, 수출자와 수입자 등 4개 이상의 당사자가 참여하는 깐깐한 신용장 제도가 어떻게 사기의 수단으로 활용되는지를 이해하려면 신용장의 본질적 특성을 이해할 필요가 있다.

신용장의 특성을 설명할 때 독립성과 추상성의 원칙을 빼놓을 수 없다.[3] 독립성의 원칙(Independence Principle)이란, 신용장을 개설하는 순간, 매매 계약과는 별도의 계약이 성립되는 것이다. 즉, 매매 계약상의 하자가 발생하더라도 신용장에는 아무런 영향을 미치지 못한다. 신용장의 조건대로 이행한 수출상은 설사 매매 계약이 취소되더라도 대금을 수령할 수 있고, 수입상은 매매 계약을 이유로 대금 지불 거절(실무적으로는 'unpaid 친다'라고 표현한다)을 주장할 수 없다.

---

❸ 이 밖에 엄밀 일치의 원칙(Strict Compliance)이 신용장의 제3의 특성으로 꼽히는데, 은행은 신용장에 나와 있는 서류 조건에 엄밀히 일치하지 않는 서류는 거절할 권리가 있다는 것이다. 최근 이러한 엄격성을 악용한 Unpaid 사례가 많아지고 그에 따른 신용장 거래 축소 현상이 일어나면서 이를 완화해 '상당 일치의 원칙(Substantial Compliance)'화 되어가는 경향이 있다.

추상성의 원칙(Abstraction Principle)이란, 신용장 거래는 물품의 매매가 아닌 서류상의 거래로서 수입상이 수령한 물품의 하자가 발견되더라도 신용장에서 규정된 선적 서류들이 은행에 도착(내도)하면 하자를 주장할 수 없다는 것이다.

결국, 이러한 특성들 때문에 우리나라의 수입자가 신용장을 개설하더라도 서류의 하자가 아닌, 선적 물품의 하자에도 불구하고 대금 지급을 거절할 수 없는 점을 악용하는 사례가 있는가 하면, 우리나라의 수출자가 신용장을 통지받아 정상 선적했음에도 불구하고 수입자가 선적 서류상의 사소한 오타나 불일치를 근거로 대금 지급을 거절함으로써 피해를 보는 경우가 있다. 한편, 수출자의 일방적 선적 불이행에도 불구하고, 수입자로서는 그동안 기다린 시간이 아깝고, 곧 선적되리라는 막연한 기대로 신용장 기한을 연장하는 조건 변경 신청서(Amendment)만 무한정 발행하는 경우도 있지만, 현실적으로 이러한 경우에 신용장을 통한 구제는 불가능하다.

서류상의 거래라는 한계를 극복하기 위해 현지에 수입자의 지사가 있는 경우에는 신용장 개설 시에 현지 지사의 선적 전 물품 검사 확인서를 선적 서류에 함께 첨부하도록 하기도 하고, 중동 지역 수입자의 경우에는 자국 대사관에서 인증한 선적 서류(Consular Invoice)를 첨부하도록 요구하기도 한다.

신용장을 이용한 무역 사기 형태는 신용장의 위변조, 선적 서류의 위·변조를 넘어서서 최근에는 아예 유령 은행을 차리거나 국제적 거래 신용도가 취약한 개도국의 소규모 은행을 활용해 대금 지급을 거절하는 등의 다양한 형태로 나타나고 있으므로 개별 사례마다 거래 당사자의 각별한 주의가 필요하다.

참고로 대한 상공 회의소와 대한 상사 중재원, KOTRA, 무역 협회 등의 홈페이지에서는 관련 내용에 대한 강의 자료와 동영상 자료를 준비해 무역 사기의 사례를 홍보하기 위해 노력하고 있으므로 참고할 만하다.

5. 신용장의 검토를 위한 포인트

신용장을 개설하는 수입자의 입장에서라면, 기본적인 신용장 조건들(L/C Conditions)에 대한 합의를 바탕으로 거래 은행에서 개설 신청서를 작성하게 된다. 앞에서 설명한 것처럼 매매 계약과는 별도의 독립적인 계약서라는 특징을 갖는 신용장의 특성상, 개설 신청서에 기재된 내용은 곧 신용장의 계약 조건이 되므로 기재되는 사항에 대해서는 사전에 합의를 거쳐 두는 것이 바람직하다. 그렇게 하지 않고 개설된 신용장은 나중에 이를 받아 본 수출상의 요청으로 정정 수수료(Amend Charge)를 부담하고 변경해야 하는 경우가 있을 수 있기 때문이다. 또, 물품 명세와 Incoterms, 인도 장소 등을 작성할 때는 매매 계약서에 정해진 내용에 맞추어 작성하도록 한다. 신용장 개설 신청서에 기입해야 할 사항은 신용장 내용과 동일한데 대개의 경우 기재 사항은 다음과 같다.

다만 최근에는 전자 신용장 방식이 많이 도입되어 다음과 같이 직접 서식을 작성하고 은행을 방문하는 수고가 많이 줄어들긴 했지만, 기본적인 구성은 동일하므로 내용에 대한 이해가 필수적이다.

※SWIFT에 따라 작성된 Full cable 방식 신용장의 검토 방법

( ) 안의 (31D)와 같은 표시는 SWIFT Code에 따라 전 세계적으로 공통으로 사용되는 code다.

01> Transfer(양도 가능 여부) (1: Allowed / 2: Not-Allowed)

02> Credit Number(신용장 번호)

03> Advising Bank(통지 은행): 개설 은행에서 지정하거나 개설 의뢰인이 지정 가능

04> (31D) Expiry Date and Place(신용장 만기일과 장소)
신용장의 만기일은 만기가 되는 기준 장소를 수입자 국가로 하는 경우, Mailing Date를 고려해 Latest Date of Shipment보다 5~10일 정도 여유를 주는 것이 일반적이다. 수출자 국가가 만기일의 기준 장소가 된다면, 특별히 길게 잡을 필요는 없다.

05> Applicant(개설 의뢰인 정보)

06> Beneficiary(수익자 정보)

07> (32B) Amount(신용장 금액): 통화와 함께 금액을 표기한다.

08> (39B) Maximum Credit Amount(신용장 한도): ±( )%(허용 최대치를 표시)
일반적으로는 Fixed Cost 방식으로 (32B)가 많이 쓰이지만, 드물게 ton, meter, kg과 같이 포장 단위가 아닌 단위로 인도되는 경우에는 과부족을 인정하는 경우가 있고, 이때 과부족에 따른 대금의 한도를 설정할 수 있다. 대개 up to US Dollar- 또는 not exceeding US Dollar-로 표시해 수출자의 신용장 매입(Nego) 시에 그 한도를 설정한다.

09> (42C) Drafts at (0: Sight / 1: Bankers / 2: Shippers / 3: Domestic)
일람 출급 신용장인가 기한부 신용장인가에 관한 조항으로 일람불인 at Sight가 가장 많이 사용되지만, 기한부 환어음으로서 수입업자의 자금 흐름을 고려한 Usance 역시 많이 이용된다. Usance 거래의 경우, Usance L/C at 30 days by Banker 또는 Shipper로 기재하면 되는데, 30일 후에 결제되는 30일짜리 어음으로 생각하면 이해가 쉽다. Banker's Usance와 Shipper's Usance는 다음과 같이 구분될 수 있다.

■ Banker's Usance: 일람불 방식의 기한부 환어음으로서 수출자 입장에서는 일람불 방식과 같이 바로 이자 부담 없이 결제받을 수 있다. 수입자가 개설 은행에서 대출을 받는 개념이다.

■ Shipper's Usance: 어음 할인 방식의 기한부 환어음으로서 수출자 입장에서는 할인율, 즉 이자 비용을 추가로 부담해 바로 결제받을 수 있고(해당 신용장이 만기 전 할인 매입이 가능한지는 반드시 사전에 확인해야 한다), 수입자가 수출자에게 차후에 이자를 지급하거나 대금에 미리 포함시키기도 한다.

10> (40E) Applicable Rule: UCP LATEST VERSION

적용 준거 규칙으로서, 신용장 통일 규칙의 최신 버전을 적용한다는 내용이다. 신용장 통일 규칙은 2007년에 제6차 개정되어 UCP600이 사용되고 있다.

한편, 보증 신용장의 준거 규칙으로는 UCP600보다는 URDG1992 또는 ISP1998(ICC Publication no. 590)을 더욱 전문적으로 활용하고 있다.

11> (43P) Partial Shipment(1: Allowed / 2: Not-Allowed)

분할 선적의 가능 여부에 대한 조항이다. 수출자 입장에서는 납기가 길고 수량이 많을수록 분할 선적의 가능성이 높아지므로 Allowed를 받아 두는 것이 안전하다. 물론, 별도의 표기가 없는 경우에는 허용되는 것으로 간주한다.

12> (43T) Transshipment: 2(1: Allowed / 2: Not-Allowed)

환적 허용 여부에 대한 조항으로서, 제품이 충격에 민감한 경우에는 특히 환적이 제한되겠지만 직항 노선이 없는 경우에는 당연히 환적이 허용되어야 한다.

13> (44A) On Board/Loading Port/Airport(선적 항구/공항)

공항명이나 항구명은 정확하지 않은 경우에는 French Airport와 같이 간략히 써도 무방하지만 가급적 정확하게 작성하도록 한다.

14> (44B) Transportation to/Discharging Port/Airport(도착항)

15> (44C) Latest Date of Shipment(최종 선적 가능일)

of, until, from, after, on or about, before 등이 갖는 통상적인 해석은 〈제5부 Chapter 01 계약서 작성, 이런 표현 이런 영어로〉를 참고할 수 있다.

16> (46A) Documents Required:

■ Signed/Original/Commercial Invoice in ( ) Fold

■ Packing List in ( ) Fold

■ FULL SET of Clean on Board Ocean Bills of Lading made out to THE ORDER OF ( )
  - marked Freight(1. Collect /2. Prepaid) and notify(1. Applicant /2. Other:)

Bill of Lading, 즉 B/L, 선하증권이란 화주와 운송 선박 회사 간의 운송 계약에 의해 선박회사가 발행하는 유가 증권으로서, 이에 대해서는 통관 및 운송 실무적으로 그리고 법률적으로도 수많은 쟁점이 있다. Clean B/L은 무고장 선하증권이라고 번역하는데, 말 그대로 고장이 없는, 사고가 없는 선하증권을 의미한다. On Board는 본선 적재의 표시가 있는 B/L, 즉 선적 후 발행된 선하증권을 의미하고 Full Set는 보통 원본 3통, 즉 Triplicate를 의미한다. CIF, CFR 등과 같이 운임 포함 조건으로 수입되는 경우에는 Freight Prepaid(사전 지급되었음)로 표기 하고, 선적지 인도 조건인 경우에는 Freight Collect(후지급)으로 표기한다. 신용장 방식에서의 선적 서류들은 그 화주(Consignee)가 개설 은행으로 설정되어 있으므로 신속한 통관을 위해 notify 대상은 Accountee나 Applicant와 같이 수입자인 개설 의뢰인으로 하는 것이 좋다.

B/L 중에서 특히 신용장상의 제시 기한을 경과해 도착하는 경우 또는 선적 후 21일을 경과해 은행에 제시되는 경우에는 Stale B/L이라고 하는데, 지불하지 않은 가장 대표적인 사유가 되므로 선적 서류의 적기 제시는 중요한 체크포인트가 된다.

- Air Waybill consigned to KOREA EXCHANGE BANK marked Freight (1. Collect / 2. Prepaid) and notify(1. Applicant / 2. Other:)

선박을 이용한 해상 운송에서의 선하증권으로 B/L이 사용된다면, 항공 운송에서는 Airway Bill이 사용된다. 해석 방법은 B/L의 경우와 같다.

- Insurance Policy or Certificate, endorsed in blank for 110% of the invoice value, expressly stipulating that claims are payable in Korea and it must include (1. All Risk / 2. Other:)

적하 보험에 관한 내용으로 CIF 매매의 경우에는 CIF 금액의 110%, 즉 물품 대금과 보험료, 운임을 합한 금액의 1.1배에 달하는 금액을 부보할 의무가 있다. ICC(A), ICC(B) 등으로 바뀐지 오래되었으나 관행적으로 All Risks와 같은 직관적인 표현을 많이 사용한다. All Risks는 면책 약관을 제외한 모든 위험을 담보하는 것으로 가장 넓은 범위의 적하보험 조건이다.

- Certificate of Origin in (   ) Fold

원산지 증명서에 관한 내용인데, 최근 FTA와 같은 자유 무역 협정이 확대되면서 원산지 표시에 따른 혜택이 부여될 수 있어 많이 활용하고 있다. 수출자의 입장에서 원산지 증명서는 상공 회의소에서 발급을 대행하고 있으며, 최근에는 온라인(www.korcham.net)으로 발급되는 추세다.

- Other Document(s) Required

기타 필요한 서류들을 넣을 수 있다. 현지 본사의 지사로부터 확인받은 서류의 사본을 첨부하도록 하거나, Data Sheet, Certificate 등을 요구할 수 있다.

17> (47A) Additional Conditions

추가적인 조건들에 대한 조항으로 아래는 ⑴ 운송 업체의 지정, ⑵ 포장 방법에 대한 조건을 기재한 예문이다.

- Nominate Freight Forwarder: UNI Line
- Packing: Storage of basic components or finished modules shall be done in a specific storage box, filled with Nitrogen after air extraction with vacuum.

18> (45A) Description of Goods/Services

- Price Terms: FOB
- Country of Origin
- Commodity Description

물품 명세를 기록하는 조항으로 복잡한 품목의 경우 대표 물품의 명세만 적고 Details as per XXX's Offer No~dated XX/XX/XXXX와 같이 표시할 수 있다.

19> All banking charges outside Korea and reimbursement charges are for account of(1. Beneficiary/2. Applicant)

은행 수수료에 대한 조항으로 수입자의 입장에서는 All banking charges outside Korea and reimbursement charges are for account of beneficiary가 유리하다. 때로는 신용장 개설 은행의 공신력이 약한 우리나라의 수입자와 은행에 대해 대기업인 수출자의 요청으로 제3의 확인 은행을 거치기도 하는데, 이때에는 제3국의 대형 은행이 개입할 수도 있고, 뜻하지 않은 수수료가 발생하는 경우가 있기 때문이다.

참고로 수수료의 부담과 관련해, 은행에서 실무적으로 사용되는 용어 중 Our Charge 와 BEN Charge, 그리고 Less Charge가 있다. Our Charge란, 송금이나 신용장 거래에서 Banking Charge의 부담이 개설하는 측에 있다는 것으로 Charges are to be borne by the Sender.의 의미이고 BEN Charge란 Charges are to be borne by the Beneficiary Customer.의 의미로 해석하면 된다.

한편, 수출자가 신용장을 negotiation할 때 매입 은행(Negotiating Bank)은 수출상에게 자기 자금을 선지급하고 개설 은행으로부터 그 대금을 지급받는 것이 일반적인 절차다. 이때 개설 은행이 제3의 결제 은행을 경유해서 결제할 경우 추가로 발생하는 외환 수수료로 인해 환어음 금액에 미치지 못하는 금액이 지급될 수 있고, 손해 볼 리 만무한 은행은 수출상에게 그 차액을 추징하게 되는데, 이때의 지급 차액을 Less Charge라 한다.

20> Documents to be presented within (   ) days after the date of shipment but within the validity of the credit.

선적 서류의 제시 기한을 표시할 수 있다. 특별한 기재가 없는 경우에도 21일을 경과하지 못하는 것으로 해석한다.

21> (49) Confirmation Instruction: (1. With/2. Without/3. May Add) at the expense of (1: Beneficiary/2: Applicant)

매입 상황(Negotiation)의 보고와 관련해 대개 비용이 발생하므로 without을 표시함으로써 보고할 필요가 없는 것으로 표시한다. 수출자의 입장에서는 Confirm으로 표시해 Nego 대금 입금을 확실히 보장받는 것이 유리하다. 한편, 수입자의 입장에서는 이 항목에 Confirm 또는 May Add로 기재하게 되면, 수출자의 상환(reimbursement)에 따른 추가 은행 수수료가 발생하거나 환가료 부담을 지게 되는 경우가 있음을 참고한다.

경우에 따라 Purchase Order 양식에 아예 다음과 같이 L/C가 개설되는 경우의 조건을 명시해두는 것도 바람직한 방법이 된다. 신용장 개설에 관한 협상의 출발점을 우리 양식으로 해 두는 것이기 때문이다.

Purchase Order-Special Terms

Below conditions are to be applicable if LC is required for the order process as a payment terms.

1. Issuing Bank: Korea Exchange Bank, Daejeon Branch
2. Applicant: XXX Company
3. Beneficiary: The Seller's Name
4. Documents Required:
   (46A) Original 2 copies of commercial invoice for 100% commercial value indicating Applicant's Purchase Order No. and LC number showing the value of goods
   (46A) Original 2 copies of packing List
   (46A) Original Clean Airway/Ocean Bill of Lading consigned to opening bank
5. Other Special Conditions
   A) LC subject to the Uniform Customs and Practices for Documentary Credits (2006 Revision in force as of 01 July 2007), International Chamber of Commerce Publication No. 600.
   B) (71B) All bank charges including amendment chg. for the account of Beneficiary with exception of which are incurred in Korea.
   C) (43P) Partial shipments Not allowed
   D) (43T) Transshipment Not allowed
   E) (44C) Latest date of Shipment: As per the delivery date
   F) (47A) Additional terms of sale: As per the Purchase Order
   G) (31D) Expiry Date/Place: 10 days after the latest shipment date (44C) in Korea
   H) (48) Documents to be presented 21 days after the date of issuance of the shipping documents but within the validity of the credit
   I) (49) Confirmation-WITHOUT [unless specified in the PO]

1. 개설 은행: 한국 외환 은행, 대전 지점
2. 개설 의뢰인: XXX Company
3. 수익자: 매도인(The Seller) 회사
4. 매입 시 요구 서류
   (46A) Original 2 copies of commercial invoice for 100% commercial value indicating Applicant's Purchase Order No. and LC number showing the value of goods
   (46A) Original 2 copies of packing List
   (46A) Original Clean Airway/Ocean Bill of Lading consigned to opening bank
5. 기타 특수 조건
   A) 본 신용장은 UCP600에 의한다.
   B) (71B) 조건 변경 수수료를 포함한 모든 은행 수수료는 한국에서 발생하는 경우를 제외하고, 수익자의 계정에서 부담하는 것으로 한다.
   C) (43P) 분할 선적은 금지된다.
   D) (43T) 환적은 금지된다.
   E) (44C) 최종 선적일: 인도 납기일과 동일
   F) (47A) 기타 판매 조건: Purchase Order와 같다.
   G) (31D) 만기일 및 장소: 선적일 이후 10일, 한국
   H) (48) 관련 서류들은 선적서류의 발행일로부터 21일 이후, 신용장 유효 기일 이내에 제시되어야 한다.
   I) (49) 확인 여부–불필요 [PO에서 달리 정하지 않는 한]

6 카멜레온 문서, 인보이스(Invoice)

인보이스의 사전적 의미는 '송장' 또는 '청구서(를 발송하다)'로서, 국제 거래에서의 필수적인 문서이다. 본질적으로 인보이스는 수출자에게는 대금 청구서의 역할을 하고, 수입자에게는 매입 명세서의 역할을 하여 재무적 측면에서 매출과 매입, 과세의 기준이 된다.

인보이스는 그 용도에 따라 상업 송장(Commercial Invoice)인 견적 송장(Proforma Invoice)과 선적 송장(Shipping Invoice), 그리고 공용 송장(Official Invoice)에 속하는 영사 송장(Consular Invoice)과 세관 송장(Customs Invoice)이 있다.

거래 단계에 따라 나누어 보면, 거래가 시작될 때 기본적인 가격 조건을 표시한 Proforma Invoice를 발송함으로써 비로소 거래 당사자 간의 협상이 진행된다. 이후 선적에 필요한 Shipping Invoice, 수입국 현지에서 통관에 필요한 Customs Invoice로 구분된다. 대금 청구를 위해서는 단순히 Invoice라고만 표기해서 청구하면 된다. 대금 결제 방법이 신용장과 전신환이 혼합된 경우나 2회 이상의 분할 선적이 필요한 경우라면 특히 Shipping Invoice와 대금 청구용(Commercial) Invoice, Customs Invoice는 각각 그 금액이 다를 수밖에 없다.

실무에서 부딪히는 인보이스 작성상의 어려움은 통상적인 무역 거래보다는 샘플 발송과 같은 무환 거래에서 발생한다. 예를 들어, 국내 A사와 해외 B사가 공동으로 개발한 장비를 해외 정부에 납품하는 경우, A사와 B사가 각각 개발한 구성품들은 개발 과정에서 몇 번이고 인터페이스를 맞추어 보아야 한다. 그 과정에서 발송하는 물품은 금전 거래가 수반되지 않는 무환 거래이고, 금액은 Non Commercial Value로 작성되어야 한다. 이때 가액을 얼마로 맞추어야 할지에 대한 고민이 가장 심각한데, 너무 높으면 수입국 통관에 불필요한 세금 문제를 발생시킬 수 있고, 그렇다고 너무 낮으면 발송품의 멸실, 손상이 발생하는 경우 보험 혜택을 볼 수 없는 문제가 있다. 사견으로는 운송 중 멸실이나 손상이 발생한 경우 재작업에 소요되는 최소 비용 정도로 인보이스를 맞추는 것이 좋다고 본다.

Actual Case 1

◕ 신용장 작성 시의 부주의로 인한 사고 사례

㈜토미 과학은 지난해 휴대전화 케이스 9만 개를 중국으로 수출하는 계약을 맺고 대금은 신용장으로 결제하기로 했다. 약 1개월 뒤 거래 은행을 통해 도착한 신용장상의 구체적인 수출 물품의 명세는 다음과 같다.

> **Cases for Cellular phone: IRS 320, IRS 330, IRS 340**

3개월 뒤 드디어 생산이 끝나고 포장 작업까지 마무리되었다. 수출 계약의 성사와 제품 생산 일정의 준수로 연말에 두둑한 보너스를 챙길 수 있을 것으로 생각한 류 대리는 입이 찢어져라 서둘러 선적 서류를 작성했다.

필수적인 선적 서류 중의 하나인 Packing List의 제품 명세란을 작성해 본 사람이라면 느끼겠지만, 이것을 작성할 때 최대한 간단히 쓰고 싶어지는 욕구를 누를 수 없다. 이를 참지 못한 토미 과학의 류 대리, Packing List에 다음과 같이 기입했다.

> **Cases for Cellular Phone: IRS(320, 330, 340)**

결과는 중국 측 매입 은행의 지급 거절이었다. 신용장의 독립성과 추상성이라는 양대 원칙들이 있지만, 이에 못지 않게 중요한 것이 엄밀 일치의 원칙이다. 신용장은 본 계약과는 독립적이므로 신용장 자체로 하나의 계약이 이루어진 것인데, 비록 물품이 본 계약상 동일한 물품이라 할지라도 서류상 내용의 불일치나 하자를 은행에서 받아줄 리 만무하다.

신용장 선적 서류의 작성에 있어서 무엇보다 중요한 덕목은 꼼꼼함과 세밀함이다. 한편, 이를 악용해 매입 은행이 사소한 오탈자를 이유로 지급거절하는 경우가 있는데 우리나라의 경우만 보아도 사소한 오탈자를 이유로 한 지급 거절은 정정 요구 정도로 그칠 뿐, 지급 거절까지 가지 않는 것이 보통이다. 이는 해당 은행의 국제적 신인도와 직결될 수 있는 문제이기 때문인데, 국제적 신인도를 포기한 일부 중동이나 동남아 은행에서는 가끔 억지를 부려 지급 거절로 처리하기도 한다. 대부분 사기는 아니라 하더라도 대금 지급 지연을 노리는 얕은 술수에 불과하다. 신용장의 개설은 'First level International Bank acceptable by Exporter'에서 할 수 있는 것으로 사전에 합의하거나 계약서에 삽입해 두는 것이 바람직하다.

Incoterms 2020 주요 개정 내용

Incoterms 는 1936년 최초 제정된 이래 무역 관행의 변화에 따라 개정을 거듭하고 있다. 지난 Incoterms 2010 과 비교해서 Incoterms 2020에서 특히 변경된 내용을 정리했다.

첫째, DAT(Delivered At Terminal: 터미널 인도)가 삭제되고 DPU(Delivered at Place Unloaded: 도착지 양하 인도)가 등장했다

Incoterms 2010상의 DAT는 Delivered at Terminal로, 터미널에서 양하(unload)하여 인도하는 조건이었다. 한편, DAP는 Delivered at Place로 지정된 장소까지 가져다주지만 짐을 내리지 않고 인도하는 조건이다.

Incoterms 2020에서는 DAT를 삭제하고, 이를 DPU(Delivered at Place Unloaded)로 변경하여 "지정된 장소까지 가져다주지만 짐을 내려서 인도하는 조건"이라는 운송 조건의 내용을 콕 집어 표기했다. DAP나 DDP는 도착도 조건인데, DPU는 하역까지 수출자의 비용으로 처리하는(Shipper가 비용 부담하는) 차이가 있다. DPU 조건을 이용하는데 주의할 점은 수출자가 해외 수입국 목적지 인도 장소가 양하가 가능한 곳인지 여부를 먼저 확인해야 한다는 것이다. 매도인이 인도 장소에서 양하가 불가능한 경우에는 DPU 규칙이 아닌(Consignee's account로 부담하는) DAP 규칙을 사용해야 한다. D 그룹의 순서는 DAP, DPU, DDP 순으로 정렬했다.

둘째, FCA에서 "당사자 합의로" 본선 적재 표시된 선적식 선하증권(On board BL 또는 Shipped BL) 발행을 의무화했다.

FCA 조건은 복합 운송에서 사용하기 위한 조건으로, 수출자는 수입자가 지정한 운송인에게 물품을 인도하는 데까지 책임을 부담한다. 즉, 물품이 선박에 적재되기 전에 물품의 인도가 이루어지고 이후 발생하는 비용과 위험은 수입자가 책임지는 조건이다. 수출자는 수입자가 지정한 운송자에게 물품을 인도하는데, 이때 운송자는 수취식 선하증권(Received B/L)을 발행한다. 신용장 방식의 거래에서 매입 은행은 수취식 선하증권에 대해서는 수리를 거부한다. 실제 선적을 보증하는 것은 본선 적재선하증권(Shipped B/L)이기 때문이다. 인코텀즈 2020에서는 FCA 조건에서도 본선 적재선하증권(Shipped B/L 또는 On Board B/L)이 발행 가능하도록 개정되었고, 필요한 경우에는 매수인이 운송인에게 본선 적재 표시가 있는 선하증권(Shipped B/L)을 발행하도록 지시하여야 한다.

셋째, CIF와 CIP 조건의 보험 부보 범위를 다르게 규정하였다.

Incoterms 2010에서 CIP(Carriage Insurance Paid TO)와 CIF(Cost, Insurance and Freight) 조건은 매도인에게 보험 가입 후 증권(insurance policy) 제출이 필수적인데, 그 범위는 최소 담보 범위(협회 적하 약관 ICC/C 또는 FPA)면 충분했다.

그러나 Incoterms 2020에서는, (주로 1차 산품의 해상 운송이 많은) CIF 조건에서는 기존과 같은 최소 담보 범위면 족하고, CIP 조건에서는 최대 담보(ICC/A, All Risks) 조건으로 가입하도록 개정함으로써 수입자(매수인)의 이익을 강화했다. 그럼에도 불구하고, 담보 범위는 당사자 합의에 의해 조정 가능하다는 점은 인코텀즈의 철학상 당연한 것이므로 혼동하지 않도록 하자.

넷째, FCA 와 DAP, DPU, DDP 조건에서 매도인 또는 매수인 자신의 운송을 허용했다.

실무적으로 물품이 수출자로부터 수입자에게 운송되는 상황에서 제3의 독립된 운송인이 개입하지 않고 수출자가 해당 장소까지 직접 운송하는 경우도 있고, 수입자가 자기 운송 수단을 이용하여 수출국 인도 장소에서 픽업하는 경우가 많다. 인코텀즈 2020에서는 매도인 또는 매수인의 비용으로 매도인 또는 매수인이 소유하고 있는 운송 수단을 이용 가능하도록 규정하고 있다.

이 개념은 운송 계약이 포함되지 않는 EXW나 반드시 선박으로 운송할 것을 요구하는 FOB와 FCA 조건, 그리고 매도인이 운송 계약을 체결할 것을 요구하고 있는 C 그룹에서는 해당되지 않는다.

다섯째, 운송 의무 및 비용 조항에 보안 관련 요건을 포함했다.

물품 운송에 대한 보안 관련 요구 사항은 인코텀즈 2020 각 조건의 규칙 A4 및 A7에 포함되어 있다. 매도인은 매수인에게 화물을 인도할 때까지 운송 보안 요건을 준수할 것을 의무화했다. 그러나, 다른 인코텀즈 조건과 마찬가지로 이 조건도 판매 계약 당사자에게만 직접 적용되며, 운송 계약의 대상이 아니다.

제5부

영문 계약의
표현 기법

Chapter I 계약서 작성, 이런 표현 이런 영어로

20년을 배워도 써먹기 어려운 것이 영어라지만, 국제 거래에서 사용되는 영어 표현들은 전문적으로 따로 습득하기 전에는 아무래도 쉽게 사용할 수 없는 것이 당연하다. 다행스러운 것은, 계약서의 검토 횟수가 늘어나고 작성 기회가 많아질수록 계약 영어가 가진 어느 정도의 패턴으로 인해 어렵지 않게 실력을 향상시킬 수 있다는 점이다.

계약서에 사용되는 영어는 무엇보다 당사자 간에 오해가 없는 명확한 단어를 선택할 수 있도록 해야 한다. 또, 다양한 표현들을 구사하되, 강조를 위해서는 동의어 반복과 동일어 반복도 허용되는 분야가 계약 영어이므로 정확한 의사 전달을 최우선 목적으로 작문을 한다.

1 '권리'에 관한 다양한 표현

권리를 나타내는 영어 표현은 right, title, power, authority와 같은 일반적인 표현 외에도 ownership(소유권), PROPRIETARIES(대문자로 써 소유권을 나타냄), claim(청구권), privilege(특권) 등과 같은 표현들이 있으므로 구분해서 사용해야 한다.

be entitled to+명사

'be entitled to+명사/동사' 표현은 중·고등학교부터 배웠지만 계약서에서 사용하는 형태에 보다 익숙해질 필요가 있다. 즉, '~할 권리/자격을 갖는다'라는 식으로 의미에 얽매여 해석하다 보면 긴 문장에서는 그 뜻이 쉽게 감이 잡히지 않는 때가 많으므로 그냥 '~ 받을 수 있다' 또는 '~할 수 있다' 정도로 해석하고, 무엇에 대한 권리에 대한 내용인지를 파악하는 데 집중해야 한다.

The employment contract indicates that every employee **is entitled to** a minimum of two weeks paid vacation every year.

해석 고용 계약서는 모든 근로자가 매년 유급 휴가로 최소 2주를 받을 수 있다는 내용을 적시하고 있다.

In the event of the contract is terminated by the Supplier, for any reason other than willful misconduct on the part of the agent, the agent shall **be entitled to** an amount to be paid to him by the Supplier by way of compensation for Ⓐ **loss of goodwill** suffered by the agent.

설명 및 해석　대리점의 의도적인 위반의 경우를 제외하고, 공급자에 의해 계약이 종료되는 경우에 대리점은 공급자로부터, 대리점이 영업권 손실로 입은 데 대한 보상을 받을 권리가 있다. Ⓐ loss of goodwill은 선의의 손실이 아닌, 영업권 손실을 의미한다.

The Customer shall **be entitled to** refuse payment of any associated payment until the Inspection upon Delivery(IUD) has been closed to its satisfaction.

해석　Customer는 인도 후 검사가 만족스럽게 종료될 때까지 관련된 대금 지급을 거절할 권리를 갖는다.

권리의 보유와 이전, 소멸을 나타내는 동사

reserve와 have는 권리의 유보 또는 보유를 나타내어 'A reserves the right to use B(A는 B를 이용한 권리를 갖는다)'와 같이 쓰일 수 있고, 권리의 이전을 나타내기 위해서는 grant와 transfer 동사를 주로 사용해 'A grants the title to B(A는 B에게 권리를 부여한다)'와 같이 표현한다.[1]

한편, 권리의 소멸을 나타낼 때는 효력의 상실에 가장 많이 쓰이는 null and void(무효), lapse(행사 기간의 경과 또는 실효), extinct, extinguish, terminate, expire(만료), discharge, invalidate(무효로 만들다) 등과 같이 다양한 표현이 있으므로 상황에 따라 적절한 표현을 사용하도록 한다.

특히, 저작권이나 특허와 관련해서 공지(公知)의 상태에 있는 것은 그 권리의 소멸을 가져오게 되는 것으로 'in the public domain'이라고 표현할 수 있다.

Subject to the provisions of this CONTRACT, title to all items to be delivered under this CONTRACT shall pass to the BUYER at the time of delivery. Risk of loss of any DELIVERABLES shall transfer to the BUYER upon delivery. If a carrier is used to effect delivery, delivery to the carrier at the FCA point of SELLER's facility shall be deemed delivery to the BUYER.

해석　본 계약에서의 조항들에 의해 인도되는 모든 물품의 권리는 인도 시점에 Buyer에게 이전된다. 모든 인도 물품의 손실 위험은 인도와 함께 Buyer에게 이전된다. 운송자가 실제 운송에 이용된 경우, FCA 포인트(운송인인 Free Carrier에게 이전된 장소)에서 Carrier에게 인도된 것이 Buyer에게 인도된 것으로 간주된다.

---

❶ reserve의 원래 의미는 '유보한다'로, 어떠한 다른 상황이라도(without prejudice to) 그 권리는 유보한다는 의미다. 따라서 본래 있는 권리임을 강조하기 위해 사용되므로 특히 클레임 문서에서 상대방에게 우리의 권리를 상기시키는 목적으로 활용되는 경우가 많다.

 **as 구문의 해석과 활용**

문장 속에서 as는 비교와 이유, 동시 행위 등을 주로 의미한다. 하지만 계약서에서 as 가 홀로 쓰이는 경우는 찾아보기 힘들다. 즉, as와 같은 다의어는 그 뜻을 분명하게 하기 위해 다음과 같이 다른 단어와 함께 쓰이는 것이 바람직하다.

as is(원 상태, 있는 대로)

주로 보증(warranty)의 한계를 표시하기 위해 쓴다. 'As~ is Warranty'라고 하면 현 상태의 제품이 갖는 품질을 보증한다는 의미이다.

as if(마치 ~인 것처럼)

> The Parties hereby agree that this agreement shall be assignable in whole or in part and shall take effect to the benefit of any assignee thereof **as if** they were originally named herein.

해석 각 당사자는 본 계약서가 전체 또는 일부로 양도될 수 있는 것이며, 양수인이 누구든 마치 본 계약서에 거명되었던 것처럼 계약의 이익에 효력을 미친다는 것에 동의한다.

as the case may be(각각의 경우에 따라)

> Where in this Agreement any notice, request, direction, or other communication is required to be given or made by either Party, it shall be in writing and is effective if sent by registered mail or any other electronic medium such as telex or facsimile which provides a hard copy, or delivered in person, postage or charges prepaid, **as the case may be**, and addressed in the case of Buyer to: Hong Gil Dong (address & phone) and in the case of Seller to: Hong Gil Seo (address & phone)

설명 Notice 조항의 예로서 다양한 통지 방법을 나열하고 '경우에 따라서는 우편으로……' 정도로 사용한다.

해석 어느 일방 당사자에 의해 이루어지도록 요구되는 본 계약에서의 모든 통지, 요청, 지침, 또는 기타의 통신에 대해서는 서면으로 이루어져야 하며, 등록된 우편 또는 텔렉스나 팩스와 같은 하드 카피(물리적으로 존재하는 문서)를 제공하는 기타의 전자적 방식으로 송부된 경우, 또는 직접 전달되거나, 경우에 따라서는, 우편료 또는 수수료가 선납되어 다음의 주소로 발송된 경우에 유효하다: 매수인 홍길동 (주소 및 전화번호), 매도인 홍길서 (주소 및 전화번호).

insofar as(~ 하는 한)

주로 당사자의 권리 의무를 제한하고자 할 때 쓴다. 'so long as'와 유사하게 사용한다.

> For **so long as** both parties are in compliance with this Agreement, the Parties hereby covenant that they will not assert any claim against the other Party that any products or technology of the other Party infringe any intellectual property right owned or controlled by either Party.

설명 및 해석 양 당사자가 본 계약에 따르고 있는 동안은, 당사자들은 상대방이 자신의 지적재산권을 침해하는 권리 주장을 하지 않을 것임을 확인한다.

> **Insofar as** the documents are applicable.

설명 및 해석 신용장에서 자주 등장하는 표현으로, '문서들이 적절하다는 전제 하에' 정도로 해석할 수 있다.

3 쉽고도 어려운 including의 사용

'(A) 입찰에 참가하기 위해서는 X와 Y를 충족하는 회사여야 한다'와 '(B) 입찰에 참가하기 위해서는 X와 같은 조건을 충족하는 회사여야 한다'라는 두 문장은 전형적인 (A) 열거문과 (B) 예시문의 차이를 나타낸다. 즉, (A)의 열거문에서는 자격 요건을 열거함으로써 의미를 제한하는 반면, (B)의 예시문에서는 X라는 조건은 예시에 지나지 않으며 X가 아니더라도 유사한 조건을 충족하면 입찰에 참가할 자격이 주어진다는 것이다. 이처럼 예시문과 열거문은 그 기능에 있어 확연한 차이가 있지만, 심지어 국내 계약에서조차 그 용법을 혼동하는 경우가 많은 것 같다.[2]

영문 계약에서 'including'은 기본적으로 예시문을 나타낸다. 열거문으로서 열거된 내용만으로 제한하기 위해서는 'It only includes A, B and C'와 같이 only 등의 제한성 부사를 추가해야 한다. 하지만 including의 기능에 대해서는 논란의 여지가 있을 수 있는데, 예컨대 어떤 입찰서에서 'Electronic form of proposal, including CD, shall be also submitted'라고 요구한다면, 'CD를 비롯한 전자적 형태의 제안서를 함께 제출해야 한다' 정도로 해석되지만, 사업에 참여하는 입찰자로서는 (USB 등은 불가하고) CD만 허용되는 것인지 혼란스러울 수 있다. 이러한 혼란을 피하기 위해 사용되는 용법이

---

❷ 이를테면, '및'의 용법은 분명히 'and' 조건으로서 'A 및 B'라고 하면 둘 다를 의미함에도 불구하고 '또는'으로 해석해 둘 중의 하나로 이해하는 오류가 종종 있다.

'including, but not limited to'나 'including, without limitation'과 같이 뒤에 나오는 예시 사항들이 전부가 아님을 강조하는 표현들이다.

a. 예시문

'~을/를 포함하되 그에 국한되지는 않는'의 표현으로 사용한다. 간단히 '등등'으로 해석하는 것이 이해하기 쉽다.(including without limitation=including but not limited to=include(s) but is not limited to)

> [정의 조항에서] "Information" means all data and information, **including, without limitation**, data and information of a technical, business or financial nature which has been documented on any tangible media, **including, without limitation**, writings, drawings, sound recordings, computer programs, pictorial representations and graphs.
>
> [정의 조항에서] "Subcontract" means a contract which is entered into by the Constructor with a Subcontractor pursuant to this Contract **including** purchase orders, memoranda of understanding and all similar forms of agreement with any tier under this Contract.

설명 하도급에 대한 정의를 내리고 있다. 건설 업체인 계약자가 하도급으로 다른 회사와 맺는 계약 행위라고 정의하면서 그 행위가 발주서든 MOU든 본 계약의 각 단계(tier)에서 이루어지는 어떤 유사한 계약서 양식이든 모두 포함하는 것으로 예시하고 있다.

해석 [정의 조항에서] '정보'란, 서면, 도면, 음성 녹음, 전산프로그램, 도식화된 표시 및 그래프를 포함한 모든 유형의 매체로 문서화된 기술적, 영업적 또는 재무적 성질의 자료와 정보를 포함하는 모든 자료와 정보를 의미한다.

[정의 조항에서] '하도급'이란, 본 계약하에서 어떻게든 구속되는 당사자와의 발주서, 양해 각서 및 모든 유사한 형태의 합의를 포함해, 건축자에 의해 본 계약에 따른 하도급자와 체결되는 계약을 의미한다.

b. 열거문

'including only', 'only in the event of~(~인 경우에 한해)', 'only to the extent of the following(열거되는 상황에 한해)'과 같은 표현을 사용하여 분명히 그 경우를 제한한다.

> [Intellectual Properties 조항에서] The Bidder shall grant to the Customer an irrevocable, non-exclusive right to use and have used throughout the world for any purpose Background Data required to be supplied under the present Contract, // together with the irrevocable, royalty free right for the Customer to require the Bidder to grant a similar right of use and on the same terms direct to any nominee, // provided that any such use may be made **only to the extent** reasonably necessary to the use of Foreground Data or to the practice of a Foreground Invention.

설명 및 해석 볼드체인 only to the extent가 이하의 내용을 한정하고 있다. 입찰자가 (계약을 획득하게 되면) 기존에 갖고 있던 데이터 중에서(Background Data) 본 계약의 이행을 위해 필요한 데이터에 대해서 취소 불가능하고 비독점적인 전 세계에서의 사용권을 고객에게 부여해야 한다. // 고객이 입찰자에게 이와 유사한 사용권과 동일한 조건을 다른 지정인에게도 부여할 것을 요구하는 취소 불가능한 무상의 권리도 함께 부여한다. // 다만 그러한 사용은 계약 이행에서 발생하는 데이터(Foreground Data)를 사용하거나 그러한 발명을 위해서 합리적으로 필요한 것에 한정되어야 한다.

열거한 것이 전부일 때 달리 사용되는 표현으로는 exhaustive(남김없이)가 있다. exhaustive list는 전부 목록을 말하고 non-exhaustive list는 예시 목록을 뜻한다.

> Supplier shall deliver all deliverables as exhaustively listed in the Statement of Work.

설명 및 해석 공급자는 업무 명세에 열거된 항목을 인도해야 한다. (업무 명세에 열거된 항목은 전부이며 빠진 것이 없다는 의미를 포함하고 있다.)

4 '가정'의 다양한 표현

계약서에서 '만일 ~이라면/한다면'의 가정법 표현은 최우선 검토 대상이 된다. 계약서에서는 'in case', 'in the event', 'should', 'provided that' 등의 표현이 일반적인 if 구문보다 훨씬 광범위하게 사용된다.

그 중 in the event는 발생 가능성이 낮을 것이라고 예상할 때(대금 지급 지연이나 납품 지연) 사용하는 것이 자연스럽다.

> Where the Buyer has failed to perform any of its obligations under this Agreement by the time specified in the Agreement and the Seller's performance of this Agreement is thereby delayed, the Seller shall be entitled to such extension of time equivalent to the period of time delayed by the Buyer. **Provided that in no event shall** such extension of time be greater than the actual amount of delay on the part of the Buyer.

설명 및 해석 '다만'의 형태로 사용되어 if로는 해석이 불가능한 경우다. 매수인의 이행 지체로 인해 매도인의 이행이 연기되는 경우, 매도인이 그러한 기간 만큼의 기간 연장을 얻을 수 있는데, 다만 그러한 연장은 매수인의 실제 지체 일수보다 클 수 없다는 내용이다.

> In addition to the right the Representative has to terminate this Agreement at the end of a term pursuant to Clause XX, the Company may terminate this Agreement as follows: (i) by the Company by giving thirty(30) days written notice to the Representative, ⒶⒶ **provided that Good Cause described in Clause XX.X exists**, that the Company sets out the reasons for termination in such written notice and the Representative fails to correct the reason stated for termination within such sixty(60) day notice period; or (ii) immediately upon written notice to the Representative where Good Cause exists due to those events described in Clause XX.X.

설명 및 해석 대개 Good Cause란 상대방의 귀책 사유로서 어느 일방에서는 어쩔 수 없는 사유를 말하는데, 이러한 표현이 사용될 때는 사전에 Definition Clause에서 구체적인 정의를 내릴 필요가 있다. 여하튼, 대리점과 회사 간의 계약 종료를 규정하고 있는 위의 사례에서 볼드체인 Ⓐ 부분의 해석에 있어서는 'XX.X 조항에서 규정하는 Good Cause에 해당한다면'이라고 가정으로 해석하는 것이 '다만'이라는 단서로 해석하는 것보다 더 자연스럽다.

- **Should Distributor become bankrupt or insolvent:** '판매점이 파산하거나 지급 불능화되는 경우…'으로 사용하는 표현이다.

- **Should you agree with us:** If you agree with us와 같은 뜻으로 '동의한다면…'의 뜻이다.

한편, 계약 협상 테이블에서 '가정'의 표현은 훨씬 다양한 상황에서 응용 가능하다. 가장 많이 쓰는 표현은 조건을 붙이고 '이 조건이 충족된다면 우리는 이렇게 해 줄 수 있다'라고 쓰는 것인데, 꼭 계약서가 아니더라도 MOM(회의록)을 작성할 때 유용하게 쓸 수 있다. 다음 예문을 살펴보자.

(a) **If** you offer more flexible payment conditions, (then) we could agree to increase our monthly order to~.
(b) **As long as** CCD performance improves by ten percent, (then) we could offer better price.
(c) **On condition that** you deliver 20 sets to us by 10th of September, (then) we may be able to modify our payment schedule.
(d) **Supposing that** you provide on-site technical assistance, (then) we could offer 5 more dollars each.
(e) **Provided that** you supply documentation in Japanese, (then) we might be able to modify Incoterms to FOB.

설명 앞의 예문들은 모두 if의 의미를 가진 다른 표현들로서 직역하기보다는 간단히 if로 번역하면 더욱 자연스럽게 이해할 수 있다.

해석 (a) 만일 귀사에서 보다 신축적인 지불조건을 제시한다면, 우리는 월간 발주량을 ~까지 증가시키는 데 동의할 수 있습니다.
(b) CCD 성능이 10%까지 향상된다면, 우리는 더 나은 가격을 지급할 수 있을 것입니다.
(c) 귀사에서 9월 10일까지 20세트를 인도하는 경우에, 우리도 대금 지급 일정을 조정할 수 있습니다.
(d) 귀사에서 현장 기술 지원을 제공한다면, 우리도 개당 5달러씩 더 지급할 수 있을 것입니다.
(e) 귀사에서 일본어로 문서를 제공한다면, 우리는 인코텀스를 FOB로 변경할 수 있을 것입니다.

---

5 단서 조항과 예외 조항

단서 조항: Provided that

provided that 또는 provided, however, that의 형태로 이어지는 절을 만나게 되면 두 가지 뜻으로 해석하는 연습을 해 둬야 한다. provided는 '만일~' 이라는 뜻의 가정을 나타내는 한편, '다만~'의 뜻인 단서를 표시한다. provided가 가정을 나타내는 모습은 바로 앞에서 살펴본 바와 같다.

단서 조항으로 쓰이는 경우에는 특히 provide, however, that처럼 뒤에 나오는 절이 예외적인 사항임을 강조하기도 한다. 다음의 Indemnity 조항을 살펴보자.

Article XX. Indemnity

Subject to the limitations set forth herein below, either Party shall defend the other Party **with respect to any claim, suit or proceeding brought by a third party to the extent** it is based upon a claim that the sale of any Product pursuant to this Agreement infringes upon or misappropriates anywhere in the Territory Ⓐ **any patent, trademark, copyright registered at the time of the subject Product is shipped by Company or** Ⓑ **trade secret of any third party**; provided, however, that Representative (i) promptly notifies Manufacturer in writing of such claim, suit or proceeding; (ii) gives Company the right to control and direct investigation, preparation, defense and settlement of any claim, suit or proceeding; and (iii) gives assistance and full cooperation for the defense of same, and, further provided, that Manufacturer's liability with respect to portions of Products provided by or licensed from third parties will be limited **to the extent** Manufacturer is indemnified by such third parties. Manufacturer shall pay any resulting damages, costs and expenses finally awarded to a third party. If a Product is, or in Manufacturer's opinion might be, held to infringe as set forth above, Manufacturer may, at its option, replace or modify such Product so as to avoid infringement, or procure the right for Representative to continue the use and resale of such Product. If neither of such alternatives is, in Manufacturer's opinion, reasonably possible, the infringing Product shall be returned to Manufacturer, and Manufacturer's sole liability, in addition to its obligation to reimburse any awarded damages, costs and expenses as set forth above, shall be to refund the purchase price paid for such Products by Representative.

설명 either Party shall defend the other Party --- provided, however, that Representative (i) promptly notifies Manufacturer in writing of such claim, suit or proceeding(제3자가 권리 침해의 청구 또는 소송을 제기할 때는, 계약 일방은 타방 당사자를 보호해야 한다. --- 다만 대리점은 (i) 즉시 Manufacturer에게 그러한 청구나 소송을 서면으로 통지해야 한다)
한편, suit와 proceeding은 모두 소송을 뜻하는 단어인데, 동의어가 중첩되는 의미도 있지만 일반적인 법률 용어(suit)와 소송법상의 용어(proceeding)를 모두 기재하는 의미도 있다. 소송을 뜻하는 다른 용어로는 action, Iinvestigation, pawsuit 등이 있다.

해석 이하에서 정하는 제한에 의해, 일방 당사자는, 본 계약에 따른 어떠한 제품의 판매가 제3자의 영업 비밀이나 제조자에 의해 대상 제품이 선적되는 시점에 등록된 특허, 상표, 저작권을 해당 지역 내에서 침해하거나 오용함으로써 제3자에 의해 일어난 어떠한 청구나 소송, 소송 절차에 관해 상대방을 방어해야 한다. 그러나 판매점은 (i)즉시 제조자에게 그러한 청구나 소송 또는 소송 절차를 서면으로 통지해야 하고 (ii)제조자에게 통제 및 직접 조사, 준비, 방어 및 모든 청구의 해결을 위한 권리를 부여하며 (iii)이러한 방어를 위한 보조와 완전한 협조를 제공해야 한다. 다만 제3자로부터 제공받거나 실시된 제품의 비율에 관한 제조자의 책임은 제조자가 그러한 제3자에 의해 보상받는 정도로 제한되어야 한다. 제조자는 그에 따라 제3자에게 제공되는 모든 손해와 비용, 지출액을 지급해야 한다. 만일 제품이 상기 정하는 바와 같은 침해 상태가 유지되거나 그러하다는 제조자의 의견이 있는 경우, 제조자는 스스로의 판단에 따라 그러한 제품의 사용 및 재판매를 계속하기 위해서 판매점의 권리를 구하거나 침해 상태를 회피하기 위해 그러한 제품을 교체하거나 수정할 수 있다. 만일 그러한 대체안들 중 어떠한 것도 제조자의 의견에 따라 합리적으로 가능하지 않은 경우, 침해하는 제품은 제조자에게 반환되어야 하고, 상술한 바와 같이 모든 입은 피해, 비용과 지출 금액을 보상해야 하는 의무에 더해 제조자의 유일한 책임은 판매자에 의해 그 제품에 지급된 구매 가격을 환급하는 것이어야 한다.

유사 단서 조항(범위 제한): to the extent~

범위의 표시를 위해 사용되는 표현은, 범위의 제한이 없음을 표시하는 without limitation 과 범위의 제한을 나타내는 to the extent (that)가 대표적이다.

without limitation of/on~은 '~의 제한 없이'라는 뜻으로 '대개 뒤에 나오는 어떤 상황에도 제한을 받지 않는 권리를 갖는다'는 표현이다.

> (The obligations imposed on the parties pursuant to this Article shall not apply to information which is Confidential Information) which, prior to disclosure hereunder, was already in the recipient party's possession, as evidenced by its written records predating receipt thereof from the disclosing party, **without limitation on disclosure to others**.

해석 (Non Disclosure Agreement의 '비밀에 대한 정의'에서. 본 조항에 따라 각 당사자에게 부과되는 의무 사항들은 다음과 같은 비밀 정보에는 적용되지 않는다) 이 조건에 따른 공개 이전에. 그 정보에 대해 이미 수령인 측의 소유에 속한 것으로 공개 당사자로부터 보다 앞선 날짜의 서면 기록으로써 증빙되는 것으로, 타인에 대한 공개의 제한이 없는 정보.

to the extent (that)는 재량 사항을 규정할 때 '원칙에 어긋나지 않는 범위 내에서'라는 제한을 두기 위해 …at its own discretion to the extent that such change does not affect the quality of the Deliverables(인도 물품의 품질에 영향을 미치지 않는 범위 내에서 재량으로……)의 형태로 쓰이거나, 또는 예외를 나타내기 위해 except와 함께 쓰여 다음과 같이 except to the extent로 사용할 수 있다. 특히 위임장과 같은 문서에서 to the extent provided herein(본 계약서에 나타난 범위 내에서)이라는 표현을 자주 볼 수 있다.

> The expenses of any such proceedings shall be borne by the Manufacturer, **except to the extent that such arise as a result of a breach by Agency of its obligations hereunder**, in which case Agency shall be liable for all such costs and expenses.

설명 및 해석 소송 비용은 제조자가 부담해야 한다. 다만 그러한 소송이 대리점의 의무 위반으로 인해 야기된 경우는 제외한다.

without limiting the generality of the foregoing은 어떠한 사항에 대해 열거하는 것이 아니라 예를 들고 있음을 강조하는 표현이다. 역시 앞의 '예시문과 열거문'에서 함께 다룬 바 있다.

예외 조항: exceptions

There is no rule without exceptions.(예외 없는 원칙은 없다)라는 표현도 있지만, 계약서에서도 마찬가지로 모든 조항에는 예외 사항이 있을 수 있다.

가장 대표적인 예외는 '양 당사자 간의 새로운 합의가 있을 때'가 된다. 어떠한 계약서라도 기존 조항에 대해 양 당사자 간에 다른 내용의 합의가 있다면 적용을 배제할 수 있다. 이때 사용할 수 있는 표현이 unless otherwise agreed (in writing)와 except if both parties agree (in writing)다.

또 다른 예외적인 상황은 계약서 내에서 2가지 이상의 다른 경우가 발생할 때다. 예를 들어, Delivery에서 DdP(Delivery, Duty Paid)로 해 두었다면 판매자가 수입 관세 등 통관 시 부과되는 세금까지 부담하는 조건인데, 세금(Tax) 관련 조항에서 수입자 국가에서 발생하는 세금은 수입자가 부담한다고 규정한다면 두 조항 간에 충돌이 있는 것으로 간주될 수 있고, 후에 분쟁의 씨앗이 될 수도 있다. 이 경우에는 물론 일반적으로는 세금 조항이 적용되다가 Delivery에 있어서만큼은 Delivery 조항에 따라 수출자인 판매자가 세금을 부담하는 것으로 해석할 수 있겠지만, 다음과 같은 표현으로 오해의 소지를 없앨 수 있다.

All taxes, duties, charges or fees incurred by the Buyer's country shall be borne by the Buyer ⓐ **unless otherwise specified in the Contract**.

설명 ⓐ except otherwise specified in the Contract로 표현할 수도 있다. '계약서의 다른 조항에서 달리 정하지 않는 한'이라는 뜻이다.

해석 매수인의 국가에서 발생되는 모든 세액, 관세, 수수료 또는 요금은 계약에서 달리 정하지 않는 한 매수인에 의해 부담되어야 한다.

또 한 가지 예외적인 상황은 시간과 관련된 것이다. 판매자의 입장에서 예를 들어, 1만 달러짜리 계약 목적물의 납기가 30일간 지체되어 인도되었고, 지연 배상금은 매일 0.1%라고 가정하자. 또, 계약서에서 정하는 Grace Period가 10일이라고 하자.

이 경우에 Grace Period의 정의가 애매할 수 있다. Grace Period는 그 기간, 즉 10일 내에만 인도되면 지연 배상금을 물리지 않겠다는 것인데, 이를 초과해 인도된 상황이라면(지체 첫날부터 계산해) 30일에 해당하는 지연 배상액을 지급해야 할 것인가 아니면 20일에 해당하는 만큼만 지급해야 할 것인가에 대한 문제에 봉착할 수 있다.

이때 계약서에서 In the case of late delivery, the Seller shall pay and the Buyer shall have the right to claim the Liquidated Damages of 0.1% of total value for each calendar day.의 문장에 except the amount arisen during the Grace Period라는 표현을 넣는다면 나중에 문제가 생기더라도 10일 치의 지연 배상액은 절감할 수 있다.

6 달리 정하지 않는 한

unless stated otherwise(이 계약서에 달리 규정되어 있지 않다면), unless otherwise agreed(별도로 달리 정하지 않는 한)와 같이 if ~ not의 의미를 가진 unless가 사용되는 경우가 많다.

한편, except as otherwise specified in the Contract와 같이 except를 사용해 같은 뜻을 표시할 수도 있다. 유사한 표현으로 except as otherwise expressly provided in the Agreement라든가 unless otherwise mutually agreed in writing 정도가 사용된다.

> **EXCEPT AS OTHERWISE EXPRESSLY SET OUT IN THIS AGREEMENT**, THE COMPANY MAKES NO OTHER REPRESENTATIONS OR WARRANTIES, WHETHER EXPRESS OR IMPLIED, INCLUDING, WITHOUT LIMITATION, ANY IMPLIED WARRANTIES OF MERCHANTABILITY OR FITNESS FOR A PARTICULAR PURPOSE.

설명 보증 책임의 한계에 대해 말할 때 자주 등장하는 표현이다.

참고로 이 표현은 '달리 정한다면 달리 정해진 바와 같이 한다'라는 뜻이므로 '달리 정한 바가 있더라도 본 조항에 따른다'의 뜻으로 쓰이는 'notwithstanding anything contained herein to the contrary'와는 반대로 사용한다.

7 시간 개념이 두 개 이상일 때

계약서의 기간을 정함에 있어 발효일은 대개 '서명일' 또는 '서명일로부터 며칠'이라는 표현으로 간단히 설정할 수 있는 반면, 만기의 설정에 있어서는 경우에 따라 두 개 이상의 만기 개념이 필요할 수 있다.

예컨대, 선박 건조 계약(Ship-Building Contract)에서 계약서 자체의 유효 기간을 통해 기한 내에 선박을 건조할 것을 요구해야 하지만, 선박 인도 시점은 건조 후 일정 기간이 지나서일 수 있다. 이 경우에 선박의 보증 기간(Warranty)을 계약 만료 기간(건조 후)부터 산정할 것인지, 인도된 시점부터 산정할 것인지를 정해야 한다.

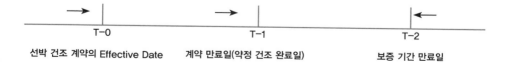

T-0	T-1	T-2
선박 건조 계약의 Effective Date	계약 만료일(약정 건조 완료일)	보증 기간 만료일

이 경우, 보증 기간을 정하는 데 두 가지 방법이 있을 수 있다.

> (a) Warranty shall be valid for 12 months from 1 months after Contractor completes the Work or the date of delivery of the Ship, whichever occurs later.
> (b) Warranty shall be valid for 12 months from 1 months after Contractor completes the Work or delivers the Ship, whichever occurs earlier.

해석 (a) 보증 기간은 계약자가 작업을 완료한 뒤 1개월 후 또는 선박의 인도일 중 늦은 날로부터 12개월간 유효해야 한다.

(b) 보증 기간은 계약자가 작업을 완료한 뒤 1개월 후 또는 선박의 인도일 중 빠른 날로부터 12개월간 유효해야 한다.

기간이 두 개 또는 세 개 이상의 조건과 맞물려 있는 경우에도 이러한 표현을 통해 시간 개념을 설정할 수도 있지만, 모든 조건이 충족되어야 한다고 정할 수도 있다.

> This Agreement shall be effective when all of the following conditions have been satisfied.

해석 이 계약은 다음의 모든 조건이 충족될 때 유효해야 한다.

whichever occurs later는 한편, whichever comes later/earlier/longer, whichever is later/earlier/longer 등의 표현으로 바꾸어 쓸 수 있다는 점도 알아 두도록 하자.

8 상대(Counter)를 사용한 몇 가지 용어

카운터 펀치를 날린다는 표현이 있다. 상대의 공격을 맞받아치는 방법인데, 상대 (counter)의 기본적인 의미 자체가 상대의 어떤 행위에 대응하는 행위를 나타낸다. 계약에서 사용되는 상대와 관련된 주요 표현을 살펴보자.

Counter Partner

계약을 비롯한 많은 업무에 있어서, 우리 회사 회계 담당자의 Counter Partner는 상대 회사 회계 담당자이거나 회계사일 것이다. 마찬가지로 계약에서도 계약 실무자의 Counter Partner는 상대 회사의 계약 실무자가 되고, 물류 분야를 담당하는 직원의 Counter Partner는 상대 회사의 물류 분야 담당자가 될 것이다. 경우에 따라 서로의 연락 채널이 되는 상대 회사의 Point of Contact를 일컫기도 한다.

Counter Offer

계약이 청약(Offer)과 승낙(Acceptance)으로 성립한다는 점은 설명한 바와 같지만, 청약(Offer)에 대해 승낙(Acceptance)을 하면서 청약의 내용이 일부 또는 전부 변경된 때는 승낙으로 보지 않고 반대 청약(Counter Offer)으로 간주한다.

Counterpart

부본. 정본(원본)을 뜻하는 Original의 상대적 의미로 사본(Copy)과 대체해 사용할 수 있다.

Countersign & Countersignature

대응 서명 · 발주서나 약식 계약서, 회의록에서 합의의 증거로 요구되기도 한다.

9 사전 통지, 승인, 협의 없이는

협상의 여지가 많은 부분이다. 우리 측에서 상대에게 통지할 의무가 있는 것과 상대로부터 승인받을 의무가 있는 것, 그리고 협의할 의무가 있는 것은 모두 정반대의 결과를 가져오기 때문이다. 이중 가장 강력한 것이 승인인데, 승인되지 않으면 어떤 행위를 하지 못하는 결과를 가져오기 때문이다.

우리 측에 부과되는 조건에 without prior written approval of ~로 쓰여 있는 경우 첫 번째로 prior를 삭제할 것을 사후 처리가 가능하도록 요구할 수 있고, written의 삭제를 요구할 수도 있다(서면 승낙은 아무래도 부담스럽다). 한편, approval(승인)의 경우에는 consent(동의), consult(협의), notice(통지) 등의 다른 단어로 바꾸어 줄 것을 강력히 요구하도록 한다. 강약으로 보면, 역시 'approval(승인) 〉 consent(동의) 〉 consult(협의) 〉 notice(통지)'의 순서가 될 것이다. 즉, at the prior written consent(또는 agreement) between parties와 at the prior written consultation between parties는 어떤 행위 이전에 거쳐야 하는 것이 양 당사자 간의 동의를 얻어야 하는 것인가 아니면 협의만 하고 동의는 불필요한 것인가의 차이가 있다.

비슷한 표현으로 A is conditioned upon written approval of XXX Company (A는 XXX사의 서면 승인을 조건으로 한다)나 A is subject to XXX company's written approval과 같이 구성할 수 있다.

> The Customer may at any time terminate this Contract in whole or in part for its convenience by giving thirty(30) calendar days' prior written notice to the Seller.

설명 및 해석 고객은 30일의 사전 통지를 통해 언제든지 편의에 따라 계약을 종료시킬 수 있다는 편의 해제 조항이다.

No later than thirty(30) days prior to the release of news releases, articles, brochures, advertisements, prepared speeches and other Information concerning the Products delivered or to be delivered hereunder by the Seller, Ⓐ **the Seller shall seek the prior written approval of the Customer** concerning the content and timing of such release and no such release shall be made until Customer's written approval has been obtained, which approval shall not be unreasonably withheld or delayed.

설명 및 해석　Secrecy 또는 Confidentiality 조항에 삽입될 수 있는 예문으로, 물품 인도에 대한 홍보 자료 활용에 있어 그 활용 전 30일 이전에 사전 허락을 얻을 것을 요구하고 있다. Ⓐ 매도인은 고객의 사전 서면 승인을 구해야 한다.

---

10 시점과 기간의 표시

　시점과 기간의 표시 방법에 대해서는 대부분 잘 알고 있다고 생각하고 소홀히 하다가 곤경에 처하는 수가 있다. 한 가지 예를 들어 보자. 어떤 Distributorship(대리점) 계약에서 발효일이 2000년 1월 1일이고 계약 기간에 관해서는 5년이라고 규정하고 있다고 가정하자. 예컨대, 다음과 같은 조항이다.

This Agreement is made and entered into as of January 1, 2000(hereinafter referred to as "Effective Date") and shall be in full force for 5 years **from** the Effective date.

해석　이 계약은 2000년 1월 1일부터 발효되며(이하 '발효일'이라 한다), 발효일 이후 5년간 효력을 갖는다.

　위의 예에서 2005년 1월 1일에 대리점이 고객으로부터 접수한 신규 매출 계약 건이 있다면, 이에 대해서 본 대리점 계약이 적용되어야 하는지 여부가 불분명할 수 있다. from이 해당일을 포함해 이후인지 아니면 포함하지 않고 이후인지가 논쟁의 여지가 있을 수 있기 때문이다.[3] 이같이 불필요한 논쟁을 피하기 위한 가장 좋은 방법은 분명하게 기록해 두는 것이다. From but excluding the Effective date(발효일을 제외하고 그 다음날로부터) 또는 From and including the Effective date(발효일을 포함하여 그 날로부터)의 형태로 사용할 것을 권한다. 그 밖에 시점과 기간의 표시에 있어서 주의할 표현들은 다음과 같다.

---

❸ from은 해당일을 포함하지 않는 것으로 해설하고 있는 책이 많은데, 실무에서는 그다지 민감하게 사용하지 않는다. 오히려 신용장 통일 규칙인 UCP600에서는 선적과 관련해 'to/until/till/from'이라는 단어는 해당일을 포함하는 것으로 해석하고 있다. (Article 47a) 다만 from 뒤에 특정 날짜가 오는 경우에는 포함되지 않는 것으로 해석하더라도 특정 사건이나 행위가 오는 경우에는 해당일을 포함시킨다고 하므로 from the Effective Date는 사건으로 보아 포함된다고 해석할 수 있다.

before와 after

이전과 이후를 나타내는 before와 after 두 단어는 뒤에 나오는 날을 포함하지 않는 것이 일반적이다. 즉, 우리말에서 이전과 이후가 해당 숫자를 포함하는 것과는 다른 개념이다. before는 보통 독립적으로 쓰기보다는 기한을 표시함에 있어서 on or before~의 식으로 사용한다. after 역시 on or after~라는 표현을 쓰기도 하지만 오히려 독립적으로 더 많이 사용한다. on or before~나 on or after~나 모두 on이 사용됨으로 인해 뒤에 나오는 날짜를 포함하게 되는데, 예문을 보면 다음과 같다.

XXX company shall perform the final investigation of the deliverables on or **before** 25th of October, 2008.

설명 및 해석   2008년 10월 25일 이전에 인도물의 최종 검사를 실시한다.

Any notice or other information given by post pursuant to clause XX.X which is not returned to the sender as undelivered shall be deemed to have been given on the 10th day **after** the envelope containing the same was so posted.

설명 및 해석   우편을 통한 Notice에서 반송되지 않은 경우에는 발송일 다음 날로부터 10일이 경과하면 Notice가 이루어진 것으로 간주한다는 조항으로 11일째부터 Notice의 효력이 발생한다는 것이다.

---

upon과 as soon as

모두 즉시성을 강조하기 위해 사용하는 표현인데, 계약서에서는 그다지 권하지 않는 표현이다. 차라리 on을 쓴다거나 within a day(1일 이내)라는 표현을 쓰는 것이 더 좋다. 다만 때때로 확인 규정이나 의무의 성격을 표현하기 위해 필요한 경우가 있는데, 다음의 예를 보도록 하자.

Advance Payment shall be made **upon** the Effective Date of the Contract.

설명 및 해석   사실 계약 체결 당일에 대금을 지급하는 것은 쉽지 않다. 차라리 구체적으로 'Advance Payment shall be made within 5 days of the Effective Date of the Contract.' 정도로 바꾸는 것이 좋다.

All titles and risk related to the Deliverables transfer to the Customer **upon** their arrival at the Customer's designated port.

설명 및 해석   인도물, 즉 화물의 위험과 권리는 고객이 지정한 항구에 도착함과 동시에 고객에게로 이전된다는 뜻이다. 동시성을 보다 강조하기 위해 'immediately upon'을 사용할 수도 있다.

> In the case that the Buyer rejects the Deliverable(s) within the above acceptance period, the Seller shall correct and re-deliver such rejected Deliverable(s) within a reasonable period agreed **upon** by both Parties.

설명 및 해석　계약서에서 많이 보는 upon이지만, 이 경우에는 시점을 나타내는 upon이 아니라 '합의한'이라는 뜻으로 관용적으로 쓰이는 숙어임에 유의한다. 참고로 'Agreed Upon Procedure(AUP)'는 합의된 절차 사항을 기록한 실무 문서이기도 하다.

by와 until

모두 '~까지'라는 뜻이고, 뒤에 나오는 날짜나 시점을 포함한다. 다만 중요한 차이는 by가 마감의 뜻을 강하게 갖고 있는 데 비해 until은 특정 시점까지 지속되는 의미가 강하다. 우리말로 이해하기 쉽게 바꾸자면, by는 '~까지는 꼭'이라고 번역하는 것이 좋다. 예를 들어 보자.

> This agreement shall continue hereafter in full force **until** September 23, 2008.

설명　TOEIC식 설명인 것 같지만, until은 remain, continue, go on, maintain 등과 같은 지속의 동사들과 함께 자주 등장한다.

> The Letter of Credit shall be issued **by** September 23, 2008.

설명 및 해석　2008년 9월 23일까지는 꼭 발행되어야 한다는 뜻이다.

> The Contract Price shall cover the cost for packing, packaging, inland transportation, insurance (all risk) and all other expenses **until** the Products are delivered to the Customer.

설명 및 해석　인도가 완료되는 때까지 계속 발생하는 비용들도 계약액에 포함된 것이다.

> The Buyer is deemed to have accepted, if there is no communication to the contrary **by** the end of the Acceptance Period specified in Article 4.

설명 및 해석　물품을 수령하고 나서 대개 하자 통지를 하는 기간을 정하는데, 그 기간 마지막 날까지도 아무런 통지가 없으면 수령한 것으로 간주한다는 것이다.

　　계약 영어에서 뒤에 따라 나오는 날짜를 포함하는 대표적인 단어들은 by, until 외에 to, till, on, through 정도가 더 있다.

11 기한을 표시하는 다양한 표현

'어떠한 의무가 언제까지 이행되어야 한다'는 기한의 표시를 위해서는 앞에서 언급한 by와 until 외에도 특히 대금과 관련된 due를 자주 쓴다.

The payment is **due** on September 29, 2008.

설명 및 해석　대금 지급 기한의 직접적 표시

The payment is **due** within 30 days of issuance of invoice and so notified.

설명 및 해석　대금 지급 기한은 청구서 발행 및 통지 후 30일이라는 내용의 표시

The Invoice no. 1234 dated September 29, 2008 is 30 days **overdue**.

설명 및 해석　청구서의 지급 기한이 30일 지났음을 나타내고 있다.

Payment 기한을 표시하는 방법과 관련해, outstanding이라는 단어도 자주 사용한다. outstanding은 원래 '현저하다', '저명하다'라는 좋은 뜻으로 사용되지만 돈과 관련되면 '돈을 내지 않았다'는 지저분한 뜻으로 변질된다. 요즘 미국에서도 대출 광고가 극성인데 Do not let your debt remain outstanding은 '미결제 대출을 남겨 두지 마세요'라는 뜻이다. 이 밖에도 outstanding issues(현안 문제)와 같이 outstanding은 '해결되지 않은'이라는 개념으로 많이 쓰인다. 회계에서도 outstanding receivables는 '미회수 채권', 즉 '미결제된 받을 돈'을 의미한다.

All invoices arising out of this Agreement and outstanding over 30 days shall be deemed to be '**overdue**.'

설명　지급 기한 초과인 overdue를 정의하는 방법이다.

한편, 계약 각 조항의 통지 의무에 있어서는 통지의 기한과 관련해 within이나 prior 등의 표현도 자주 사용한다.

If any of the events mentioned in Article XX above lasts for more than three(3) months, either Party shall, **upon giving thirty(30) days' prior notice in writing** to the other Party, has the right to terminate the Agreement without either Party being liable therefore in damages.

설명 및 해석 불가항력(Force Majeure) 조항에서 볼 수 있는 통지 기한의 표시 방법이다. 어느 일방이라도 서면으로 30일간의 사전 통지 이후에는 계약을 종료시킬 수 있다는 내용이다.

/12/ 상술의 의미를 갖는 aforementioned와 비슷한 표현

(as) set forth in~/(as) specified in~
계약서의 이전 또는 이후의 내용을 참조할 때 자주 사용하는 표현으로 '기술한 바와 같이'라는 뜻이다. as specified in~ 뒤에는 해당 조항을 삽입해야 하는데, 참조가 잘못되면 옥에 티가 될 수 있으므로 주의해서 쓸 필요가 있다. 다음 예문을 살펴보자.

Both contractual parties require treating all technical and commercial information in confidence, using it for the progress of **the specified program** exclusively and particularly not disclosing it to third parties without prior written consent of the other party.

설명 the program으로만 써도 되는데 the specified의 형태를 취해서 '본 계약의 프로그램……'이라고 의미를 다시 한번 강조했다.

해석 양 당사자는 모든 기술적, 상업적 정보에 대해 비밀로 취급해야 하며, 특히 본 계약의 프로그램의 진행을 위해서만 상대방의 사전 서면 승낙 없이 제3자에게 노출시키지 않아야 한다.

Contractor undertakes to perform all the servicing and technical tasks **specified in this Agreement** and all work **as specified in Annex 2** of this Agreement. In this Agreement the terms **set forth hereafter** shall have the meaning given in this Clause.

해석 계약자는 본 계약서에서 정하는 모든 용역 및 기술적 업무와 Annex 2에서 정하는 모든 작업들을 수행할 책임을 진다. 본 계약에서 이하에 정하는 조건들은 본 조항에서 주어진 의미를 갖는다.

abovementioned/aforementioned/aforesaid
'전술한' 또는 '상술한'이라는 의미로 계약서에서 앞에서 언급된 내용을 지칭할 때 사용하므로 뒤에 해당 조항을 삽입할 필요는 없다.

물건을 수출해 놓고도 대금 결제가 제때 되지 않아 난감했던 일은 국제 거래에 몸담고 있는 사람이라면 다반사로 겪었을 법한 상황이다. 상대방이 실수로 깜박하고 있었다면 다행이지만, 고의로 대금 지급을 지연시키는 경우도 많다.

실제로 많은 다국적 기업들이 제시하는 계약서의 곳곳에는 대금 지급 지연을 가능하게 하는 문장들이 숨어 있다. 이러한 문장들이 숨어 있는 곳을 찾아내서 개선을 요구하고, 오히려 대금 지급에 있어서만큼은 정확한 일정에 따라 수령할 수 있는 권리를 확보하는 것이 중요하다.

대개 대금 지급의 지연에 관한 문장은 Payment 조항, Inspection 조항, Notice 조항, Termination 조항, Warranty 조항 등에서 찾아볼 수 있다.

대금 지급과 수령에 관한 일반 조항은 역시 Payment 조항인데, 다음 예문에서는 구매자의 대금의 지급 지연을 가능하게 만든 문장들을 곳곳에서 발견할 수 있다. 구매자로서 계약을 체결하는 경우라면 참고해 볼 만하다.

Article 5. Payment

The Price shall be paid in accordance with the payment plan identified in below table. Each amount of the plan shall be payable after receipt by the Customer of a invoice from the Manufacturer, certifying that the certain requirement for which payment is claimed have been fully completed. If the Customer concludes that the requirement for each payment has been fulfilled, the applicable payment shall be made by wire transfer within sixty(60) days of receipt of invoice, the 10th or 25th of every month.

설명 대금 지급이 수차례에 걸쳐 이루어진다면, 각 회차마다 정해진 조건들이 충족되면 대금을 지급하게 될 것이다. 이를테면 선금, 원재료 구입 단계, 선적 준비 단계, 인도 단계, 검사 단계, 보증 단계 등으로 구분할 수 있다. 본문은 '표로 정리된 대금 지급 조건과 계획을 아래에 두고, 조건이 충족되었음을 확인하는 인보이스를 수령한 뒤에 표와 같이 지급한다'라고 규정한 것이다.
한편, 위 조항에서는 구매자(Customer)에게 요건 충족 여부를 판단할 수 있는 권한이 주어져 구매자는 유리하게 협상할 수 있다. 간단한 계약서라면 이 정도로 규정해두는 것만으로도 충분할 수 있다.

해석 대금은 아래 표에서 정하는 지불계획에 따라 지급된다. 지불계획의 각 금액은 제조자로부터 특정 요구사항들이 완전히 수행되었음을 증명하는 인보이스를 고객이 접수한 이후에 지급이 가능하다. 만일 고객이 각 지급을 위한 요구사항들이 완수되었다고 결정짓는 경우, 해당 대금은 인보이스 접수로부터 60일 이내, 매월 10일 또는 25일에 전신환에 의해 지급되어야 한다.

이와 관련해 연결할 수 있는 조항은 다음과 같다.

> If each requirement for each payment has not been fulfilled or if there is insufficient evidence of fulfilment to support the Manufacturer's claim to have achieved the milestone, the Customer shall not be required to pay such invoice until sixty(60) days after the requirements for such milestone have been fulfilled.

설명 및 해석 그러한 조건들이 완성되지 않았다거나 완성했다고 하기에는 불충분한 때는, 구매자(Customer)는 그러한 조건의 충족 후 60일이 될 때까지는 대금 지급 의무가 없다.

> The Contractor shall have no right to obtain partial payments for any event that are not completely fulfilled.

설명 및 해석 계약자는 계약 목적의 완성 이전에 분할 지급받을 권리가 없다(예컨대, 분할 선적을 했다고 해서 분할 지급받을 권리는 없다).

> If the Contractor fulfils a requirement earlier than the time specified in payment plan, the Customer shall not be required to make the corresponding milestone payment unless it agrees otherwise in writing.

설명 및 해석 계약자가 일찍 일을 마쳤다고 해서 일찍 대금을 줄 필요는 없다(예컨대, 선적을 일찍 했다고 해서 대금을 일찍 지급하지는 않는다).

> The Contractor shall have no right to claim for a payment of any subsequent plan, if the Work related to a previous plan has not been achieved.

설명 및 해석 계약자는 이전의 조건들이 완성되지 못해서 지체되는 경우, 그 다음 계획에 따른 대금 청구도 못한다(즉, 순서가 바뀌거나 계획상의 요구 조건들이 다른 내용이라서 앞뒤 가리지 않고 수행할 수 있는 경우, 순서대로 대금이 지급된다는 것을 사전에 정한 것이다).

한편, 검사(Inspection) 조항에서 삽입될 수 있는 예문은 다음과 같다.

> ### Article 6. Inspection
>
> All delivered hardware shall be subject to an incoming inspection as defined in the Technical Specification. Should there be any part of the Deliverables found to be non compliant with the Contract requirements, the Customer shall, Ⓐ **at its sole discretion**, withhold the remaining payment in whole or in part as its remedy.

설명 Ⓐ 매수인의 재량으로 (전부 또는 일부 대금의 지급을 보류시킬 수 있다는 내용이다)

인도된 모든 하드웨어는 기술 명세서에 정의된 바와 같이 수입검사의 대상이 된다. 인도 물품의 일부에서라도 계약상 요구사항과 불일치하는 부분이 발견되는 경우, 고객은 스스로의 재량에 의해, 구제 조치로서 잔여 대금의 전부 또는 일부 지급을 유예할 수 있다.

다음은 수출자인 매도인에게 유리하게 작성되어 지급 기일을 준수하지 않으면 이자도 함께 청구하게 하고, 30일 이상 지급하지 않으면 해제도 가능하게 만드는 내용의 예문이다.

Article 7. Delay

(a) Subject to the terms of this CONTRACT, the BUYER shall be liable to pay to the SELLER simple interest at the Bank Rate (meaning the discount rate of interest per annum set by the Bank of Korea) plus 1 1/4 percent per annum, on any amount that is overdue, from the date such amount becomes overdue until the day prior to the date of payment, inclusive.
Interest shall be paid without notice from the SELLER, but will only be paid if the amount has been overdue more than thirty(30) days. The Bank Rate shall be that prevailing at the opening of business on the date of payment.
(b) Notwithstanding the foregoing, failure by BUYER to pay any amount to SELLER that is overdue more than 30 days may be cause for termination by SELLER under Article XX (Termination for Cause).

설명 및 해석 (a) 지급 지연에 대해서는 계약상 지급일로부터 실제 지급일까지의 지연 일수만큼 한국은행 소정의 연할인율에 5/4를 합한 비율로 (배상액을) 지급해야 한다.
(b) 30일 이상 지연 배상액 지불이 이루어지지 않는 경우에는 계약 해제도 가능하다.
참고로, 맨 아래 줄에 under Article XX(Termination for Cause)라고 쓰여 있으므로 귀찮더라도 반드시 Termination for Cause 조항을 찾아보고 동 내용이 기록되어 있는지 Cross-reference의 정확성을 확인해야 한다.

대금(payment)에 대해서는 이처럼 Payment 조항뿐만 아니라 다른 조항들에서도 얼마든지 대금 지급과 연결되는 내용으로 규정할 수 있다. 대금 지급은 결국 계약 이행에 대한 상호 간의 이해와 직결되는 것으로, 어느 한 쪽에서 이행에 문제가 있었다고 판단하는 경우에는 Payment 조항이 아닌 다른 조항을 근거로 대금 지급을 연기하는 경우가 대부분이고 계약에서도 그렇게 규정하는 경우가 많다.

Chapter II

관용어구를 이용한 문장 구성

영문 계약서를 작성하거나 검토하다 보면, 이론적인 학습과 상당한 영어 실력에도 불구하고 의외로 생소한 표현들에 부닥치게 되는 경우가 많다. 대부분의 계약 영어나 무역 영어 교재들이 영문 표현 방법을 설명하는 데 상당 부분을 할애하고 있는 이유도 이와 같은 현업에서의 요청이 있기 때문이다.

이 부분에서는 기초적인 표현들은 생략하고 어느 정도의 실력이 갖추어진 상태에서도 막상 부닥치게 되면 깔끔하게 해석할 수 없거나 막상 문서를 작성하려고 하면 떠오르지 않는 표현들을 중심으로 살펴보자.

📂 1 act of commission/omission

두 표현은 모두 작위(act of commission)와 부작위(act of omission)를 의미하는 법률 전문 용어로, 손해를 야기하는 배경에는 계약상 금지된 어떤 행위(작위)를 해서 발생하는 손해도 있을 수 있지만, 계약상 의무가 부과된 어떤 행위를 하지 않음(부작위)으로써 발생하는 손해도 있을 수 있다. act or omission 또는 commission or ommission으로 줄여 '작위 또는 부작위'의 의미로 사용된다.

주로 손해(Damage) 관련 조항이나 Liquidated Damages, Termination 관련 조항에서 계약자의 면책 상황을 나타내기 위해 나온다. 한편, 신용장에서도 비슷한 표현을 사용하는데, error or omission으로 쓰여 전신문 Cable의 '오자 또는 탈자'를 의미하기도 한다.

The Seller shall not be liable for the failure in delivery caused by a **commission or omission** of the Buyer Delay by the Buyer.

해석 매수인에 의한 지연 상황에 대해서는 매도인이 책임지지 않는다.

한편, omission은 의무 태만 또는 해태라는 의미로 사용할 수 있다. 다음의 권리 포기 부인(No Waiver) 조항에서 omission을 사용한 예를 살펴보자.

No delay or **omission** by either party hereto to exercise any right or power occurring upon any noncompliance or default by the other party with respect to any of the terms of this Agreement shall impair any such right or power or be construed to be a waiver thereof.

설명 및 해석 '어느 일방 당사자가 권리를 행사함에 있어 지체나 태만이 있다고 해서 권리 포기로 추정되지는 않는다'는 내용이다.

2 at arm's length

처음 이 표현을 접하면 난감해진다. 직역하면, '팔 길이에……'라는 뜻으로 도무지 감이 잡히지 않는 표현 중 하나다. 위키피디아(Wikipedia)의 정의에 따르면 다음과 같다.

Arm's length principle
From Wikipedia, the free encyclopedia

The arm's length principle(ALP) is **the condition or the fact that the parties to a transaction are independent and on an equal footing**. Such a transaction is known as an "arm's-length transaction."
It is used specifically in contract law to **arrange an equitable agreement** that will stand up to legal scrutiny, even though the parties may have shared interests (e.g., employer-employee) or are too closely related to be seen as completely independent (e.g., the parties have familial ties).

설명 및 해석 계약의 조건들은 독립적이고 동등한 입장에서 작성된 것이다. 당사자들이 이해관계를 공유하거나 독립적인 당사자로 보기에는 너무 밀접하게 연관되어 있다 할지라도 동등한 계약 관계를 구성하기 위해 사용되는 표현이다.

같은 맥락에서 arm's length price는 독립적인 거래 당사자 간의 정상 가격을 의미한다. 생활 영어에서 Keep her at arm's length.라고 하면, '그 여자랑 거리를 좀 둬라(너무 가깝게 지내지 마).'라는 표현이다. two separate companies at arm's length라 하면 '2개의 완전히 독립적인 회사'라는 뜻이다. 주로 투자 기업과 피투자 기업, 또는 모회사와 자회사, 자회사와 자회사 간의 계약 관계에서 계약 당사자 간의 관계가 독립적임을 설명하는 조항에 넣기도 한다.

3 at the risk and for the account of

at the risk of A는 'A의 위험과 책임 부담으로'라는 뜻이고 for the account of A는 'A의 계산(비용 부담)으로'라는 뜻이다. 비용 부담 관계를 나타낼 때는 for the account of A, at A's own cost, at A's own expense, at the expense(cost) of A와 같은 표현을 사용할 수 있다.

특히 account는 '비용'이나 '책임'을 의미한다는 점에서 Payments shall be made to the accounts designated on the relevant invoice.(은행 계좌를 의미)의 예와는 다르게 사용되었다.

다음은 '제3자 재산권 침해 보호 조항'의 예이다.

Article XX. Infringement To Third Party Rights

The Contractor agrees to resist or defend **at its own expense** any request for royalty payments or any claim for relief or damages against the Customer or third party based on the allegation that the manufacture of any Equipment under this Contract or the use, lease or sale thereof infringes any patent right and/or intellectual property right, including copyrights, and to pay any royalties and other costs related to the settlement of such request and to pay the costs and damages, including attorneys' fees, finally awarded as the result of any suit based on such claim, provided that the Contractor is given prompt notice of such request or claim by the Customer and/or any such third party and given authority and such reasonable assistance and information as is available to the Customer and/or any such third party for resisting such request or for the defense of such claim.

설명 및 해석 전체 조항이 한 개의 문장으로 이루어진 매우 긴 문장이다. 잠시 이런 문장을 읽어내는 요령을 말하자면, 핵심 주어와 핵심 동사를 찾아낸 후 (또 다른 주어와 동사가 포함된) 다른 절을 찾아 읽어가야 한다. 마지막으로 접속사의 구성에 있어서 and와 같은 순접인지 아니면 but과 같은 역접인지, 즉 앞뒤의 문장이 반대인지 조건인지에 대한 파악이 필요하다.

위의 예에서 The Contractor agrees to resist or defend...로 시작하지만, 핵심 동사는 agree가 아닌 to resist or defend 부분과 한참 뒤에 두 번 이어져 나오는 to pay(any royalties... and the costs and damages)다. 즉, 계약자(매도인)가 방어하고, 지불할 것을 동의하는 것이므로 '동의한다'라는 동사는 없어도 해석에 무리가 없다. 또, 뒤에 이어 나오는 at its own expense는 '자신의 비용으로'라는 뜻이므로 전체적인 의미 파악을 위해서는 잠시 잊어 두어야 한다.

즉, 아래와 같이 볼드체로 표시된 굵은 글자만을 따라가면서 읽어 보면 전체적인 의미를 이해할 수 있다. 한편, (a) provided that은 '~을 조건으로'라고 해석할 수 있다. 즉, '(1) 고객이나 제3자에 의해 그러한 청구에 대해 즉시 통지받는다는 것, (2) 그러한 청구를 방어하기 위해서 또는 그러한 요구를 막기 위해 합리적인 협조와 정보 및 권한이 주어진다는 것을 조건으로'으로 해석할 수 있다.

다음과 같이 끊어 읽는 연습을 해보자.

The Contractor agrees to ① **resist or defend** at its own expense **any request for royalty payments or any claim** / for relief or damages / **against the Customer or third party** (based on the allegation // that the manufacture of any Equipment under this Contract or the use, lease or sale thereof infringes any patent right and/or intellectual property right, including copyrights), and ② **to pay any royalties and other costs** related to the settlement of such request and ③ **to pay the costs and damages**, including attorneys' fees, finally awarded as the result of any suit based on such claim, ④ **provided that** the Contractor is ① given prompt notice of such request or claim by the Customer and/or any such third party and ② given authority and such reasonable assistance and information as is available to the Customer and/or any such third party for resisting such request or for the defense of such claim.

계약서를 작성하는 협상 과정이라면, 그리고 우리 회사가 매도인이라면 다음의 2가지 이슈를 제기할 필요가 있다.

첫 번째, 위 문장의 첫 번째 줄에 나와 있는 at its own expense는 삭제하고 대신에 다음과 같은 문장을 마지막 단락에 삽입하는 것을 권하는 편이다. No costs or expenses shall be incurred for the account of SELLER without its prior written consent.는 사전에 동의되지 않은 어떠한 비용에 대해서도 지불할 의무가 없음을 확인하는 조항이다.

두 번째, The Contractor agrees to (1) resist or defend and (2) to pay and (3) to pay에 이어 to the extent (which is) necessary to protect any of Customer's rights to the Products를 삽입하는 등 발생하는 비용 범위를 한정시킬 필요가 있다. 괄호나 앞뒤 쉼표로 간단히 삽입할 수 있다.

참고로, 상술한 at ( )'s cost, at ( )'s expense, at ( )'s risk와 비슷한 표현으로 in ( )'s name이 있다. 쉬운 표현이지만 상법에서는 중요한 개념인데, '( )의 명의/이름으로'라는 뜻이다. 프랜차이즈 계약과 개량 기술의 특허 문제에서 눈에 띄는 표현이다.

Any technological or technical improvement occurred during the period of license, the Licensee may **in its own name and at its own cost** apply for patents with respect to the improvement.

설명 및 해석 '특허 실시 기간 중에 발생한 개량 기술에 대해서는 기술 도입자인 Licensee가 자신의 이름과 비용으로 특허를 신청할 수 있다'는 내용이다.

4 without prejudice to A

'A에 영향을 주지 않고'의 뜻으로 해석하면 무난하며, 주로 구(phrase)의 앞에서 쓴다. 특히, 뒤에 나오는 A는 대개 권리나 의무에 관한 사항이 많으며, '당사자가 갖는 A라는 권리를 침해하지 않고'라는 형태로 사용한다.

Without prejudice to any right or remedies, either Party reserves the right to terminate the Agreement by giving 30 days prior written notice to the other Party.

설명 및 해석 당사자의 권리나 구제 조치에 어떠한 영향도 주지 않고, 각 당사자는 30일 이전의 사전 통지로써 계약을 해제할 수 있다(계약을 해제하더라도 다른 당사자가 구제 조치 등을 취할 권리까지 침해하는 것은 아니라는 뜻이다).

Without prejudice to its obligations under this Contract, the Seller shall notify the Customer in writing within five(5) Business Days of any known or anticipated delay in the performance of its obligations hereunder, stating: the anticipated period of the delay; the reasons for the delay; what action is being taken to overcome such delay.

설명 및 해석 이 계약에서의 의무 사항에 영향을 주지 않고, 판매자는 5영업일 이내에 서면으로 고객에게 통지해야 한다. 즉, 통지한다고 해서 적기 납품과 같은 계약서에서의 다른 의무들이 면제되지는 않음을 강조하는 것이다.

구매 계약에 따라 물품을 1차 수령했는데, 일부의 하자로 교환이 필요한 경우나 수리를 위해 다시 돌려보내고 다시 2차 수령해야 하는 경우와 같이, 상대방으로 하여금 일정한 행위를 허용해야 하는 때가 있다. 이때, 판매자는 1차 수령으로 납기를 지켰다고 주장할 수도 있고 언제 다시 돌려 받을지 막막한 상황이 될 수도 있다. 이때 간단히 쓸 수 있는 표현이 without prejudice to any right herein specified as to the Delivery(본 계약상 납기 규정을 훼손하지 않고)이다. 다음과 같은 표현이 쓰이기도 한다.

Being allowed to return or exchange goods is a privilege, not a contractual right.

설명 및 해석 물품의 반환 또는 교환이 허락되는 것은 특별히 허락되는 것이지 계약상 권리는 아니다.

한편, prejudice에는 그 자체로 '손상', '불이익', 또는 '침해하다'라는 의미가 있어 계약서에서 자주 쓰이는 단어다.

The exercise by the Customer of any of its rights of election herein shall not **preclude or prejudice** the Customer **from** exercising any other right it may have under this Contract.

설명 및 해석 Customer가 계약서에 규정된 다른 권리를 행사하는 것을 방해하거나 그러한 권리 행사를 손상시키지 못한다는 의미로 사용되었다.

5 in consideration of

Consideration은 고전 계약에서 필수적인 계약의 성립 요건으로 삼았던 형식 조항으로서 우리말로는 약인(約因) 조항이라고 한다. 쉽게 말해서 약인이란 계약의 대가를 의미하는데, 대가가 없는 계약, 즉 상호성이 결여된 계약은 영미법에서는 무효로 간주하고 있기 때문에 계약서의 초반에 반드시 이러한 대가 관계를 명시하는 조항을 두고 있다. 다음과 같이 간단하게 구성할 수 있다.

> (a) **In consideration of** mutual covenants and promises herein set forth, it is agreed as the following; (약인 조항의 예)
>
> (b) **In consideration of** the mutual undertakings and releases herein contained IT IS HEREBY AGREED as follows: (약인 조항의 예)
>
> (c) **In consideration of** XXX company and YYY Company entering into this Agreement to promote the sale of XXX company's products and associated equipment/services, the said parties hereby agree as follows. (약인 조항의 예)

In consideration of the obligations assumed by B Company in this Agreement, the Supplier releases and discharges A Company with effect from the Services Commencement Date from further performance of the Original Agreements and from all claims, demands, obligations and liabilities (whether actual, accrued, contingent or otherwise) whatsoever under or in relation to the Original Agreements.

설명 및 해석 볼드체 부분을 해석할 때는 '~을/를 고려해'로 해석하기보다는 '~의 대가로서(대신에)'가 적절하다. 본 계약에서 B 회사에 지워진 의무 사항들의 대가로서 공급자는 서비스 개시일로부터 효력을 갖는 A 회사의 기존 계약상 이행 의무를 면제한다.

---

6 breach, infringement, indemnification

breach, infringement, indemnification(indemnity)과 같은 단어들은 모두 계약의 비정상적인 이행 상황에서 나타나는 용어들이다. 그러나 계약의 불이행을 나타내는 breach, 권리에 대한 침해를 나타내는 infringement, 면책이나 배상을 나타내는 indemnification은 그 사용 범위가 각각 다르기 때문에 사전에서 우리말로 해석하더라도 용어의 선택에 있어 주의를 기울일 필요가 있다. breach는 계약에서 정하는 의무 사항들의 불이행, 즉 위반을 나타내는데 예문을 보면 다음과 같다.

As the sole and exclusive remedy **for breach of** the warranty provided above, the SELLER shall, at its option, repair or replace any DELIVERABLE(s) that proves defective.

설명 및 해석 　상기 Warranty 조항의 위반에 대한 유일한 구제 조치로서, SELLER는 하자 있는 것으로 (defective) 판명된 인도 물품(DELIVERABLE(s))을 수리하거나 대체해야 한다. 수리나 대체의 결정은 SELLER가 한다.

　　infringement는 권리의 침해를 나타내는데, 계약서에서는 indemnification과 함께 쓰이는 경우가 많다. 즉, 제3자 권리 침해를 나타내는 infringement to the 3rd party rights라는 조항에서 계약 당사자들이 제3자의 권리 침해가 주장되는 경우에 협조해야 하고 책임으로부터 보호해야 한다는 의미로 indemnify가 사용되는 것이다. infringement에 대해서는 이미 앞에서 다루었으므로 생략하고 Indemnification 조항으로 구성된 예를 살펴보도록 하자.

Article 32. Indemnification

XXX Company agrees to indemnify and hold YYY Company, its affiliates and their respective directors, officers, partners, employees, agents and controlling person(YYY Company and each such person being an "Indemnified Party") harmless from and against any and all losses, claims, damages and liabilities, joint or several, to which such Indemnified Party may become subject, relating to or arising out of the engagement of YYY Company, actions taken or omitted in connection therewith, or the matters contemplated by this Agreement(including amounts paid in settlement), and will reimburse each Indemnified Party for all expenses (including without limitation fees and expenses of legal counsel) as they are incurred in connection with investigating, preparing or defending, or providing evidence in, any pending or threatened claim or any action or proceeding arising therefrom, whether or not such Indemnified Party is a party and whether or not such claim, action or proceeding is brought by or on behalf of XXX Company **provided, however, that** XXX Company shall not be liable pursuant to the foregoing indemnification provision in respect of any loss, claim, damage or liability that a court of competent jurisdiction shall have determined by final judgment(not subject to further appeal) to be the sole result of the willful misfeasance or gross negligence of such Indemnified Party.

설명 및 해석 　전체 조항이 한 개의 긴 문장으로 이루어져서 해석하기가 쉽지 않다. XXX는 YYY사와 그 계열사, 각각의 이사 및 임직원, 제휴사, 대리인 및 통제인(YYY사와 각각의 상술한 자들은 '면책되는 당사자'라 한다)들을 개별적이든 공동이든, 어떠한 손해나 청구, 손상 및 책임으로부터 면책하고 손해가 없도록 하는 것에 동의하며, 그로부터 발생하는 어떠한 계류 중이거나 위협이 되는 청구 또는 행위, 소송에서, 그러한 '면책되는 당사자'가 당사자가 됨과 관계없이, 그리고 그러한 청구 또는 행위, 소송이 XXX사에 의해 제기되었거나 XXX사를 대신해 제기되었거나 상관없이, 그러한 면책되는 당사자가 YYY사의 참여와 관련해 또는 그로 인해 발생하는, 그와 관련해 취해지거나 취하지 않은 행위들, 또는 본 계약(결제 대금의 지급을 포함해)에 의해 의도된 사항들, 그리고 그들이 조사하거나, 준비, 방어 또는 증거의 제공에 있어 발생한 모든 비용들을 상환한다. 다만 XXX사는 관할권을 가진 법원이 그러한 '면책되는 당사자'의 고의적 부당행위 또는 중과실에 따른 전적인 결과라는 최종 판결(항소를 조건으로 하지 않고)에 의해 결정된 어떠한 손실이나 청구, 손상 또는 책임에 대해서는 상술한 면책 조항에 따라 책임지지 않는다.

위의 예문에서 indemnify해 보호되어야 하는 대상이 '면책되는 당사자'로 지정되어 있는 것과는 달리 당사자 간에 서로 책임으로부터 보호받도록 협조해야 한다는 조항을 구성하려면 아래와 같이 'either party' 또는 'each party'를 주어로 작문할 수 있다.

Each party, whether Customer, Provider or any third party involved in the Agreement, shall indemnify itself and hold each of the other parties blameless in the event of any loss or damage to tangible property or persons caused during the execution of this Agreement except for willful default or recklessness. Provider shall be solely responsible for obtaining similar undertakings from any third parties involved in the Agreement.

해석 각 당사자는, 본 계약을 이행하는 동안 유형 자산 또는 인원의 손상 또는 손실이 발생하는 경우, 고의적인 불이행이나 부주의를 제외하고, 고객이나 공급자나 계약에 관여하는 어떠한 제3자라도 스스로를 면책해야 하고 상대방을 책임으로부터 벗어나도록 해야 한다. 공급자는 본 계약에 관여하는 제3자로부터 유사한 약속을 얻어낼 독자적 책임이 있다.

7 notwithstanding

대개 문장의 맨 앞에서 'Notwithstanding above, Notwithstanding the article XX, Notwithstanding the foregoing'의 형태로 쓰인다. '앞에서 설명된 내용에도 불구하고', 즉 앞 문장의 예외나 반대의 경우를 나타낼 때 사용한다.

Ⓐ **Notwithstanding anything contained herein to the contrary** neither Party hereto shall be liable hereunder for any special, incidental or consequential damages, Ⓑ **including, without limitation**, loss of profits or prospective profit by BUYER or SELLER, whether arising out of or alleged to have arisen out of breach of this Agreement, negligence or otherwise.

설명 및 해석 Ⓐ 본 계약에 다르게 표시되어 있는 어떠한 내용에도 불구하고, 당사자는 특별 손해, 간접 손해 또는 연속적 손해에 책임을 지지 않는다. Ⓑ '~을/를 포함하되 그에 한정되지는 않는'이라는 의미이지만, 문장 전체의 의미 파악을 위해서는 간단하게 '이를테면' 정도로 해석하는 것이 좋다.

Ⓐ **NOTWITHSTANDING ANY INSTRUCTIONS TO THE CONTRARY** THIS CHARGES AND CORRESPONDENCE CHARGES RELATING TO Ⓑ **DISCREPANCY**(IES) SHALL BE FOR THE ACCOUNT OF BENEFICIARY.

설명 및 해석 신용장에서 서류상 불일치로 인해, 발생하는 수수료의 부담 주체에 관해 설명하고 있는데, 'Notwithstanding any instructions to the contrary'와 같은 표현은 암기해 둘 수밖에 없다. Ⓐ 본문에 다르게 지시하고 있는 내용에도 불구하고, Ⓑ 불일치에 따라 발생하는 본 수수료와 통신 수수료는 수익자가 부담하는 것으로 한다.

here+전치사

'here+전치사'의 표현을 만나게 되는 경우, 기본적으로 '이 계약' 또는 '본 조항', 즉 'this agreement' 또는 'this article'로 해석하면 무리가 없다. 작성자의 입장에서는 혼란을 피하기 위해 가급적 사용하지 않는 것이 바람직하다.

hereby

'이에/여기에'라는 의미로 문장 중의 동사 앞에 와서 주어와 동사를 강조해 주는 역할을 한다. 우리말에서도 '이에 양 당사자는 아래와 같이 합의한다'라는 문장에 비슷한 표현이 있다.

> We **hereby** acknowledge the receipt of your Purchase Order dated XX/XX/XXXX.

설명 및 해석 PO의 수령을 확인하는 내용이다.

hereof

'이에 대해/이 문장의/이 계약서의'라는 의미나, in Article XX.X hereof라고 하면 in Article XX.X of this Agreement를 말한다.

> If a dispute is not resolved within thirty(30) days of the giving of notice under Clause 17 **hereof**, either party may commence an arbitration in respect of such dispute which shall take place in accordance with the Rules of Conciliation and Arbitration of the International Chamber of Commerce.

설명 본 계약서 17조에 따른 통지 이후 30일 이내에 분쟁이 해결되지 않는 때는……

hereinafter

정의 조항에서 가장 많이 사용하는 표현이다. '이하에서는 ~라 칭한다', 즉 XXX Company, hereinafter referred to as the "SELLER" and YYY Company, hereinafter referred to as the "BUYER"와 같이 사용한다.

heretofore/hereafter

here~의 다른 조합 표현들이 위치상의 개념을 나타내는 반면, hereunto, hereafter, heretofore는 시점상의 개념을 나타낸다. 즉, hereunto와 hereafter는 '본 계약 시점 이후에'라는 뜻이므로 on or after the date of this Agreement로 해석할 수 있고, heretofore는 '본 계약 시점 이전에'라는 뜻이므로 on or before the date of this Agreement로 해석하거나 변경할 수 있다.

그 밖에 hereto(to this Agreement(여기에)), herein(in this Agreement(이 계약서에)), hereunder(under this Agreement(이하에))와 같은 표현들이 있다.

9 there+전치사

'there+전치사' 역시 'here+전치사'의 표현과 마찬가지로 thereof, thereafter, therein, therefore 등의 형태로 사용하는데, 기본적인 뜻은 정반대로 '다른(해당) 계약' 또는 '다른(해당) 문장'으로 해석할 수 있다.

Any Ⓐ **undertakings** Ⓑ **subsequent to** or modifications to this Agreement shall be made in writing, and be signed by duly authorized representatives of each of the parties, and shall specifically state that it is such an amendment or modification of this Agreement and Ⓒ **shall be fully incorporated therein.**

설명 Ⓐ undertaking: 약속
Ⓑ subsequent to: ~이후의
Ⓒ there가 계약서를 의미해 그 계약서 내에 이후의 수정 문서. 즉 amendment or modification of this Agreement를 포함해 일체를 구성해야 함을 의미한다.

해석 본 계약에 뒤따르는 모든 약속이나 수정은 당사자 간 권한 있는 대리인에 의해 서면으로 이루어져 서명되어야 하고, 본 계약에 대한 수정이나 정정이라는 사실이 기재되어야 하며, 계약서에 완전히 흡수되어야 한다.

For the full, satisfactory and timely Ⓐ **provision** by TERRA company of the Equipment in accordance with all the requirements of the Contract and after Ⓑ **Delivery thereof** by the Customer according to the Article 11(Delivery), TERRA company shall be entitled to payment by the Customer of the price specified hereafter.

설명 Ⓐ provision: 조항(section; article; clause)의 의미와 함께 provide의 명사형으로 '제공'이라는 뜻도 함께 갖는다.

Ⓑ delivery에 대해서는 다른 조항에서 규정하고 있음을 암시하면서 친절하게 Article 11(Delivery) 라고 조항 번호까지 삽입하고 있다. 고객에 의한 delivery가 이상할 수 있지만, 대개 Delivery 조항을 따로 두는 경우에 delivery의 정의는 '고객이 인수 완료하는 상황'을 의미하므로 delivery는 최종적으로 Customer에 의해 이루어진다고 본다.

해석 계약의 요구사항들에 따른 TERRA사에 의한 완전, 충분하고 적절한 장비의 제공에 대해, 제11조(인도)에 따라 고객에 의한 인도 이후, TERRA사는 이하에서 규정하고 있는 대금을 지급받을 권리가 있다.

10 **remuneration vs. reimbursement**

remuneration은 주로 근로의 제공에 따른 보수 또는 보상을 의미해 정기적으로 지급되는 wage와 구별된다. 대개 용역비나 인건비 정도로 표현할 때 사용한다. 이에 반해, reimbursement는 변상 또는 변제, 반환 청구로서의 지급 행위를 의미한다.

> The Seller shall follow the Customer's instructions in transferring possession and title of the uncompleted Products and the Seller shall be liable and reimburse the Customer for all costs properly incurred and justified by the Customer in completing such Products over.

설명 및 해석 계약의 해제에 따른 매수인의 구제 조치를 규정한 문장이다. 계약 해제 시에 판매자는 미완성된 제품의 소유권과 권리를 인도함에 있어 고객의 지시에 따라야 하며, 판매자는 그러한 미완성된 제품을 완성하는 데 있어 고객에게 적절히 발생하고 그 정당성이 입증된 모든 비용을 지급해야 한다.

한편, 신용장의 거래 당사자 중 Reimbursing Bank가 있는데, 수출입 계약에 따른 거래 대금의 지급 통화가 거래 당사자의 통화가 아닌 제3의 통화인 경우에 어음을 매입한 은행(Negotiation Bank)이 제3의 거래 은행에 환어음을 보내 대금을 받게 되어 이 제3의 은행이 상환 은행(Reimbursing Bank)이 되는 경우를 말한다.

> The Employee may incur reasonable expenses for furthering the Company's business, including expenses for entertainment, travel, and similar items. The Company shall reimburse Employee for all business expenses after the Employee presents an itemized account of expenditures, pursuant to Company policy.

설명 및 해석 고용 계약서에서 등장할 수 있는 예문으로 회사 업무상 지출된 경비의 반환에 관한 내용이다. [경비의 상환] 직원은 회사의 업무를 추진하는 데 있어 접대나 여행 등 유사 항목에서 합리적인 비용을 발생시킬 수 있다. 직원이 회사 정책에 따라 그러한 지출 항목을 제시한 뒤 회사는 모든 영업 비용들을 상환해야 한다.

11 **recoupment vs. deduction**

계약상 지급해야 하는 대금에도 불구하고 어떤 상황이 발생하게 되면, 그 대금에서 공제하는 금액이 발생할 수 있다. 즉, 선금 30%를 지급하고 나서 물품이 인도되면 70%를 지급하기로 했는데 물품 인도 시에 수량의 과부족이 발생했다거나 납기 지연으로 인한 지체 상금이 발생한 경우, 그만큼을 공제하고 잔금을 지급하게 된다. 이러한 공제를 recoupment 또는 deduction이라 한다.

특히, recoupment는 발생한 손해의 벌충이나 초과 이익의 환수에 사용되는 공제 개념으로 비정상적으로 증감된 금액을 회복시키는 행위라고 보는 것이 맞다. 세금 공제와 같은 단순한 deduction과는 사용에 있어 차이가 있다. 개발로 인한 개발 주변 지역의 반사적 이익을 환수할 때도 recoupment를 사용한다.

Notwithstanding anything to the contrary contained in this Agreement, (i) Lender shall not be entitled to receive any record royalties at all with respect to records sold prior to the **recoupment** of all Recording Costs and Conversion Costs from the royalties (a) **otherwise payable to Lender hereunder**; and (ii) following such **recoupment** Lender's royalties shall be credited to Lender's account hereunder solely in respect of records thereafter sold which embody the Master Sound Recording.

설명 및 해석 위 예문은 음반 계약 시의 로열티에 관한 문장이다. 본 계약서에 달리 정하고 있는 사항들에도 불구하고, (i) 임대인은 (a) 본 계약에 따라 임대인에게 달리 지급되는 로열티로부터의 전환 비용과 레코딩 비용을 공제하기 이전에 판매된 어떠한 레코드에 대해서도 로열티를 받을 수 없다(임대인이 로열티를 받기 위해서는 먼저 레코딩 비용과 전환 비용을 납부할 것을 요구하고 있다). (ii) 그러한 공제 이후에 Master Sound Recording이 포함되어 판매된 레코드에 대한 임대인의 로열티는 임대인의 계좌로 이체되어야 한다.

12 subject to ~

계약서의 해석과 검토에 있어서 가장 주의해야 할 표현 중의 하나로 꼽을 수 있다. A subject to~ 의 사전적 의미는 'A는 ~을/를 조건으로 한다' 또는 'A는 ~을/를 따른다'인데, 다양한 상황에서 나타나는 이 표현은 'A는 ~의 아래에 있다'라는 개념으로 보는 것이 정확하다. 즉, subject to 뒤에 나오는 표현을 상위 개념으로 해석한다.

외국 회사들의 약관이나 견적서 끝 언저리에 항상 붙어 있는 문장인 above conditions subject to changes는 '상기 가격은 변동이 가능하다'는 뜻으로 해석할 수 있다. 특히 계약서에서 A subject to B의 문장을 볼 때는 'A는 B를 조건으로 하는 것이기 때문이다'라고 B에 중점을 두어 읽어내는 기술이 필요하다. 예문을 참고해 연습하면, 문서의 작성 시에도 유용하게 활용할 수 있다.

XXX appoints YYY its non-exclusive agent for the promotion and the sale in the Territory of the Products described in Annex 'A' to this Agreement **subject to** the terms and conditions herein contained.

설명 및 해석 전문이나 Whereas 이하의 문장에서 계약의 배경을 설명하면서 사용된 것으로, '이하의 조항들에 따라 XXX사가 YYY사를 비독점 대리점으로 인정한다'는 내용이다.

Subject to the provision of Article 10(Assignment), this Agreement may be assigned or transferred to the 3rd party.

설명 및 해석 본 계약 10조의 규정에 의거해……

THIS LETTER OF CREDIT **IS SUBJEST TO** THE UNIFORM CUSTOMS AND PRATICES FOR DOCUMENTORY CREDITS (2007 REVISION) INTERNATIONAL CHAMBER OF COMMERCE PUBLCATION NO.600

설명 본 신용장은 국제 상업 회의소(ICC)에서 발간한 UCP600의 UCP600 화환 신용장에 관한 통일 규칙의 적용을 받는다.

The Attachments to this Contract shall form part of this Contract **subject that** there are no conflicts; Attachment A(Scope of Work), Attachment B(Products)

설명 및 해석 '첨부 문서들도 계약서의 일부를 구성하며 내용상 충돌이 있을 때는 계약서가 우선한다'는 내용이다.

Chapter III

계약서 작성에 꼭 필요한, 하지만 사전에는 안 나오는 상식 영어

1 라틴어 관용어구를 이용한 문장 구성

ad valorem(=according to the value)

'가치에 따라'의 뜻이며, ad valorem duties라고 하면 '종가세로서 가격에 따라 매겨지는 세금'을 말한다. ad valorem freight는 '무게에 따라 매겨지는 운임이 아닌 종가 운임'을 뜻하기도 한다. 한편, 종량세는 Specific duty라고 한다.

bona fide(in good faith)

'선의로' 또는 '성실하게'라는 뜻으로 mala fide(악의로)와 반대되는 뜻이다. 한편, 선하증권 의 bona fide holder 또는 bona fide bearer는 선의의 소지자, 즉 '증권 자체에 하자가 있는 것을 모르고 정당하게 취득한 소지인'을 말하기도 한다.

> Each Party cooperates on a **"bona fide"** basis in order to achieve the most efficient way in the Due diligence process.

설명 및 해석 '기업 실사 절차에 있어서 선의를 바탕으로 협력하겠다'는 내용으로 MOU나 LOI 정도의 기초 문서에 주로 사용할 수 있는 표현이다.

pro rata(according to the certain rate)

'비례해'의 뜻이다. On a pro rata basis라고 하면 '(투자한 액수나 판매된 금액에) 비례해'라고 해석할 수 있다.

> If the withdrawal represents more than twenty-five percent(25%) of the content of the Licensed Products, then Licensee shall be entitled to terminate this Agreement upon thirty (30) days written notice to AAA and receive a **pro-rata** refund of the License Fee for the then-applicable term.

해석 만일, 회수 분량이 라이선스 실시 시 생산된 제품의 25% 이상인 때는 실시자(도입자)는 XXX사에 대한 30일 이전의 사전 통지를 통해 계약을 종료할 수 있으며, 해당 조항에 따라 지급된 실시료를 상기 비율에 비례해 환급받을 수 있다.

de facto/de jure

De facto는 '사실상의'라는 뜻으로, '법률상의' 또는 '합법적인'이라는 뜻으로 사용되는 de jure와는 반대로 쓰인다. 2000년대 들어 미국 정부의 MS(마이크로소프트)를 상대로 한 반독점 소송에서 'MS의 Explorer 프로그램이 Netscape를 누르고 사실상의 표준으로 등장했다'라는 기사 중 de facto standard라는 말이 유행하기도 했다. '공식적이거나 법적, 정책적인 것이 아닌 (비공식적) 실제'로 이해하면 편하다.

de facto control(사실상의 지배), de facto director(사실상의 이사), de facto marriage(사실혼), de facto merger(사실상의 합병)와 같은 표현들을 사용하고 있다.

vice versa

'역으로', '그 반대도 마찬가지로'라는 표현으로 계약뿐만 아니라 회화에서도 많이 쓰는 관용 표현이다. 관련된 간단한 예문으로 The man blamed his wife and vice versa.(남자가 아내를 책망했고, 그 아내도 남자를 책망했다.)와 같은 표현이 있다.

> The contract price is based on the steel price of U$500/Ton, if this price is changed more than U$100/Ton within fifty(50) days after the Seller received the full set of for-approval hull drawing, the BUYER shall compensate to the SELLER for the difference above the said U$100/Ton of the amount of US Dollar to be converted from the payment received by the SELLER from the BUYER **or vice versa**.

설명 및 해석 위 문장은 대금 변동에 따른 경우의 수를 설명하면서 똑같은 문장을 주어만 바꾸어 다시 설명할 필요 없이 '그 반대의 경우도 마찬가지'라는 표현으로 압축한 예문이다. 계약 대금은 톤당 500달러를 기본으로 책정되었으며, 이 가격이 판매자가 승인 목적의 선체 설계(hull drawing) 문서 전체를 받은 날로부터 50일 이내에 톤당 100달러 이상 변동되었을 때는, 매수인은 판매자에게 그 차이를 보상해 주어야 하는데, 동 보상은 판매자가 매수인으로부터 수령한 대금으로부터 전환되거나(톤당 100달러 이상 상승했을 때, 이미 수령한 대금은 오른 단가만큼 덜 받은 것으로 간주되어 받을 채권으로 전환됨을 의미) 판매자가 매수인에게 보상한다(the Seller shall compensate to the Buyer for the difference above. 톤당 100달러 이상 하락한 경우, 내린 단가만큼 보상).

in lieu of(instead of)

'~ 대신에'라는 뜻으로 사용한다.

> Unless stated otherwise, all remedies provided for in this Agreement shall be cumulative and in addition to and not **in lieu of** any other remedies available to either party at law, in equity, or otherwise.

설명 및 해석 No Waiver 조항에서 볼 수 있는 문장으로 해석하면 '달리 정하지 않는 한, 본 계약에서의 모든 구제 조치는 법적으로 지분에 따른 기타의 구제 조치들을 대체하는 것이 아닌, 누적적이고 부가적인 것이어야 한다'가 된다.

per annum(annual, an year)

'연간', '1년에'라는 뜻이다. 주로 10 percent per annum과 같은 형태로 사용되어 '연 10%'를 의미한다.

> "Default Rate" shall mean percent (%) **per annum**.

설명 및 해석 정의 조항에서 사전에 Default Rate를 정의하고 있다. 해석하면, "'지연 이자율'이란 연리를 의미한다."가 된다.

> The Employee shall also be paid, **per annum**, a bonus of 300% of a monthly payment.

설명 및 해석 고용 계약서에서 직원의 급여 외 상여금을 규정하고 있다. 연간 월 급여의 **300%**의 상여금을 받는다는 내용이다.

per diem(per day)

죽은 시인의 사회에서 CARPE DIEM이라는 표현이 나오는데, seize the day, 즉 '오늘에 충실하라'라는 뜻이다. diem은 the day 또는 daily로 바꾸어 쓸 수 있다. per diem은 '일당', '매일'이라는 뜻으로 주로 자문 계약에서의 일당이나 연체료(arrear)의 일할 계산에서 사용한다. per diem fee(일당), per diem allowance(일당), overdue interest per diem(연체 이자의 일변) 정도의 응용 표현이 있다.

mutatis mutandis(the necessary changes having been made)

'적절한 수정을 가해' 또는 '개개의 차이를 고려해' 정도로 해석할 수 있다. Mutatis mutandis application은 표현하면 우리말의 '준용해'로 사용하는데, 법 조문이나 계약서 조문을 기술하는 한 가지 요령으로 같은 말을 반복하는 번거로움을 피하기 위해 쓴다.

> This shall apply **mutatis mutandis** to the employment of less than three months.

설명 및 해석 이 조항은 3개월 미만 고용하는 근로자에게도 준용된다.

inter alia(among other things)

'그중에서 특히, 또는 다른 것들 중에서'라는 뜻이다. 사람이나 특정 당사자에 대해서는 'inter alios'를 이용한다.

WHEREAS, on June 2010 the Global Travis issued a Request for Proposal ("RFP") in respect of the construction, development and operation of, **inter alia**, a comprehensive international business and R&D facilities in the Yeo-yi District located in the Seoul.

해석 2010년 6월에 Global Travis는 건설, 개발 그리고 운영에 관한, 그중에서 특히 서울 여의도의 포괄적 국제 비즈니스 및 연구 개발 시설에 대한 제안 요청서를 발행하였다.

---

affectio societatis

animus societatis라고도 쓰이는 이 표현은 주로 회사 차원의 M&A 계약 등에서 등장한다. '회사 설립 의사'를 의미하며, 당사자 간의 법적 동등성을 전제로 위험 부담, 공동 업무, 자발적 협력에 대한 의사가 있음을 뜻한다.

i.e.와 e.g.

계약서에서 자주 등장하는 약어이기도 하지만, 논문을 써 본 사람이라면 대충은 이해할 것이다. 두 가지 모두 라틴어에서 온 약어로 i.e.는 id est(that is, 즉)를, e.g.는 exempli gratia(for the sake of example, 예를 들어)를 뜻한다. 가끔 i.e.가 in essence의 약어이고, e.g.가 example given의 약어라고 설명하는 책이 있지만, 정확한 원어라기보다는 이해를 돕기 위한 설명일 뿐이다.

i.e.의 올바른 용법은 다른 말로 바꾸어 설명(paraphrase)할 때 이용한다. 우리말로는 '말하자면(that is)', '그러니까', '달리 말하면(in other words)' 정도가 되는데 다음 예문을 참고해서 의미상 어감을 느껴 보자.

[일반 영어에서] The national income statistics estimate total economic activity in Korea, **i.e.**, the production and expenditures of all economic agents including households, enterprises and the government.
[계약 영어에서] Working time is defined as net working time, **i.e.**, exclusive of breaks, on call or standby time.

해석 [일반 영어에서] 국민 소득 통계는 한국의 총경제 활동, 말하자면 모든 경제 주체들의 생산과 지출을 측정한다.

[계약 영어에서] 근로시간은 순수 근로시간으로서 휴식시간 및 당번, 근무 대기 시간을 제외하는 것으로 정의한다.

---

e.g.는 거의 사례를 드는 용법으로 사용되므로 직관적으로 이해할 수 있다.

> [일반 영어에서] There are so many different kinds of punctuation you need to know how to use, **e.g.**, commas, periods, and semicolons
> [계약 영어에서] Contracts may express extensions of the term of the contract as an amended completion date or as additional time for performance; **e.g.**, days, weeks, or months.

해석 [일반 영어에서] 용법을 알아 두어야 할 수많은 구두점들이 있는데, 이를테면 콤마, 마침표와 세미콜론 등이 있다.

[계약 영어에서] 계약은 수정된 완료일 또는 추가적인 이행기로서 계약 기간의 연장을 표시할 수 있는데, 이를 테면 일, 주, 월로 표기한다.

---

2 제대로 쓰면 상대를 긴장시키는 구두점 표기법

영문으로 작성하는 모든 문서에서는 적절한 구두점(Punctuation mark) 표기를 통해 문서의 품질을 높일 수 있다. 굳이 비영어권 국가인 우리나라 사람이 일부러 쓰려고 하지 않더라도 영어권 국가에서 작성되어 온 계약서 문장에서 구두점의 의미를 잘못 이해하면 엉뚱한 해석이 될 수도 있으므로 실전에서 자주 쓰이고 중요한 구두점만 몇 가지 짚고 넘어간다.

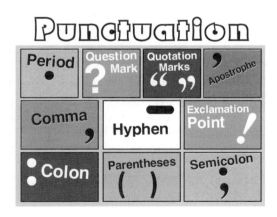

double quotation vs. single quotation

double quotation(큰 따옴표)은 직접적인 인용구에서 사용되는 반면, single quotation(작은 따옴표)은 직접적 인용구 내에서 한번 더 인용할 때, 또는 어떤 단어나 표현을 강조할 때 이용된다. 계약서 문장에서는 정의 조항에 언급된 표현임을 다시 한번 강조할 때 double quotation(큰 따옴표)과 single quotation(작은 따옴표)을 혼용해서 이용되는데 엄밀하게는 single quotation(작은 따옴표)이 맞는 표현이라 생각한다.

Packaging / Marketing

Reseller shall clearly mark packaging of licensed 'Software' that are shipped, distributed, or sold with the following inscription: "Copyright (2014) SAMSONG & GOOGEL and Distributed Under License by (Reseller)."

해석 포장/마케팅

판매 대리점은 선적, 배포, 또는 판매되는 사용권이 허락된 '소프트웨어'에 아래 게시문으로 명시적으로 표기해야 한다: "SAMSONG과 GOOGEL의 2014년 저작권 (및 판매대리점 명)의 사용권에 의해 배포됨."

---

colon vs. semicolon

colon(콜론)은 앞서 언급한 내용의 결과와 영향을 소개할 때, 앞 문장에서 포함된 부분을 소개할 때, 그리고 내용상 반전을 나타낼 때 이용되지만, semicolon(세미콜론)은 단순 나열, 왜냐하면, 그 결과, 반면, 다시 말해서 등과 같이 다양하게 이용된다. 아래 예문은 소프트웨어 판매 대리(Reseller) 계약의 지리적 범위(Territory)를 규정한 조항으로서 colon(콜론)과 semicolon(세미콜론)이 다양하게 이용되고 있다.

Grant of rights within the Territory

ABC hereby grants to Reseller a limited, non-transferable, and non-exclusive license (as expressly permitted herein) within the Territory to:

(a) submit Orders to ABC for the Products for its own use; and

(b) submit Orders to ABC for the Products on behalf of Customers and distribute them to the Customers within the Territory; and

(c) promote and market the Products within the Distribution Territory; and

(d) use the Marks and the Official Mark solely:
    i. in connection with the activities permitted pursuant to applicable clauses
    ii. during the Term and within the Distribution Territory;
    iii. with the prior written approval of ABC.

해석   (계약) 지역 내에서의 권리

ABC는 지역 내에서 판매대리점에게 제한적인, 비양도성, 그리고 비독점적 사용권(이하에서 명시적으로 포함된 것과 같이)을 부여한다: (위 문장에서는 포함된 내용들을 소개하기 위해 colon을 이용했고, 이하에서는 단순 나열을 위해 semicolon을 이용하고 있음)

(a) ABC에 대해 대리점 자체 사용을 위한 제품 발주서를 제출할 수 있는 권리; 그리고

(b) 고객을 대신하여 제품 발주서를 제출하고 지역 내 고객들에게 배포할 수 있는 권리; 그리고

(c) 배포 지역 내에서 제품을 홍보하고 판매할 수 있는 권리; 그리고

(d) 상표와 공식 로고를 이용할 수 있는 권리, 오로지: (역시 포함된 어떤 내용인지를 소개하기 위해 colon을 이용하고 있음)

    i.   해당 조항에 따라 허용된 활동과 관련하여;
    ii. 배포 지역 내에서 계약 기간 동안만;
    iii. ABC의 사전 서면 승인에 따라.

Chapter IV 계약 협상에서 마주하는 영어 표현

외국 기업 또는 외국 정부와의 계약 협상 과정에 직면하게 되면 협상자의 전문 분야에 따라 독특한 표현들이 등장하곤 한다. 때로는 우리나라의 법 체계와 명칭을 소개해야 하는 경우도 있고, M&A와 같은 계약 협상에서는 재무 지식이 필수적이다. 이와 관련해서 자주 등장하는 영어 표현들을 숙지하게 되면 협상가로서 어느 분야에서라도 적극적인 전문 영어를 구사하는 데 도움이 될 것이다.

1 엔지니어링 프로젝트에서 등장하는 전문 용어

어느 분야나 마찬가지겠지만, 영어를 아무리 잘한다 하더라도 결국 협상의 대상은 제품이나 서비스가 되기 때문에 해당 협상이 엔지니어링 프로젝트라면 제아무리 난다긴다해도 따로 공부하지 않으면 겉도는 대화 밖에 나눌 수 없다. 협상 당사자들도 대개 IT 분야를 비롯한 각종 산업계에서 이용되는 공학계 언어, 특히 물리 또는 수리적인 측면에서 범용으로 활용되는 표현들을 이해할 필요가 있다. 경험적으로 많이 접했던 몇 가지 대표적인 표현들을 정리했다.

threshold(문턱값)

계약서를 작성할 때나 기술 협상이 진행될 때나 테이블에서 엔지니어들이 가장 많이 쓰는 단어는 threshold, 즉 '문턱값'이 아닐까 싶다. 예를 들어, '어떤 계측 장비가 알람을 울리게 되는 문턱값은 언제이다', 또는 '전자파가 인체에 부정적으로 미치는 문턱값은 언제부터이다' 등으로 이용된다. Engineering background(기술적 학력 배경)를 가진 사람들이 계약에서 문턱값을 언급하는 경우는 인도일을 맞추지 못하는 경우에 Liquidated damages가 부과되는 시작일, 기타 계약 불이행 시 소송으로 진행되기까지 기다릴 수 있는 일수, 또는 입찰에서 참가 자격(qualification)을 위해 설정하는 실적 등을 말할 때이다. 한편, below threshold contract란 정부 조달에 있어 일정 규모 미만의 계약에 대해서는 비교적 단순한 절차로 구매할 수 있는 계약을 말한다.

anomaly and imperfection(변칙과 결함)

원래는 시스템의 비정상 동작이나 기형 등을 의미하지만, 계약의 이행에 있어 계약서에서 예측하지 못한 이례적인 상황을 표현하기도 한다. 계약 후 이행에 관한 협상에서 주로 imperfection(결함), unfairness(불공정) 등의 단어와 결합하여 계약서의 하자를 주장할 때 이용된다.

COTS(기성품)

Commercial off-the-shelf의 약자로, 특히 방위 산업 조달의 시스템 개발 분야에서 많이 이용된다. 어떤 시스템을 통째로 개발하게 되면 개발비를 부담하는 측에서 소스 코드를 비롯한 지적 재산권을 확보할 수 있지만, 그 기간과 비용상의 문제로 인해 가급적 기성품을 도입하거나 기성품을 바탕으로 customization(고객화/주문 변경)하는 것이 고려되곤 한다.

Gaussian(가우시안 정규 분포)

통계 용어이므로 반드시 공학도만 사용하는 단어는 아니다. 사회과학에서도 정규 분포는 즐겨 이용되지만 공학도는 어지간한 논의만 시작되면 가우스 분포를 찾곤 한다. 학창시절 수학 시간에 coin tosses(동전 던지기)에서 시작되는 설명을 기억할지 모르겠지만, 이론적으로 대부분의 관찰값은 평균에 몰려 종 모양을 이루는 경향이 있다는 것인데, 과학 기술의 상당 부분은 통계를 떼어 놓고는 말할 수 없을 정도다.

contingency plan(우발적 비상 계획)

Contingency라는 단어 자체가 우발적이거나 우연성의 의미를 함께 가지고 있다. Project management(프로젝트 관리) 차원에서 risk management(위험 관리)를 하게 되는데, 급작스러운 비용 인상이나 원재료 납기 지연 등 예상되는 위험들을 먼저 정의하고, 실제 그러한 위험이 발생하는 경우를 대비하여 시나리오에 따라 짜여진 계획을 말한다. contingent liabilities는 우발 채무를 의미하는 회계 용어이다.

long lead item(납기가 긴 구매품)

Lead time은 '주문부터 출하까지의 기간'으로 Long-lead item은 납기가 긴 구매품을 의미한다. 참고로 제작품을 구매하는 경우에 우리나라에서는 delivery(납기)라는 표현을 즐겨 쓰지만, 해외 판매자들은 lead time(출하까지의 기간)이 더 많이 쓰인다. 중요한 것은 lead time에는 운송과 통관에 걸리는 시간이 포함되지 않는다는 점이다.

Customer Furnished Item(사급품)

대개 CFI라고 하며, 사급품 또는 관급품으로 프로젝트를 수행하기 위해 고객이 계약자에게 제공하는 항목을 뜻한다. 주로 네트워크나 전기, 때로는 서버 컴퓨터와 같은 인프라가 해당된다.

blanket order(포괄 주문)

유류나 소모품 등의 단가 계약과 같이 일정 기간 동안 동일 조건으로 납품하는 장기 주문이다. 이때 작성되는 계약서는 Blanket supply agreement(장기 공급 계약)이라 한다.

breakthrough(돌파구)

기술적으로 어려운 문제를 해결하여 프로젝트를 성공시키는 것을 의미한다.

troubleshooting(문제 해결)

기술적인 장애나 오류의 원인을 찾아내는 데 필요한 진단 또는 검사를 의미한다. 어떤 조직에 trouble-maker(문제를 만드는 사람)가 있다면 trouble-shooter(해결사)도 있다는 우스개 말도 있다. 유사한 표현으로는 IT 프로젝트에서 소프트웨어의 오류를 찾아 해결하는 디버깅(debugging)이 있다.

walk-through(검증)

검토 또는 검증. 최종 납품 이전에 수행하는 외관 검사, 또는 시연이나 시험 등을 통해 검증하는 것을 말한다.

short list(우선 협상 대상자)

프로젝트 입찰에 참여해 본 사람이라면 얼마나 기분 좋은 단어인지 느낌이 올 듯하다. Your company is on the short list for the negotiation(귀사는 우선 협상 대상자 명단에 포함되었습니다). 경우에 따라서는 우리나라와 같이 The most advantageous bidder(최우선 협상 대상자)로 표기할 때도 있지만, 대개는 Shortlisted bidder(우선 협상 대상자 리스트)를 먼저 공개한다.

agnostic(문외한, 무관한)

사전을 뒤져 보면 "모른다"는 뜻으로 나오지만, 엔지니어링 프로젝트에서는 "관계없다"라는 뜻으로 쓰인다. 예를 들자면, The software to be delivered should be platform agnostic(납품되는 소프트웨어는 윈도우나 리눅스 등 플랫폼과 관계없이 동작하는 것이어야 한다) 정도로 이용된다. Platform-independent로 바꿔 쓸 수 있다.

roll back(이전 버전으로 복구)

협상 중에 작성되는 계약서도 마찬가지지만 모든 개발 프로젝트에서는 version control이 반드시 필요하다. roll back은 revert(회귀)와 유사하게 쓰인다.

Tolerance(허용 오차)

계측 분야에서 특히 계측 오차가 발생하는데, 어떤 정확도로부터 허용되는 오차 범위(tolerance range)를 의미한다. 같은 의미로 재무 분야에서 risk tolerance라고 하면, 허용할 수 있는 투자수익 변동률을 의미한다.

2 경영 용어

근래 우리나라 벤처업계에서도 많이 등장하고 있는 M&A 계약, Shareholder Agreement(주식 양도 계약), 또는 Joint Venture Agreement(합작 투자 계약) 등을 위한 협상을 수행함에 있어서 협상 대상은 회계 내용이나 주식과 같은 재무적인 아이템이다. 재무 분야에 대한 기초 지식은 별도의 학습을 통해 습득해야 하겠지만, 협상 테이블에 자주 등장하는 표현들을 따로 정리해 본다.

회사의 종류

우리 상법상 회사의 종류는 합명회사(partnership company), 합자회사(limited partnership company), 주식회사(stock company), 유한회사(limited company), 그리고 2011년의 상법 개정으로 추가된 유한 책임회사(limited liability company)이 있다.

Article 170 (Kinds of Companies)
Companies are categorized into five types, namely, partnership companies, limited partnership companies, limited liability companies, stock companies, and limited companies.

해석 제170조 (회사의 종류)
회사는 합명회사, 합자회사, 유한책임회사, 주식회사와 유한회사의 5종으로 한다.

한편, 미국의 경우에도 다양한 회사의 종류가 있겠지만 대부분의 경우 Sole proprietorship(개인 회사), 주식회사(Incorporation), 유한 책임회사(Limited Liability Company; LLC)로 구분된다.

주의할 것은 어떤 회사가 public company라고 하면 대개 우리나라의 공기업을 연상하는 경우가 많은데, 공기업은 government-owned company 또는 state-run company로 번역되고, public company는 주식 공개(Initial Public Offering; IPO)를 거친 상장회사(listed company 또는 quoted company)를 의미한다.

이 밖에 알아 두어야 할 회사의 종류는 다음과 같다.

parent company	모회사
subsidiary company	자회사(모회사 지분율이 과반수 이상으로 daughter company라고도 불림)
affiliated company	계열사(모회사 지분율이 과반수 미만)
holding company	지주회사

주식 관련

주식을 의미하는 영어 단어로는 stock, equity, share 등이 있다. 보통주를 말하는 ordinary share, 우선주를 의미하는 preferred stock(또는 preference share), 의결권이 있는 voting stock(반대말은 nonvoting stock)과 같은 표현도 알아 둘 법하다. 일반적으로 주식과 관련하여 알아 둘 표현은 다음과 같다.

authorized stock	수권 주식
issued stock	발행 주식
dividend	배당금
takeover bid	주식 공개 매수(또는 tender offer)
redemption	환매
stock split	액면 분할
preemptive right	신주인수권
right issue	유상증자(paid-in capital increase)
bonus issue	무상증자
convertible bond	전환사채
bonds with warrants	신주인수권부 사채
lock-up period	처분 금지기간
first refusal right	(기존 주주의) 최초 거절 권리(사실상 우선 매수할 수 있는 선택권)

계약서에 등장하는 예문을 보면 다음과 같다.

> ABC's Articles of Incorporation will provide that the number of authorized shares of Ordinary Shares may be increased or decreased with the approval of a majority of the Preferred and Ordinary Shares, voting together as a single class, and without a separate class vote by the Ordinary Shares.

해석 ABC사의 정관에는, 보통주만의 독립된 투표에 의하지 않고 우선주와 보통주 주식의 통합 단일 투표에 의한 다수의 승인을 얻어 보통주의 수권 주식수가 증감할 수 있다는 것을 명시해야 한다.

회계 용어

depreciation	감가 상각비. 수명이 정해져 있는 유형 자산의 원가를 자산의 사용 기간에 걸쳐서 나누어 처리하는 비용을 뜻한다. 일정 기간 동안 자산의 가치 감소분을 계산한 금액을 비용으로 처리하기 때문에 depreciation(평가절하)이라는 단어를 쓴다. Accumulated depreciation은 '감가 상각 누계액'.
fair value	공정가치. 시가(mark-to-market)와 동일한 개념.
allowance for doubtable account	대손 충당금. 우리말보다 오히려 영어 단어에서 그 뜻이 저절로 나타난다.
non-current assets	비유동 자산. 토지와 건물과 같은 유형 자산(Property), 대손 충당금, 장기 매출 채권(Long-term trade receivable), 영업권(Goodwill) 등을 포함한다.
current assets	유동 자산. 원재료(Raw materials), 상품(Merchandise), 소모품(Production supplies), 재공품(Work-in-progress) 등과 같은 재고 자산(Inventories)과 매출 채권(Trade receivable), 현금(Cash) 등을 포함한다.
cash equivalent	현금성 자산
equity	자본. 자본금은 issued capital
liabilities	부채. 충당 부채는 Provisions로서 종업원 급여 충당 부채는 Provisions for employee benefits, 차입금은 borrowings이라고 한다.
revenue	매출액(Sales)
cost of sales	매출 원가
gross profit	매출 총이익
operating income	영업 이익(당기 순이익은 단순히 profit이라 한다)
distribution cost	물류 원가
selling general administrative expenses	판매비와 관리비
provision for severance indemnities	퇴직 급여(충당액). 퇴직 급여 채무는 Post-employment benefit obligations
cosmetic accounting	분식 회계. 역시 우리말보다 영어에서 그 뜻이 자연스럽다. window dressing 또는 accounting fraud 등으로 번역된다.

3 우리나라 법, 영어로 표현하기

국제적인 계약 협상을 수행하다 보면, 종종 우리나라 법 체계와 명칭을 소개할 기회가 있다. 한국 법제연 구원(http://elaw.klri.re.kr)에서는 우리 법률들을 영문으로 번역하여 소개하고 있는데, 법 제목만 간단히 소개하면 다음과 같다.

헌법	Constitution 또는 Constitutional law
민법	Civil law
가족법	Families law
민사 소송법	Civil procedure law
민사 집행법	Civil execution law
형법	Criminal law
형사 소송법	Criminal procedure law
행정법	Administrative law
노동법	Labor law
지적 재산권법	Intellectual property law
상법	Commercial law
회사법	Corporations act 또는 Company law
국제사법	Act on Private International Law (적용 법률의 충돌이 국제적으로 일어난다는 의미에서 Conflict of laws, 국제사법의 상당 부분이 적용 법률과 관할지 선택에 관한 것이라는 점에서 Choice of laws로 번역되기도 한다)
…에 관한 법률	Act on …
시행령	Enforcement decree of the Act on …
시행규칙	Enforcement regulations of the Act on …
지방 조례	Ordinance (of the councils of local government)

🔴 절제된 표현의 중요성

　　Communication clause도 있고, Notice clause에서도 담당자가 지정되지만 영어를 좀 한다고 해서 계약 관련 경험이 없는 사람이 Contractual(Commercial) Matters의 담당자로 지정되는 것은 위험한 면이 있다.

　　써니테크는 세계 최초로 15분의 1인치 소형 산업용 내시경을 개발해 전 세계에 공급하고 있다. 평소에 회사에서도 사람 좋고 인심 좋기로 유명한 써니테크 윤 대리. 주위에 좋은 일이 있으면 정작 당사자보다 더 좋아하고 나쁜 일이 있으면 당사자가 미안할 정도로 함께 슬퍼한다. 유난히 날씨 좋은 날, 후배들에게 술 한잔 쏘겠다는 약속을 지키기 위해 일찍 퇴근 준비를 하고 있는데 갑자기 러시아에서 날아온 이메일 한 통이 윤 대리의 발목을 붙잡는다.

　　지난달 선적했던 산업용 내시경에 문제가 있어서 최종 고객에게 상당한 금액의 손해배상을 무는 피해가 있었다는 것이다. 고객의 이메일에는 즉각 반응하라는 마케팅의 기본 원칙에 충실하느라 윤 대리는 서둘러 회신 버튼을 눌렀다.

Dear Monique,

Hello. It is great unfortunate to hear that our endoscopy has such problem during the handover to the customer. I am truly sorry about the inconveniences incurred. I will let you know how we can help you tomorrow. (불편을 겪게 해서 죄송합니다. 저희가 어떻게 도울 수 있을지 내일 알려 드릴게요.)

Regards. Yun

　　다음 날 아침, 어제 먹은 술이 덜 깨어 출근한 윤 대리는 러시아로부터 재회신된 이메일을 받아 보고 화들짝 놀랄 수밖에 없었다.

Dear Ms. Yun,

How are you? Please find the enclosed Claim notice. Since you admitted your fault and error which was made during the Endoscopy manufacturing, we hope you to either reship the sets of Endoscopy within a week or refund the down payment. (너의 잘못을 인정하고 있으므로 해결은 간단하다. 재선적 해주거나 선금을 환불해 달라.)

All the best. Monique

내가 언제 잘못을 인정했지? 어젯밤 보낸 이메일을 아무리 읽어 보아도 잘못을 인정하는 부분이 없어 보인다. 어쨌든 클레임을 받긴 했으니 회람은 해야 하는데…… 생산 관리부에는 뭐라고 하지? 과장님한테는 뭐라고 하지? 자칫 문제가 커질 수 있어 고민만 깊어진다.

사실, 문제는 단순히 I am sorry에 있었다. 러시아뿐만 아니라 여러 다른 문화권과의 서신 교환에서 I am sorry는 특히 조심해야 하는 표현이다. 정말 내가 잘못했고 나의 실수라는 점이 인정되고, 그에 따른 손해를 배상할 각오나 합의가 되어 있을 때만 '미안하다'라고 얘기하도록 한다. 물론, 법적으로 I am sorry가 어떤 효력을 갖지는 않는다. 그리고 객관적인 물증도 없이 클레임을 남발하는 자체가 더 문제 있는 태도라고 말할 수 있다. 실제로 이런 사례가 발생하면 상대를 설득하기 까다로워질 뿐이지, 법적으로 하자 있는 발언을 한 것은 아니므로 상대의 억지 클레임에 기죽을 필요는 없다.

하지만 비즈니스 세계에서 적절히 절제된 표현을 구사하는 것은 문제를 예방하는 데 큰 도움이 된다. I am sorry보다는 I am afraid to hear that…, I understand…보다는 I can imagine…의 표현을 이용하도록 하자. 한편 단정적인 표현을 사용하는 것도 조심스러워야 한다. I can't accept your condition 보다는 I am afraid I can't accept your condition 정도로 부드럽게 어투를 바꾸거나 It seems to me that we can't accept your condition 정도의 간접적인 표현을 사용하는 것이 좋다.

사실 국내외를 막론하고 나의 불찰은 없었던가를 돌아보는 겸손의 미덕은 적어도 비즈니스 세계에서는 불리하게 작용한다. I am sorry 뿐만 아니라 My mistake 라던가, My apologies와 같은 표현은 스스로 잘못을 인정한 것이기 때문에, 차후에 문제가 커져서 이를 번복하고자 한다면, 스스로 "잘못이 아님"을 증명해야 하는 입증 책임이 돌아올 수 있다. 아래와 같은 가치중립적인 영문 표현들을 새겨두고 잘 활용하는 것은 그야말로 성공적인 협상을 위한 보험이다.

I think there's an error on…. ~에 오류가 있었나 봅니다.

There appears to be an error on the statement. 명세서에 오류가 있었습니다.

We regret to inform you that we cannot…. ~할 수 없게 되어 유감입니다.

We regret that you are now behind on your schedule. 현재 일정에 지연이 있어 유감입니다.

That's not exactly how I look at it. 저는 꼭 그렇게 보지는 않는데요.

제6부

알아 두면 든든한
계약법 상식

국제 거래법 에센스

우리나라 계약서를 제대로 이해하고 작성하기 위해서는 민법, 특히 채권편과 관련 절차법을 어느 정도 이해해야 하는 것과 마찬가지로 영문 계약서를 작성하고 해석함에 있어서 국제 거래법은 가장 중요한 학문적 배경이 되기 때문에, 여유가 된다면 인터넷에서 사법 시험과 같은 자격시험의 수험용 동영상을 들으면서 학습해 보는 것이 크게 도움이 된다.

1 국제 거래법이란?

어느 법이나 마찬가지로 개념을 정의하는 단계부터 다양한 학설이 있겠지만, 국제 거래법이란 결국 '서로 다른 나라에 주소지를 둔 경제 주체 간의 상거래를 규율하는 법'으로 요약할 수 있다. 굳이 공법과 사법의 틀로 구분한다면 사법의 영역이긴 하지만, 2개 이상 국가의 관세법이나 국적법이 개입되고, WTO와 같은 국제기구의 국제 통상법 규범까지 개입되기 때문에 쉽지 않은 구분이다.

우리나라 사법 시험 등에서 국제 거래법 과목의 출제 범위를 국제 계약법과 국제 사법으로 정하고 있는데 여기서 국제 사법은 국제 계약의 이행 과정에서 당사자 간에 분쟁이 발생하는 경우 적용할 관할권 문제, 준거법 문제, 외국 판결의 집행 문제 등을 정하고 있는 우리나라 국내법이다.

실무에서 국제 거래법이나 국제 계약법의 구분은 무의미하고, 국제 경제법이나 국제법과 같은 공법의 영역에 있는 법률은 거의 참고할 일이 없다. 실무적으로는 결국 계약서의 각 조항이 가지는 의미를 이해하고 그 조항에 불이행이 발생했을 때 어떤 효과가 있는지를 이해하는 것이 중요하므로 이 장에서는 UN 협약이나 통일 규칙과 같이 다양하게 존재하는 국제 거래법의 형태들과 내용을 간략히 살펴보기로 한다.

UNIDROIT 국제 상거래 법원칙(UNIDROIT Principles)

국제 계약을 이론적으로 접근할 때 반드시 거치게 되는 국제 규범으로, 앞장에서 설명한 Vienna 협약(CISG)과 미국 통일상법전(UCC) 등과 함께 중요한 국제적 준거 규범이 되고 있다. UNIDROIT Principles의 본래 명칭은 Principles of International Commercial Contracts(2016)로서 국제 상사 계약에 관한 일반 원칙 또는 약자로 PICC라 한다. 1980년 UN의 Vienna 매매 협약(CISG)을 발전시킨 형태가 PICC라고 보는 견해도 있다.

다만, 위에서 설명한 CISG와는 반대로 명시적인 적용 합의가 있는 경우에만 적용되는 한계가 있지만, CISG의 보충 규범으로의 적용 가능성은 존재하고 있으며 CISG가 물품 매매에 한정된 규범인데 반해 UNIDROIT Principles는 보다 개념적이고 일반적인 국제 계약의 법원칙을 규정한 것이라는 점에서 차이가 있다.

UNIDROIT Principles의 주요 구성을 보면, 계약 자유의 원칙을 천명한 기본 원칙과 계약의 체결, 효과, 해석, 국제 상사 계약의 내용, 계약의 이행과 불이행 등에 대한 개별적인 규칙을 포함하고 있다.

국제 계약법의 기본 원칙들(General Principles)

UNIDROIT Principles에서는 국제 계약법의 기본 원칙으로서 계약 자유 원칙, 낙성 계약의 원칙, 계약의 구속성 원칙, 선의 및 공정한 거래의 원칙, 관습 존중 원칙, 도달주의 원칙 등을 규정하고 있는데, 특히 (당사자들이 합의에 의해 적용을 배제하지 않는 한) 낙성계약의 원칙에서 반드시 서면 체결을 요하지는 않는다는 점(계약 방식의 자유), 도달주의 원칙과 예외로서의 발신주의 채택, 그리고 청약과 승낙이 없이도 계약이 성립 가능하다고 선언한 점 등은 유의해서 보아 두어야 할 내용들이다.

또한, 실무적으로 발생하는 Mirror Rule의 불충족 문제, 즉 매도인도 자사의 약관이 포함된 서식에 견적을 하고 매수인도 자사의 약관이 포함된 서식에 발주를 하는 서식 불일치의 문제를 언급하면서 이러한 경우에 별도의 당사자 간 합의가 있으면 합의된 개별 조항과 약관 중 실질적으로 공통된 조건에 기초하여 성립된 것으로 간주함으로써 충돌 문제를 제거하는 입장에 서 있기도 하다. 서식 전쟁의 실무적 수행에 대해서는 〈제1부 Chapter 03 계약 협상 본 단계〉 편에서 이미 다룬 바 있다.

국제 거래를 위한 주요 법원(Source of Law)

어느 곳에도 국제 계약법이라는 이름의 별도의 법률이 없으므로 국제 계약법의 법원(法源)은 다양한 형태로 존재하고, 광범위한 법률과 조약, 협정들을 포함한다. UN 산하기구의 조약이나 협약, 통일 규칙의 형태로 존재하기도 하고, 우리나라 민법과 상법, 국제 사법 또는 미국 통일상법전(U.C.C.), Restatement와 같은 형태로 존재하기도 한다. 국제 계약을 위해 주로 참고되거나 언급되는 법률은 다음 정도로 요약할 수 있다.

계약법과 상법, 회사법

경제를 구성하는 주체들 간의 거래에 있어 가장 기본적으로 활용되는 법 분야가 민법(Civil Law)과 상법(Commercial Law)이다. 민법, 특히 채권 편의 계약 관련 내용이 일반법으로 작용한다면 상법은 어느 일방이 상인(회사) 또는 비영리 법인인 경우를 특정한 특별법에 해당된다. 영미의 법체계에서는 물품 매매법(Sale of Goods Act, 영국) 및 통일 매매법(Uniform Commercial Code, 미국)과 같이 물품의 매매에 관하여 독특한 법률 체계를 가지고 있어 우리나라의 법체계와는 자못 다른 양상으로 발전해왔다.

관세법과 대외무역법, 외국환 거래법

관세법과 대외무역법, 외국환 거래법은 국제 거래를 규율하는 대표적인 3개의 국내법이다. 대외무역법은 우리나라의 국제 거래를 규율하는 일반법이자 기준이 되는 법률로서, 수출과 수입의 원인이 되는 각종의 행위에 대한 가이드를 제공한다면, 관세법은 수출입 물품의 통관과 그에 따른 관세의 부과 및 징수 방법을 규율하는 법률이다.

외국환 거래법은 외환 거래가 수반되는 물품 거래를 관리함으로써 수출입 물품의 대가의 지급과 영수에 대한 관리를 통해 국제 수지의 균형과 외화자금의 효율적 운용을 기하기 위한 법률이다.

각 법률의 적용 사례를 보면, 첫째, 수입 거래 시에 Invoice 조작 등을 통해 물품의 단가를 낮추어 신고함으로써 관세를 낮추고자 하는 시도는 관세법의 관세 포탈죄가 구성되고, 둘째, 수출입의 질서 유지, 즉 원산지의 허위 표시나 이른바 짝퉁 물품의 수출입 규제는 대외무역법에서 다루고 있다.

마지막으로 해외 직접 투자를 하는 경우의 투자 금액을 일정 범위로 제한하고, 해외 송금 시에 계약서나 대금 송장을 첨부하도록 하는 제도는 외국환 거래법에서 규율하고 있는 내용이다.

산업재산권법(Industrial Properties Law)

산업재산권이란, 특허를 비롯하여 실용신안, 상표, 의장권을 포함하는 권리를 의미하여 이들의 소유와 사용, 이전을 규율하는 법률을 통틀어 산업재산권법이라 한다. 특히, 라이센싱 계약에서 주로 참고해야 할 우리나라의 법률은 아래의 공정거래법과 특허법 중 실시(Licensing)에 관한 내용이다.

공정거래법

공정거래법에서는 특정 내용을 포함하고 있는 계약을 불공정 행위로 규정함으로써, 이를 위반한 내용으로 계약을 체결한 기업에 과징금을 부과하고 있다. 공정거래법의 가장 중요한 목적은 공정한 경쟁이 보장되는 시장 질서를 유지하고자 하는 것으로, 담합 등의 부당한 공동행위, 불공정 거래행위 및 재판매 유지 행위에 해당하는 사항을 내용으로 하는 무체재산권 계약, 수입대리점 계약 및 합작 투자 계약 등과 같은 국제적 협정이나 계약 체결을 금지하고 있다.(제32조 제1항)

제조물 책임법(Product Liability)

제조물 책임이란, 제조물에 내재된 결함으로 인해 소비자가 입은 손해를 배상할 책임이라고 정의되는데, 기존 우리 민법 등에서 제조자의 과실을 입증해야 하는 과실 책임 원칙 또는 불법 행위에 기한 손해배상 청구 원칙을 취하고 있었다면, 제조물 책임법에서는 소비자의 권리를 대폭 강화한 엄격 책임 원칙과 무과실 책임 원칙, 즉 과실이 존재하지 않았더라도 배상 의무가 주어지는 한편으로 인과관계의 입증 책임을 제조자가 지게 하고 있다.

우리나라 역시 2002년부터 '제조물 책임법'의 이름으로 시행되고 있지만, 특히 징벌적 배상(punitive damage)이 인정되고 있는 미국이나 캐나다, 그리고 우리나라의 그것과 유사한 제도를 가지고 있는 EU 등 선진국 기업들과의 거래에 있어 제조물 책임법은 반드시 숙지해야 할 내용이다.[1]

노동법

국제 투자 계약에서처럼 현지에서 근로자를 고용할 필요가 있는 경우에는 우리나라의 근로기준법과 같은 각국의 노동법 역시 중요한 법원이 된다.

고용 계약은 대부분의 국가에서 사회 질서의 유지를 위해 강행 규범으로 해 두는 경우가 많고, 나라마다 사회 보험 제도가 달라 급여나 퇴직금, 고용 보험 등에 대한 제도를 숙지해 두지 않은 상태에서 계약을 체결하면 차후에 곤란한 상황을 맞게 될 수도 있다. 계약 당사자의 평등한 관계가 인정되는 법인 간의 계약과는 달리, 고용자와 근로자 간에는 힘의 균형이 맞지 않고 현저하게 고용자에게 유리한 점이 감안되어 각국의 법제에서는 근로자에 유리한 방향으로 규율하는 경향이 있다.

우리나라 법인이 해외에서 활동하면서 고용 계약을 맺는 경우에는 특히, 우리나라의 강행 규범으로서 근로기준법과 현지국의 강행 규범인 노동 관련법에서 서로 이견이 있을 수 있다. 그런가 하면, 우리나라 해운 회사의 선박에 고용되는 선원에 대한 고용 계약을 보면, 우리나라 법, 선박의 국적에 따른 노동법, 선원의 국적에 따른 노동법과 같이 3개 이상의 법률이 충돌하는 경우도 있다. 이러한 충돌 문제는 국제 사법의 영역에서 다루고 있는데 주로

---

[1] 제조물 책임법은 '주의를 주어야 할 의무 등과 같은 소비자 보호 의무를 불이행한 데 따른 과실 책임(negligence), 품질에 대한 명시적이거나 묵시적인 보증에 그 품질이 미치지 못하는 경우의 보증 책임(breach of warranty), 과실 여부에 관계없이 불법 행위에 따른 손해배상 책임을 지게 되는 엄격 책임(strict liability) 등 3대 법리로 구성되어 있으며, 동 법에서 말하는 제조물의 결함이란 제품의 통상적인 안전성이 결여된 것으로서 설계-제조-경고 표시의 결함을 의미한다.

어느 나라의 법을 준거법으로 삼을 것인가에 관한 것이 이슈가 된다.[2]

영문 근로 계약의 작성 방법에 대해서는 '제4부 특수한 계약과 주요이슈 Chapter 01 계약서 종류' 편에서 자세히 다루었다.

각종의 국제 협약

국제 상거래 행위를 규율하고 있는 국제 협약은 다양하게 존재한다. 다음 장에서 살펴보게 될 UNICITRAL의 국제 물품 매매 계약에 관한 UN 협약(CISG), UNIDROIT의 국제 계약법 원칙(UNIDROIT Principles), International Chamber of Commerce의 Incoterms 2000과 신용장을 이용한 국제 무역에서 전형으로 사용되는 신용장 통일 규칙(UCP 600, 2007 Revision) 등과 같이 국제적 상거래 규칙에 관해 통일화를 시도하고 있는 각종의 협약과 규약이 존재하는가 하면, 기술적으로 민감한 물자의 수출입을 통제하고 있는 이중 용도 물자 관련 각종 국제 협약들은 역시 강행 규범으로 작용하고 있다.

그 중 최근 우리나라 대기업과 일본 도시바 등 몇몇 기업에서 위반으로 막대한 손해를 입으면서 이슈가 된 이중 용도 전략 물자의 수출입 통제에 관한 협약은 당시 위반한 기술들이 첨단 기술도 방산 기술도 아닌 일반적인 산업 기술에 불과했던 탓에 더욱 우리 기업들의 주의를 이끄는 부분이기도 하다.[3]

다자 간 수출 통제체제는 재래식 무기와 이중용도 품목 및 기술과 관련된 바세나르 체제(WA: Wassenaar Arrangement), 원자력을 이용한 대량 살상무기의 확산을 통제하기 위한 원자력 공급국 그룹(NSG: Nuclear Supplier Group)과 쟁거 위원회(Zangger Committee), 화학 및 생물 무기 관련 통제 체제인 호주 그룹(AG: Australian Group), 그리고 미사일 관련 수출 통제체제로서 미사일 기술 통제체제(MTCR: Missile Technology Control Regime) 등 통제 품목에 따라 각기 별도의 체제를 갖추고 있으며, 이들 체제는 통제 대상 품목을 규정하고 이들 통제 대상 품목의 수출(재수출)을 회원국들이 자국의 법규 체계에 의해 자발적으로 통제하되, 위반 시의 처분은 강제성을 띠는 것을 주요 특징으로 한다.

이러한 통제 대상이 되는 품목을 취급하는 기업이라면 계약 협상 과정에서 정부 허가 문제가 빠지지 않을 수 없을 것인 바, '제1부 Chapter 04 돌발 변수와 대처 방법'에서 관련된 협상 사례를 살펴보았다.

그렇다면 이상으로 언급된 국제 거래를 위한 주요 법원들 간의 우선 적용 순서는 어

---

❷ 참고로 우리 대법원은 "2007.7.12. 선고 2005다39617 판결"에서 선박 우선 특권의 준거법 적용 범위를 검토하고, 선원 임금 채권에 대한 준거법을 선박의 국적지법으로 지정하기도 하였다.

❸ 전략 물자의 수출 통제 방식은 Positive 방식의 전략 물자 리스트를 갖추어 이를 수출함에 허가를 요하는 한편으로 Red Flag이라는 용어로 쓰이는 상황 통제가 함께 존재하여, 일반 물자라도 대량 살상무기에 쓰이는 정황을 파악하게 되면 반드시 사전 허가를 득해야 한다. (www.yestrade.go.kr)

떨까. 어떤 경우에도 국가 간의 조약과 국내법들 중 강행 규정이 최우선적으로 적용된다. 이를테면 북한에 대한 수출에 적용되는 국제적인 수출 규제가 UN 등에서 규범화되면 이는 일정한 절차에 의해 국회에서 비준됨으로써 국내법과 같은 효력을 가지게 되고 가장 우선적으로 적용되는 법원이 된다. 공정 거래법이나 노동법에서 정하는 강행 규정들도 마찬가지이다. 그 다음으로는 계약서에 기재된 당사자 간의 합의 내용이 적용되고, 국제적 상관습, 상법상 임의 규정, 민법 임의 규정의 순으로 적용된다.

3 계약 불이행과 상대방 권리의 구제

계약서를 작성하거나 검토하게 되는 실무자가 법률적인 지식에 한계를 느끼는 부분은 대개 계약의 불이행에 따른 계약 위반이 어떻게 계약 해제 사유로 구성되고, 이 때의 법률적 효과는 어떤 것들이 있는지에 관한 것일 것이다.

계약 당사자 일방이 계약을 위반하는 경우에 상대방이 가지는 구제 수단에는 보통법(Common law)상 인정되는 권리인 손해배상을 청구할 수 있는 권리와, 형평법상의 구제 수단으로 인정되는 계약 취소권, 원상 회복 청구권, 특정 이행을 청구할 수 있는 권리가 있다.

한편, 상품 매매계약과 관련하여 U.C.C.는 매수인의 계약 위반에 대한 매도인의 구제 수단으로 1) 상품 인도 의무의 면제, 2) 상품의 매각 처분 및 손해배상 청구, 3) 손해배상만의 청구 4) 계약 대금의 청구 등을 인정하고 있으며, 매도인의 계약 위반에 대한 매수인의 구제 수단으로 1) 인수의 거절, 2) 인수의 취소, 3) 다른 물건의 매입과 손해배상의 청구 4) 목적물 인도의 청구, 5) 하자 담보 책임 등을 인정하고 있다.

UNIDROIT Principles에서의 계약 위반과 구제 방법

앞서 설명한 것처럼 UNIDROIT 국제 상거래 법원칙은 1980년 CISG의 보완적인 측면이 있다. UNIDROIT 국제 상거래 법원칙 7.1.1(Non-performance defined)은 불이행(non performance)을 '불완전이행, 이행 지체를 포함하여 계약에 기해 부담하는 의무 중 어느 것이라도 이행하지 아니한 것(failure by a party to perform any of its obligations under the contract, including defective performance or late performance)'으로 정의하고 있으며, 면책되지 않는 불이행의 경우에는 계약의 해제와 더불어 손해배상의 청구와 특정 이행을 중첩적으로 청구할 수 있다. 면책되는 불이행에는 채권자의 귀책 사유, 동시 이행의 항변, 불가항력 등이 있다고 한다.

국제 물품 매매계약에 관한 유엔 협약(CISG)에서의 계약 위반과 구제

United Nations Convention on Contracts for the International Sale of Goods(국제 물품 매매계약에 관한 UN 협약, 1980년, 약칭 'CISG'라 함)은 국가 간의 물품 매매계약을 통일적으로 규율하고자 하는 세계적인 노력에서 비롯된 국제 협약으로, 이 협약에 가입한 국가들에 소재한 기업들의 계약의 이행과 해석에 있어서 기본적인 법원이 된다. 물론, 당사자 간에 명시적으로 본 협약의 적용을 일부 배제 또는 전부 배제, 심지어는 동일 법률 행위에 대해 협약 규정과 다른 효과를 가져올 수도 있도록 함으로써 당사자 자치의 원칙을 존중하고 있다.

현재 66개국이 가입되어 있으며, 우리나라도 2004년 2월 17일에 가입서를 기탁함에 따라 2005년 3월부터는 국내에서도 발효되어 효력이 인정되는 국제법이다.

다만, 준거법 조항에서 그 적용을 명시적으로 부인하는 경우에는 당사자 간에 별도로 정한 방식에 따라 해석되고 집행된다는 점에서 여느 국제 규범과 같이 그 구속력이 강제적이지 않고, 실무적으로도 오히려 명시적인 부인 조항이 삽입되는 경우가 많아 그 실효성은 크지 않다. 그러나 협약 체결국 간의 거래에서 명시적인 부인 조항이 없는 경우, 협약 체결국과 거래하면서 그 준거법을 협약 체결국의 법으로 한 경우[4]에는 자동으로 적용되는 준거법이 되기 때문에 계약 담당자의 입장에서 한 번씩은 눈여겨볼 필요가 있다고 생각된다.[5]

The application of The Sale of Goods(United Nations Convention) Act to this Agreement is hereby expressly excluded. (CISG의 적용을 명시적으로 부인하고 있다.)

CISG에서는 크게 나누어 보아 그 적용 범위(Part 1. Sphere of Application and General Provisions), 청약과 승낙에 의한 계약 성립(Part 2. Formation of the Contract), 매도인과 매수인의 의무, 계약 불이행에 따른 매도인과 매수인의 구제수단, 국제 매매와 위험 부담, 손해배상과 면책 사유(Exemptions) (Part 3. Sale of Goods) 등의 내용으로 구성되어 있는데, 동 협약에서 정하고 있는 계약의 해제(avoidance of contract)와 구제 수단을 살펴보면 다음과 같다.

우리나라 민법에서는 계약 위반에 관해 과실 책임주의를 취하면서 채무자가 과실이 없음을 입증하지 못하면 계약 위반을 구성하게 되는 반면에, CISG에서는 무과실 책임주의를 바탕으로 계약 불이행의 존재 자체로 곧 계약 위반을 구성하여 당사자에게 구제 수단을 부여하고 있는 차이가 있는데 이는 형식적으로 과실 책임주의와 무과실 책임주의라는 차이에도 불구하고 실무적으로는 큰 차이를 보이지는 않는 것이다.

계약 위반에 대한 구제 방법에 대해서는 우리 민법이 이행 청구권, 손해배상, 계약 해지를

---

[4] Part 1. Sphere of Application and General Provisions 〉 Chapter 1. Sphere of Application 〉 Article 1 (1) (b) when the rules of private international law lead to the application of the law of a Contracting state. 준거법에 의한 적용이 확대될 수 있는 조항이다. 주요 가입자인 미국과 중국은 Waiver로 그 적용을 유예하였다.

[5] CISG는 한편, 일반적 물품 거래 규범으로 통일화시키기 곤란한 점을 들어 금융 거래와 선박, 비행선, 항공기 등의 매매에 있어서는 그 적용을 처음부터 부인하고 있다.

예상하고 있는데 반해, CISG는 좀 더 다양한 구제 방법을 예시하고 있다. 일반적인 구제 방법으로서 이행 청구, 손해배상, 계약 해제[6], 이행 정지, 이자 청구가 인정되고 물품 부적합의 구제수단으로서 대체물 청구, 수리 청구, 대금 감액이 인정되고 있다.

특기할 만한 사항은, 손해배상에 있어 우리 민법의 태도가 '계약 불이행 시 채무자가 알았거나 알 수 있었던 손해(즉, 특별 손해)'까지 배상 범위에 포함'시키는 반면, CISG에서는 '당사자 일방의 계약 위반에 대한 손해배상은 예상 이익의 상실을 포함하여 계약 체결 시에 알았거나 알 수 있었던 상대방의 손실액을 초과할 수 없다(Article 74)'라고 규정하여 특별 손해의 인정 시점을 달리하고 있는 점이다.

4 국제 거래, 비즈니스의 영역과 법의 영역

현실 세계에서 우리가 어떤 대가를 바라고 하는 모든 행위들은 계약의 범주에 속한다.(우리나라는 조금 달라서 대가 없이 증여하는 것도 계약이라 한다.) 가령, 물건을 사고 판다던가, 혹은 빌린다던가 심지어 그냥 주는 증여와 같은 행위도 계약 행위의 범주에 포함될 수 있다.

이러한 계약 행위들은 우리가 의도한 바와 관계없이 법이라는 테두리 안에서 이루어지는데, 결국 개별 계약 당사자들의 의사 중에서 상이한 부분이 사후에 나타나거나 분쟁이 생기는 경우에 비로소 법의 개입이 표면화되는 것이다.

따지고 보면 아침에 일어나서 회사에 출근하거나 학교에 가고 업무를 마치고 귀가하여 잠드는 순간까지 우리의 생활은 온통 계약 행위들로 이루어지기 때문에, 법의 손아귀에서 벗어날 틈이 없다. 서로 다른 이해 관계를 가지고 있는 다른 회사와 비즈니스를 해야 하는 입장에서는 거의 모든 내용이 서면화되고, 계약을 통해 구체화되며 최종적으로 법이라는 창을 통해 해석하게 되므로 법의 영역에서 자유로운 비즈니스란 있을 수 없다.

더구나 다른 국가에 위치한 조직과 거래해야 하는 국제 거래 참여자의 입장에서는 우리말이 아닌 외국어로 거래의 내용을 정해야 하는 한편, 원격지인 다른 나라 회사로부터 채권을 확보하기란 여간 쉬운 일이 아니라는 점은 계약 협상을 진행하고 계약서를 작성하는 데에 부담으로 작용하지 않을 수 없다.

국제 거래가 법적 실효성을 갖추기 위한 조건들, 법적인 부분과 비즈니스 영역이 교차하는 부분, 그리고 실무적인 몇 가지 조언을 소개하면 다음과 같다.

---

[6] 대체물 청구와 계약 해제는 본질적인(fundamental) 계약 위반이 있는 때에만 해당되는 점이다.

국제 거래의 범위

일반적으로 국제 거래란, '자연인과 법인을 가리지 않고 상이한 국적을 가진 두 주체 간에 이루어지는 거래'라고 정의할 수 있다.[7] 여기서 국적을 판단하는 기준은 우리나라 국제 사법을 포함한 대개의 국가에서는 설립 준거법 또는 법인의 국적에 따라 판단하고 있고, 국가에 따라 소재지의 국적을 따르는 경우도 있다. 이러한 국적의 판단을 명확하게 하기 위한 방법으로, 계약서 각론에서 살펴보게 되겠지만 전문(Preamble)에서 이를 구체적으로 서술하게 된다. 즉, "ABC Company, being registered by Korean law and having its registered office at (주소)…"의 방식으로 회사의 소재지와 설립 준거법을 모두 기재하는 것이다.

국제 거래의 법적 실효성

한편, 이러한 국제 거래의 실효성을 담보하는 것은 결국 이를 규율하는 법원(Source of Law)에 대한 논의를 요구하는데, 국제 거래의 법원으로 다루어지는 법률은 거래의 대상과 형태에 따라 상당히 다양하게 분포되어 있고, 우리나라 법령뿐만 아니라 거래 대상국의 법령, 상거래에 관한 국제 협약까지도 그 범위에 포함된다. 이렇게 국제 거래를 규율하는 법은 변호사나 계약 전문가라 할지라도 미처 다 파악하고 있지 못할 정도로 광범위한데, 국제 거래의 실효성을 논하기 위해서는 다음의 세 가지를 염두에 두어야 한다.

첫째, '거래의 구속력(Legal Binding Force)을 갖추기 위한 요건을 갖추었는가'이다. 국제 거래에서 거래의 구속력을 갖추기 위해서는 의사의 합치(Agreement), 약인의 존재(Consideration), 서명의 존재(Signature), 적법성, 계약 체결 능력, 서면 합의의 존재(Written Agreement) 등 6대 요소를 확보해야 한다고 한다.

둘째, '거래의 내용이 국제 거래의 법원으로 다루어지는 법률의 내용과 양립하는가'이다. 어느 나라에서도 반사회적 행위, 즉 강행 규범을 위반한 행위에 대한 계약의 유효성을 인정해주지는 않는다. 이를테면, 중국과의 무역에서 흔히 발생하는 Down Invoicing[8] 관행에 있어서는 문제가 발생하면 여러 가지로 곤란하게 되는 경우가 많다.

셋째, '분쟁 시에 이루어질 판결의 집행(Enforcement)이 가능한가'. 중재나 소송 등에서 승소하더라도 집행이 곤란한 경우가 많다. 특히, 우리나라에서 승소하고 미국에서 패소하는 경우, 중재 협약 또는 협정(뉴욕 협약) 미 체결 국가 간의 중재 판정과 같은 경우에서는 그 집행이 거의 불가능하다고 간주될 정도로 어렵고 오랜 시간이 걸리게 됨을 염두에 두어야 한다.

---

❼ 1964년 헤이그 협약(Hague Convention relating to a uniform law on the int'l sale of goods)에서는 국제 거래의 요건으로
ⅰ) 다른 국가 간의 물품 운송 ⅱ) 격지자 간의 청약과 승낙 ⅲ) 청약 또는 승낙이 이루어진 국가 이외로의 물품 운송을 들고 있다

❽ 높은 관세를 회피하기 위해 의도적으로 세관 신고 가액을 낮추는 관행을 말하며, 중국의 경우, 증치세(부가세)의 환급이 어렵고 관세율이 8% 또는 그 이상 높은 편으로 공공연히 신고 가액을 낮추라는 바이어로부터의 (거절하기 어려운) 요청을 받곤 한다.

국제 거래와 법의 개입

법이 개입되는 단계는 내용의 경중을 떠나 분쟁이 존재할 때가 된다. 분쟁이 발생하는 경우 그 해결을 위한 1차적인 근거 문서는 계약 문서가 되고, 계약서의 해석에 있어 이견이 있는 경우에 비로소 국제 조약과 국내법을 포함한 국제 거래 규범들을 통한 해결이 요구된다.

국제 거래는 법률과 제도가 다른 상이한 국적을 가진 당사자 간에 이루어지게 되므로 그만큼 서로 생각하고 이해하는 바가 다를 수 밖에 없고, 분쟁이 발생하게 되면 이를 해결하는 데도 국내 거래에 비해 비교할 수 없을 정도로 더 많은 시간과 비용, 노력이 요구된다. 따라서 국제 거래에 있어서 계약서를 제대로 이해하고 작성한다는 것은 국내 거래에 있어서 보다 훨씬 절실히 요구된다.

법의 여러 기능 중 발생한 사건을 사후에 해결하는 기능보다는 분쟁이 발생하기 전에 그 가능성을 미리 차단함으로써 거래를 원활하게 성사시키는 기능, 즉 예방법(preventive law)으로서의 기능이 크게 작용하는 분야가 국제 계약 분야이다.

문서는 국제 거래의 시작과 끝

해외 비즈니스에 몸담고 있는 많은 회사의 실무자들은 오랜 시간 쌓아온 경력을 바탕으로 가격 협상을 비롯한 거래 조건 협상을 능숙하게 이끌어내곤 한다. 그러나 많은 경우, 협상을 문서화하는 데 실패하거나 어려움을 겪는가 하면, 문서화된 합의 내용을 이행해가는 데 실패함으로써 곤궁에 처하곤 한다.

거래 협상은 결국, 어떤 형태로든 문서화되지 않을 수가 없으며 일단 문서화되고 나면, 최종적으로는 그 문서를 어떻게 해석하고 적용하여 합의된 협상 내용을 이행해나갈 것인가가 그 거래의 성패를 좌우하는 열쇠가 된다.

거래를 위한 대부분의 문서 행위, 즉 Documentation(서면)은 계약을 구성하는 '의사의 합치'에 대한 결정적 근거로서, 거래 행위가 어떻게 계약 문서화되고 그러한 문서가 어떻게 법의 영역과 맞닿아 있는지를 알아 두는 것은 해외 거래 담당자로서 갖추어야 할 법률 소양의 시작이라 하겠다.

비즈니스의 영역에 적용되는 법, 자율

간혹 해외 거래처와의 계약서를 작성하면서 내용 중에서 법적으로 하자 있는 부분을 찾아 정정해 달라는 부탁을 받곤 한다. 하지만 기본적으로 계약에 대해서 규율하고 있는 것은 법이 아니라 계약 당사자가 거래에 관해 가지고 있는 합의의 내용이며 그러한 약속에 따른 권리와 의무가 1차적인 법원(Source of law, 法源)이라고 할 수 있다.[9]

---

❾ 이른바 사적 자치의 원칙, 또는 계약 자유의 원칙으로 사법상(私法上)의 법률 관계는 개인의 자유로운 의사에 따라 자기 책임 하에서 규율하고, 국가는 이에 간섭하지 않는다는 근대 사법의 출발이 되는 원칙이다. 라틴어 법언(法言) Pacta sunt servanda는 '약속은 지켜져야 한다'라는 뜻으로서 우리 법에서는 신의 성실의 원칙으로 나타나고 있는데, 이는 계약 이행의 의무에 관한 것이다.

그러나 이 같은 거래의 약속이 서면화되지 않거나, 서면화되더라도 모든 사항이 규정될 수는 없는 노릇이어서 당사자가 규정하지 않는 내용들에 대해 2차적으로 법이 규율하고 있는 부분이 없지는 않다.

거래라고 하는 비즈니스 영역의 틀을 관장하고 있는 법은 우리나라의 경우 기본적으로 민법과 상법에 해당한다. 거래의 가장 기본적인 형태를 규정하고 있는 법은 민법의 채권편이지만, 회사의 상거래에 관한 한 상법은 민법의 특별법으로써 상법이 민법에 우선하여 적용된다.

국제 비즈니스의 영역에서 활동하고 있는 참여자들은 각국 정부와 준 정부 기관, 민간 기구, 국제기구, 회사, 개인, 각종의 협회 등이 있지만 아쉽게도 이들의 거래 관계를 정하는 데 있어 일괄하여 규정된 법은 존재하지 않는다.

물론, ICC(International Chamber of Commerce: 국제 상업 회의소)나 UNIDROIT(International Institute for the Unification of Private Law: 통일 사법을 위한 국제기구)와 같은 국제기구에서는 다양한 법체계와 상이한 문화 체계를 유지하고 있는 각국의 입장을 조율하여 사법의 영역을 통일시키고자 하는 꾸준한 작업이 이어지고 있고, 그 결과 Incoterms나 적하보험 문제, 중재 규칙 등과 같은 성과를 이루어낸 것도 사실이다.

하지만 이들 법은 여전히 그 적용 범위에서 한계를 가지고 있거나 또는 적용을 꺼리는 당사자들이 명시적으로 적용을 배제함으로써 실제 계약 현실에 부합하지 못하는 문제점이 남아 있다.[10]

결국, 계약 당사자들을 구속하는 국제적인 강행 법률 규범이 전혀 없는 것은 아니지만, 정상적인 내용의 계약이라면 최종적으로는 당사자들의 합의야말로 가장 중요한 계약의 근거이자 계약의 법원이 될 수 밖에 없는 것이다.

법만 우선되면 곤란하다

이 책에서 다루고자 하는 법률적 내용들은 특히 국제 상거래에 활용되는 것을 내용으로 하고 있고, 법을 적용하는 근간에는 기본적으로 상거래가 전제되어 있다. 법률에 따른 정확하고 치밀한 계약서의 구성은 물론 중요하지만, 계약서 작성 과정에서 일어날 수 있는 언쟁과 갈등, 이행 과정에서의 이견이 실제 계약서의 작성과 본 거래에는 영향을 미치지 않도록 하는 것이 계약 협상자로서 갖추어야 하는 중요한 자질이다.

계약서의 작성은 일어날 상거래에 대한 양 당사자의 이해관계를 협상을 통해 조목조목 정리해가면서 각자의 권리와 의무에 대해 구체적인 합의 내용을 기록하는 것이므로, 나중에

---

⑩ 무역 거래자들이 무역 조건으로 가장 많이 사용하고 있는 Incoterms는 정형 무역 거래 조건으로 주로 매도인과 매수인 간의 운송 물류에 관한 사항을 다루고 있는 것이며(〈제4부 Chapter 03 국제 무역의 주요 이슈〉 편을 참고한다), UNIDROIT의 CISG(UN 물품 매매에 관한 통일 협약 / 비엔나 협약, 1980)은 적용 대상국 소재 당사자들 간의 계약에서 명시적 적용 배제가 없으면 자동으로 적용되는 것으로 규정되어 있어 이를 역이용하여 명시적으로 적용을 배제하는 사례가 대부분이라는 점은 특징적이다.

발생할 소지가 있는 문제를 미리 예상하여 가능한 구제 방법을 설정해 두는 것이 중요하겠지만, 그러한 문제에만 초점을 두고 무조건 우리 측에 우선하는 조항만을 고집하는 편협한 협상은 자칫 향후 좋은 관계를 맺을 수도 있는 귀중한 거래처를 놓치는 우를 범하게 될 수 있다.

실제로 일본의 몇몇 대기업들과의 계약 협상을 경험해 보면, 훌륭한 품질의 좋은 제품을 생산하고 있음에도 불구하고 지나치게 자사 측에 유리하게 되어 있는 계약 조항에 대한 협상을 회피함으로써 스스로 해외 거래의 기회를 막아서고 있는 경우가 많은데, 이는 주로 거래 안전을 우선시하는 기업 문화가 뿌리깊게 박혀 있거나 외국 기업과의 거래를 위한 매력을 찾지 못하는 것이 그 원인인 때가 많다.

이 같은 현상은 우리나라의 공공 기관에서도 가끔 발견할 수 있다. 국회와 정부 감사의 대상이 되는 공적 기관으로서 거래 안전을 위한 배려는 반드시 개입되어야 하지만, 법률적인 거래의 안전만 생각하다 보면 아무 것도 할 수 없다. 모든 거래는, 심지어 가족 내에서의 거래라 할지라도 위험은 뒤따른다는 것을 인정하고, 거래의 목적과 거래를 통해 얻을 수 있는 효용을 먼저 고려하는 자세가 필요하다.

그리고 나서, 계약을 통해 무엇을 더 얻어낼 것인가, 우리 쪽에 조금 더 안전한 거래 방법은 무엇인가를 고민해야 한다. 특히 계약 내용 중에서도 양보할 수 있는 조건과 반드시 지켜야 하는 조건에 대한 정확한 분류와 인식, 즉 서로의 각 항목에 대한 가치(Value)를 중심으로 상대와 우리의 최적 합의점을 찾아내는 작업은 협상 테이블에서뿐만 아니라 협상 테이블에 나아가기 앞서 협상자들이 필수적으로 거쳐야 하는 준비 단계인 것이다.

Chapter II

계약법 에센스

1 계약법 기초

계약법은 법전 어디에?

계약법이라는 제목을 가진 법률은 적어도 우리나라에서는 찾아볼 수 없다. 계약법이라는 법률을 가진 국가라 할지라도 계약에 관해서 가장 먼저 적용되는 법률은 계약법에 앞서 계약 당사자들의 의사, 즉 당사자 간에 합의한 내용이다. 그러나 합의한 내용을 해석하는 데 이견이 있거나 적용에 있어 어느 일방의 불만이 있다면, 또는 계약 자체가 법률로 적용을 강제하고 있는 사항들에 대한 위반이 있는 경우에는 이를 해결하기 위해 국가 또는 국제적으로 정해진 법률의 영역에서 다루어질 필요가 있다.

이렇게 적용될 법률은 계약 내용과 목적에 따라 수많은 종류가 있겠지만, 역시 상거래를 바탕으로 한 계약임을 고려할 때 자주 언급되는 법률에 대한 기초적인 지식은 갖추어야 할 것이다.

흔히들 법학부의 학생들이 들고 다니는 법전을 육법전이라고 하는데, 육법전이란 헌법, 민법, 형법, 민사소송법, 형사소송법, 상법 등 6개의 법률을 정리한 사전과 같은 책을 말한다. 그러나 이 중 어느 법전에서도 계약법이라는 단어는 찾아볼 수 없다.

굳이 계약법의 법원(法源)을 찾자면 민법의 총칙편 및 채권편과 상법의 일부 내용, 그리고 민사소송법의 일부 내용 등이겠지만 아직 아무도 계약법의 원천을 찾으려는 시도는 하지 않는데 이는 학문적으로 계약법이 법률로서 가지는 의미가 거의 없기 때문이다.

앞서 서술한 바와 같이 계약의 원천은 말 그대로 당사자 간의 합의가 가장 중요하다.[11] '사람을 다치게 한 자는 처벌한다'와 같은 형법 규범, 근로 기준법에서 규정하는 근

⓫ 이런 점에서 계약 자유의 원칙 또는 사적 자치의 원칙의 지배를 받는 분야라고 불리기도 한다.

로자의 권리에 관한 사항들과 같은 강행 규범에서 규정한 내용들을 벗어나지 않는 범위 내에서 당사자 간에 체결한 각각의 내용들은 그 어떤 법률보다 우선하여 적용되는 계약법의 진정한 법원이 된다.

예를 들어, 계약의 양 당사자가 '우리의 계약은 계약서 대신 각서로 대신한다'라고 합의하면 각서가 계약서가 되고, 양 당사자가 우리의 계약은 어느 일방에게 편파적으로 유리하게 작성하겠다고 합의하게 되면 그 또한 계약서로서 당연 구속력을 가지는 문서로 작용할 수 있다.[12]

우리나라법은 국제 계약법 체계와 다르다?

각국의 법체계를 구분할 때 영미법(Common Law)과 대륙법(Civil Law)이라는 구별 기준이 많이 언급되는데, 그 차이는 대개 다음과 같다.

기본적 차이

영미법은 일반적으로 영국법과 그것을 계수하여 발전한 미국법의 총합을 말하며, 광의로는 영국, 미국, 캐나다, 오스트레일리아, 뉴질랜드 등의 국가의 법체계를 지칭한다.

영미법은 법을 조직화하거나 일반화하기보다는 구체적 사실을 중시하여 구체적 사건의 판례에 의한 판례법과 관습법이 법 질서의 핵심적인 역할을 담당하였다. 따라서 재판관은 사건의 재판에 앞서 법 발전의 담당자로서 역할을 수행한다.

반면, 대륙법은 독일, 프랑스, 스위스를 중심으로 하는 유럽 대륙 국가들의 법을 말하며, 로마 법계와 게르만 법계를 근간으로 한다. 대륙법은 법의 존재 형식에 관하여 성문법 주의(법전 주의)를 취하고 있으므로 재판관은 법의 조종자(해석자) 역할을 하는 데 불과하다는 점에서 영미법계의 재판관의 역할과는 큰 차이가 있다.

또 다른 중요한 두 법계의 차이점을 보면, 선례(판례)가 영미법에서 일반적으로 구속력이 인정되는 반면, 대륙법에서는 일반적으로 향후의 사건을 구속하지 않는다는 점이다.

계약서 작성에서의 차이

대륙법계에서는 법률 규정 등에 의하여 계약 당사자의 의사 표시상 흠결의 보완이 광범위하게 인정되고 있는 반면, 영미법계의 계약법에서는 계약 자유의 원칙에 충실하여 가능한 한 법률이나 법원에 의한 계약 당사자의 의사 보완을 제한하고 계약 체결 시에 나타난 당사자의 의사를 최상으로 인정, 이에 기초하여 합의 내용을 해석해야 한다는 원칙을 채택하고

---

[12] 물론 이 경우에도 강행 규범의 구속은 받는다. 이를테면, 당사자 간 계약서로 합의된 때라도 납기 지연으로 인한 지연 배상(실무상 지체 상금으로 많이 쓰인다)의 비율이 지나치게 높은 경우에는 법원에서 적당히 감액할 수 있다고 한다. (민법 제389조 제2항) 이러한 원칙을 '계약 자유 원칙의 한계'라 한다. 즉, 공익의 보호를 위한 각종의 강행 규범들, 이를테면 미국의 독점 금지법이나 우리의 공정 거래법, 회사법 등과 같은 경제 분야의 법률들은 임의 적용보다는 강제 적용을 요구하여 사적 계약 관계에 대한 규제가 강화되고 있다.

있어 양 법제 사이에 계약 해석의 원칙에는 큰 차이를 보이고 있다.

이러한 관점의 차이에서 영미법계의 계약서는 조항이 많고 상세한 반면, 대륙법계의 계약서는 비교적 내용이 간단하고 함축적이다.

실제로 가장 단순하고 주변에서 자주 접하게 되는 부동산 계약서만 보더라도 영미법계 국가인 미국의 부동산 계약서는 10쪽 내외로 구성되어, 2-3페이지에 걸쳐 대금 지불에 관한 내용, 특히 Escrow와 관련 비용 분담 조항을 비롯한 각종 내용이 기재되도록 하고 있는 반면, 대륙법계로 분류되는 우리나라의 부동산 계약서는 1쪽에 듬성듬성 내용을 기재하고, 마지막 즈음에 '기타 본 계약서에 규정되어 있지 않는 사항에 대해서는 관련 법령 및 일반 상관습에 따른다'라는 말로 갈음하는 것이 보통이다. 이는 미국에서는 Entire Agreement(완전 합의) 조항과 같이 대륙법계 국가의 시각에서는 불필요해 보이는 조항도 반드시 삽입함으로써 당사자의 합의를 재확인하는 반면, 우리나라에서는 주택 상거래의 상당 부분에 관한 내용은 이미 민법과 등기법 등에서도 따로 규정하고 있어 구태여 달리 합의할 필요가 없기 때문이기도 하다.

우리나라의 법제

우리나라는 계약법의 근간이 되는 민법, 상법, 민사소송법 등의 제정 당시 일본의 영향으로 대륙법을 수용하여 기본적으로는 대륙법계에 해당한다고 볼 수 있다. 그러나 최근 신탁 제도 등 영미법의 영향을 받는 영역이 확대되고 있어 법의 체계가 복잡 다양화되어 가면서 영미법과 대륙법의 성격을 모두 띠어가는 경향을 보이고 있다.

계약 체결 권한의 문제, 대리 제도

계약 협상을 진행하면서 최종적으로 계약서에 서명하게 될 때에는 서명자가 누구인지, 그리고 그 서명자가 적절한 계약 체결의 권한을 가지고 있는지에 대한 확인을 필요로 하게 된다. 가장 확실한 확인 방법은 해당 회사나 기관의 대표자가 계약 체결의 권한을 위임한다는 위임장, 즉 Power of Attorney를 발행하여 이를 제출하도록 하는 것인데, 이 경우에는 우리 측에서도 동일한 서류를 준비하는 번거로움이 있을 수도 있다.

한편, 우리 상법에서는 표현되는 직책과 직무가 법률 행위와 연관성이 현저하게 나타난 경우에는 그 묵시적 대리권을 인정하고 있고,(상법 제15조) 민법에서도 여러 조항에 걸쳐 대리에 관한 규정을 두고 있다. 국제적으로도 UNIDROIT principles에서는 대리인의 권한과 같은 규정들이 대리 행위에 관한 법적 효과를 규율하고 있기도 한다.

우리 민법의 대리 제도를 먼저 살펴보면 다음과 같다.

대리의 삼면 관계

대리에 있어서는 본인과 대리인과의 관계에서는 대리권의 수여가, 대리인과 상대방과의 관계에서는 대리 행위가, 상대방과 본인과의 관계에서는 법률 효과의 귀속 등 3면 관계가 성립되며, 그 중 문제되는 것은 대리권 수여에 관한 것이다. 법정 대리권은 법률 규정이나 선임, 또는 지정에 의하는 데 반해 임의 대리는 대리권 수여 행위, 즉 수권 행위에 의해 발생한다. 수권 행위에는 특별한 방식을 요하지 않으며, 보통 위임장을 교부하는 것이 관례이다. 그리고 대리인이라 칭하는 자가 위임장을 소지하고 있으면 수권 행위가 있다고 볼 수 있으며, 위임장을 소지하고 있으나 어떤 사정으로 대리권이 아직 수여되지 않은 경우, 이러한 사실을 모르고 대리인과 거래한 상대방은 민법 제125조의 표현(表現) 대리에 의해 보호를 받는다.

대리권의 범위

법정 대리권은 법률 규정에 의하여 직접 주어지므로 그 범위도 법률 규정에 의하여 개별적으로 정해지는 데 반해 임의 대리의 경우에는 그 범위가 수권 행위로 정해지며, 그 범위가 명확하지 않을 때는 재산의 보존 · 이용 · 개량 행위 등 재산 관리 행위만을 할 수 있다.(민법 제118조)

대리인의 제한

민법 제124조는 본인의 이익을 보호하기 위하여 자기 계약과 쌍방 대리를 원칙적으로 제한한다. 자기 계약이란, 예컨대 '갑'이 본인 '을'을 대리하여 '을' 소유의 가옥을 팔 때 자기가 매수인이 되는 경우와 같이 한편으로는 본인을 대리하는 동시에, 다른 한편으로는 자기를 대리하는 경우이다.

쌍방 대리란, 예컨대 '갑'이 '을'을 대리하여 그 소유 가옥을 팔면서 동시에 매수인인 '병'의 대리인이 되어 매매 계약을 체결하는 것과 같다. 이러한 경우에는 본인이 부당하게 손해를 입을 염려가 있으므로 금지하는 것이다. 그러나 그러한 염려가 없는 경우, 예컨대 채무 이행이나 본인의 허락이 있는 경우에는 각자가 본인을 대리한 것으로 본다.(민법 제124조) 만일 대리인이 수인(數人)인 경우에는 각자가 본인을 대리하는 것으로 본다.(민법 제119조) 만일 공동 대리를 원칙으로 하는 경우에는 수인의 대리인이 공동으로만 대리행위를 할 수 있으므로 공동 대리인 중 1명이 단독으로 한 대리 행위는 권한을 넘은 표현 대리가 된다.(민법 제126조)

효력 요건

대리인과 상대방과의 관계에 있어서 대리 행위가 효력을 갖기 위해서는 그 법률 행위가 본인을 위해 한다는 것을 표시해야 한다.(민법 제114조) 만약 대리인이 본인을 위한 것임을 표시하지 않을 때 그 의사 표시는 자기를 위한 것으로 본다.(민법 제115조) 물론 상대방이 대리인으로서 한 것임을 알았거나 알 수 있었을 경우에는 본인에게 효력이 생긴다.(민법 제115조) 대리 행위에 있어 의사 표시의 효력이 의사의 흠결(비진의 표시, 허위표시, 착오)·사기·강박 또는 어느 사정을 알았거나 과실로 알지 못한 것으로 인하여 영향을 받을 경우에 그 사실의 유무는 원칙적으로 대리인을 표준해 정한다.(민법 제116조) 민법 제117조에 의하면 대리인은 행위 능력자임을 요구하지 않는다. 그러므로 미성년자·한정치산자·금치산자도 대리인이 될 수 있다. 그것은 본인의 자기 결정이기 때문이다. 그러나 이것은 임의 대리에 한하고 법정 대리의 경우 무능력자는 법정 대리인이 되는 것을 금하는 특별 규정이 있다.(민법 제910·937조 등)

복대리

대리인은 자기의 이름으로 그 권한 내의 행위를 대리 시킬 사람을 선임할 수 있으며 이러한 권한을 복임권(複任權)이라고 한다. 임의 대리인은 본인의 신임에 의해 대리인으로 선임 되었으므로 원칙적으로 복임권이 없으며, 본인의 허락이 있거나 부득이한 사정이 있는 때에 한하여 복임할 수 있다.(민법 제120조) 이에 반해 법정 대리인은 언제나 복임권을 갖는다. 법정 대리인은 본인의 신임에 의해 대리인이 된 것이 아니며, 광범위한 대리 책임을 법정 대리인 단독으로 처리하도록 강요하는 것은 무리이기 때문이다.

대리의 종료

대리권은 임의 대리인 경우 원인된 법률 관계가 종료되거나, 원인된 법률 관계의 종료 전이라도 본인이 수권 행위를 철회하는 경우에는 종료한다. 한편, 법정 대리의 경우에는 법정 대리에 관한 각 규정에 따라 소멸한다.

무권 대리

만일 대리권이 없는 자가 본인을 위해 대리 행위를 한 경우에는 본인이 이를 추인하지 않으면 본인에 대하여 효력이 없으며,(민법 제130조) 이때 무권 대리인은 상대방의 선택에 따라 계약의 이행이나 손해 배상의 책임이 있다.(민법 제135조) 그러나 무권 대리인과 본인 사이에 특별한 관계가 있어 상대방이 대리권이 있다고 믿게 되었거나 본인에게 어느 정도의 책임이 있는 경우에는 본인이 책임을 진다. 이를 표현 대리라 한다. 표현 대리에는 대리권을 아직 수여하지 않았으나 본인이 상대방에 대해 대리권을 수여했음을 표시한 경우,(민법 제125조) 대리인이 대리권의 권한을 넘은 법률 행위를 한 경우,(민법 제126조) 대리권이 소멸된 것을 모르고 무권 대리인과 거래한 경우(민법 제129조)이며, 이때 표현 대리의 책임을 본인이 진다.

한편, 사법 통일 국제 협회(UNIDROIT)가 2016년에 발표한 UNIDROIT Principles Section 2에서는 "대리인의 권한(Authority of Agents)"이라는 제목 아래 다음과 같은 내용을 규정하고 있다.

규율하는 법률 관계

국제 상사 계약 원칙은 대리의 법률 관계 중 외부 관계, 즉 대리인과 제3자 및 본인과 제3자 사이의 법률 관계를 다루고 있다.(제2.2.1조 제2항)

대리권 수여의 방식

본인에 의한 대리권 수여는 명시적 · 묵시적 모두 가능하며(제2.2.2조 제1항) 특별한 형식이 요구되지 않는다.

무권 대리, 월권 대리 및 표현 대리

무권 대리인과 월권 대리인의 행위는 본인과 제3자 사이에 법률 관계를 형성하지 않는다.(제2.2.5조 제1항) 이에 대한 예외로서 무권 대리인이나 월권 대리인이 대리권을 갖고 있거나 그 대리권의 범위 내에서 행위하는 것에 대하여 제3자가 합리적으로 믿게 된 것에 본인이 원인을 제공한 경우에는 본인은 제3자에 대하여 대리권의 흠결을 주장할 수 없다.(제2.2.5조 제2항)

복대리

대리인은 그가 직접 수행할 것을 기대하는 것이 합리적이지 않은 행위를 수행하기 위하여 복대리인을 선임할 묵시적 권한이 있다.(제2.2.8조 제1항)

대리권의 종료

대리권 종료 사유가 무엇이건 간에 제3자와의 관계에 있어서는 대리권의 종료는 그 제3자가 그 사실을 알았거나 알았어야 하지 않는 한 효력이 없다.(제2.2.10조 제1항)

2 영미 계약법의 법원과 성립 요건

해외 투자 관련 계약서 등 일부의 국제 계약을 제외한 많은 국제 계약이 영미법, 특히 미국의 뉴욕주법이나 영국법을 준거법으로 정하고 있다. 또한, 국제 계약서의 형식도 종래 영미에서 발전되어 온 계약 형식에 따르는 것이 일반적이다. 따라서 국제 계약을 제대로 이해하기 위해서는 어느 정도 영미 계약법에 대한 이해가 선행되어야 한다. 영미 계약법도 그 개요는 우리나라의 계약법과 크게 다르지는 않지만 계약 성립의 요건과 이행 방법 및 효력 등의 세부 내용에서는 서로 다른 점이 있다.

앞서 계약법 상식 편에서 설명했지만 영미법에서는 전통적으로 선결례, 즉 판례를 중심으로 한 판례법이 법원을 구속하는 구속력이 있는 주된 법원(primary authority)으로서 여겨져 왔으나, 현재는 미국과 영국 모두에서 많은 성문의 법률(statutes)을 제정 시행하고 있는데 성문법이 제정되어 있는 경우에는 선결례에도 불구하고 제정법(制定法)이 우선하여 적용되는 등 제정법의 중요성이 날로 커지고 있다. 따라서 계약과 관련한 어떤 사항에 대하여 적용될 법을 확인하고자 할 때에는 제정법, 즉 성문화된 법률이 있는지 아니면 구속력 있는 판례를 검토할 것인지 주의하여야 한다.

제정법의 주요한 예로는 부동산과 지적재산권, 그리고 현금 등을 제외한 상품의 매매 계약과 관련하여 영국의 경우 상품 매매법(Sale of Goods Act), 미국의 경우 통일상법전(Uniform Commercial Code; U.C.C.) 제2편 'Sale of Goods'가 있다.

한편, 미국의 경우 계약법은 연방법이 아닌 주법으로 되어 있다. 따라서 실질적으로는 U.C.C.가 모든 주에 걸쳐 적용되고 있다 하더라도 형식적으로는 각 주가 거의 동일한 내용의 법을 독립적으로 제정하여 시행하고 있는 것으로 보아야 한다.

계약의 성립 요건

영미법상 유효한 계약이 성립하여 구속력이 있으려면 (1)행위 능력이 있는 당사자 간(자연인, 법인, 국가)의 청약과 승낙을 통한 의사 합치와 (2)법적으로 유효한 약인(Consideration)이 있어야 하며, (3)이러한 합의가 법적 관계를 이룬다는 사실을 당사자가 의도한 것일 것을 요구한다. 또한, (4)그러한 합의는 적법한 것이어야 하고, (5)계약 체결 능력이 있는 자에 의해 이루어진 것이어야 한다.

여기서 '약인'이란, 계약의 당사자 간에 계약을 체결하고자 하는 당사자의 유인으로서 상호 교환하는 법률적인 가치가 있는 대가를 말하는데, 학자에 따라 '대립하는 손실(loss)의 존재'로 해석되어야 한다고 보는 경우도 있다. 어느 쪽이든 당사자 간에 계약 관계를 설정함으로써 이해 관계를 가지게 되는 어떤 가치를 의미한다는 점에서 큰 차이는 없다고 본다.

한편, 계약의 성립 요건을 갖추었다고 하더라도 우리나라 법에서와 마찬가지로 계약의 내용이 위법하거나 공공 질서에 어긋나는 경우, 강행성을 지닌 법률을 위반하는 경우에는 그 효력이 인정되지 않는데, 이는 본 장에서 '계약의 항변 사유'로 정리하였다.

청약과 승낙

Offer(청약)와 Acceptance(승낙)는 계약의 효력을 결정짓는 가장 중요한 두 가지 요소가 된다. 우리나라 민법에서도 똑같이 청약과 승낙의 존재를 요구하고 있는데, 청약을 받은 시점에 효력이 발생하는가 아니면 보낸 시점에 발생하는가 또는 승낙을 받은 시점에 계약이 성립되는가 아니면 보낸 시점에 성립되는가에 대한 차이만 있다.

효력 발생 시점을 따지기 위해서는 대화자, 즉 실시간 의사 소통이 이루어지는 당사자 간인가, 아니면 격지자, 즉 의사 표시에 시간이 걸리는 당사자 간인가에 따라 다시 구분되는데, 국제 거래에서는 격지자 사이의 거래가 전형적일 것이다.

대개 대륙법계에서는 격지자 간의 효력 발생 시점은 청약과 승낙 모두 도달 주의를 취하고 있어 발신 시점이 아니라 청약이나 승낙이 도달한 시점에 효력을 발생하지만, 국제 계약에서 주로 인용되는 영미법에서는 청약은 도달 시점에, 승낙은 발신 시점에 효력을 발생한다고 한다. 대륙법계인 우리나라 민법에서는 한편, 이러한 효력 발생 시점에 대해서는 영미법과 같이 발신 주의를 채택하고 있다.[13]

Offer(청약)는 실무적으로 견적(Quotation)이라는 이름으로 이루어지는 경우가 많은데, 실무상의 견적서는 기간이 정해진 확정 Offer인 경우가 많다. 즉, 견적서의 유효 기간을 명시하고, 그 기간 내에는 확정적인 Offer가 되는 것이다. 만일, 견적서에 This Offer/Quotation is subject to changes라던가, This offer is to be firm only when the Seller confirms the Buyer's Purchase Order by issuing letter of acknowledgement(Buyer의 Purchase Order를 수령하고 판매자가 재차 Acknowledgement를 발행함으로써 본 Offer를 확인하겠다).와 같은 내용이 포함되어 있다면, 동 견적서는 확정 Offer라기 보다는 취소 가능한 Free Offer에 가깝다.[14]

실무적으로는 견적 행위 이후의 환율 급변이나 원자재 시장 변동을 감안하여 견적 시에 미리 안전 장치를 해 둘 필요가 있으며, 그 안전 장치로서 Seller의 견적이 즉시 청약의 효력을 가지게 되는 것을 피하고자 하는 것이다.

한편, Acceptance 행위 역시 유효한 법률 행위가 되기 위해서는 Seller가 발행한 견적서의 내용과 동일한 품목, 동일한 가격, 동일한 납기 등의 조건을 만족시켜야 한다. 그렇지 않고 다른 수량, 다른 납기를 바탕으로 작성된 PO를 발송하게 되면 이는 계약이라기보다는 Counteroffer(반대 청약)이 되기 때문에 PO의 작성은 Quotation과 동일하게 되어야 한다. 실무적으로는 견적서에 Countersign을 하거나, PO에 Terms and Conditions are as per your Offer dated XX/XX/XXXX.(귀사의 견적 내용과 같다.)라는 내용을 삽입하도록 유도함으로써 Mirror Image Rule을 충족시키는 확실한 계약 문서를 확보하고자 하는 노력이 이루어지곤 한다.

---

[13] 다만, 우리나라에서도 대화자 간의 청약과 승낙에 대해서는 의사 표시의 일반 원칙에 따라 도달 주의를 취하고 있다고 본다. 한편, 발신 주의(Dispatch theory)에 대해 영미법에서는 적절한 발신 방법으로써 우체통에 넣은 시점에 효력이 발생한다고 하여 Mailbox Rule이라는 표현을 사용하기도 한다.

[14] 기술적으로는 확정 조건부 Offer라고 한다.

<table>
</table>

〈통신 수단에 따른 의사 표시 효과 발생 시점의 차이〉

통신 수단 \ 준거법	한국법	일본법	영국법	미국법	독일법	CISG
의사 표시 일반원칙	도달주의	도달주의	도달주의	도달주의	도달주의	도달주의
승낙의 의사 표시 — 대화자 간 (전화/대면 등)	도달주의	도달주의	도달주의	도달(발신)	도달주의	도달주의
승낙의 의사 표시 — 격지자 간 (우편/팩스 등)	발신주의	발신주의	발신주의	발신주의	도달주의	도달주의

한편, 실무에 종사하면서 듣게 되는 가장 당황스러운 질문 중의 하나가 발주서를 들여다 보고 있으면서 계약서는 어디 있느냐고 묻는 질문이다. 또는 제목이 합의서(Agreement) 또는 각서(Memorandum) 정도로 되어 있어 계약서가 아니지 않느냐고 물어오는 경우이다.

계약의 성립 요건과 효력 발생 여부는 본 장에서 다루어진 청약과 승낙, 그리고 여러 가지 효력 발생 요건을 성립하기만 하면 그 표제가 무엇으로 되어 있든 관계 없이 이루어진다. 이렇게 성립된 계약을 서면화한 것이 바로 계약서가 되므로 발주서든 Firm Offer든 Acknowledgement든 또는 양해 각서 등의 표제든 계약서의 다른 표현이라고 볼 수 있는 것이다.

즉, 양해 각서가 법적인 구속력이 있느냐의 문제와 양해 각서가 계약서로서의 요건을 갖추었느냐의 문제는 다른 차원의 문제인 것이다.

계약서 효력이 부정되는 각종 사유

영미법상 능력 있는 당사자 간의 의사 합치로서 유효한 약인(consideration)과 내용의 적법성(legitimacy) 등 계약 성립에 필요한 요건을 갖추고 있다고 해도 다음과 같은 사유로 계약의 효력이 부인될 수 있다.

■ 사기 방지법(Statute of Fraud)

사기 방지법이 적용되는 일정한 유형의 계약은 반드시 어떤 형태로든 서면 계약의 형식을 갖추어야만 법에 의하여 그 이행을 강제할 수 있다. 이러한 계약의 종류로는 미국법에서 보증계약, 토지의 권리 매매 기타 처분을 위한 계약, 미화 500달러 이상의 동산 매매 계약, 이행기가 1년 이상 걸리는 계약이 이에 해당한다. 우리나라와 같은 대륙법계 국가에서는 생소한 법률이다.

■ 착오(Mistake)

착오란, 계약 당사자가 계약의 내용을 사실과 다르게 이해하거나 모르고 있는 상태를 말하며, 착오의 주체에 따라 당사자 일방만이 착오하는 일방 착오와 양 당사자 모두가 착오하는 쌍방 착오로 구분된다.

일방 착오의 경우에 상대방은 언제든지 계약을 취소하거나 그 변경을 요구할 수 있으나 착오를 한 당사자는 원칙적으로 그 의사 표시를 취소할 수 없다. 다만, 착오를 한 데 과실이 없고 상대방이 착오의 사실을 알았거나 알 수 있었을 때에는 취소가 가능하다.

쌍방 모두의 착오에 기하여 의사 표시를 한 경우에는 어느 일방이든 계약을 취소할 수 있다. 그러나, 계약 금액에 관한 착오인 때에는 쌍방의 착오라도 취소할 수 없다.

■ 불공평성(Unconscionability)

Unconscionablity는 비양심적이라는 뜻으로도 해석될 수 있지만, 계약의 상황이 과도하게 일방적이거나 불합리한 가격 책정(Price-gouging)과 같은 협상력의 악용(Unfair exploitation of bargain leverage)과 같은 상황에서는 법원의 개입이 가능하다.

계약 체결에 이르게 된 상황이 지나치게 일방에게 불리하거나 당사자 간의 협상력이 불균형하여 일방의 자유 의사에 의한 계약 조건의 선택이 어려웠다고 판단되는 경우에는 그 계약은 계약의 성립을 위한 모든 요건을 갖추고 있다고 하여도 강제할 수 없다. 예를 들면 Uniform Commercial Code(UCC)의 §2-302와 같은 조항을 참고할 수 있다.[15]

■ 불법성(Illegality)

범죄 행위를 하기로 하는 계약과 같이 계약 자체가 불법인 경우에 그 계약은 당연 무효이다. 한편, 마약을 운반하는 데 사용할 비행기의 임대차 계약과 같이 계약을 체결하는 목적이 불법과 연관되어 있는 경우 그 계약은 취소할 수 있다.

■ 기망 행위(Fraud; Deceit)

기망 행위는 어음에 서명하는 것과 같이 속여 실제로는 유언서에 서명토록 하는 것과 같이 사실에 관한 기망 행위와 계약의 성격에 관한 의사 표시에는 허위가 없으나 그 수량이나 품질을 속이는 것과 같은 유인(誘引)상의 기망 행위가 있다. 전자는 당연 무효로서 계약이 성립하지 않지만, 후자는 취소할 수 있는 의사 표시로서 계약은 일단 유효하게 성립한다.

⓯ U.C.C. § 2-302. Unconscionable contract or Term.

(1) If the court as a matter of law finds the contract or any term of the contract to have been (a) unconscionable at the time it was made the court may refuse to enforce the contract, or (b) it may enforce the remainder of the contract without the unconscionable term, or it may so limit the application of any unconscionable term as to avoid any unconscionable result.

(2) If it is claimed or appears to the court that the contract or any term thereof may be unconscionable the parties shall be afforded a reasonable opportunity to present evidence as to its commercial setting, purpose, and effect to aid the court in making the determination.

(a) 계약 성립 시기에 불공평한… (b) 법원은 불공평한 조항을 제외하고 나머지를 집행할 수 있다.

■ **강박(Duress)**

강박은 개인적 강박(personal duress)과 경제적 강박(economic duress)으로 구분된다.

개인적 강박은 상대방이나 그의 가족에 대하여 신체적 또는 정신적 위해를 가하겠다는 등의 협박을 하여 계약을 체결한 경우를 말하며, 예외 없이 취소의 원인이 된다.

경제적 강박은 상대방의 경제적 곤궁을 이용하여 계약상의 이득을 취하는 경우를 말하며, 일방 당사자가 상대방의 재산이나 재정 상태를 심각하게 위협할 수 있는 불법적 행동을 하거나 이를 하겠다고 위협하는 경우, 계약의 체결 이외에는 위협으로 인한 손실을 피할 수 있는 적절한 수단이 없는 경우, 또는 경제적 궁핍의 원인까지 제공한 후 이를 이용한 경우에는 취소할 수 있다.

■ **계약 내용의 불명확성**

계약 내용의 의미를 확정할 수 없는 등 합리적으로 계약의 내용을 해석하여 확정할 수 없는 때에는 유효한 계약이 성립되지 않는다.

 영문 계약서 작성을 위한 배경 상식

Terms and Conditions

계약서의 각 조항을 통틀어 Terms and Conditions라 한다. 둘 다 우리말로 '조건'으로 해석되지만, 함께 사용되면서 간단히 T&C로도 불린다. 일반 조건이라고 해석할 때도 있고 계약 조건이라고 해석할 때도 있는데, 엄밀히 말하자면 terms와 conditions 양자는 몇 가지 중요하게 구별되는 점이 있다. Terms는 계약서의 각 조항과 각 조항에 따라 이행해야 할 내용으로서 문서화된 내용을 의미하고, Conditions는 계약의 근본을 구성하는 조건들, 즉 계약의 이행을 위해 필요한 전제 조건을 의미한다. 실무에서는 구별의 실익은 없다고 본다.

Conditions and Warranty

앞서 언급한 것처럼 Conditions는 계약의 근본을 구성하는 조건들을 의미하므로 Conditions에 해당되는 내용을 불이행하게 되면 그 상대방은 계약을 취소하거나 해지할 수 있는 권리가 있다. Warranty는 우리 민법의 '담보 책임(Warranty Liability)' 정도로 해석된다. Conditions에 비해 중요도가 덜하고 그 위반에 따른 효과도 비교적 약한 편이다. 위반하더라도 채무 불이행을 구성하는 정도까지는 이르지 않는다고 보는 것이 일반적이다.

1979년 물품 매매법(Sale of Goods Act 1979)에서는 소유권, 물품 명세, 품질과 견본은 Conditions를 구성한다고 한다.

Representations and Warranties

Representation은 '진술', Warranty는 '보증'을 의미하는데, 대개 영문 계약서에서는 Representations and Warranties(진술과 보증)이라는 조항으로 등장한다. 이는 계약과 관련한 당사자의 진술과 보증 항목들을 나열해 둔 것인데, 주로 판매자가 구매자에게 거래와 관련하여 약속 또는 확인하는 내용이다.

실무적으로 Representation과 Warranties를 구분하는 것은 그다지 실익이 없어 보이지만, 간단히 언급하자면 다음과 같다. 즉, Representation로 진술한 보증 항목들에 하자가 있는 경우(주로 misrepresentation) 불법 행위(tort)로 간주되어 그 내용을 믿은 피해자의 손해를 배상해야 한다는 것이고, Warranty에 진술한 항목들에 하자 또는 허위 사실이 있는 경우에는 보증 위반으로 간주되어 피해자가 그것을 믿었는지에 관계없이 피해자를 면책해 주는 것에서 권리 구제 방법상의 차이가 있다.

Warranty는 특히 묵시적 보증(implied warranty)과 명시적 보증(express warranty)이 있는데, 명시적 보증은 계약서 등에서 확인한 것을 의미하지만, 묵시적 보증은 따로 명시하지 않아도 인정되는 제품의 상업적 가치를 보증하는 것이다. 일반적인 계약서에서는 계약서 내에 명시되지 않은 어떠한 보증도 인정하지 않고 waiver(포기)하도록 한다.

Wilful misconduct or gross negligence(고의 또는 중과실)

계약서를 구성하는 표현 방법마다 법률 효과를 다르게 구성하는 단어들이 있는데, 계약의 위반과 관련해서는 더욱 신경을 써야 한다. 계약 위반을 연상하는 단어들로는 fault, default, breach, non-performance, misconduct, negligence 등이 있는데, non-performance가 책임을 떠나 전반적인 불이행을 의미하고, default와 breach가 책임을 지는 위반을 의미하는 반면, fault는 실수나 결함 정도로 이해된다. 고의(Wilful misconduct)와 중과실(gross negligence)에 의한 의한 계약 불이행은 일반 법 상식으로도 손해배상 책임을 면하기 어려울 것이라는 공감대를 형성하는 것은 어렵지 않으므로, 손해배상 조항에서 별도의 추가 책임을 부과하도록 작성할 수 있을 것이다. 주로 Limitation of Liability(책임의 한계) 조항에서 다룬다.

Article 19 (Limitation of Liability)
 a) Contractor shall not, under any circumstances, have any liability to the Customer for any indirect, special, consequential and/or incidental or punitive damages resulting from the performance, non-performance or bad performance of this Contract, including without limitation loss of profits, loss of revenues and any other similar loss.
 b) However, in case of Contractor's act of intentional, gross negligence or wilful misconduct, the foregoing provision shall not apply for.
 c) Contractor's aggregate liability under this Contract shall be in no way excessive of one hundred per cent (100%) of the Contract Price.

설명 c) 조항은 계약자(Contractor)에게 유리한 조항이다. b)항을 아래로 내리고 c)항을 위로 올리는 것만으로도 발주자(Customer)에게 유리하게 변경된다. 사견으로는, 계약자에게 고의와 중과실이 있는 경우, 계약가의 100%를 한도로 책임을 부담하도록 하고 추가적으로 최초 계약자가 제출한 보증금(Performance Bond)과 착수금(Advance Payment)에 대해 발주자가 회수할 수 있도록 하는 정도의 안전장치는 필요하다고 본다.

해석 a) 계약자는 어떠한 경우라도, 본 계약의 이행과 불이행, 잘못된 이행에 따라 발주자에게 간접적, 특수한, 연속적이거나 우발적 또는 징벌적 손해, 이를테면 이익의 상실, 수익의 상실과 유사한 일체의 상실을 배상하지 아니한다.

b) 그러나, 계약자의 고의, 중과실, 의도된 부당행위의 경우에는 위 조항은 적용되지 않는다.

c) 계약자가 본 계약에 따라 부담하는 책임의 총액은 어떠한 경우라도 계약가의 100%를 초과하지 않는다.

어디부터 어디까지가 계약인가

물품 판매 계약과 같이 발주서나 Purchase Order를 통해 간단한 계약을 체결할 수도 있지만, IT 제품이나 기술 또는 대형 거래의 계약 체결을 위해서는 아무래도 몇 차례의 대면 미팅을 거치게 된다.

이때 처음 작성하게 될 의향서(LOI, Letter of Intent)라던가 양해 각서(MOU, Memorandum of Understanding), 비밀 유지 각서(NDA, Non-Disclosure Agreement), 회의록(MOM, Minutes of Meeting) 등과 같은 문서들이 계약서로서 가지는 효력에 대한 의문이 있을 수 있다.

결론부터 말하자면, 이들 문서가 계약서로서 가지는 법적 효력에 대해서는 문서의 제목과 관계없이 그 내용들에 구속력이 부여되어 있는가에 따라 개별적으로 사안에 따라 판단해야 한다.

4 계약서 해석의 원칙

계약서의 해석과 관련해서 우리 민법에서는 별도로 해석의 표준과 관련해 명시하고 있지 않은데, 관련 판례가 어느 정도 자리 잡아 가고 있다. 법원 판례에서는 계약서를 해석할 때 당사자의 '진정한 의사'에 따라 해석하는 것이 아니고, 오히려 '진정한 의사'는 '객관적 의미'를 명확하게 드러내기 위한 보조 자료로 참고하는 태도를 보이고 있다. 계약서의 해석과 관련한 중요한 최근 판례는 미국 레이시온(Ratheon)과 방위사업청 간 입찰 보증금 몰취 사건(대법원 2018다275017)을 꼽을 수 있다.

위 판례는 원고(방위사업청)가 피고(Ratheon)를 상대로 합의 각서상 의무를 위반하였다고 주장하며, 합의 각서상 입찰 보증금 몰취 조항에 따라 입찰 보증금 상당의 지급을 구한 사안이다. 합의 각서에는 조항별로 국문 아래에 영문이 있는데, 입찰 보증금 몰취 요건을 정한 조항의 국문과 영문 문언이 다르게 규정되어 있고, 당사자들이 합의 각서를 작성하면서 국문과 영문 중 어느 것을 우선할 것인지에 대하여 합의하지 못해 그에 관한 규정이 없었다. 일반적인 계약 해석 방법에 따라 계약을 해석해야 한다고 보고, 같은 취지에서 입찰 보증금 몰취 요건을 충족하지 못했다고 판단, Ratheon에게 입찰 보증금을 반환하게 된 사례이다.

이 같은 경우는 실무에서도 충분히 발생할 수 있는 상황이므로 판례를 좀 더 자세히 들여다보기로 한다. 합의 각서(Memorandum of Agreement)에는 조항별로 국문 아래에 영문을 기입하였다. 합의 각서 제8조는 국문에서 "제7조 합의 각서 효력의 종료 이전에 Raytheon 또는 Raytheon의 하도급자가 제3조의 의무를 이행하지 않은 다음 각호의 경우에는…"이라고 요건을 정하고, 제1호에서 '정당한 사유 없이 대한민국 방위사업청이 FMS LOR(Letter of Request)을 발송한 후 미국 정부로부터 FMS LOA(Foreign Military Sales 방식의 Letter of Offer and Acceptance)를 획득하는 데 6개월이 초과된 경우'를 입찰 보증금이 몰취되는 유형 중 하나로 정하고 있다.

위 요건에 대하여 영문은 "If the following circumstances occur not later than the MOA validity date stated in Article 7 due to the sole failure of Raytheon or any of their subcontractor to satisfy its obligation under Article 3"라고 정하고 있다. 영문은 'due to the sole failure' 부분을 추가하면서 표현을 수정하여 국문 내용과 다르게 되었다. 즉, 방위사업청이 미국 정부로부터 LOA를 받지 못하여 FMS 계약을 체결하지 못한 주된 이유가 오로지 Raytheon의 귀책 사유로 인한 경우에 한하여 입찰 보증금을 몰취할 수 있다고 해석되는 것이다.

방위사업청은 합의 각서를 작성하기 전에 피고에게 국문과 영문이 함께 기재된 초안을 교부하였다. 위와 같이 추가된 영문 내용(due to the sole failure)은 초안에 없었으나 방위사업청이 피고의 요청을 수용하여 합의 각서에 기재되었다.

이 사건에서 대법원은 규범적 해석 원칙에도 불구하고 당사자의 진정한 의사가 계약서 문언과 다른 내용으로 합치되었다면(본 판례에서는 영문의 내용으로 합치되었다), 그 의사에 따라 계약이 성립한 것으로 해석해야 한다고 한다. 이러한 해석은 계약서가 두 개의 언어본으로 작성된 경우에도 적용될 수 있다. 두 언어본이 일치하지 않는 경우 당사자의 의사가 어느 한쪽을 따르기로 일치한 때에는 그에 따르면 되고, 그렇지 않은 때에는 위에서 본 계약 해석 방법에 따라 그 내용을 확정해야 한다.

Actual Case 1

🔵 무역 사기로 수입 대금을 엉뚱한 곳으로 송금한 사례

이런 질의가 있었다. "수입 대금을 결제하려는데, 바뀐 계좌로 송금해 달라는 이메일이 왔습니다. 이미 수입 물품도 통관되어 수령한 상태이고, 새롭게 요청한 계좌로 송금해도 될지 모르겠습니다. 혹시나 해서 해외 거래처에 은행 확인서를 요구했는데, 계좌 변경 확인서까지 발행해 온 상태입니다."

업무를 하다 보면 정말 계좌번호가 바뀌었을 수도 있다. 그러나, 꼭 알리고 싶은 것은 이런 방식은 근래 등장하는 아주 대표적인 무역 사기 수법 중의 하나이다. 속칭 "이메일 가로채기"인데, 해당 계정을 해킹한 후 유사한 이메일 주소를 만들어 (사기) 가짜 계좌번호를 알려 주는 방식이다..

확인서가 필요하다고 하면, 확인서도 위조해서 보내 준다. 자회사라면서 지분 구조 설명도 해 주고, 은행 스탬프에다가 담당자 서명까지 완벽해 보인다. 이런 경우에는 다음과 같이 진행해 볼 것을 추천한다.

(1) 계좌 변경을 요청하면서 보내 온 이메일이 아닌, 반드시 견적 건 등으로 초반에 연락했던 이메일로 회신을 보낸다. "이런 이메일을 받았는데, 사실인가?"
(2) 회사 대표 전화로 전화를 걸어 본다. "이런 이메일을 받았는데, 사실인가?"
(3) 화상 Teleconference 를 요청한다.

아니, 물건도 다 받았는데 우리가 손해볼 건 없지 않나? 라고 생각할지 모르겠지만, 이런 일이 한 번 발생하면 적어도 몇 달 동안은 일이 손에 안 잡힐 정도로 스트레스를 받게 된다. 그리고, 수입자 측에서는 어쨌든 물품 대금을 받지 못했으니 대금을 달라는 요청이 오게 마련이다. 해킹 당한 것이 수입자인지 수출자인지 입증하기도 쉽지 않다. 무엇보다 대금을 못 받은 수입자 측에서 그대로 인정하려 들지 않을 것이다. 그대로 소송으로 직행하게 된다.

업무 편의를 위해 PO(발주서)를 간단히 보내서 계약 문서화하는 경우가 많은데, 일정 금액 이상의 발주서에 대해서는 반드시 상대방의 Counter-signature를 통한 확인을 얻도록 한다.

그리고, 그 발주서에 "당신이 견적서에 제시한 명시된 계좌로 지급할 것이고, 이후 대금 청구 인보이스 내용에 계좌 변경이 있는 경우, 원칙적으로 따르지 않겠다. 또는 해당 국가의 한국 대사관으로부터 영사인증을 받아 보내는 경우 변경된 계좌로 인정하고 송금하겠다. 최종적으로 송금 계좌에 문제가 발생하는 경우 발주자는 책임을 지지 않는다."라고 명시해 두는 것도 좋겠다.

KAI, 16억원 '이메일 무역사기' 당해

**거래업체 계좌 변경 메일 받고 송금
경찰, 영국업체 해킹 추정 수사 착수**

한국항공우주산업(KAI)이 16억원 상당의 '이메일 무역 사기'를 당해 경찰이 수사에 착수했다.

경남경찰청은 지난달 초 KAI 회전익사업부(헬리콥터 개발 분야)가 16억원(141만달러) 상당의 이메일 무역 사기를 당해 지난달 경찰에 수사를 의뢰했다고 지난 18일 밝혔다.

경찰에 따르면 해당 사업부 직원은 '회사 계좌번호가 바뀌었으니 이리로 입금하라'는 이메일을 받고 거래업체에 거래대금을 보냈는데, 이는 영국 협력업체의 계좌가 아닌 이메일 무역사기 범행에 사용된 다른 계좌였던 것으로 확인됐다. KAI 직원은 이메일 주소가 거래업체 이메일 주소와 똑같아 범행 사실을 눈치채지 못했던 것으로 전해졌다.

경찰은 영국 거래업체가 해킹당한 것으로 보고 피해 경위 등을 살펴보고 있다.

도영진 기자

⬆ 2021년 6월 21일자 경남신문

제7부

영문 계약서
통으로 참고하기

Chapter I 구매 계약서 (국제 연합 UN 표준 서식)

국제 연합(UN)에 대한 물품과 서비스의 공급을 위해서는 글로벌 마켓에 대한 회원가입 이후 입찰 공고부터 계약까지 다소 복잡한 절차를 거쳐야 하지만, 계약이 성사된 이후의 파급 효과를 따져보면 경제적인 부분을 차치하고서라도 그야말로 우리 제품에 대한 국제적인 명성과 신뢰를 얻게 되는 것을 빼놓을 수 없다.

최근 국제 원자력 기구(IAEA)를 비롯한 여러 UN 산하 전문 기관에 대한 우리 기업 제품들의 성공적 시장 진입이 이루어지면서 국제 연합의 조달 계약에 대한 관심도 높아지고 있어 이번 장에서는 국제 연합 물품 조달 계약 일반 조건 (General Terms and Conditions) 중 일부 조항을 소개한다. 본 계약서는 국제 기구와의 계약에서뿐만 아니라, 구매자 협상력이 강한 UN에서 사용되는 계약서이므로 일부분만 가감 또는 수정을 가한다면 기업의 구매 계약서로도 활용할 수 있다.

예상하는 바와 같이, 국제 연합 조달 계약은 상대방이 국제 기구인 만큼 당사자 간 협상의 여지는 거의 없다. 최종적으로 낙찰자가 결정되면 UN 조달 부서의 담당관이 서명한 발주서(Purchase Order)가 발송되는 데 최초 기업이 UN에 제시한 제안서, 가격 목록과 함께 아래 내용이 기재되어 있는 경우가 대부분이다. 자세한 내용과 원문은 국제 연합 글로벌 마켓 홈페이지(www.ungm.org)를 참고한다.

원문	해석 및 설명
A. ACCEPTANCE OF THE PURCHASE ORDER This Purchase Order may only be accepted by the Supplier's signing and returning an acknowledgement copy of it or by timely delivery of the goods in accordance with the terms of this Purchase Order, as herein specified. Acceptance of this Purchase Order shall effect a contract between the Parties under which the rights and obligations of the Parties shall be governed solely by the terms and conditions of this Purchase Order, including these General Conditions. No additional or inconsistent provisions proposed by the Supplier shall bind the UN Organization unless agreed to in writing by a duly authorized official of the UN Organization.	**A. 발주서의 승낙** 본 발주서는 공급자의 서명과 발주서에 대한 응낙서 사본의 발송 또는 본 발주서에서 정하는 조건에 따른 물품의 적기 납품에 의해서만 승낙된다. 본 발주서의 승낙은 양 당사자 간의 계약에 효력이 발생하고 양 당사자의 의무와 권리는 오로지 이 일반 조건들을 포함하여 본 발주서의 조건들에 의해서만 적용된다. 공급자에 의해 제시된 부가적이거나 불일치하는 조항들은, UN 기구의 권위 있는 담당자에 의해 서면으로 합의되지 않는 한 UN 기구를 구속하지 아니한다. √ 발주서 내용에 이상이 없다면 Acknowledgement를 발송하는데, UN의 발주서 양식 하단에는 대개 Acknowledged by ___라는 내용이 마련되어 있다. 여기에 공급 회사명과 담당자 성명을 기재하고 서명 후 이메일과 우편으로 발송한다. 발송 후에는 반드시 잘 받았는지를 확인해야 한다.

B. PAYMENT

(1) The UN Organization shall, on fulfilment of the Delivery Terms, unless otherwise provided in this Purchase Order, make payment within 30 days of receipt of the Supplier's invoice for the goods and copies of the shipping documents specified in this Purchase Order.

(2) Payment against the invoice referred to above will reflect any discount shown under the payment terms of this Purchase Order, provided payment is made within the period required by such payment terms.

(3) Unless authorized by the UN Organization, the Supplier shall submit one invoice in respect of this Purchase Order, and such invoice must indicate the Purchase Order's identification number.

(4) The prices shown in this Purchase Order may not be increased except by express written agreement of the UN Organization.

C. TAX EXEMPTION

(1) Section 7 of the Convention on the Privileges and Immunities of the United Nations provides, inter alia, that the United Nations, including its subsidiary organs, is exempt from all direct taxes, except charges for utilities services, and is exempt from customs duties and charges of a similar nature in respect of articles imported or exported for its official use. In the event any governmental authority refuses to recognize the UN Organization's exemption from such taxes, duties or charges, the Supplier shall immediately consult with the UN Organization to determine a mutually acceptable procedure.

(2) Accordingly, the Supplier authorizes the UN Organization to deduct from the Supplier's invoice any amount representing such taxes, duties or charges, unless the Supplier has consulted with the UN Organization before the payment thereof and the UN Organization has, in each instance, specifically authorized the Supplier to pay such taxes, duties or charges under protest. In that event, the Supplier shall provide the UN Organization with written evidence that payment of such taxes, duties or charges has been made and appropriately authorized.

B. 대금 지불

(1) UN 기구는, 본 발주서에 달리 정한 바가 없다면 인도 조건이 완수되면 상품에 대한 공급자의 송장과 본 발주서에 따른 선적 서류들을 접수한 지 30일 이내에 대금을 지급해야 한다.

(2) 위 송장에 대한 대금 지급은 본 발주서의 대금 지급 조건에 명시된 모든 할인을 반영할 것이며, 다만 그 대금 지급 조건에 의해 요구된 기간 내에 이루어져야 한다.

(3) UN 기구에 의해 (달리) 승인되지 않았다면, 공급자는 본 발주서와 관련하여 송장 1부를 제출해야 하며, 그 송장에는 발주서 식별 번호를 반드시 표기해야 한다.

(4) 본 발주서에 나타난 가격은 UN 기구의 명시적 서면 동의에 의하지 않고는 증가해서는 안 된다.

√ 일반적인 구매 계약에서라면 위 (1)의 내용과 함께 관련 세액의 부담 주체, 인코텀즈 정도만 기재해 둬도 대금 지불 조항으로서 충분하다.

C. 세금 면제

(1) UN의 특권과 면책에 대한 협약 제7부에서는 특히 UN과 부속기구들은 공공요금을 제외한 모든 직접세가 면제되고, 공식적 사용을 위해 수출입 되는 품목의 관세 및 유사 세금으로부터 면제됨을 명시하고 있다. 어떤 정부 기관이 UN의 그러한 세금, 관세, 수수료 등의 면제를 거부하는 경우, 공급자는 상호 간에 받아들일 수 있는 절차를 결정하기 위해 즉시 국제 연합과 협의해야 한다.

(2) 이에 따라, 공급자가 UN 기구와 이의를 가지고 그 세액을 지불하기 이전에 그에 대해 협의하지 않았고, UN 기구가 특별히 공급자에게 각각의 경우에 그러한 세액을 지급할 것을 허락하지 않았다면, 공급자는 UN 기구가 공급자의 송장으로부터 그러한 세액을 공제할 수 있는 권한을 부여한다. 그러한 경우, 공급자는 그러한 세액을 지급하였고 적절히 권한을 부여 받았다는 서면 증빙을 UN 기구에 제공해야 한다.

D. EXPORT LICENCES

Notwithstanding any INCOTERM used in this Purchase Order, the Supplier shall obtain any export licences required for the goods.

E. RISK OF LOSS

Notwithstanding any INCOTERM used in this Purchase Order, risk of loss, damage to, or destruction of the goods shall be borne by the Supplier until physical delivery of the goods to the consignee has been completed in accordance with the terms of this Purchase Order.

F. FITNESS OF GOODS/PACKAGING

The Supplier warrants that the goods, including packaging, conform to the specifications for the goods ordered under this Purchase Order and are fit for the purposes for which such goods are ordinarily used and for purposes expressly made known to the Supplier by the UN Organization, and are free from defects in workmanship and materials. The Supplier also warrants that the goods are contained or packaged adequately to protect the goods.

G. INSPECTION

(1) The UN Organization shall have a reasonable time after delivery of the goods to inspect them and to reject and refuse acceptance of goods not conforming to this Purchase Order; payment for goods pursuant to this Purchase Order shall not be deemed an acceptance of the goods.

(2) Inspection prior to shipment does not relieve the Supplier from any of its contractual obligations.

D. 수출 허가

본 발주서의 INCOTERM 조건과 관계없이, 공급자는 상품에 필요한 모든 수출 허가를 확보해야 한다.

√ 심지어 UN에 수출한다고 하더라도 최종 사용자는 따로 정해져 있을 수 있으므로 전략 물자의 수출과 관련된 허가는 공급자가 받아야 한다.

E. 손실 위험

본 발주서의 INCOTERM 조건과 관계없이, 상품이 본 발주서 조건에 따라 화주에게로 실제 인도 완료될 때까지 손실, 손상, 또는 상품의 파손 위험은 공급자가 부담한다.

√ 내용 중에도 설명되었지만 인코텀즈는 계약 당사자가 얼마든지 변형해서 이용할 수 있는 것으로, 위와 같이 기재함으로써 인코텀즈의 내용을 변형하여 적용할 수 있다.

F. 상품 및 포장 적합성

공급자는 포장을 포함하여, 상품이 본 발주서에 따라 주문된 상품 명세와 일치함을 보증한다. 아울러, 통상적 이용되는 목적과 UN 기구에 의해 공급자에게 명시적으로 알려진 목적에 적합하며, 작업숙련도와 원부자재에 결함이 없음을 보증한다. 공급자는 또한, 상품 보호를 위해 적절히 내장되고 포장되었음을 보증한다.

G. 검사

(1) UN 기구는 상품이 인도된 후, 검사와 본 발주서에 일치하지 않는 상품의 인수 거절을 위한 합리적인 시간을 가져야 한다. 한편, 본 발주서에 따른 상품에 대한 대금 지불은 상품의 인수로 간주되지 않는다.

(2) 선적 전 검사가 있었다고 해서 공급자의 계약적 의무를 경감하지는 않는다.

H. INTELLECTUAL PROPERTY INFRINGEMENT

The Supplier warrants that the use or supply by the UN Organization of the goods sold under this Purchase Order does not infringe any patent, design, trade-name or trade-mark. In addition, the Supplier shall, pursuant to this warranty, indemnify, defend and hold the UN organization harmless from any actions or claims brought against the UN Organization or the United Nations pertaining to the alleged infringement of a patent, design, trade-name or trade-mark arising in connection with the goods sold under this Purchase Order.

I. RIGHTS OF THE UN ORGANIZATION

In case of failure by the Supplier to fulfil its obligations under the terms and conditions of this Purchase Order including, but not limited to, failure to obtain necessary export licences, or to make delivery of all or part of the goods by the agreed delivery date or dates, the UN Organization may, after giving the Supplier reasonable notice to perform and without prejudice to any other rights or remedies, exercise one or more of the following rights:
(a) Procure all or part of the goods from other sources, in which event the UN Organization may hold the Supplier responsible for any excess cost occasioned thereby.
(b) Refuse to accept delivery of all or part of the goods.
(c) Terminate this Purchase Order without any liability for termination charges or any other liability of any kind of the UN Organization.

J. LATE DELIVERY

Without limiting any other rights or obligations of the parties hereunder, if the Supplier will be unable to deliver the goods by the delivery date(s) stipulated in this Purchase Order, the Supplier shall (i) immediately consult with the UN Organization to determine the most expeditious means for delivering the goods and (ii) use an expedited means of delivery, at the Supplier's cost (unless the delay is due to Force Majeure), if reasonably so requested by the UN Organization.

H. 지적재산권 침해

공급자는 본 발주서에 의해 판매된 상품을 UN이 사용 및 공급하는 데 있어서 어떠한 특허, 디자인, 상호 또는 상표권을 침해하지 않음을 보증한다. 또한, 공급자는 이 보증에 따라, UN 기구 또는 UN에 대해 제기되는, 본 발주서에 의해 판매된 제품과 관계되어 제기되는 특허, 디자인, 상호 또는 상표를 포함한 어떠한 소송이나 청구에도 UN 기구를 면책, 방어 및 손해가 없도록 해야 한다.

√ 어떠한 형태의 계약서에서라도 구매자 보호 측면에서 반드시 포함시켜 둬야 할 내용이다.

I. UN 기구의 권리

공급자가 본 발주서의 제반 조건에 따른 그 의무를 이행하지 못한 경우, 이를테면 필요한 수출 허가를 획득하지 못하거나 합의된 인도일까지 상품의 전부 또는 일부가 인도되지 않는 경우, UN 기구는 다른 권리나 구제 조치에 영향을 주지 않고, 공급자에게 이행할 것을 합리적으로 통지한 이후, 다음 하나 또는 그 이상의 권리를 행사할 수 있다.

(a) 다른 공급처로부터 상품의 일부 또는 전부를 구매. 이 경우 UN 기구는 공급자에 대해 그로 인해 발생하는 추가 비용을 청구할 수 있다.

(b) 상품의 전부 또는 일부의 인수를 거절.

(c) 어떠한 형태의 UN 기구의 책임이나 종료 수수료에 대한 책임이 없이 본 발주서를 종료.

√ 공급자의 계약 불이행에 따라 구매자가 가지는 권리를 나열하고 있다. 문장 중 합리적인 통지(reasonable notice)로서 이행할 것을 촉구하는 것은 우리 민법의 최고(催告), 최종적으로 종료(Termination)하는 것은 거래의 중단이므로 우리 민법의 개념상으로는 해지나 취소보다는 해제에 가깝다고 본다.

J. 인도 지연

본 계약상 당사자들의 다른 권리 또는 의무에 어떠한 제한도 주지 않고, 공급자가 본 발주서에 정한 인도일까지 물품을 인도하는 것이 불가능한 경우, 공급자는 (i) 즉시 물품을 인도하기 위한 가장 신속한 방법을 결정하기 위해 국제 연합 기구와 협의하고, (ii) 국제 연합 기구에 의해 합리적으로 요청되는 경우, 공급자의 비용 부담으로 (그러한 지연이 불가항력에 의한 것이 아니라면) 신속한 인도 방법을 이용하여야 한다.

K. ASSIGNMENT AND INSOLVENCY

(1) The Supplier shall not, except after obtaining the written consent of the UN Organization, assign, transfer, pledge or make other disposition of this Purchase Order, or any part thereof, or any of the Supplier's rights or obligations under this Purchase Order.
(2) Should the Supplier become insolvent or should control of the Supplier change by virtue of insolvency the UN Organization may, without prejudice to any other rights or remedies, immediately terminate this Purchase Order by giving the Supplier written notice of termination.

L. USE OF UNITED NATIONS ORGANIZATION NAMES OR EMBLEMS

The Supplier shall not use the name, emblem or official seal of any UN Organizations, for any purpose.

M. PROHIBITION ON ADVERTISING

The Supplier shall not advertise or otherwise make public that it is furnishing goods or services to UN Organizations without specific permission of the UN Organization in each instance.

N. SETTLEMENT OF DISPUTES

(a) Amicable Settlement
The Parties shall use their best efforts to settle amicably any dispute, controversy or claim arising out of, or relating to, this Purchase Order or the breach, termination or invalidity thereof. Where the Parties wish to seek such an amicable settlement through conciliation, the conciliation shall take place in accordance with the UNCITRAL Conciliation Rules then prevailing, or according to such other procedure as may be agreed between the Parties.

K. 계약 양도 및 청산

(1) 공급자는, 국제 연합 기구의 서면 동의를 얻은 경우를 제외하고, 본 발주 또는 본 발주의 일부, 본 발주에 의한 공급자의 권리 또는 의무를 양도하거나 이전 또는 담보로 제공하거나 다른 방법으로 처분해서는 안 된다.

(2) 공급자가 파산하거나, 파산에 의해 공급자 통제력이 바뀌는 경우, 국제 연합 기구는 다른 여하의 권리 또는 구제 방법에 영향을 주지 않고, 종료의 서면 통지를 제공하는 것으로 즉시 본 발주서를 종료할 수 있다.

L. 국제 연합 명칭 또는 엠블렘의 사용 금지

공급자는 어떠한 목적으로도 국제 연합의 모든 기관의 명칭, 엠블렘 또는 공식 표장을 이용할 수 없다.

M. 홍보 금지

개별 상황에 대해 국제연합에 특정한 허락 없이는 공급자는 국제연합에 상품이나 서비스를 제공한다는 것을 홍보하거나 다른 방법으로 공표해서는 안 된다.

√ 우리나라 거래소나 코스닥 등 유가 증권 시장에 상장된 기업의 경우, 투자자 보호를 위한 공시 의무가 있어, UN과 긴밀히 협의하지 않으면 정말 곤란한 상황에 처할 수 있다.

N. 분쟁 해결

(a) 우호적 해결
각 당사자들은 본 발주와 관련되거나 본 발주에 의해 발생한 분쟁, 논쟁, 또는 클레임, 종료 또는 효력 무효 등을 우호적으로 해결하기 위해 최선의 노력을 기울여야 한다. 당사자들이 조정을 통해 그러한 우호적 해결을 구하는 때에는 조정은 당시에 유효한 UNCITRAL 조정 규칙 또는 당사자 간에 합의되는 기타의 절차에 따라 열려야 한다.

(b) Arbitration

Unless any such dispute, controversy or claim between the Parties arising out of or relating to this Purchase Order, or the breach, termination or invalidity thereof is settled amicably under the preceding paragraph of this Section within sixty (60) days after receipt by one Party of the other Party's request for such amicable settlement, such dispute, controversy or claim shall be referred by either Party to arbitration in accordance with the UNCITRAL Arbitration Rules then prevailing. The arbitral tribunal shall have no authority to award punitive damages. The Parties shall be bound by any arbitration award rendered as a result of such arbitration as the final adjudication of any such controversy, claim or dispute.

O. PRIVILEGES AND IMMUNITIES

Nothing in or related to these General Conditions or this Purchase Order shall be deemed a waiver of any of the privileges and immunities of the United Nations, including its subsidiary organs.

P. CHILD LABOUR

The Supplier represents and warrants that neither it nor any of its affiliates is engaged in any practice inconsistent with the rights set forth in the Convention of the Rights of the Child, including Article 32 thereof, which, inter alia, requires that a child shall be protected from performing any work that is likely to be hazardous or to interfere with the child's education, or to be harmful to the child's health or physical, mental, spiritual, moral or social development. Any breach of this representation and warranty shall entitle the UN Organization to terminate this Purchase Order immediately upon notice to the Supplier, without any liability for termination charges or any other liability of any kind of the UN Organization.

(b) 중재

본 장의 이전 문장에 따라 당사자들 간에 본 발주서와 관련해 발생하는 그러한 분쟁, 논쟁 또는 클레임, 효력 무효 등이 그 우호적 해결을 위한 요청을 어느 당사자에 의해 접수된 후 60일 이내에도 우호적으로 해결되지 않는 경우, 그러한 분쟁 등은 당시에 유효한 UNCITRAL 중재 규칙에 따라 어느 일방 당사자에 의해 중재로 진행되어야 한다. 중재 재판부는 징벌적 손해배상을 선고할 수 없다. 당사자들은 그러한 논쟁, 클레임 또는 분쟁에 대한 최종적 심판으로서 그러한 중재 결과로서 부여된 선고에 구속되어야 한다.

O. 특권과 면책

본 발주서 또는 일반 조건과 관련한 어떠한 내용도 UN과 산하기구의 특권과 면책에 대한 포기로 간주되어서는 안된다.

P. 어린이 노동

공급자는 공급자 또는 그 계열사가 아동 권리 보호를 위한 협정, 그 중에서도 특히 아동은 위험의 개연성이 있는 어떠한 작업으로부터도, 교육의 기회를 방해하는 어떠한 작업으로부터도, 또는 아동의 건강 또는 육체, 정신, 심리, 도덕 또는 사회적 발달에 해를 미칠 수 있는 작업으로부터도 보호되어야 한다고 요구하는 제32조를 포함하여 아동의 권리와 불일치하는 어떠한 관행에도 종사하지 않음을 보증한다.
본 보증을 위반하는 경우 UN 기구는, 종료 비용에 대한 책임이나 어떠한 형태의 책임도 부담하지 않고, 통지 후 본 발주서를 즉시 종료시킬 수 있는 권리를 가진다.

√ UN의 계약서니까 의례 있을 수 있는 조항이라 생각할지 모르겠지만, 아동학대와 같이 (불법이 아니라도) 공급자의 윤리성이 문제되는 경우 구매자 역시 최종 사용자로부터 외면 받을 수 있다는 점 때문에 특히 다국적 기업의 위탁 생산 계약서에서는 의외로 자주 등장하는 조항이다.

Chapter II 인터넷은 계약서의 보고(寶庫)

이 책에서 소개한 영문 계약과 계약서의 구성을 위한 협상 방법들은 결국, 현업에서 종사하고 있는 실무자들로 하여금 완벽한 계약서를 작성하는 데 도움이 되고자 하는 데 가장 큰 목적이 있다.

그러나, 실무자들이 실제로 계약서를 구성할 때에는 때때로 통으로 작성되어 있는 샘플 계약서를 살펴보는 것이 보다 나은 방법이 될 수 있다. 국제 계약 또는 영문 계약이라는 이름으로 출간된 많은 서적들은 책의 상당 부분을 샘플 계약서를 소개하는데 할애하고 있는데, 사실 구태여 돈을 내고 구입할 필요도 없이 샘플 계약서를 소개하고 있는 좋은 웹사이트가 얼마든지 있다. 아래에 소개된 웹사이트들은 나름대로 공신력도 가지고 있고, 특히 수출입 은행의 경우에는 해결이 곤란한 문제에 부딪히면 전화나 이메일을 통한 상담도 가능해서 많은 실무자들이 애용하고 있는 것 같다.

한국 수출입 은행

한국 수출입 은행(http://www.koreaexim.go.kr)에서는 일반 무역 계약뿐 아니라 건설공사 계약 등의 대규모 프로젝트 계약, 라이선스 계약이나 금융 분야의 계약 서식까지 포괄하고 있고, 계약 협상 과정에서 필요한 각종 서식들까지 구비해 두고 있다. 서점에서도 구입이 가능하지만, 인터넷으로 모두 다운로드가 가능하다. 특히 해외 진출 컨설팅 센터에서는 국제 변호사들로 구성된 자문단이 있어 이메일이나 전화, 팩스를 통한 상담도 가능하다. 물론 무료로 제공된다.

대한 상사 중재원

개인적으로는 대한 상사 중재원(http://www.kcab.or.kr)에서 제공하고 있는 계약서 작성 코너를 선호하는 편이다. 무엇보다 계약서의 각 조항에 대한 해설 자료가 제공되고 온라인으로 작성 연습이 가능하다. 계약서 문구의 작성에 있어 아이디어는 있는데 구체적인 문장으로 잘 떠오르지 않을 때에 특히 유용하다.

무역 협회

무역 협회(http://www.kita.net)의 무역 정보 코너로 가면 무역 서식과 계약 사례, 영문 서한 작성 요령에 관한 방대한 자료를 확인할 수 있다. 특히 전문가들이 작성해 둔 주요 Check List들과 사례별 설명도 있어 실무자들이 참고하기 좋은 사이트로 꼽힌다.

온라인 세미나의 경우, KOTRA(www.kotra.or.kr)나 대한 상공 회의소(www.korcham.net)에서도 회원가입만 하면 국제 마케팅과 영문 계약 등에 관한 많은 동영상 자료들을 무료로 열람할 수 있다.

이 밖에도 우리나라 각 산업 분야에서는 관련 협회나 공공기관의 주관으로 해외 진출과 관련한 정보를 제공하는 웹사이트들을 운영하고 있는데, 각 분야별 특성에 따른 계약서 작성상의 주의사항들이 정리되어 있어 매우 요긴하다. 간단히 정리하면 다음과 같다.

한국 콘텐츠 진흥원	http://www.kocca.kr	문화 콘텐츠 산업의 계약에서 가장 중요한 고려 사항은 역시 저작권이다. 검색 엔진에서 문화 콘텐츠 계약 매뉴얼(2008년)을 검색하면 쉽게 다운로드할 수 있다.
환경 산업기술 정보 시스템	http://www.konetic.or.kr	환경 기업을 위해 최적화된 표준 계약서들이 제공되고 있다.
통합 무역 정보 서비스	http://www.tradenavi.or.kr	무역 협회에서 제공하는 무역 정보 사이트인데, 수출 유관 기관들의 정보를 취합하고 있다.

원자력 기술 수출 지원단	http://www.atomxport.com	원자력 기술 분야의 수출을 지원하는 포털 사이트로서, 다양한 분야의 전문가들이 계약과 관련해 제공하는 조언을 확인할 수 있다.
해외 건설 협회	http://eng.icak.or.kr	건설 계약은 실로 수많은 형태의 계약서들이 동원되는 종합 예술이라 할 만하다. 가이드 자료뿐만 아니라 실무 교육도 제공되고 있으므로 참고할 만하다.
방위 사업청	http://www.dapa.go.kr	무기 등 군수품의 해외 개발, 도입, 그리고 수출에 필요한 표준 영문 서식집(2008년)을 제공하고 있다.
예술 경영 지원 센터	http://www.gokams.or.kr	한국 뮤지컬의 안정적 해외 진출을 위해 문화 체육 관광부에서 2020년에 발간한 자료가 있다. 오리지널 투어, 라이선스, 공동 제작, 그리고 투자 관련 4종 계약서 샘플과 조문 해설이 포함되어 있다.

　한편, 위에서 언급한 국내 웹사이트들로부터 영문 계약과 관련한 기본적인 가이드를 제공받고 어느 정도 연습이 된 후에는, 구글 등 해외 검색 엔진을 통해 미국이나 유럽의 실무자들이 이용하는 계약서를 직접 검색해서 참고하는 방법을 추천한다. 실무자들의 경험담, 단체들의 계약서 작성을 위한 가이드라인, 그리고 대기업들에서 공개한 표준 계약서들을 그대로 내려 받을 수 있다.

　유튜브에는 대학 교수나 변호사들이 계약서 작성과 협상 방법에 대해 강의한 수많은 동영상 자료가 올라와 있고, 웹사이트들을 통해 현지의 원어민들도 고민하고 있는 계약서 작성의 스킬에 대해 간접적으로 체험할 수 있는 장점이 있다.

Epilogue

　COVID-19이 창궐하던 2020년부터 2022년까지 거의 3년간, 달리 검토도 협상도 필요 없는 Boilerplate 조항으로만 인식하던 Force Majeure가 생활이 되어 버렸다. 팬데믹 초반에 몇몇 정부 기관에서는 해외 발주처에 제출하는 불가항력 증명서를 발행 지원하기도 하고, 팬데믹으로 인한 납품 지연이 계약 파기로 이어지지 않도록 많은 기업이 고군분투했다. 백신 확보 초기, 화이자와 아스트라제네카를 비롯한 글로벌 제약 업체가 각국 정부와 불합리한 계약을 맺고 있다는 지적이 끊이지 않았다. 2019년에는 한국 프로 축구 연맹이 초청하여 더페스타가 주관한 유벤투스 vs. 팀 K리그 축구 경기에서 호날두 출전 여부를 놓고 계약 분쟁이 일어나 소송까지 진행되고 있다.

　국가 간, 기업 간 맺어진 계약과 관련한 언론 보도를 보면 협상의 결과가 계약 조항으로 어떻게 반영되는지, 계약서에 삽입되는 문장을 구성함에 있어 간과한 사소한 실수(또는 게으름)의 파장이 얼마나 커질 수 있는지, 그리고 그러한 협약들이 민간 기업의 사업 영역과 시장 규모에 미치는 가공할 만한 파워를 알 수 있다.

　이미 우리 기업들의 활동 무대는 국내에 한정되어 있지 않으며, 어느 때라도 우리의 자랑스러운 제품을 해외에 판매할 수 있는 기회가 열리고 있다. 지난 50여 년 동안 해외 시장 진출을 장려해 왔음에도 불구하고, 단순한 상품의 수출입 차원을 넘어선 대규모 개발 계약이나 국제 입찰, 해외 정부 조달 계약은 대기업이나 일부 전문가 집단의 전유물로 여겨져 왔다. 그러나 국내 시장만으로는 만족하지 못하는 기술 중심 강소기업들이 속속 등장하면서, 회사 규모와 관계없이 독보적인 기술을 통해 얼마든지 해외 시장으로 진출할 동기와 능력을 갖추게 되었다.

　국제 거래는 상품의 매매뿐만 아니라 용역, 자본, 기술의 국가 간 이전을 수반하는 모든 거래를 일컫는다. 이러한 거래는 외국에 소재한 잠재 거래처와의 '협상'이라는 사실 행위와 그 결과물로서 '계약'이라는 법률 행위가 항상 수반한다.

　국내에서 이루어지는 계약의 경우에는 계약서가 미비하더라도 최종적으로 판단의 기준이 되는 민법, 상법과 같은 법 규범이 존재하지만, 서로 다른 법 체계를 가진 국가의 국적을 가지고 있는 기업들 간에는 아직 통일된 법 규범이 존재하지 않는다. 해외 업무를 처음 담당하는 실무자의 눈높이에서 볼 때, 업무에 대한 명확한 법률적 근거가 없고 전반적인 실무 지침도 없다는 것에 당황스럽다는 호소를 들어 왔다. 특히 대기업이 아니고는 법무팀이나 유사 조직이 존재하지도 않을 것이므로 실무자의 주 업무가 국제 계약이 아닐 것이고, 또한 법무팀 담당자라 할지라도 거래의 성격마다 달라지는 영문 서식들과 표현들, 그리고 국제 무역의 실무적 차원에서 다루어지는 각종의 관행에 대해서는 생소할 수 밖에 없다. 게다가 아무래도 외국어인 영어로 모든 업무를 진행해야 한다는 데 대한 부담감은 구태여 말할 필요도 없다.

이 같은 현실을 반영하듯 근래에 일본 학자들의 영문 계약 지침서라던가 법학 교수님들이 집필한 국제거래법 등 좋은 서적들이 있지만, 비전공자의 번역으로 인한 어색한 설명과 국제 계약의 첫 실마리를 풀어 나가야 하는 실무자의 입장에서 진정으로 고민해야 할 내용들에 대한 명쾌한 설명이 부족하다. 또한 이러한 책의 대부분이 협상에서 계약으로의 연결 고리에 대한 내용들에 대해서는 손을 대지 못한 채 계약서의 용례와 샘플을 제공하는 데 그치고 있다.

그런가 하면, 비즈니스 관련 도서의 베스트셀러가 되는 주제가 바로 협상이다. 아마도 실용서 중에서는 가장 히트를 친 것으로 보이는 허브 코헨이 쓴 협상의 법칙 이래 수많은 협상 관련 서적들이 서점 한 모서리를 가득 채우고 있는 것을 발견할 수 있다. 이렇게 다양한 책들에도 불구하고, 반대로 협상의 실마리를 풀어 계약으로 이어 나가야 하는 실무자의 입장에서 가장 긴급히 필요한 것은 '계약 협상을 어떻게 준비할 것이고 어떻게 진행해야 하며, 어떻게 영문으로 작성해서 넣을 것인가'에 관한 내용이다. 이에 대한 기술의 축적은 협상과 영문 계약을 연결해 주는 중요한 연결 고리가 된다.

국제 계약을 담당하는 실무자의 고민은 계약서의 작성을 위한 풍부한 용례에 대한 갈망이 전부가 아니다. 기본적인 영어 실력만 갖추어지면 구글링을 통해 전 세계의 유사한 계약서를 검토해 볼 수 있다. 그러나 이런 용례만으로는 해외 거래를 담당하면서 실무에서 부딪히는 생소한 문서들의 작성법이나 대응 요령을 안내해 주지도, 계약 협상 기술에 대한 갈망을 채워 주기에는 역부족이다.

저자는 일선의 해외 거래 담당자들이 계약 지식과 협상 경험에 기반한, 거래 제안부터 협상, 계약의 각 단계를 연결시키는 고리를 찾는 방법에 목말라 있다는 점에서 착안하여 본서 집필을 시작했다.

따라서 책의 상당 부분을 매번 계약 시마다 달라지는 다양한 사례들과 새로운 요구 사항들에 대한 대처 방법, 그리고 조금 더 우리 편에 유리한 계약서를 이끌어내기 위한 방법론을 염두에 두고 작성했다. 결국, 우리 측에 유리한 강력한 계약서를 만들어내기 위한 협상 기법은 협상학의 분야도 법학의 분야에서도 직접 다룰 수 없는 내용이고 오직 경험을 통한 관련 지식의 습득으로만 실현될 수 있는 것이다.

아무쪼록 이 책이 대기업이든 중소기업이든 우리나라의 해외 거래 및 국제 협력 업무를 담당하는 모든 이들의 성공적 업무 수행에 동반자가 될 수 있게 되기를 바란다.

배경지식 창고

　원고의 작성 과정에서 참고했던 문헌들과 그간 학습을 위해 읽었던 책들, 그리고 저술에 도움
이 되었던 관련 강의들은 다음과 같다. 결국, 직접적으로 문장을 가져오지는 않았더라도 간접적
으로 십여 년간 저자들의 관련 소양을 쌓아오는 데는 큰 영향을 미쳤을 것이라 생각된다.

1 　**김준호**(연세대학교 교수), 민법 강의 신정4판, 법문사(2003) ⇨ 1990년대 사법시험 준비생들의 필독서 중의 하나다. 우
리 민법 체계를 이해하는 데는 두말할 필요 없이 가장 이해하기 쉽고 권위 있는 기본 서적이다. 현재 전정판이 출간
되어 있다.

2 　**박대위**(서강대학교 교수), 무역영어, 법문사(1996) ⇨ 역시 무역학을 공부하는 사람이나 실무에 종사하는 사람치고 한
번쯤 들어 보지 않은 사람이 없을 정도로 유명한 교수의 유명한 서적이다. 초판이 1990년경에 나온 것으로 알고
있는데 지금까지도 개정을 거듭하고 있다.

3 　**서헌제**(중앙대학교 교수), 국제거래법 ―국제계약법 · 국제사법― 제3판, 법문사(2003) ⇨ 사법시험의 선택과목인 국제거래법
을 공부할 때 필독서로 분류된다. 1판 시절에 공부한 이후 원고 작성 과정에서 3판을 구입했다. 2006년경에 4판
이 나왔지만 구입하지는 못했다.

4 　**박훤일**(경희대학교 교수), 국제법무대학원 강의교재 및 홈페이지 ⇨ 산업은행 국제금융부서에서 활동하다가 강단에 서고
계신 분인데, 인터넷의 가치를 제대로 알고 계신 분이다. 홈페이지(http://onepark.khu.ac.kr)에 강의 자료와 논
문 등을 공개해 두고 관심 있는 사람들을 팬클럽화하는 힘이 있다. 다분히 실무와 학문의 경계를 넘나들면서 강의
하시는 것 같다. 그러나 개인적으로 강의를 들어 보지는 못했다.

5 　**이춘삼**(청주대학교 교수), 국제계약론(2003) ⇨ 참 잘 쓴 책인 것 같은데, 인터넷에 책과 똑같은 내용이 조금씩 떼어져서
돌아다니고 있는 건 가슴이 아프다. 저자 없이 국제계약론이라는 제목만 붙여져 돌아다니는 자료를 초보자들이 많
이 참고하고 있는데, 이것은 이춘삼 교수님의 저서에서 온 것이다. 개인적으로는 대리점 계약 분야에서 많은 도움을
받았다.

6 　**이기부**(대한건설진흥회), 국제입찰 및 계약서류의 이해(2007) ⇨ 예문과 저술 방향에 대한 아이디어를 찾기 위해 구입했
지만, 이 책은 건설도급계약에 초점이 맞춰져 있다. 국제건설계약이나 관급조달계약에 참여가 잦은 사람들은 한 권
쯤 갖고 있어도 좋을 것 같다.

7 　**나카무라 히데오**(오타루 상과대학), 실무영문계약(2004) ⇨ 일본 번역서 중에서는 가장 친절하고 정확하게 설명하고 있
는 것 같다. 간혹 다른 내용들과 균형이 맞지 않는, 지나치게 자세한 내용들이 있기도 하지만, 계약서 조항의 작성에
있어서 주어와 목적어, 품사의 선택 등에 대한 방법론을 제시해 주고 있다.

8_ **KOTRA 아카데미,** 국제 비즈니스 계약 강의(2006/6) ⇒ 3일 과정의 국제 비즈니스 계약 과정이다. 고려대 박경신 교수님과 대기업 법무팀 담당자의 열강으로 진행되는데, 약 스무 시간 정도에 해결될 내용은 아닌 것 같다. 다른 회사의 실무자들이 갖고 있는 국제 계약상의 고민과 다양한 방법론에 대해 들어 볼 수 있는 좋은 기회였다.

9_ **Jeanne M. Brett,** Negotiating Globally, 2nd Edition, Jossey-bass(2007) ⇒ KOTRA에서 경품으로 받은 원서인데 다 읽지는 못했다. 협상 일반론과 이문화 협상의 특징, 분쟁 해결 등에 대한 구체적 방법론을 제시하고 있다. 영어도 어렵지 않게 쓰여 있어 상대적으로 쉽게 읽히는 책이다. 다만 역시 협상에 국한되어 있고 계약적 방법론에 대해서는 언급되지 않는다.

10_ 협상과 관련해서는 허브 코헨의 『협상의 법칙』 개빈 케네디의 『협상이 즐겁다』 로버트 치알디니의 『설득의 심리학과 그 후속편』 등을 읽고 도움을 받았지만, 본서의 구성에 직접 참고하지는 않았다. 협상과 관련해서는 틈틈이 참조했던 신문기사들과 전문가들의 평론에서 배운 바가 많았고, 중요한 기사들은 가급적 편집 없이 그대로 삽입했다.

11_ 사례로 사용한 많은 계약서 문안들은 각국 정부나 기관, 기업들이 공개하고 있는 계약서 내용을 구미에 맞게 변형해 사용했다. 특히, 원자력 분야와 건설 토목 관련 분야의 각종 계약 서식들, 유엔 조달시장에서 사용되는 서식들, 선박건조 계약서 등을 많이 활용했다.

12_이 외에도 오래전이지만 학부와 대학원 과정에서 강의를 들으면서 체계화된 지식들은 당연히 저자들의 일천한 지식에 근간을 세워준 값진 내용들이다. 특히 한국외대 국제지역대학원에서 특허법을 강의하셨던 하영욱 교수님, 충남대학교 무역학과에서 무역 실무와 무역 영어를 강의하셨던 문희철 교수님, 윤기관 교수님, 구종순 교수님의 관련 강의들은 십수 년이 지난 지금까지도 매 순간 필요한 지식을 전달해 주고 있다.

계약 협상에 관한 소고

중견 대기업에서 수출 영업직으로 첫 회사 생활을 시작했다. 공공기관인 KAIST를 거쳐 지금의 회사까지 그 시간이 20년을 훌쩍 넘겨버렸다. 그간 회사 생활을 하면서 배운 것들을 나열하자면 끝도 없겠지만, 역시 신입 사원 연수 과정과 1년도 채 되지 않는 기간 동안 선배들로부터 배웠던 기본기가 사회 생활을 하는 데 가장 큰 영향을 준 것임은 부정할 수 없다.

해외 영업으로 시작한 첫 직장에서 처음 일어난 계약 관련 문제가 중국에서의 해외 임가공 계약과 관련한 것이었다. 큰 문제는 아니었지만 사내 변호사에 의해 훌륭히 표준화되어 있는 계약서를 갖다 쓰는 영업 사원은 절대 그 계약서를 읽어 보는 법이 없다는 것과 계약서의 한 문장 한 문장이 얼마나 다른 결과를 가져올 수 있는지를 어깨너머로 배웠다.

대부분의 회사가 그렇겠지만, 구매 담당자나 사업 책임자, 마케팅 담당자는 계약에 관한 전문성을 갖출 필요가 없는 것으로 오해하는 경우가 많다. 그러나 한번 상상해 보자. 대기업의 법무팀에서 제공하는 전문적인 법률 지식을 통해 훌륭한 조언을 받으며 계약 협상에 참여하는 사업 책임자가 과연 얼마만큼의 사고의 자유를 갖고 협상에 임할 수 있을까? 마케팅 책임자는 시장 분석을 통해 수요를 발굴하고 가격 협상에 임하고 계약을 획득하는 것으로 본연의 임무를 다했다고 생각하기 십상이지만, 가격 조건의 협상이 나머지 인도 조건, 보증 조건, 지불 조건, 검사 조건, 심지어 준거법의 결정까지 서로 영향을 미칠 수 있음을 이해한다면 그 마케팅 책임자가 계약서 작성의 책임을 쉽게 법무팀에 이관할 수 있을까?

그런 점에서 최근 많은 회사들에서 사업 개발과 기획, 관련 직원 심지어 연구원에게까지 경영 관련 지식의 습득을 독려하는 것은 바람직한 현상이다. 그러나 사업 개발과 마케팅, 영업, 구매를 담당하는 직원은 계약 관련 법률과 계약서 작성, 무역 업무에 있어 그러한 지식을 습득하는 것에서 한 걸음 더 나아가 준전문가의 반열에 들어야 한다.

구매 담당자가 무역을 모르면 국내 구매 업무에 한정되어 광활한 세계 시장으로부터의 소싱 기회를 놓치는 반의 반쪽짜리 구매 담당자가 된다. 또, 구매 담당자가 계약을 모르면 회사의 소중한 재산을 방치하는 것이나 다름없다. 마찬가지로 어떤 사업의 책임자나 영업 담당자가 계약을 모르면 협상의 속도가 느려지고 불필요하게 불리한 사업 계약을 맺게 되어 반쪽짜리 성공에 만족해야 한다.

계약서 검토를 사내 전문집단이나 변호사에 넘기는 것은 전체적인 내용상의 하자를 제거하기 위해 필수적으로 거쳐야 하는 절차다. 실제로 미국 정부조달시장에 참가하는 기업에서는 돈을 들여서라도 계약서 검토를 위한 TF에 변호사를 포함시켜 빠짐없이 검토가 이루어질 수 있도록 해야 한다. 미국 정부조달계약을 위해 제출되는 서류에는 변호사를 통해 검토되었으며 모든 조건을 수락한다는 내용이 들어 있기도 하고 그만큼 분량이 많기 때문이기도 하다.

그러나 변호사에게 일임한다고 해서 뒷짐만 지고 있을 수는 없다. 본문에서 계속 반복된 내용이지만 때로는 전혀 관계없어 보이는 기술 조항을 양보함으로써 가격 조항에서의 유리함도 얻어 낼 수 있는 것처럼 가격과 사양, 사양과 일반 조항 간의 균형을 맞추는 협상 작업을 수행할 준비를 해야 한다. 이를 위해서는, 사업 책임자와 영업 담당자는 변호사 못지않게 계약서를 꼼꼼하고 완벽하게 검토하고 협상에 임해야 한다.

또, 해박한 계약 지식과 배경지식을 확보하고 임하는 협상은 사업을 진정으로 원하는 방향으로 진행해 가기 위한 제3의 촉매가 될 수도 있음을 잊지 말아야 하겠다.

때로는 영어가 모자라 무역도 계약도 협상도 곤란하다는 말을 듣는다. 이에 관해 한국외대 국제지역대학원 하영욱 교수님이 침을 튀기며 강조했던 좋은 말이 있다.

> " 영어에 약하면 약한 대로 아는 단어로 떠들어라. 다만 상대방의 말이 너무 빨라 알아듣지 못하면 천천히 얘기하라고 요구할 권리가 내게 있음을 잊지 마라. 정확히 알아듣지 못한 것 같으면 반드시 질문해서 확인하라. 처음 되물으면 친절하게 반복해 줄 것이고, 두 번째도 못 알아들어 되물으면 다른 말로 바꾸어 반복해 줄 것이다. 세 번째로 못 알아들어 되물으면 상대방은 자신의 표현 잘못으로 이해해 오히려 스스로 당황해할 것이다. "

되묻기 전략 역시 상대방을 당황하게 만드는 좋은 협상 전략이 될 수 있는데, 하물며 영어 실력이 정말 모자란다고 느껴지면 상대가 미국인이든 영국인이든 내 수준에 맞추어 협상을 진행해야 한다. 상대가 중학교 영어 수준으로 내려올 때까지 계속하겠다는 각오로 덤빌 배짱부터 키워 보는 건 어떨까. 물론 뒤에선 엄청나게 공부하겠다는 자세로 말이다.

INDEX